GESCHÄFTSDIAGRAMME MIT EXCEL NACH DEN SUCCESS-REGELN GESTALTEN

2. Auflage

von

Holger Gerths

und

Dr. Rolf Hichert

Haufe Gruppe
Freiburg · München

Bibliografische Information der Deutschen Bibliothek

Die Deutsche Bibliothek verzeichnet diese Publikation in der Deutschen Nationalbibliografie; detaillierte bibliografische Daten sind im Internet über http://dnb.d-nb.de abrufbar.

ISBN 978-3-648-03077-6   Bestell-Nr. 01482-0002

2. Auflage 2013

© 2013, Haufe-Lexware GmbH & Co. KG, Munzinger Straße 9, 79111 Freiburg
Redaktionsanschrift: Fraunhoferstraße 5, 82152 Planegg/München
Telefon: 089 89517-0
Telefax: 089 89517-250
Internet: www.haufe.de, E-Mail: online@haufe.de
Produktmanagement: Dipl.-Kffr. Kathrin Menzel-Salpietro

Alle Rechte, auch die des auszugsweisen Nachdrucks, der fotomechanischen Wiedergabe (einschließlich Mikrokopie) sowie die Auswertung durch Datenbanken, vorbehalten.

Umschlaggestaltung: RED GmbH, 82152 Krailling
Satz: Franz X. Stückle, 77955 Ettenheim
Druck: Schätzl-Druck, 86604 Donauwörth

Zur Herstellung der Bücher wird nur alterungsbeständiges Papier verwendet.

VORWORT

Vorwort zur ersten Auflage

Wir möchten hier über eine inzwischen mehr als siebenjährige Zusammenarbeit zweier Maschinenbau-Ingenieure berichten: Der eine aus Berlin mit viel Erfahrung in der Software-Entwicklung und der andere aus Kreuzlingen (Schweiz), der als Unternehmensberater, Unternehmer und FH-Professor für betriebswirtschaftliche Themen tätig war. In mehreren tausend Stunden getrennter und gemeinsamer Arbeit ist eine Sammlung von Tipps und Tricks und Beispielen entstanden, die zeigen soll, dass man mit Excel auch gute Diagramme realisieren kann – und dies ganz ohne Programmierung. Unter guten oder professionellen Diagrammen wollen wir hier z. B. Diagramme verstehen, die die Gestaltungsregeln von HICHERT®SUCCESS befolgen.

Da wir uns auf zwei unterschiedlichen Wegen diesem Thema angenähert haben, wollen wir dieses Vorwort in zwei Teile untergliedern.

Von Rolf Hichert

Ich meine, dass ganz am Anfang dieses Buches ein von McKinsey 1979 in New York veranstaltetes Seminar für neue Mitarbeiter stand, bei dem uns Gene Zelazny in das Thema Visualisierung von Geschäftszahlen einführte. In meiner Beraterzeit bei McKinsey in Düsseldorf war ich immer wieder fasziniert von der Fähigkeit einiger Kollegen, komplexe Geschäftszusammenhänge in verständliche Schaubilder umzusetzen.

Dieses Thema habe ich wieder aufgegriffen, als ich 1984 – noch als Professor an der Fachhochschule Konstanz – gemeinsam mit Michael Moritz, meinem sehr begabten Studenten mit besonderer Software-Affinität, die Firma MIK gründete. Es ging um die Realisierung von Management-Informationssystemen auf dem PC, was damals völlig neu war. Auch hier stand die automatische Erstellung aussagefähiger Diagramme im Mittelpunkt. Mit den Produkten „TZ-Info" und später „MIK-Info" gelang uns nicht nur in den deutschsprachigen Ländern ein gewisser Achtungserfolg. BMW Motorrad, Würth und Credit Suisse gehörten zu unseren ersten großen Kunden.

Als Geschäftsführer von MIS Schweiz (gehört inzwischen zur Infor-Gruppe) habe ich dann ab 2001 noch einmal versucht, diesen Gedanken eines standardisierten Gestaltungskonzeptes für betriebswirtschaftliche Analysen aufzugreifen. Nachdem ich dann 2004 – zusammen mit 500 anderen Teilnehmenden – Edward Tufte auf seiner Veranstaltung in Washington D.C. kennenlernen konnte, wollte ich es noch einmal allein versuchen: Ich machte mich wieder selbstständig und veranstaltete Seminare, hielt Vorträge und führte einige Kundenprojekte durch zum Thema „Professionelle Gestaltung von Berichten und Präsentationen". Anfangs waren es selten mehr als vier oder fünf (zahlende) Teilnehmer.

Einen Durchbruch stellten dann die Vortragseinladungen zu Tagungen von MIS in Wien und Berlin und vom Internationalen Controllerverein in Baden und in München dar. Mein dort unter dem Akronym MEHR GÜTE vorgestelltes Konzept – die Abkürzung GÜTE stammt von Roland Berger – konnte ich dann auch bei Unternehmen wie ABB, Lufthansa, Telekom Austria und Nestlé erstmals präsentieren. Daraus wurden – in der Zwischenzeit unter dem Akronym SUCCESS – mehrere hundert Inhouse-Veranstaltungen bei Unternehmen fast aller Branchen. Insgesamt waren auf eigenen Veranstaltungen und denen von befreundeten Veranstaltern wie Vereon, Controllerakademie, ZfU, OECI und Bissantz mehrere tausend Teilnehmerinnen und Teilnehmer.

Das Thema gute Geschäftsdiagramme erhielt neuen Schwung, als ich 2003 Holger Gerths kennenlernte: Holger war sofort von der Idee angetan, etwas andere Diagramme zu programmieren als die, die er als Software-Entwickler bei MIS kennengelernt hatte. Und schon nach zwei Wochen präsentierte er mir eine VBA-Lösung, die mit Hilfe von ein paar Parametern individuelle Excel-Diagramme erstellen konnte. Aber das wurde nicht der Weg, auf dem wir weitergegangen sind: Unser Ziel ist es nach wie vor, allein mit den Standardfunktionen von Excel anspruchsvolle Diagramme zu realisieren. Einen Einstieg zu diesem Weg wollen wir hier vorstellen.

Rolf Hichert

Von Holger Gerths

Und nun möchte ich meinen Teil der Geschichte beitragen. Als ich Rolf Hichert im Dezember 2003 kennenlernte, war ich gerade mit einem langsam auslaufenden BI-Projekt bei einem großen Pharmaunternehmen beschäftigt. Wir haben in einem Projektteam das Back- und das Frontend eines sehr komplexen Datawarehouse mit MS-SQL-Server, VB.NET und MIS-Software (heute Infor) umgesetzt. Im Frontend ging es auch um Visualisierungsthemen. Aber niemand hatte sich um Gestaltungsregeln Gedanken gemacht, das war damals in diesem Umfeld kein Thema. Aber insgeheim hat sich wahrscheinlich jeder die Frage gestellt, ob denn unsere Berichte auch verstanden würden, und wir haben nicht selten gedacht, es läge an den unfähigen Berichtsempfängern.

Erst durch meinen damals neuen Geschäftspartner und späteren guten Freund habe ich gelernt, dass ein Bericht dann schwer zu verstehen ist, wenn keinerlei Gestaltungsregeln existieren oder nicht konsequent beachtet werden. Ich habe erst von Rolf gelernt, dass ein Schaubild neben einem klaren Titel auch eine verständliche Botschaft haben sollte, die im Schaubild in geeigneter Form hervorzuheben ist. (Und wie diese Hervorhebungen in Form von Pfeilen oder Ellipsen mit Excel zu realisieren sind, sollte uns noch viele Monate lang beschäftigen …)

Gern möchte ich die Gelegenheit nutzen, in Stichworten aufzuzeigen, wie es gelungen ist, Excel zur Darstellung nahezu jeder Diagrammvariante zu bewegen, beginnend mit einfachen Tipps bis hin zu recht abstraktem und trickreichem Excel-„Missbrauch".

Es begann mit der Darstellung von Summenbezeichnungen oberhalb eines gestapelten Säulendiagramms – ein inzwischen altbekannter Trick. Hier haben wir zuerst lediglich transparente Säulen über die sichtbaren Säulen platziert und diesen eine Beschriftung gegeben. Fertig war der erste Trick.

Nur zur Richtigstellung: Sicher waren wir hier nicht die ersten, die das herausgefunden haben. Aber es war der Anfang einer heute sehr umfangreichen Sammlung von Diagrammtricks, die auf unterschiedliche Weise entstanden ist: Durch Internet-Recherchen, durch eigene Entdeckungen, durch glückliche Zufälle oder durch freundliche Mithilfe einiger findiger Seminarteilnehmer, die es besser wussten als wir.

Das Bedürfnis, mehrfarbige Achsen realisieren zu können, entstammt einer Forderung des Konzepts HICHERT®SUCCESS[1], die be-

---

1 Details hierzu siehe www.success.hichert.com und www.poster.hichert.com

sagt, dass Elemente mit unterschiedlichen Bedeutungen auch verschieden aussehen müssen – und im Umkehrschluss die Forderung, dass Elemente mit gleichen Bedeutungen auch gleich aussehen müssen. So soll die Achsenlinie zur Unterscheidung von Datenarten wie Vorjahr und Plan genutzt werden – und zwar durch verschiedene Farben, Formen und Muster. Das Geheimnis unterschiedlich eingefärbter Achsenabschnitte liegt darin, dass pro verwendeter Farbe eine separate Datenreihe eingebaut wird. Da jede Datenreihe einen Zellenbereich als Datenquelle hat, kann man über Formel-Logik jedem Achsenabschnitt die gewünschte Farbe und Dicke zuordnen. Damit wurden Diagrammdatenreihen für uns erstmals gewissermaßen zu einer Art Knetmasse, die es galt, richtig umzuformen.

Der bewegte Pfeil in Excel-Diagrammen – als Symbol für alle im Diagramm zu bewegenden Objekte – hat bei uns eine lange Geschichte. Wir waren richtig stolz, dass wir über den Umweg eines Säulendiagramms ein Bild – in diesem Fall ein Pfeil – an einen Diagrammpunkt anhängen konnten. Später hat uns dann ein Seminarteilnehmer gezeigt, wie das auch ohne den Umweg über ein Säulendiagramm funktioniert. Bevor der Mehrpunkte-Trick zum Drehen oder Farbeändern von Vektorgrafiken aus den Excel-Autoformen existierte, gab es verschiedene Versuche, mit Hilfe trigonometrischer Funktionen und Polarkoordinaten Pfeilkonturen zu berechnen und ein Punkt- oder X-Y-Diagramm zu zeichnen.

Der Zeitachsentrick war ein erster Ansatz, Diagramme in Richtung der Rubrikenachse verschieben und skalieren zu können. Dazu zählte auch die Möglichkeit, Säulen und Balken mit unterschiedlicher Breite zu zeichnen. Das Erscheinen von Excel 2007 hat diesen eleganten Trick leider zunichte gemacht, und es begann die Phase, in der man die Funktion „bereich.verschieben" nutzen konnte.

Für uns brach eine neue Ära an, nachdem es uns gelungen war, mit Hilfe von Punkten beliebige Bezeichnungen im Diagramm anzuordnen. Ein Punkt positioniert eine Beschriftung an eine beliebige Stelle in der Diagrammfläche, deren Text dann mit dem einer beliebigen Zelle verknüpft werden kann. Das Ein- und Ausblenden der Bezeichnungen von kleinen Zahlenwerten wurde so beispielsweise möglich wie auch das selektive Beschriften von Liniendiagrammen.

Auch wellenförmige Konturen an Säulen oder Balken waren keine unlösbare Aufgabe mehr, denn Säulen können – genau wie Pfeile – als Grafikobjekt erstellt und mit einem Punkt im Diagramm beliebig platziert werden. Ein einfacher Kunstgriff zur exakten Positionierung von Texten wie Titelangaben, Botschaften und Fußnoten waren transparente Diagramme, hinter denen die Bezeichnungen in Zellen zu sehen waren.

Wie es weiterging? Kreissegmente in Portfolio-Darstellungen anzeigen, Maßstäbe mit Hilfe automatischer Achsenskalierung und mit fester Skalierung verwalten, 960x720-Pixel-Trick zur Verknüpfung mit PowerPoint-Schaubilder usw. führten zu einem langen Katalog von „Tipps und Tricks", der im Anhang aufgeführt ist.

Mehrere transparente Diagramme – exakt mit dem ALT-Trick eingerastet – übereinander zu stapeln war die Lösung, um beliebig viele Datenreihen unterzubringen. Nach Gruppierung dieser übereinanderliegenden Diagramme entstanden Objekte, die wie ein einzelnes Diagramm kopiert und verschoben werden können. So konnte die neueste Generation von Excel-Master-Templates entstehen, die so gut wie keine Gestaltungswünsche mehr offen lassen – man müsste sie alternativ durch manuelles Zeichnen in PowerPoint realisieren.

Abschließend möchte ich allen denjenigen danken, bei denen ich den einen oder anderen Trick abgucken durfte oder die mir mit der Beauftragung von Lösungen im Rahmen von zahlreichen Projekten ihr Vertrauen entgegengebracht haben. Bernd Held und Hartmut Erb hatten uns mit einer ersten Manuskript-Version unterstützt. Bei der Diskussion kritischer Punkte waren Jörg Knuth, Björn Rick und Markus Wolff immer mit von der Partie.

Holger Gerths

Vorwort zur zweiten Auflage

Die erste Auflage war schneller verkauft als geplant. Aber so wird es möglich, nicht nur kleinere Fehler und Unstimmigkeiten zu korrigieren, sondern auch auf die Besonderheiten von Excel 2010 einzugehen – so zum Beispiel die Screenshots von 2010 (statt 2007) einzubauen. Neben einem neuen Trick für die PowerPoint-Verlinkung gibt es bei Excel keine wesentlichen Änderungen. Zu SUCCESS werden im Anhang aktuelle Gestaltungsregeln und -beispiele gezeigt, beispielsweise das neue, auf der Schriftgröße basierende Vermaßungskonzept für Diagramme.

Um ein mögliches Missverständnis zu vermeiden, möchten wir gleich zu Beginn sagen, dass wir Ihnen in diesem Buch nicht zeigen, wie Sie „schnell mal ein Diagramm erstellen" und dabei keinen Wert auf bestimmte Gestaltungsstandards legen; dazu verwenden Sie zweckmäßigerweise den von Excel angebotenen Assistenten. Wir wollen Sie stattdessen auf dem Weg unterstützen, Diagrammvorlagen (Templates) zu entwickeln, die auf einem einheitlichen Gestaltungs- und Bedeutungskonzept basieren – hier beispielsweise HICHERT®SUCCESS. Wir gehen davon aus, dass Sie eine kleine Zahl immer wieder ähnlicher Diagramme benötigen, für die sich der hier beschriebene Entwicklungsaufwand lohnt. Unsere Kunden investieren oft mehrere Stunden in die Entwicklung einer derartigen Diagrammvorlage, und wir selbst haben Templates entwickelt, für die wir eine Woche und mehr Zeit benötigt haben.

Um einem zweiten Missverständnis vorzubeugen, möchten wir betonen, dass wir Ihnen hier nicht zeigen werden, wie Sie einen bestimmten Datensatz auf unterschiedlichste Weise grafisch auswerten können. Wir wollen Ihnen stattdessen anhand nur *eines* Übungsbeispiels unsere wichtigsten Gestaltungstricks erläutern. Wenn Sie dieses komplexe Übungsbeispiel durchgearbeitet haben, verstehen Sie das Prinzip dieser unüblichen Tipps und Tricks und sind so in der Lage, Diagrammtemplates für völlig andere Diagrammtypen als das hier gezeigte „gestapelte Säulendiagramm" zu entwickeln. Als Unterstützung, Trainingsmaterial und Orientierungshilfe bieten wir dazu bei www.hichert.com und www.hi-chart.com viele unterschiedliche Diagrammtypen und Diagrammtemplates zum Download an.

Und noch ein Hinweis: Um keine Differenzen zwischen den Abbildungen im Buch und den Filmaufnahmen auf der DVD zu erhalten, haben wir auf die Berücksichtigung der aktuellen Version von HICHERT®SUCCESS verzichtet. So haben wir beispielsweise für Istdaten die blauen Achsenabschnitte und für Plandaten die violetten Achsabschnitte belassen, obwohl die aktuelle SUCCESS-Version für Istdaten „*schwarz*" und für Plandaten „*hohl*" (outline) vorsieht.

Holger Gerths und Rolf Hichert

Aufbau des Buches

In diesem Buch wollen wir Ihnen zeigen, wie Sie Diagramme auch ganz anders als mit dem Excel-Diagrammassistenten erstellen können. Bei diesem alternativen Herangehen und gleichzeitiger Kenntnis einiger teilweise raffinierter Tipps und Tricks können Sie quasi beliebige Darstellungen (beispielsweise neue Diagrammformen) und beliebige Details (beispielsweise Hervorhebungen und selektive Beschriftungen) realisieren.

In **Kapitel 1** geben wir Ihnen einen Überblick zum Gestaltungskonzept von HICHERT®-SUCCESS in Bezug auf Geschäftsdiagramme.

In **Kapitel 2** zeigen wir Ihnen, wie Sie bei Verwendung von Excel 97 bis Excel 2003 in 30 Schritten zu einem praktisch einsetzbaren Säulendiagramm kommen.

In **Kapitel 3** werden dieselben Arbeitsschritte noch einmal durchgegangen, dieses Mal aber für Excel 2007 und Excel2010. Die Unterschiede dieser Excel-Versionen in Bezug auf unser Thema sind so groß, dass wir sie nicht in übersichtlicher Form parallel behandeln können.

Im **Anhang** stellen wir noch ein paar Sonderthemen wie die professionelle Verknüpfung mit Power-Point oder Word und praktische Tastenkombinationen vor, die Ihnen helfen werden, das Gelernte in die Praxis umzusetzen. Daneben zeigen wir aktuelle Gestaltungsempfehlungen von HICHERT®SUCCESS.

Wenn Sie dieses Buch unter Zuhilfenahme der Übungsbeispiele und der Filme auf der beiliegenden **DVD** durchgearbeitet haben, so werden Sie ein neues Verständnis vom Umgang mit Excel-Diagrammen gewonnen haben. Sie werden die gezeigten Tipps und Tricks nicht nur für den Diagrammtyp „gestapelte Säulen" nutzen können, sondern hoffentlich auch für andere von Ihnen benötigte Diagrammtypen wie Balken, Linien und Punkte bzw. Blasen. Die meisten Tipps und Tricks funktionieren bei allen Diagrammtypen von Excel in gleicher oder sehr ähnlicher Weise, es gibt aber leider auch abweichende Funktionen. Auch aus diesem Grund fügen wir als Orientierungshilfe weitere praktische Beispiele auf der DVD bei. Zusätzliches und laufend aktualisiertes Material finden Sie bei www.hichert.com und www.hi-chart.com.

INHALTSVERZEICHNIS

Vorwort zur ersten Auflage   3
   Von Rolf Hichert   3
   Von Holger Gerths   4
   Vorwort zur zweiten Auflage   6
   Aufbau des Buches   7

Inhaltsverzeichnis   9

1   Geschäftsdiagramme   13
   1.1   Typisierung von Geschäftsdiagrammen   14
   1.2   Gestaltung von professionellen Geschäftsdiagrammen   17
   1.3   Beispiele für professionelle Geschäftsdiagramme   38

2   Gestapeltes Säulendiagramm mit Excel 97 bis 2003 realisieren   52
   2.1   Übungsdateien verwenden   53
   2.2   Ausgangsdaten bereitstellen   54
   2.3   Säulendiagramm einfügen   55
   2.4   Diagramm ins Raster einrasten   55
   2.5   Unnötige Elemente entfernen   57
   2.6   Zeichnungsfläche maximieren   59
   2.7   Farben richtig einsetzen   60
   2.8   Formatvorlagen festlegen   62
   2.9   Mit Excel-Vorlagen arbeiten   64
   2.10   Säulenabschnitte beschriften   65
   2.11   Schrift auf die richtige Größe bringen   66

[INHALTSVERZEICHNIS]

2.12 Säulenbreite anpassen — 66

2.13 Vertikale Reihenfolge der Säulenreihen ändern — 67

2.14 Linien der X-Achse ausblenden — 68

2.15 Eigene X-Achsen-Linie mit variabler Dicke erstellen — 69

2.16 Summen über den Säulen anzeigen — 72

2.17 Platz links und rechts des Diagramms schaffen — 77

2.18 Frei steuerbare Y-Skalierung ermöglichen — 85

2.19 Y-Positionierung steuern — 90

2.20 Eigene X-Achsen-Beschriftung frei positionieren — 94

2.21 Legende am rechten Diagrammrand erstellen — 97

2.22 Legende automatisch am letzten gefüllten Monat ausrichten — 100

2.23 Legende von links nach rechts umschalten — 103

2.24 Vertikale Linie einfügen — 108

2.25 Datengesteuerten Farbwechsel in der X-Achse realisieren — 110

2.26 Frei positionierbare Pfeile einfügen — 113

2.27 Beschriftungen von zu kleinen Diagrammwerten ausblenden — 121

2.28 Frei positionierbare Säulenbeschriftungen einfügen — 123

2.29 Diagrammtitel integrieren — 129

2.30 Seitenraster erstellen — 134

3 Gestapeltes Säulendiagramm mit Excel 2007 und 2010 realisieren — 139

   3.1 Übungsdateien verwenden — 140

   3.2 Ausgangsdaten bereitstellen — 141

   3.3 Säulendiagramm einfügen — 142

   3.4 Diagramm ins Raster einrasten — 144

   3.5 Unnötige Elemente entfernen — 145

   3.6 Zeichnungsfläche maximieren — 146

3.7	Farben richtig einsetzen	148
3.8	Formatvorlagen festlegen	152
3.9	Mit Excel-Vorlagen arbeiten	156
3.10	Säulenabschnitte beschriften	157
3.11	Säulenbreite anpassen	159
3.12	Vertikale Reihenfolge der Säulenreihen ändern	160
3.13	X-Achsen-Linie	161
3.14	Summen über den Säulen anzeigen	167
3.15	Platz links und rechts des Diagramms schaffen	173
3.16	Frei steuerbare Y-Skalierung ermöglichen	182
3.17	Y-Positionierung steuern	186
3.18	Eigene X-Achsen-Beschriftung frei positionieren	191
3.19	Legende am rechten Diagrammrand erstellen	196
3.20	Legende automatisch am letzten gefüllten Monat ausrichten	198
3.21	Legende von links nach rechts umschalten	201
3.22	Vertikale Linie einfügen	205
3.23	Datengesteuerten Farbwechsel in der X-Achse realisieren	208
3.24	Frei positionierbare Pfeile als Grafik einfügen	213
3.25	Frei positionierbare Pfeile als Punktediagramm mit Verbindungslinie einfügen	221
3.26	Beschriftungen von zu kleinen Diagrammwerten ausblenden	227
3.27	Frei positionierbare Säulenbeschriftungen einfügen	229
3.28	Diagrammtitel integrieren	234
3.29	Seitenraster erstellen	241

[INHALTSVERZEICHNIS]

4 Anhang   246

    4.1   In Diagrammen navigieren   246

    4.2   Excel mit PowerPoint verknüpfen   248

    4.3   Tastenkombinationen   254

    4.4   Tipps und Tricks   256

    4.5   Häufig gestellte Fragen (FAQ)   259

    4.6   Schriftgröße zur Bestimmung der Diagrammabmessungen verwenden   270

    4.7   Einheitliche Farben, Formen und Symbole   277

    4.8   Diagramme der vierten Generation   281

5 Stichwortverzeichnis   285

1 GESCHÄFTSDIAGRAMME

Wenn man eine deutsche Übersetzung des englischen Begriffes *business charts* sucht, so ist man mit dem Wort *Geschäftsdiagramme* ganz gut bedient. Wir verstehen unter einem *Geschäftsdiagramm* die Visualisierung von Zahlenreihen geschäftlicher Inhalte, die man heute in *PowerPoint*-Präsentationen, in internen Managementberichten und externen Geschäftsberichten genauso findet wie in der Tagespresse oder in Wirtschaftsmagazinen. Vielfach geht es dabei um die Darstellung von Umsätzen, Gewinnen, Marktanteilen, Personalständen oder anderen betriebswirtschaftlichen Messgrößen in lustig anzusehenden Kreis- oder Ringdiagrammen, fröhlichen Liniendarstellungen und bodenständigen Säulendiagrammen. Fast immer sind sie ein bisschen zu bunt und zu groß – aber dabei durchaus geeignet, schwer lesbare Texte und trockene Tabellen gestalterisch etwas aufzulockern.

Wenn wir hier von „professionellen" Geschäftsdiagrammen sprechen, so meinen wir solche, die nicht lediglich der Dekoration dienen, sondern die dafür geeignet sind, beim *Analysieren* betriebswirtschaftlicher Daten interessante Einsichten zu erhalten und beim *Berichten* oder *Präsentieren* geschäftlicher Inhalte wichtige Sachverhalte möglichst verständlich zu vermitteln. Und hierfür sind Kuchendiagramme mit drei Segmenten für die unterschiedlichen Exportanteile genauso wenig geeignet wie vier Säulen, die eine Umsatzsteigerung von 90 auf 130 Einheiten zeigen. Anspruchsvolle Geschäftsdiagramme vermitteln dagegen Inhalte, Einsichten und Botschaften, die man nicht ohne Weiteres in verbaler Form vermitteln kann. In Abschnitt 1.3 werden einige praktische Beispiele gezeigt, die wir als „professionelle", als fachmännische, als gut und richtig gemachte Geschäftsdiagramme bezeichnen möchten. Dabei beziehen wir uns auf das Gestaltungskonzept von HICHERT®SUCCESS. Und es wird die Aufgabe der Kapitel 2 und 3 sein zu zeigen, wie mit Hilfe von *Excel*-Standardfunktionen derartige Visualisierungen praktisch zu realisieren sind.

Die Erklärung dafür, dass heute bei Geschäftspublikationen wenig aussagekräftige Diagramme mit geringer Informationsdichte (wenige Elemente, wenige Dimensionen) vorherrschen, liegt auch an den begrenzten Standardfunktionen von *Excel* – vor allem dann, wenn man mit dem *Diagramm-Assistenten* von *Excel* arbeitet. Und *Excel* ist derzeit das Programm, mit dem wohl mit Abstand die meisten Diagramme erstellt werden, und zwar von Beratern und Hochschulassistenten, von Fachkräften in Firmen sowie Schülern und Studenten. Und es ist das Ziel dieses Buches dazu beizutragen, dass mit Hilfe einiger Tipps und grundlegender Tricks zur Anwendung von *Excel* möglichst viele Interessenten in die Lage versetzt werden, mit *Excel* „professionelle Diagramme" zu realisieren, was bislang nur Spezialsoftware und *PowerPoint*-Handarbeit vorbehalten war.

Wir unterscheiden bei den Objekten zur Gestaltung von geschäftlichen Kommunikationsunterlagen wie Berichte, Statistiken, Präsentationen und Bildschirmlösungen neben den *Diagrammen* weitere Objekte wie *Tabellen* (Zahlen- und Wortanordnungen in Spalten und Zeilen), *Texte* (Beschreibungen, Erklärungen, Hinweise usw.) und *Bilder* (Ablaufpläne, Landkarten, Entscheidungsbäume, Organigramme usw.).

Die von uns hier benutzten Begriffe *Diagramme (charts)* und *Bilder (graphs, graphics, conceptual charts, exhibits)* werden nicht immer gleich interpretiert. Wir fassen unter *Bilder* diejenigen Darstellungen zusammen, die *nicht* – wie die Diagramme – ausschließlich der Visualisierung von Zahlenreihen dienen. Allerdings bleibt es bei einer unscharfen Abgrenzung zwischen Diagrammen und „Bildern", wenn man beispielsweise Balkendarstellungen zur *Kostenanalyse* von Projekten betrachtet und diese mit Balkendarstellungen zur *Terminanalyse* von Projekten (*Gantt Charts*) vergleicht: Weil es bei der *Kostenanalyse* nur um den Zahlenvergleich geht, sprechen wir hier von Diagrammen, weil es bei der *Terminanalyse* zusätzlich noch um Kapazitätszuordnungen, Meilensteinhinweise und zeitliche Abhängigkeiten geht, sprechen wir hier lieber von Bildern. Eine Übersicht zu unterschiedlichen Bildtypen zeigt **Abbildung 1.1**.

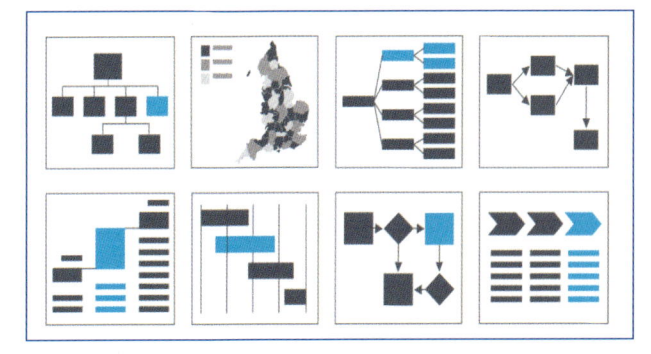

Abbildung 1.1:
Übersicht zu unterschiedlichen Bildtypen

Wenn wir uns in diesem Buch auch nicht mit dem Aufbau und der Darstellung kompletter Berichte und Präsentationen beschäftigen, so sollen doch kurz Hinweise zur begrifflichen Abgrenzung einzelner *Seiten* eines Berichts und einzelner *Schaubilder* einer Präsentation von den hier im Mittelpunkt stehenden *Diagrammen* gegeben werden: Eine *Berichtsseite* oder ein *Präsentationsschaubild* besteht in der Regel aus mehr als nur einem Diagramm. Sie bestehen meistens aus einer Kombination unterschiedlicher Objekte, häufig aus einer Kombination von Diagrammen, Texten und Tabellen.

Ein *Schaubild* – vor allem dann, wenn es bei Präsentationen eingesetzt wird – sollte aus folgenden Bestandteilen bestehen: a) Einer klaren *Botschaft* (ein ganzer Satz, der zweckmäßigerweise am oberen Rand gezeigt wird), b) einem verständlichen *Titel* (zur Identifikation aller wichtigen Dimensionen wie Firmenname, Messgröße samt Einheit und Zeitperiode), c) einem oder mehreren *Diagrammen* (mit einem einheitlichen und verständlichen Notationskonzept), d) einer visuellen *Hervorhebung* der Botschaft (mit Pfeilen, Umkreisungen oder Farben) sowie e) *Erläuterungen* in Form von Fußnoten, integrierten Erklärungen oder anderen Hinweisen.

Wir unterscheiden hier nicht konsequent die Begriffe „Diagramm" und „Schaubild", sie gehen ineinander über. Wir sind aber der Meinung, dass ein Diagramm nur dann für die Vermittlung von geschäftlichen Informationen geeignet ist, wenn es einen verständlichen Titel hat und eine klare Botschaft nennt, die darüber hinaus im Schaubild deutlich hervorgehoben ist. Dazu kommen in das Diagramm integrierte Erläuterungen, sofern erforderlich. Diese Forderungen an ein gutes Diagramm oder Schaubild folgen dem Motto: Ein (Schau)Bild sagt mehr als tausend Worte. Ein anspruchsvolles Geschäftsdiagramm (wir könnten auch Diagrammschaubild sagen) kann Inhalte vermitteln, die man nur mit vielen Worten ausdrücken könnte, ja vielleicht überhaupt nicht durch das gesprochene Wort allein vermittelt werden kann. Schlechte Schaubilder muss man erklären, gute Schaubilder erklären sich selbst.

Wir werden im folgenden Abschnitt 1.1 einige einführende Hinweise zur Typisierung von Diagrammen geben, danach im Abschnitt 1.2 über Gestaltungsregeln nach HICHERT®SUCCESS sprechen und in Abschnitt 1.3 einige praktische Beispiele für Diagrammschaubilder vorstellen, die – etwas Übung und Engagement vorausgesetzt – mit den in den Kapiteln 2 und 3 vermittelten Tipps und Tricks allein mit *Excel*-Standardfunktionen realisierbar sind.

1.1 TYPISIERUNG VON GESCHÄFTSDIAGRAMMEN

Wenn man die riesige Vielfalt von Diagrammen in Zeitungen, Zeitschriften, Büchern, Berichten und *PowerPoint*-Präsentationen betrachtet, so fällt es schwer, eine umfassende Systematik zu finden – gibt es doch kaum zwei gleiche Darstellungen. Man erhält bei dieser Betrachtung leicht den Eindruck, als ginge es darum, möglichst viele unterschiedliche, kreative und sich von bestehenden Darstellungen unterscheidende Visualisierungsformen zu finden. Dies gilt in besonderer Weise für die teilweise recht aufwendig gestalteten Diagramme in Firmendarstellungen und Geschäftsberichten.

In ähnlicher gestalterischer Vielfalt hat man vor Jahrhunderten die ersten Bücher gedruckt, die ersten Landkarten gezeichnet und die ersten technischen Zeichnungen erstellt: Der Mangel an Normen und ein fehlendes Verständnis für Standards in den Anfängen der Buchdruckerei, Kartografie und Technik hat eine Vielfalt von Farben, Formen und Symbolen entstehen lassen, die wir heute teilweise bewundern und manchmal auch belächeln.

Um zu beurteilen, wie wenig hilfreich eine falsch verstandene „Kreativität" bei der Visualisierung von Geschäftszahlen ist, muss man sich nur versuchen vorzustellen, wie viel schwieriger es Musikinterpreten hätten, wenn sich die Komponisten nicht auf eine einheitliche Notendarstellung geeinigt hätten, und wie viel schwieriger die Kommunikation zwischen Ingenieuren wäre, wenn sie sich nicht frühzeitig auch international auf Symbole, Abkürzungen, Farben und Maßstäbe geeinigt hätten.

Vor diesem Hintergrund und den Empfehlungen des Konzeptes HICHERT®SUCCESS nach einer einheitlichen Notation vor Augen, plädieren wir dafür, möglichst *wenige* unterschiedliche Diagrammformen zu verwenden. Wir wollen zeigen, dass man mit einigen wenigen Darstellungsformen die meisten Visualisierungen geschäftlicher Zahlenzusammenhänge in brauchbarer Form abbilden kann.

Abbildung 1.2 zeigt die Unterscheidung von drei grundlegend unterschiedlichen Arten von Geschäftsdiagrammen. Bei allen Arten handelt es sich um *Vergleiche* von Zahlenwerten, denn dies ist das alleinige Ziel der Visualisierung in Form von Diagrammen: Zahlenwerte sollen in geeigneter Form miteinander verglichen werden.

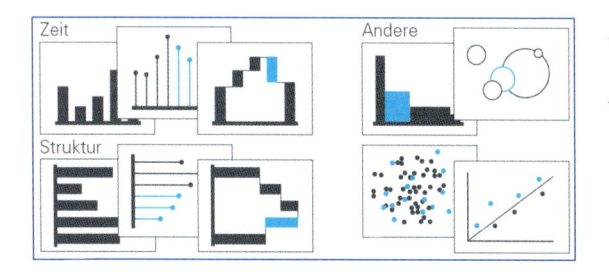

Abbildung 1.2:
Übersicht zu den wichtigsten Diagrammarten[2]

---

2 Siehe auch **www.poster.hichert.com**

[GESCHÄFTSDIAGRAMME]

Die erste Art von Diagrammen betrifft *Zeit*darstellungen mit einer horizontalen Zeitachse für Wochen, Monate oder Jahre. Die häufigsten Diagrammtypen zeitlicher Art sind Säulendiagramme, Liniendiagramme, Nadeldiagramme und Flächendiagramme. Bei betriebswirtschaftlichen Analysen sollte man auf Kurvendiagramme verzichten, weil sie Verläufe vermitteln, deren Zwischenwerte nicht vorhanden sind – liegen doch fast immer nur diskrete Werte für Tage, Wochen und Monate vor.

Die zweite Art von Diagrammen betrifft *Struktur*darstellungen ohne zeitliche Abhängigkeiten mit einer senkrechten Achse. Dies sind in der Regel Balkendiagramme und Nadeldiagramme, Linien- und Flächendiagramme sind hier weniger geeignet, da sie den Eindruck eines *Verlaufes* vermitteln, der bei Strukturanalysen nicht gegeben ist.

Die dritte Art von Diagrammen fasst alle nicht zeitlichen Entwicklungen und Strukturanalysen zuzuordnenden Darstellungsformen zusammen. Ihre häufigste Form sind Punktdiagramme, also Darstellungen von Werten in zwei Größenachsen. Wenn Punkte eine definierte Fläche erhalten – also eine dritte Dimension –, nennt *Excel* diese Darstellungsform Blasendiagramme; ihre typische Anwendung sind sogenannte Portfolio-Analysen.

Weitere Differenzierungen dieser drei Arten von Diagrammen lassen sich mit der Matrix von **Abbildung 1.3** erklären, in der 36 unterschiedliche Grundtypen – teilweise mit Varianten – gezeigt werden.

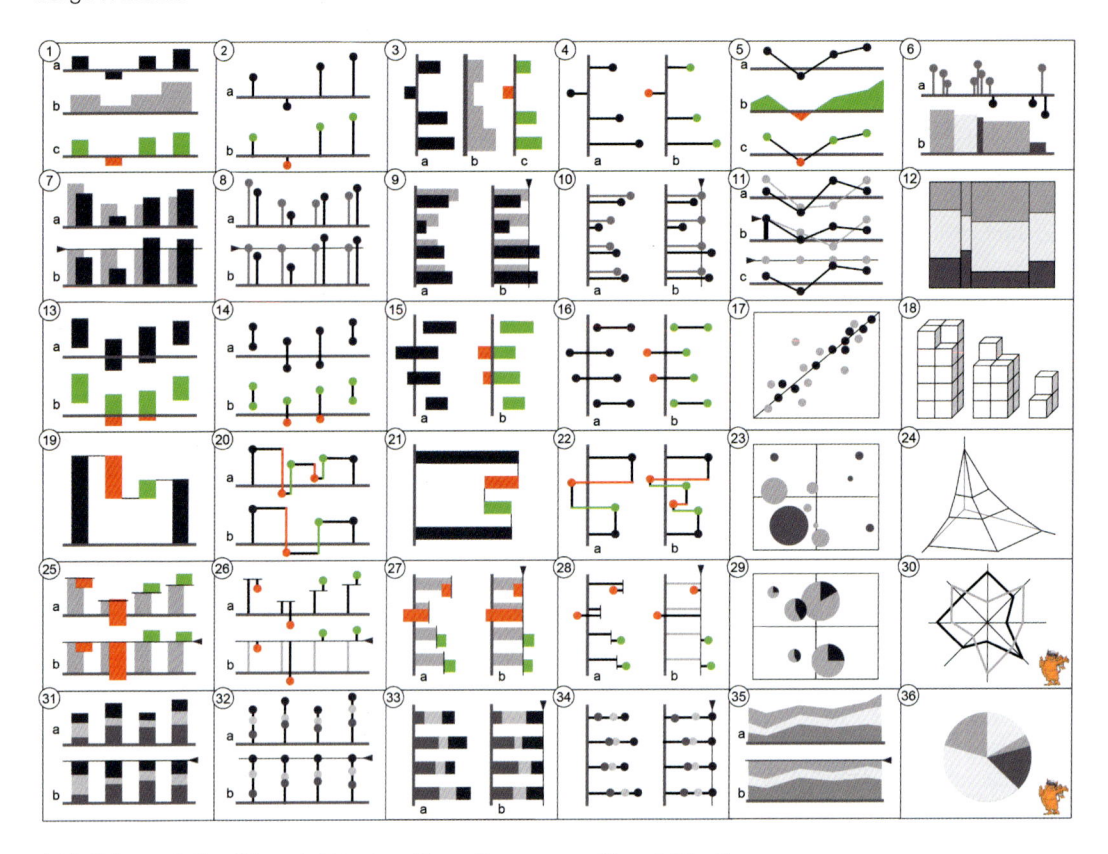

Abbildung 1.3: *Die wichtigsten Grundtypen von Geschäftsdiagrammen*

Es werden hier einerseits unterschiedliche *Darstellungsformen* für die einzelnen Diagrammelemente wie Breite, Farbe und Form der Datenreihen gezeigt: So unterscheiden sich die Grundtypen 7 und 8 (bzw. 9 und 10) durch die Breite der Säulen bzw. Balken.

Andererseits werden unterschiedliche *Analyseformen* wie Index-, 100-Prozent- und Wasserfalldarstellungen gezeigt: So entsprechen die Grundtypen 1 bis 4 den Vergleichstypen 7 bis 10, den Spannentypen 13 bis 16, den Wasserfalltypen 19 bis 22 usw. Die Grundtypen 5 und 11 (Linien) und 35 (Flächen) sollten nur für die Zeitanalyse (horizontale Achsen) zum Einsatz kommen.

Die Grundtypen 17, 23 und 29 sind typische Vertreter für die oben als Punkt- und Blasendiagramme bezeichneten Darstellungen. Die Grundtypen 6 und 12 sind Sonderfälle, bei denen die horizontale Achse keine Rubrikenachse (mit gleichen Abständen), sondern eine Größenachse (mit ungleichen Abständen) ist.

Die Grundtypen 18 und 24 stehen stellvertretend für diejenigen Diagramme, die die dritte Achse sinnvoll nutzen und nicht für Pseudo-3D-Darstellungen verschwenden.

Die Netz-, Spinnen- oder Radardarstellungen von Grundtyp 30 werden leider häufig falsch eingesetzt: Wenn den zwei in der Fläche darstellbaren Achsen keine sinnvolle Bedeutung – wie beispielsweise Himmelsrichtungen – zugewiesen werden kann, so sollte dieser Grundtyp nicht verwendet werden. Die beliebte Verwendung dieses Diagrammtyps für „Beurteilungsprofile" führt fast immer zu falschen visuellen Eindrücken. Dafür gibt es zwei Gründe: Erstens beeinflusst die (meistens zufällige) Reihenfolge der Kriterien ganz erheblich den visuellen Eindruck des als Linie oder Fläche dargestellten Profils, und zweitens führen Zahlenunterschiede „weiter außen" zu einer nicht proportionalen Veränderung der gezeigten Figur.

Der Grundtyp 36 steht stellvertretend für alle Kreis-, Ring- und Torusdarstellungen, die sich zwar einer großen Beliebtheit erfreuen, aber infolge ihrer nur eindimensionalen Analyse selten aufschlussreiche Einsichten vermitteln können: Die Aussage „Unser Export beträgt 33 Prozent" lässt sich nicht wesentlich durch einen Kreis verdeutlichen, bei dem ein Drittel anders eingefärbt ist als der Rest. Es gibt allerdings einige durchaus sinnvolle Anwendungen für Kreisdiagramme, beispielsweise dann, wenn in einer Landkarte die Marktanteile bestimmten Regionen oder Städten zugeordnet werden sollen: Im Gegensatz zu Säulen- und Balkendiagrammen lassen sich Kreisdiagramme exakt einem Punkt auf der Landkarte zuordnen (siehe auch die positive Nutzung von Kreisdiagrammen in **Abbildung 1.61**).

Wir haben hier bewusst auf „kreative" Darstellungen wie Kugelkalotten, Trichter und andere verzichtet, siehe die Hinweise bei CHECK im nächsten Abschnitt sowie **Abbildungen 1.20** und **1.21**.

1.2 GESTALTUNG VON PROFESSIONELLEN GESCHÄFTSDIAGRAMMEN

Wenn wir hier von „professionellen Geschäftsdiagrammen" oder „Diagrammschaubildern" sprechen, soll es sich um visuelle Darstellungen handeln, die geeignet sind, gewisse geschäftliche Aussagen zu beweisen oder zumindest plausibel zu machen. Ein einzelnes Diagramm, beispielsweise ein Säulendiagramm für die monatlichen Umsatzzahlen eines Geschäftsjahres, kann nur in Bezug auf wenige Darstellungsaspekte wie richtige Skalierung und Verzicht auf bedeutungslose Farben beurteilt werden. Andere Qualitätskriterien wie beispielsweise die Fra-

[GESCHÄFTSDIAGRAMME]

ge, ob dieser Diagrammtyp überhaupt für die Vermittlung der beabsichtigten Botschaft geeignet ist, lassen sich nur dann beurteilen, wenn diese Botschaft auch bekannt ist.

Ein Diagramm ist so gut, wie es geeignet ist, gewisse analytische Einblicke oder bestimmte geschäftliche Botschaften zu vermitteln. Ein Diagramm hat keinen Selbstzweck, man kann es nur bedingt für sich allein beurteilen – ein Diagramm kann nur besser oder schlechter bestimmte Ziele erfüllen.

Wenn wir von guten und weniger guten Geschäftsdiagrammen sprechen, so sollte es klare Kriterien geben, mit denen diese Beurteilung möglich ist. Wir orientieren uns nachfolgend am Konzept HICHERT® SUCCESS zur Gestaltung von Berichten und Präsentationen. Nach einer allgemeinen Übersicht gehen wir auf einzelne in diesem Zusammenhang wichtige Qualitätskriterien näher ein.

Die folgenden Fragen zur Qualitätsbeurteilung von Diagrammen sind nach den sieben Regelgruppen **SAY, UNIFY, CONDENSE, CHECK, ENABLE, SIMPLIFY** und **STRUCTURE** gegliedert:

1 **SAY: Ein Diagramm sollte Einsichten (bei der Analyse) oder Botschaften (bei der Präsentation) vermitteln**
1.1 Vermittelt das Diagramm eine verständliche *Aussage*? (Feststellung, Erklärung oder Empfehlung)
1.2 Ist diese Botschaft in geeigneter Form *hervorgehoben*? (Pfeil, Farbgebung, Einrahmung)
1.3 Ist ein vollständiger *Titel* vorhanden? (mit allen Dimensionen und Einheiten)
1.4 Sind ergänzende *Hinweise* im Diagramm enthalten? (Erläuterungen, Fußnoten)

2 **UNIFY: Ein Diagramm sollte Teil eines einheitlichen Darstellungskonzeptes sein**
2.1 Wird der Darstellungsstandard bei allen *Objekten* eingehalten? (Tabellen, Diagramme, Bilder, Texte)
2.2 Werden die Daten laut Notationshandbuch visualisiert? (Messgrößen, Dimensionen, Analysen, Skalen)
2.3 Werden die *Formate* laut Notationshandbuch gehandhabt? (Formen, Farben, Schriften)

3 **CONDENSE: Diagramme sollten eine hohe Informationsdichte bieten**
3.1 Ist die *Flächennutzung* bestmöglich? (wenig Ränder und Freiflächen)
3.2 Existiert eine große *Datenmenge* pro Fläche? (gilt nicht für Text)
3.3 Sind mehr als zwei oder drei *Dimensionen* dargestellt?

4 **CHECK: Wichtige Qualitätsaspekte sollten berücksichtigt werden**
4.1 Handelt es sich um richtige und wichtige *Daten*? (aktuell und relevant)
4.2 Ist die visuelle *Darstellung* regelkonform? (richtige Diagrammtypen und Diagrammelemente)
4.3 Ist die *Skalierung* richtig? (keine Manipulationen wie abgeschnittene Achsen)

5 **ENABLE: Die organisatorische und technische Diagrammrealisierung sollte gute Ergebnisse ermöglichen**
5.1 Ist das Diagramm in die *Datenbasis* integriert? (automatische Aktualisierung)
5.2 Kann das Diagramm *automatisch* erstellt werden? (gute Systemunterstützung)
5.3 Kann auf Diagramm-*Templates* zurückgegriffen werden? (organisatorische Unterstützung)

[GESCHÄFTSDIAGRAMME]

6   SIMPLIFY: Einfachheit ist ein wichtiger Aspekt des Darstellungskonzeptes
6.1 Wird auf *dekorative* und bedeutungslose Elemente verzichtet? (Schatten, Farben, 3-D-Effekte)
6.2 Wird auf *redundante* Elemente verzichtet? (doppelte Titel und Bezeichnungen)
6.3 Werden *ablenkende* Details weggelassen? (unnötige Beschriftungen)

7   STRUCTURE: Die Diagramminhalte sollten richtig strukturiert sein
7.1 Sind die Elemente auf einer Strukturebene *gleichartig*?
7.2 Sind die Darstellungen *überschneidungsfrei*?
7.3 Sind die übergeordneten Punkte *erschöpfend* abgedeckt?

Einige der vorgenannten Qualitätskriterien werden nachfolgend weiter ausgeführt. Die verwendeten Schaubilder sind dem Poster SUCCESS RULES[3] entnommen.

1 SAY: Ein Diagramm sollte Einsichten oder Botschaften vermitteln

Bei der *Analyse* von neuen Daten kann ein Diagramm zu neuen Einsichten führen, bei der *Präsentation* kann ein Diagramm dazu verwendet werden, Botschaften an das Publikum einfacher zu vermitteln. Botschaften sollten immer Antworten sein auf die vom Publikum, von den Lesenden oder Zuhörenden, gestellten Fragen. Dies kann in Form von schlichten *Feststellungen* erfolgen („Der Umsatz ist um drei Prozent gefallen") oder in Form von wichtigen *Erklärungen* („Der Umsatz ist um drei Prozent gefallen, weil…") sowie mit klaren *Empfehlungen* („…und deshalb sollten wir…"). **Abbildung 1.4** zeigt eine Gegenüberstellung heute üblicher Nicht-Botschaften von Schaubildern auf der linken Seite mit der hier vorgeschlagenen Unterscheidung von Feststellungen, Erklärungen und Empfehlungen auf der rechten Seite.

Abbildung 1.4:
Botschaften formulieren, die feststellen, erklären oder empfehlen

Schaubilder sollten nur interessante Botschaften vermitteln, **Abbildung 1.5** zeigt den Unterschied zwischen interessanten und wenig interessanten Botschaften:

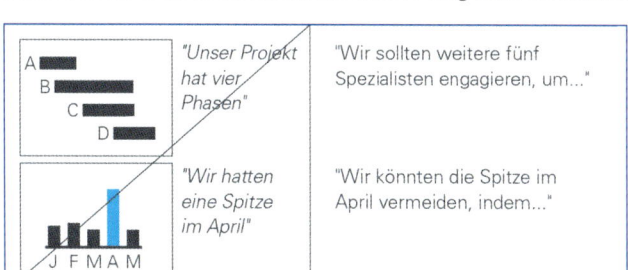

Abbildung 1.5:
Interessante Botschaften nennen, banale Botschaften vermeiden

---

3   Siehe auch **www.poster.hichert.com**

[GESCHÄFTSDIAGRAMME]

Auf der linken Seite werden zwei banale Botschaften gezeigt: Kaum jemand interessiert sich für die Anzahl der Projektphasen, die Anzahl von Produktmodulen oder ähnliche Trivialitäten. Die Adressaten wollen stattdessen verstehen, wie ihnen die ausgesprochene Botschaft nützt, was sie beispielsweise tun oder nicht tun sollen – siehe die beiden Botschaften auf der rechten Seite.

Eine gewisse Qualitätskontrolle von Schaubildern ist dadurch möglich, dass die zu vermittelnde Botschaft mit geeigneten Visualisierungsformen hervorgehoben wird. Wenn es nicht möglich ist, eine Botschaft im Schaubild hervorzuheben, ist dies immer ein Zeichen dafür, dass die Botschaft entweder nicht klar formuliert ist oder aber der Schaubildinhalt gar nicht zu der zu vermittelnden Botschaft passt. **Abbildung 1.6** zeigt eine typische Form der Hervorhebung mit Hilfe eines Pfeils und dem zusätzlichem Einkreisen des hervorzuhebenden Zahlenwertes.

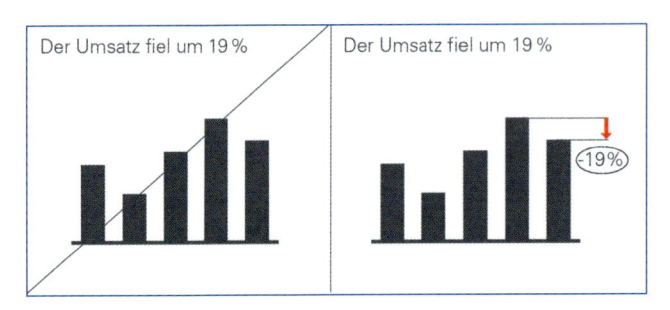

Abbildung 1.6:
Geeignete Hervorhebungen unterstreichen die Botschaft

Bei dieser Darstellung könnte man mit Recht einwenden, dass zur Visualisierung der Botschaft die drei linken Säulen nicht erforderlich gewesen wären. Es kann aber – je nach Anwendungsfall – durchaus sinnvoll sein, in einem Schaubild über die genannte Botschaft hinaus weitere Inhalte zu zeigen, die zum besseren Verständnis und zur Abrundung der Analyse beitragen können. Dies wird beispielsweise dann der Fall sein, wenn mit einer vertiefenden Diskussion des vermittelten Sachverhaltes gerechnet wird.

Diagrammtitel einerseits und Botschaften andererseits gehören zusammen, aber sie sollten klar voneinander abgegrenzt sein: Während die Botschaft eine verständliche und auf ihren Wahrheitsgehalt hin überprüfbare Aussage darstellt, ist der Titel dafür da, die im Diagramm nicht gezeigten Dimensionen und Messgrößen möglichst vollständig und klar zu vermitteln. Der Diagrammtitel ist zwingend erforderlich, nur so kann ein Diagramm überhaupt verstanden werden.

Es ist sinnvoll, wenn die Titel von Diagrammschaubildern sowohl von der Anordnung als auch von der Formulierung her gleichartig sind, siehe **Abbildung 1.7**.

Abbildung 1.7:
Einheitliche und vollständige Titel erleichtern das Verständnis

Die hier gewählte Form eines mehrzeiligen Titels gegenüber einem einzeiligen Titel wird bevorzugt, da man so schneller die einzelnen Schaubilddimensionen erfassen kann.

Mit den **Abbildungen 1.8** und **1.9** soll verdeutlicht werden, was mit der Integration von *ergänzenden Hinweisen* in Schaubildern gemeint ist: Zum Diagramm gehörende Erklärungen, Fußnoten und Kommentare sollten direkt an die entsprechenden Stellen geschrieben werden. Zumindest sollten sie aber leicht zuzuordnen sein, beispielsweise mit Hilfe von Buchstaben oder Nummern.

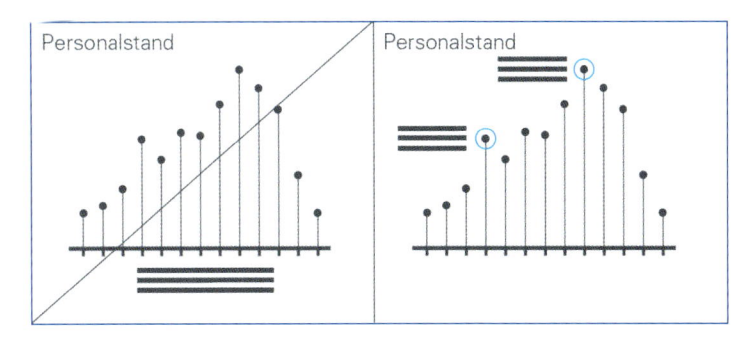

Abbildung 1.8:
Erklärungen in Diagramme integrieren

Hier kann insofern ein Unterschied zwischen Schaubildern gemacht werden, die in Präsentationen gezeigt, und solchen, die in Berichte eingebettet sind: Bei *präsentierten* Schaubildern kann auf die meisten schriftlichen Hinweise verzichtet werden, da diese von den Referierenden vorgetragen werden. Bei in *Berichten* einschließlich Handouts bzw. Tischvorlagen enthaltenen Schaubildern kann auf diese schriftlichen Hinweise natürlich nicht verzichtet werden.

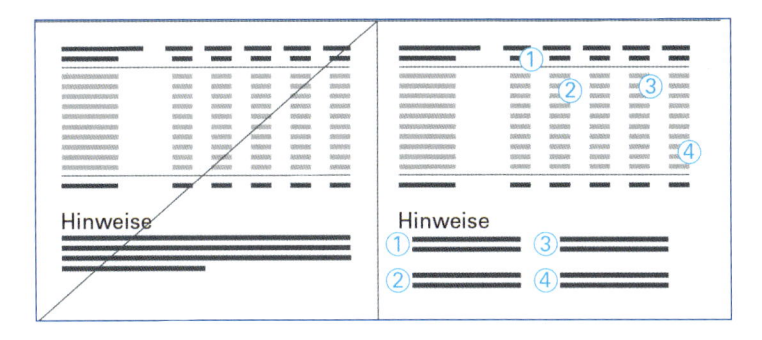

Abbildung 1.9:
Erklärungen dem Tabelleninhalt zuordnen

2 UNIFY: Ein Diagramm sollte Teil eines einheitlichen Darstellungskonzeptes sein

Ob ein Diagramm Teil eines einheitlichen Darstellungskonzeptes ist oder nicht, kann natürlich nur im Vergleich mit anderen Diagrammen in der gleichen Präsentation bzw. im gleichen Bericht geschehen – oder in noch umfassenderer Weise – im betreffenden Unternehmensbereich oder gesamten Unternehmen.

Das Thema UNIFY bzw. die Forderung nach einheitlicher Darstellung für Dinge mit gleicher Bedeutung betrifft bei Diagrammen vor allem die *Messgrößen* wie Umsatz und Personalstand sowie die dazu verwendeten *Dimensionen* wie Periodenarten, Länder oder Produktbereiche. Hierzu werden geeignete *Elemente* wie Formen, Farben und Schriften auf der Grundlage eines sogenannten Notationshandbuchs eingesetzt.

Bei einem Diagramm geht es beispielsweise darum, bestimmte Diagrammelemente wie Datenreihen, Achsen und Beschriftungen bei möglichst allen Diagrammtypen dann in gleicher Art zu verwenden, wenn sie auch das Gleiche bedeuten, siehe die Forderungen in **Abbildung 1.10**.

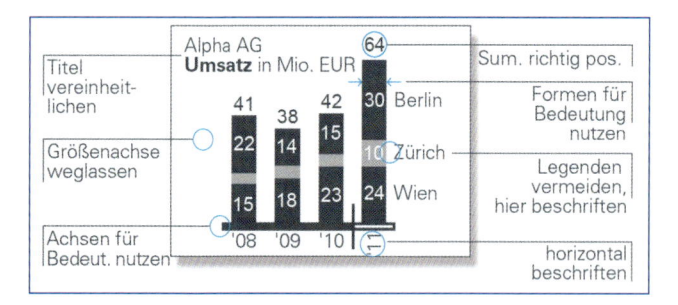

Abbildung 1.10:
Standardisierung wichtiger Diagrammelemente

Viele Geschäftsdiagramme benötigen die Unterscheidung von „Datenarten" (data categories) wie Vorjahr, Ist, Plan und Hochrechnung. Diese Datenarten können im Konzept HICHERT®SUCCESS beispielsweise durch Farben und Formen eindeutig gekennzeichnet werden, siehe die mittleren Spalten von **Abbildung 1.11**. Wenn immer möglich und sinnvoll umsetzbar, sollten stattdessen aber die „Nicht-Farben" Grau, Schwarz, „hohl" und „schraffiert" verwendet werden, siehe die linke Spalte von **Abbildung 1.11**. Somit ist es möglich, das Gestaltungselement „Farbe" für andere, wichtigere Bedeutungen einsetzen zu können.

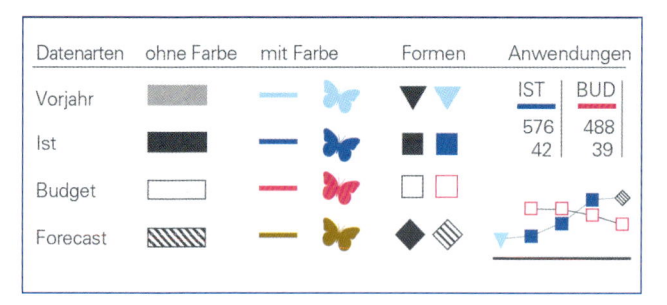

Abbildung 1.11:
Datenarten wie Ist, Budget und Forecast einheitlich unterscheiden

Bei vielen Geschäftsdiagrammen werden unterschiedliche Arten von absoluten und prozentualen Abweichungen der gezeigten Messgrößen benötigt. Hier ist es zweckmäßig, für unterschiedliche *Abweichungsarten* wie „Ist-Plan" und „Ist-Hochrechnung" einheitliche Visualisierungsformen zu verwenden. In **Abbildung 1.12** werden links typische *Vergleiche* gezeigt und rechts daneben die dazu gehörenden absoluten und prozentualen *Abweichungen*.

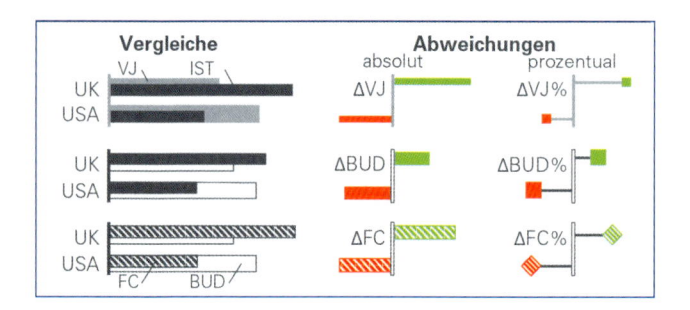

Abbildung 1.12:
Vergleiche und Abweichungen werden einheitlich visualisiert

Ganz allgemein besteht bei HICHERT®SUCCESS die Forderung nach einer allein von Bedeutung getriebenen Verwendung von Formen und Farben: Nicht der persönliche Geschmack und die speziellen Randbedingungen des im Unternehmen geltenden *Corporate Design*-Konzeptes sollten die Gestaltung von Diagrammen und Tabellen bestimmen, sondern die einheitliche Notation mit dem alleinigen Ziel des schnelleren und besseren Verstehens.

In **Abbildung 1.13** wird angedeutet, dass Farben, Schriftarten, Schriftfarben und Schriftgrößen nach einheitlichen Vorgaben eingesetzt werden sollten – entsprechend der generellen Forderung von UNIFY, dass gleiche Dinge möglichst gleich dargestellt werden sollten und *nicht* gleiche Dinge möglichst *nicht* gleich dargestellt werden sollten.

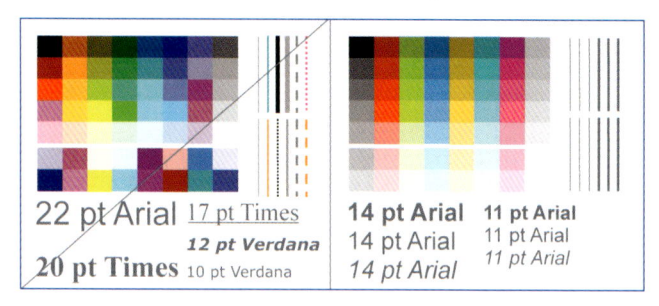

Abbildung 1.13:
Einheitliches Konzept für Farben und Schriften[4]

3 CONDENSE: Diagramme sollten eine hohe Informationsdichte bieten

Im Gegensatz zu mancher *PowerPoint*-Lehre wird bei der Regelgruppe CONDENSE die Empfehlung gegeben, möglichst viele „Daten pro Fläche" anzuordnen, um so möglichst schnell und verständlich komplexe geschäftliche Inhalte zu vermitteln. Selbstverständlich hat dies eine Obergrenze, die meistens durch die Schriftgröße bestimmt ist: Texte sollten ohne Anstrengung zu lesen sind. Diese Beschränkung bei der minimal verwendbaren Schriftgröße ist häufig durch die Bildauflösung der zur Verfügung stehenden Projektionsgeräte gegeben. Zur Bedeutung und Anwendung der Schriftgröße siehe auch Kapitel 4.6 im Anhang.

Die Forderung nach einer hohen Informationsdichte (sie gilt vor allem für visuelle Darstellungen, eingeschränkt auch für Texte) setzt voraus, dass die zur Verfügung stehende Fläche einer Berichtsseite oder eines projizierten Schaubildes bestmöglich genutzt werden sollte, siehe **Abbildung 1.14**.

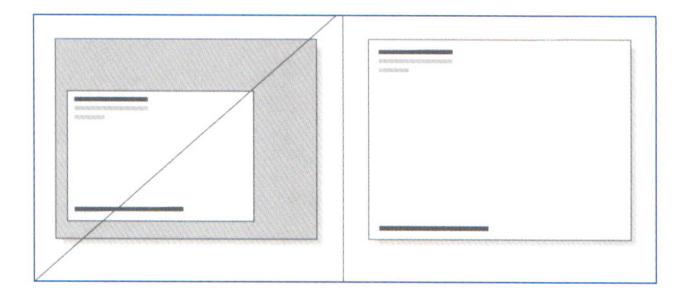

Abbildung 1.14:
Ganze Seite nutzen

Gerade bei projizierten *PowerPoint*-Schaubildern wird häufig an den Rändern „Platz verschenkt", der besser durch größere Inhaltsobjekte oder „mehr Inhalt" genutzt werden sollte.

---

4 Siehe auch **www.farben.hichert.com**

In einigen Fällen kann die Informationsdichte von Diagrammen dadurch erhöht werden, dass zusammengehörende Datenreihen *übereinander* und nicht nacheinander auf mehreren Seiten wiedergegeben werden, siehe **Abbildung 1.15**.

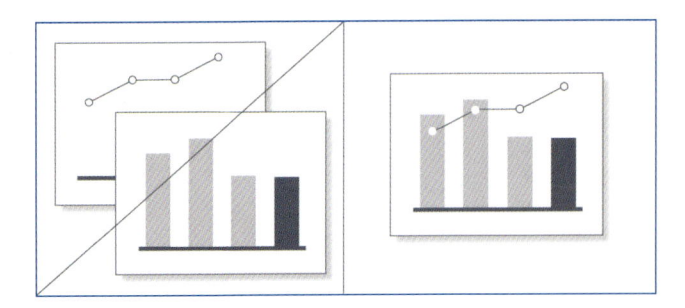

Abbildung 1.15:
Mehrere Diagramme übereinander legen

Auf der rechten Seite ist beispielsweise die monatliche Umsatzentwicklung (als Säulendiagramm) gemeinsam mit dem monatlichen Gewinnanteil in Prozent (als Liniendiagramm) in *einem* Schaubild dargestellt, um damit deutlicher die bestehenden Zusammenhänge aufzuzeigen.

Wenn die gleiche Messgröße (wie Umsatz oder Marktanteil) für mehrere Einheiten (wie Länder oder Produkte) präsentiert werden soll, so ist der Vergleich erheblich aussagekräftiger, wenn möglichst viele gleichartige Diagramme auf *einer* Seite nebeneinander gezeigt werden – und nicht auf unterschiedlichen Seiten nacheinander, siehe **Abbildung 1.16**.

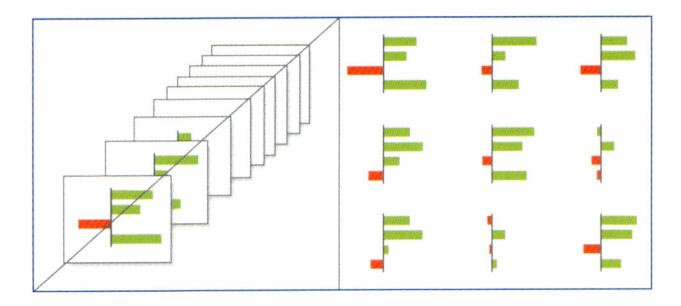

Abbildung 1.16:
Mehrere gleichartige Diagrammtypen nebeneinander anordnen

Wenn gleichartige Diagramme für mehrere Einheiten vorliegen, so ist es *immer* interessant, diese miteinander zu vergleichen. Selbstverständlich ist dies nur möglich, wenn gleiche Größen im gleichen Maßstab dargestellt sind – eine Forderung, gegen die leider immer wieder verstoßen wird. Die Anzahl maximal auf einer Seite nebeneinander darstellbarer Diagramme liegt zwischen vier und hundert – je nach der Komplexität der gewählten Einzeldiagramme. Wenn es erforderlich ist, können bei gedruckten Unterlagen auch mehrere Blätter nebeneinander betrachtet werden, oder es kann auf bedruckte A3-Blätter ausgewichen werden.

Wenn in einem Schaubild nicht nur Diagramme der gleichen Art, sondern unterschiedliche Diagrammarten – auch in Verbindung mit Tabellen und Texten – gezeigt werden, wird häufig von einem *Dashboard* gesprochen, siehe **Abbildung 1.17**.

[GESCHÄFTSDIAGRAMME]

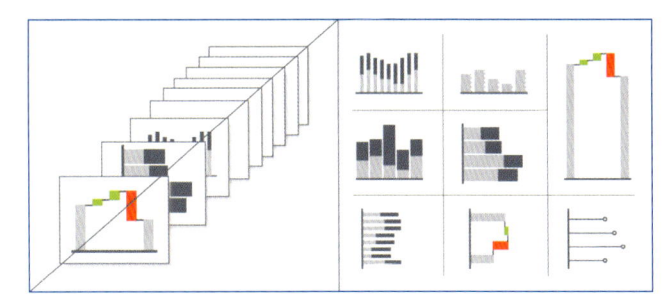

Abbildung 1.17:
Mehrere unterschiedliche Diagrammtypen nebeneinander anordnen

Es geht bei diesen *Dashboards* in Form von Druck- oder Bildschirmseiten darum, unterschiedliche, aber inhaltlich zusammenhängende Analysen miteinander zu vergleichen. Hier ist leicht einzusehen, dass hierfür ein einheitliches und einprägsames Notationskonzept einen wichtigen Beitrag leisten kann. Wenn es dabei um Diagramme mit unterschiedlichen Einheiten wie Millionen Euro, Stückzahlen und Personalstunden geht, so ist es auch hier unerlässlich, dass jede Einheit jeweils den gleichen Maßstab hat.

Dashboards dieser Art haben häufig keine Botschaften. Man kann sie mit Landkarten vergleichen, die zwar eine wichtige Orientierungshilfe abgeben, aber erst dann eine Botschaft vermitteln können, wenn darin bestimmte Zusammenhänge hervorgehoben werden. Gute *Dashboards* zeigen Zusammenhänge und Abweichungen, durch Hervorhebungen können sie Botschaften vermitteln.

Die einfachste Form zur Erhöhung der Informationsdichte besteht darin, mehr Werte in einem Diagramm zu zeigen, siehe **Abbildung 1.18**.

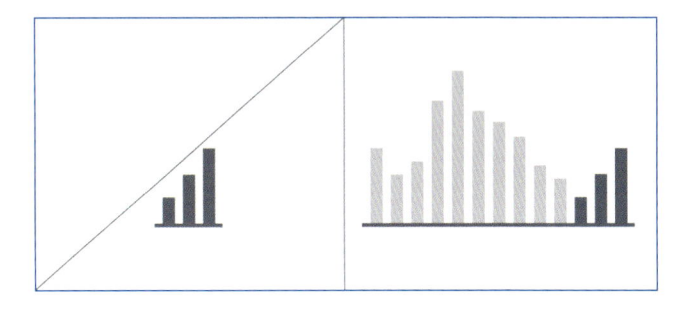

Abbildung 1.18:
Mehr Elemente anzeigen

Es wird zwar häufig behauptet, dass man Diagramme besser verstehen würde, wenn sie nur wenige Werte zeigen würden. Es lässt sich aber mit Hilfe praktischer Beispiele leicht beweisen, dass genau das Gegenteil gilt: Nur dann, wenn man Zahlenwerte in einem größeren Zusammenhang sieht, kann man sie schnell und unmissverständlich interpretieren. Es stimmt nicht, dass man die drei Säulen auf der linken Seite von **Abbildung 1.18** schneller verstehen kann als die viermal größere Säulenzahl auf der rechten Seite. Unser Auge ist in der Lage, auch tausende von Zahlen schnell zu verstehen, sofern die Visualisierung gut gemacht ist.

Vor allem bei den in Geschäftsberichten gezeigten Diagrammen werden oft nur wenige Perioden miteinander verglichen – manchmal nur das laufende Jahr mit dem Vorjahr. Eine derartige „Verdichtung" auf nur wenige Produkte, Länder oder Projekte stellt gerade das Gegenteil der bei CONDENSE geforderten Informationsdichte durch eine große Anzahl von Daten pro Fläche dar. Unter Verdichtung wird hier nicht die Reduzierung auf wenige Summenwerte verstanden, sondern die Erweiterung einer Analyse um mehr Details.

[GESCHÄFTSDIAGRAMME]

Eine damit in Zusammenhang stehende Regel von HICHERT®SUCCESS besagt, dass ein Schaubild umso aussagekräftiger wird, desto mehr Dimensionen dargestellt werden. Der Vergleich der Diagramme von **Abbildung 1.19** auf der linken und rechten Seite soll dies verdeutlichen:

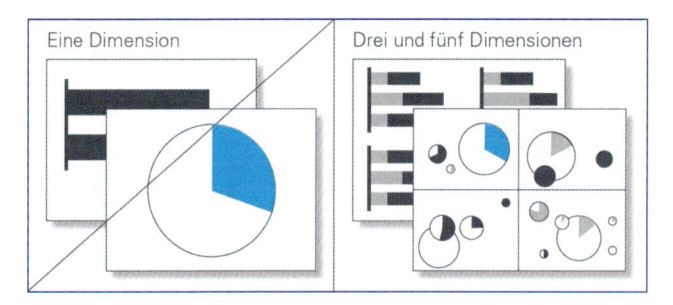

Abbildung 1.19:
Mehr als zwei Dimensionen zeigen

Während man mit den Diagrammen mit nur einer Dimension auf der linken Seite nur triviale Aussagen unterstreichen kann (für die wohl gar keine Diagramme erforderlich wären), erlauben die Diagramme mit drei und fünf Dimensionen auf der rechten Seite Einblicke in Zusammenhänge, die mit Worten allein kaum oder gar nicht zu vermitteln wären.

Die gemeinsame Berücksichtigung der in den **Abbildungen 1.18** und **1.19** geforderten Verdichtungen führen in allen Fällen zu einer aussagekräftigen Analyse und machen es für die Berichtserstellenden einfacher, spannende Botschaften zu formulieren – ganz nach dem Motto: Hohe Informationsdichte erlaubt interessante, geringe Informationsdichte banale Botschaften.

4 CHECK: Wichtige Qualitätsaspekte sollten berücksichtigt werden

Während die Forderung nach den richtigen und wichtigen *Daten* nicht zur Beurteilung der Diagrammqualität gehört, so sind die Forderungen nach einer „regelkonformen Darstellung" und „richtigen Skalierung" sehr wichtig, und ihnen soll hier etwas Aufmerksamkeit geschenkt werden.

Man sieht häufig Versuche, durch besonders „kreative" Visualisierungen neue Wege zu beschreiten. Diese Versuche sind aber dann zum Scheitern verurteilt, wenn sie falsche visuelle Eindrücke vermitteln, die entweder mit den Zahlenwerten nicht übereinstimmen oder aber unnötigen Ballast beinhalten, der das Verständnis erschwert. Vier weniger glückliche Darstellungsformen sind in **Abbildung 1.20** auf der linken Seite skizziert.

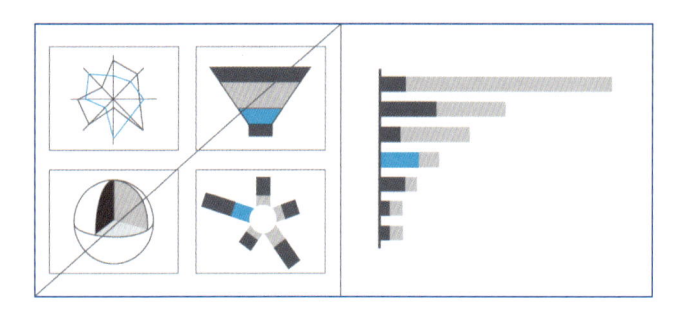

Abbildung 1.20:
Radar-, Trichter- und andere weniger geeignete Strukturdarstellungen ersetzen[5]

---

5 Siehe auch www.diagramm-schreckenfarben.hichert.com

Es handelt sich durchweg um Strukturdarstellungen, für deren Visualisierung in den meisten Fällen einfache, gestapelte oder kombinierte Balkendiagramme besser geeignet sind. Besonders ärgerlich sind sogenannte Spinnen-, Netz- oder Radardiagramme, mit denen versucht wird, mehr als zwei Dimensionen in einer Ebene zu zeigen, siehe Grundtyp 30 in **Abbildung 1.3**.

Darstellungen in Trichterform zeigen falsche Verhältnisse, wenn die gezeigten Flächen nicht den zugrunde liegenden Zahlenwerten entsprechen – was leider bei derartigen Darstellungen häufig der Fall ist.

Unter der Annahme, dass mit dem Kugelausschnitt unten links lediglich der Anteil „1/8" gezeigt werden soll, so gibt es gewiss einfachere Darstellungen, mit denen man Gleiches erreichen kann – ganz zu schweigen davon, dass eine derartige eindimensionale Analyse, wie schon gesagt, nur recht banale Einsichten vermitteln kann.

HICHERT®SUCCESS verbietet nicht grundsätzlich alle Kreis-, Ring- und Kuchendarstellungen auf der linken Seite von **Abbildung 1.21**. Wenn es sich dabei aber lediglich um die Darstellung von *Anteilen* eines Ganzen handelt, so wäre eine gestapelte Säule – möglichst mit zeitlicher Entwicklung, also zweidimensional – in den meisten Fällen die bessere Wahl. Und dies nicht nur wegen der leichter lesbaren Beschriftung. Es gibt aber durchaus brauchbare Kreisdarstellungen beispielsweise die „Multichart"-Darstellung von **Abbildung 1.61**.

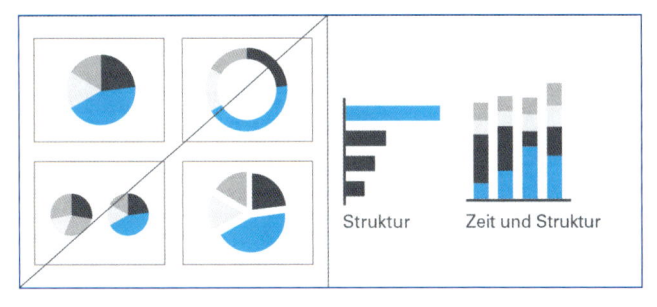

Abbildung 1.21:
Kuchen-, Ring- und Torusdarstellungen möglichst vermeiden[6]

Und wenn der Analysefokus auf dem *Vergleich* der Anteile liegt, so ist das klassische Balkendiagramm die erste Wahl – dies allein deshalb, weil Unterschiede zwischen den zu vergleichenden Werten besser zu erkennen sind.

An dieser Stelle wird noch einmal auf die Empfehlung verwiesen, Diagramme mit horizontaler Achse möglichst nur für die *zeitliche* Analyse zu verwenden und Diagramme mit vertikaler Achse möglichst nur für die *Struktur*analyse (zu einem Zeitraum oder einem Zeitpunkt), siehe **Abbildung 1.22**.

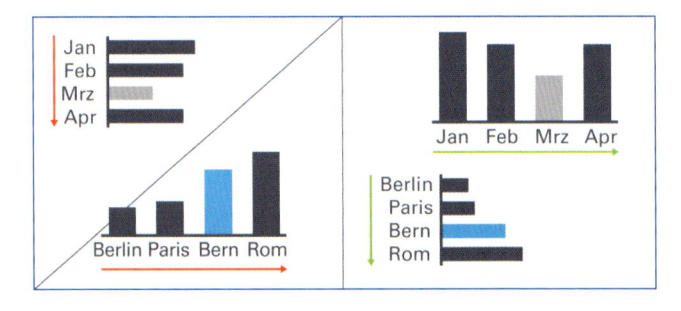

Abbildung 1.22:
Richtige Diagrammtypen für Zeit- und Strukturanalysen

---

[6] Siehe auch **www.diagramm-schrecken.hichert.com**

[GESCHÄFTSDIAGRAMME]

Diese beiden Darstellungsformen *Säulen* (horizontaler Achse) und *Balken* (vertikaler Achse) geben wohl mehr als 80 Prozent der heute verwendeten Geschäftsdiagramme ab. Allerdings ist diese Regel für die Verwendung horizontaler und vertikaler Achsen nicht immer einzuhalten, weil es natürlich nicht nur Zeit- und Strukturanalysen gibt. Derartige andere Darstellungen sind beispielsweise der Zusammenhang zwischen Produktpreis und Nachfrage oder der Zusammenhang zwischen Produktionskosten und Losgröße.

Man sollte sich darüber im Klaren sein, ob man für die Zahlendarstellung eine *Tabelle* (zum *Lesen* von Zahlen) einsetzen will oder aber ein *Diagramm* (zum *Sehen* von Zahlen, zum Vermitteln einer Botschaft). Aus diesem Grund ist die kombinierte Darstellung auf der linken Seite von **Abbildung 1.23** in den meisten Fällen ein schlechter Kompromiss.

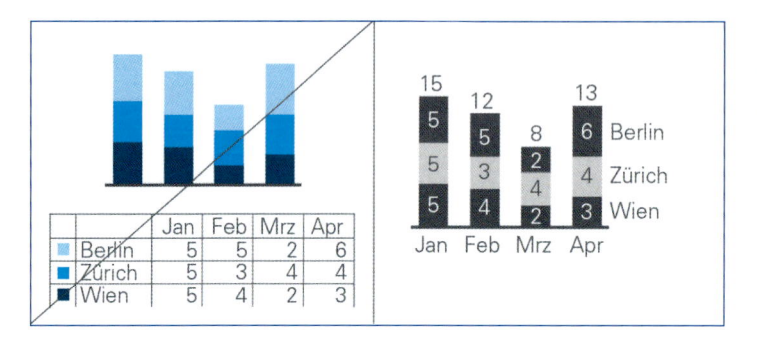

Abbildung 1.23:
Tabellen in Diagramme integrieren

Die Darstellung auf der rechten Seite bietet drei Vorteile: a) Weniger Platzbedarf und damit die Möglichkeit für einen größeren Maßstab, b) eine integrierte Legendenbeschriftung und damit Verzicht auf Farbcodes – als Erweiterung des *Excel*-Standards – sowie c) Summen oberhalb jeder Säule.

Die hierzu teilweise geäußerte Kritik, dass kleine Zahlenwerte nicht darstellbar seien und kein Platz für mehrstellige Zahlen vorhanden sei, kann schnell entkräftet werden: Es handelt sich hier um ein *Diagramm* zur Vermittlung einer wichtigen Einsicht oder Botschaft – und *nicht* um eine tabellarische Zahlenauflistung aus der Buchhaltung.

Wenn auch weiter oben die Forderung nach möglichst hoher Informationsdichte mit Hilfe von übereinander liegenden Datenreihen aufgestellt wurde, so gibt es hier doch Grenzen, die nicht überschritten werden dürfen: **Abbildung 1.24** zeigt auf der linken Seite ein sogenanntes Spaghetti-Diagramm, in dem zu viele Linien übereinander angeordnet sind.

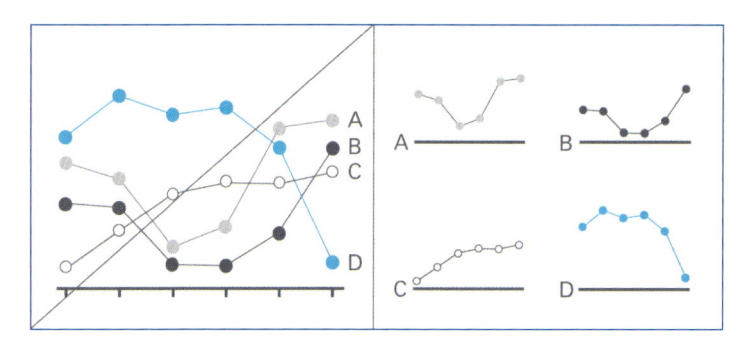

Abbildung 1.24:
Spaghetti-Diagramme durch Mehrfachdiagramme ersetzen

In diesem Fall – wie auch vielen ähnlichen Fällen – wird stattdessen empfohlen, auf der zur Verfügung stehenden Diagrammfläche mehrere kleine Diagramme nebeneinander anzuordnen, siehe die rechte Seite von **Abbildung 1.24**. Diese Lösung entspricht dem Mehrfachdiagramm von **Abbildung 1.16**.

Während bei den vorgenannten Empfehlungen zur Regelgruppe CHECK der persönliche Geschmack und die individuelle Meinung eine gewisse Rolle spielen kann, sollte beim folgenden Aspekt der richtigen *Skalierung* von Diagrammen kein Kompromiss eingegangen werden. Es gibt wohl keine andere Regel im Zusammenhang mit der Gestaltung professioneller Diagramme, gegen die so häufig verstoßen wird. Bei kritischer Betrachtung von Geschäftsdiagrammen in Zeitungen, Fachpublikationen und Geschäftsberichten wird man erkennen, dass jedes zweite oder dritte Diagramm gewisse Skalierungsfehler aufweist.

Mit Abstand der häufigste Skalierungsfehler ist mit **Abbildung 1.25** wiedergegeben: Die Achse wird „abgeschnitten", sie beginnt nicht bei Null.

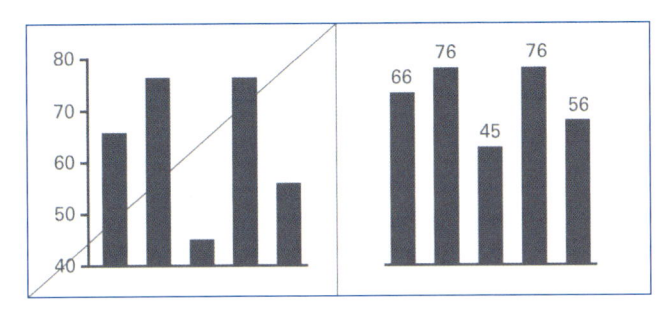

Abbildung 1.25:
Keine Achsen abschneiden[7]

Dies wird meistens ganz bewusst getan, weil man Unterschiede zwischen großen Zahlen zeigen möchte, die aber in Wirklichkeit nicht gegeben sind. Eine gewisse Legitimation für diese Manipulation wird darin gesehen, weil dies die Standardeinstellung von *Excel* ist, wenn man nur *eine* Datenreihe anzeigt.

Eine ähnliche, aber nicht weniger ungeeignete Form der Manipulation, besteht darin, nicht die Achse, sondern die dargestellten Diagrammelemente zu manipulieren, siehe **Abbildung 1.26**.

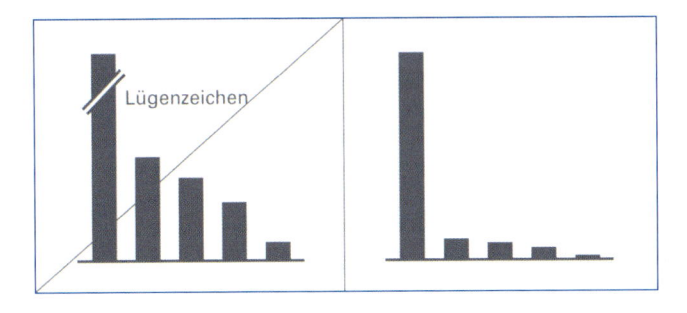

Abbildung 1.26:
Keine Diagrammelemente deformieren[7]

In beiden Fällen wird ein visueller Eindruck vermittelt, der nicht den Zahlenwerten entspricht. Es ist natürlich nicht festzustellen, wann derartige Manipulationen aus Unachtsamkeit geschehen und wann sie gezielt vorgenommen werden. In jedem Fall ist das Ergebnis eine schlechte

---

7 Siehe auch **www.skalierung.hichert.com**

Darstellung, die nicht geeignet ist, die Lesenden oder Zuhörenden sachgerecht zu informieren. Eine einfache Tabelle würde diesem Ziel eher gerecht werden – oder aber eine andere, besser geeignete Form der Visualisierung.[8]

Eine andere Art der bewussten oder unbewussten Falschinformation ist die falsche Verwendung von flächigen Formen für den gewünschten Vergleich ihrer Höhe oder Breite oder – wie in **Abbildung 1.27** gezeigt – die falsche Verwendung von dreidimensionalen Körpern für den gewünschten Vergleich ihrer Querschnittsflächen.

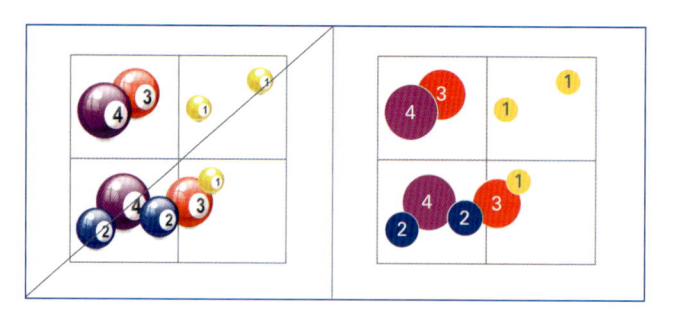

Abbildung 1.27:
3D-Formen vermeiden, wenn Flächen verglichen werden sollen

Ärgerlicherweise ist auch dieser falsche Volumenvergleich auf der linken Seite eine zulässige Standardeinstellung bei den Blasendiagrammen von *Excel*.

Manipulationen bei der Visualisierung von Häufigkeitsverteilungen sind relativ oft anzutreffen. Bei Einsatz ungleich großer Klassen – siehe die linke Seite von **Abbildung 1.28** – können fast beliebige (falsche) optische Eindrücke von Häufigkeitsverteilungen vermittelt werden.

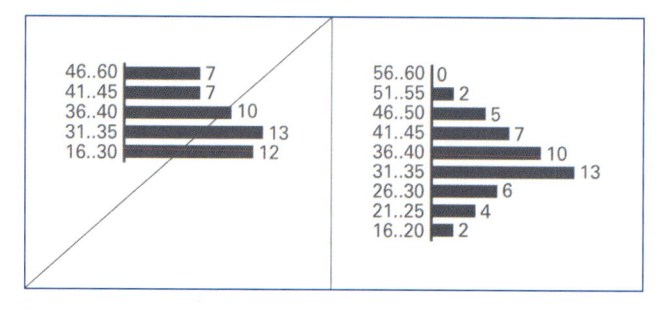

Abbildung 1.28:
Gleiche Klassengröße bei Verteilungen wählen

Zum Abschluss sollen zwei „kreative" Lösungswege für kritische Skalierungsaufgaben gezeigt werden, siehe **Abbildung 1.29**.

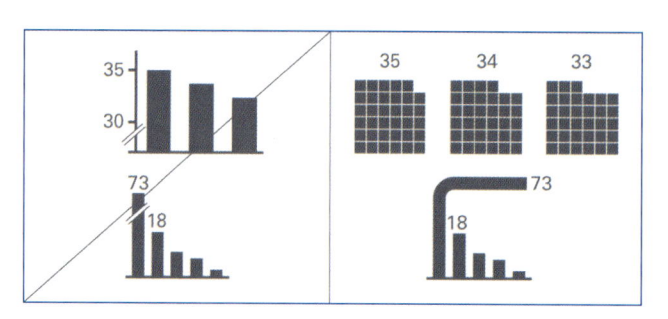

Abbildung 1.29:
Kreative Lösungen zur Visualisierung extremer Zahlenunterschiede

---

8   Siehe **www.skalierung.hichert.com** und die Schattendarstellung in **Abbildung 4.27**

In **Abbildung 1.29** wird oben rechts gezeigt, dass bei Einsatz zweidimensionaler Objekte auch kleine Zahlenunterschiede visuell richtig angezeigt werden können – bei dreidimensionalen Objekten können noch kleinere Unterschiede richtig verglichen werden.[9] Unten rechts wird gezeigt, wie durch unkonventionelle Formen unterschiedlich große Zahlen visuell richtig miteinander verglichen werden können.

Wenn diese Möglichkeiten nicht ausreichen bzw. nicht zum Einsatz kommen sollen, kann mit Hilfe von Skalierungshilfen dazu beigetragen werden, dass nicht versehentlich unterschiedlich skalierte Messgrößen fälschlicherweise miteinander verglichen werden, siehe **Abbildung 1.30**.

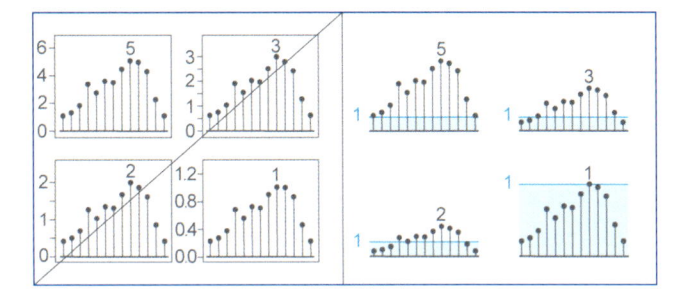

Abbildung 1.30:
Skalierungshilfen bei nicht vermeidbaren unterschiedlichen Skalen einsetzen

Die farbige Fläche (oder eine entsprechende Linie) auf der rechten Seite zeigt auf, welche Höhen bzw. welche Maßstäbe miteinander vergleichbar sind. Diese Lösung entspricht der Verwendung unterschiedlicher Maßstäbe bei Landkarten. Bei Software-Programmen wie *Word* oder *Photoshop* können in ähnlicher Form mit einer sogenannten Bildlaufleiste (*scroll bar*) unterschiedlich große Texte oder Bilder maßstabsgerecht verglichen werden (siehe auch die Lupendarstellung in **Abbildung 4.25** im Anhang). **Abbildung 4.27** im Anhang zeigt auf, wie mit einem Schattenwurf und der dadurch entstehenden Vergrößerung Veränderungen von kleinen Zahlen richtig miteinander verglichen werden können.

5 ENABLE: Die organisatorische und technische Diagrammrealisierung sollte gute Ergebnisse ermöglichen

Die Regelgruppe ENABLE bereitet in der Praxis vor allem bei den folgenden Themen große Mühen: 1) Die Erarbeitung eines einheitlichen Notationskonzeptes, 2) die professionelle softwaretechnische Realisierung und 3) die flächendeckende Einführung des Konzeptes.

Das erste Thema betrifft u.a. die häufig geäußerte Meinung, dass die Bevorzugung der einen oder anderen Darstellungslösung eine Frage des persönlichen Geschmacks sei: „Unser Chef hat hier ganz spezielle Vorstellungen". Es hat sich aber bei vielen praktischen Projekten gezeigt, dass Fachkräfte wie Führungskräfte, Insider wie Neulinge, Beteiligte wie Unbeteiligte in gleicher Weise zwischen guten und schlechten, also geeigneten und weniger geeigneten, visuellen Darstellungen unterscheiden. Die Gegenüberstellung von vier Darstellungsalternativen in **Abbildung 1.31** soll demonstrieren, dass alle befragten Fach- und Führungskräfte dann eine von mehreren Lösungsvorschlägen präferieren, wenn sich hierunter eine ausgereifte Lösung befindet, die zudem Teil eines überzeugenden Gesamtkonzeptes ist – in diesem Beispiel die Nummer 4.

---

9 Siehe Grundtyp 18 in **Abbildung 1.3**

[GESCHÄFTSDIAGRAMME]

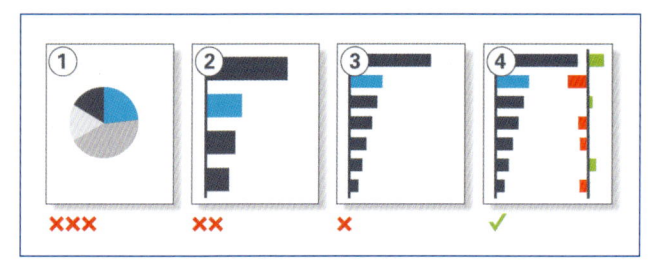

Abbildung 1.31:
Mehrere Gestaltungslösungen anbieten, über die zu entscheiden ist

Über die richtige Gestaltung eines Diagrammes kann natürlich nur vor dem Hintergrund eines umfassenden Notationskonzeptes entschieden werden.

Das zweite Thema bildet den Hintergrund dieses Buches: Wie kann man die gestellte Forderung nach einer einheitlichen Notation softwaretechnisch einfach und sicher praktisch realisieren? Genau dies wird Gegenstand der beiden nächsten Abschnitte sein.

Das dritte Thema betrifft die praktische Einführung (roll-out) des verabschiedeten Notationskonzeptes in einem Unternehmensbereich oder dem Gesamtunternehmen. Solange die Anbieter von *Business Intelligence-* und *MIS*-Lösungen nicht in der Lage sind, anspruchsvolle Diagramme auf der Basis eines durchgängigen Notationskonzeptes mit ihren eigenen Produkten anzubieten, bleiben mit *Excel* erstellte Diagramme die Lösung erster Wahl. Dies auch deshalb, weil *Excel* als *Frontend* für viele Software-Lösungen einsetzbar ist. Ein auf *Excel* basierendes Konzept zur Diagrammerstellung bietet den Vorteil quasi universeller Verfügbarkeit und hoher Flexibilität. Natürlich darf die Diagrammerstellung nicht isoliert von einem unternehmensweiten *Business Intelligence-* oder *MIS*-Konzept gesehen werden – aber dies ist nicht Gegenstand dieses Buches. Sollte für die Diagrammerstellung die Wahl auf *Excel* fallen und dabei die in diesem Buch vorgestellten Tipps und Tricks zum Einsatz kommen, so ist darauf zu achten, dass möglichst mit standardisierten und parametergesteuerten Diagramm-Mustervorlagen („*Templates*") gearbeitet wird. Ohne diese zentral für alle Mitarbeitenden bereitgestellten *Templates* wäre einerseits der Realisierungsaufwand viel zu hoch und andererseits wäre es kaum möglich, einheitliche Gestaltungsregeln in breiter Front durchzusetzen.

Erfolgreiche Lösungen bauen nicht nur auf einer zentralen Datenversorgung, sondern auch auf einem zentralen Angebot von sogenannten Diagramm-*Templates* auf, siehe **Abbildung 1.32**.

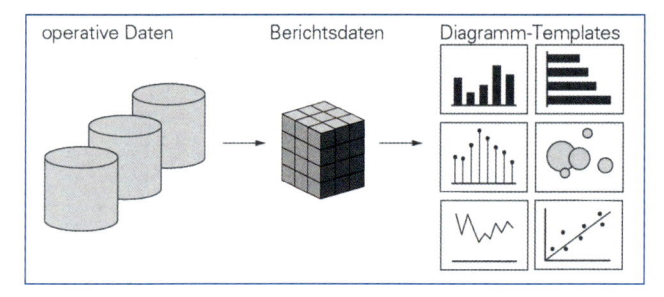

Abbildung 1.32:
Templates zentral bereitstellen

Die Erfahrung zeigt, dass mit sieben oder acht komplexen, über viele Parametern gesteuerte Diagramm-*Mastertemplates* ausreichende Flexibilität die Erfüllung der meisten Diagrammwünsche gegeben ist. Zwei Dutzend variabel gestaltbarer Diagramm-*Templates* von der Komplexität des in den Kapiteln 2 und 3 vorgestellten Übungsbeispiels können Ähnliches leisten.[10]

---

10 Vgl. auch die Beispiele bei **www.hi-chart.com** und bei **www.templates-hichert.com**

6 SIMPLIFY: Einfachheit ist ein wichtiger Aspekt des Darstellungskonzeptes

Während einige der vorgenannten Regeln entweder nicht von allen Betroffenen akzeptiert werden oder nicht einfach umzusetzen sind, trifft diese Regelgruppe auf den geringsten Widerstand: SIMPLIFY steht dafür, dass Diagramme keine Darstellungselemente enthalten sollten, die ohne Bedeutung sind. Die Forderung könnte auch lauten: „Möglichst viel Information und möglichst wenig Dekoration".

Wenn beispielsweise Diagramme mit Pseudo-3D versehen sind, siehe **Abbildung 1.33**, oder wenn sie unnötige Rahmen und Schatten aufweisen, siehe **Abbildung 1.34**, so erhöht das nicht deren Aussagekraft.

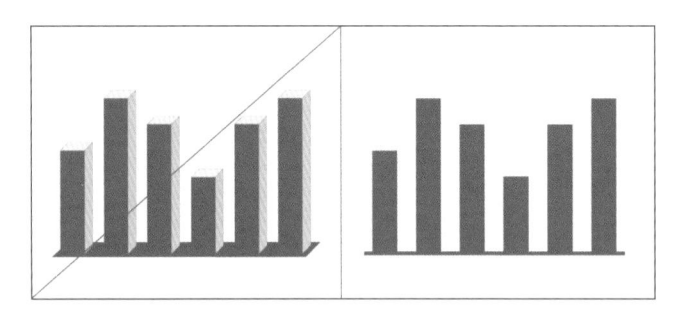

Abbildung 1.33:
3D-Darstellungen ohne Bedeutung vermeiden

Ganz im Gegenteil: Auf diese Art wird unnötige Fläche benötigt, und es wird vom Wesentlichen abgelenkt. Unser Ziel sollte es nicht sein, „schöne" Diagramme zu erstellen, sondern nur solche, die so klar wie möglich die zu vermittelnden Inhalte transportieren können.

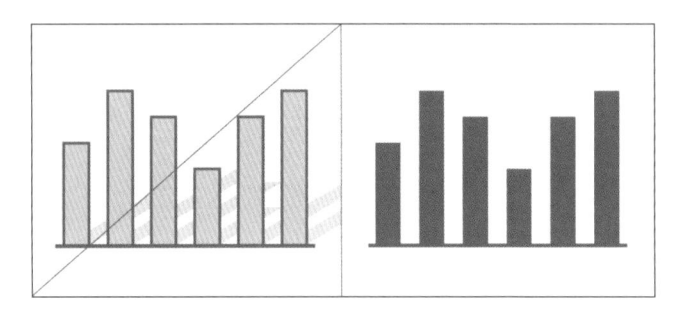

Abbildung 1.34:
Rahmen und Schatten ohne Bedeutung vermeiden

Wenn möglich, sollte – auch aus Platzgründen – auf die üblichen senkrechten Achsen (Y-Achsen, Größenachsen) und Hilfslinien verzichtet werden, die häufig zum Standard eines *Excel*-Diagramms gehören. Stattdessen sollten die Zahlenwerte direkt an die jeweiligen Diagrammelemente geschrieben werden, siehe **Abbildung 1.35**.

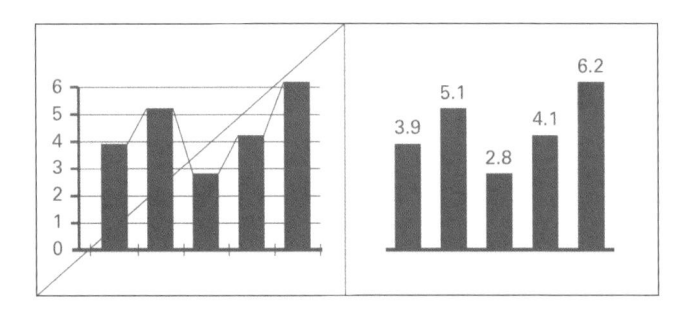

Abbildung 1.35:
Auf Größenachsen und Hilfslinien verzichten

Dadurch werden die Diagramme klarer, benötigen weniger Fläche (was bei hoher Datenverdichtung wie bei *Dashboards* wichtig ist), und sie sind auch leichter zu verstehen.

Wenn es auch gegen die so beliebten farbigen Randzonen, dekorativen Ränder und einheitliche Logo-Verwendung nach den fast heiligen *Corporate Design*-Richtlinien für die *PowerPoint*-Gestaltung spricht: Bei einem guten Schaubild sollte auf alles verzichtet werden, was nicht zur Vermittlung der beabsichtigten Botschaft gehört, siehe **Abbildung 1.36**.

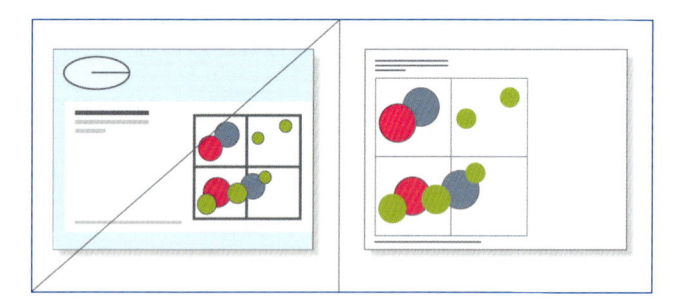

Abbildung 1.36:
Auf alle bedeutungslosen Gestaltungselemente verzichten

Eine derartige Entscheidung zur Schaubildgestaltung kann bei den meisten Unternehmen nur auf der höchsten Führungsebene unter Einbeziehung von Verantwortlichen aus Marketing und Unternehmenskommunikation getroffen werden. Zu sehr hat sich der Gedanke breit gemacht, dass man – vor allem bei *PowerPoint*-Schaubildern – auf die „Uniformität der Dekoration" zu achten habe, anstatt sich Gedanken über die Einheitlichkeit und Bedeutung von *Inhalten* zu machen. Die langweilige Uniformität immer gleich aussehender *PowerPoint*-Schaubilder wird allseits kritisiert, aber eine Änderung dieses beklagenswerten Zustands ist nicht in Sicht.

Zudem verbraucht dieser Gestaltungsunfug wertvolle Darstellungsfläche – nicht selten sind dies 20 bis 30 Prozent – und ist mit ein Grund für zu kleine Schriften und zu kleine Darstellungsobjekte. Darüber hinaus können überflüssige farbige Rahmen und Ränder zu nicht unerheblichen Zusatzkosten bei Farbkopien führen.

Eine weitere Forderung gilt dem sparsamen Einsatz von Farbe: Wenn Farbe inflationär, also überall und immer verwendet wird – siehe **Abbildung 1.37** auf der linken Seite – so wird auf einen wesentlichen Vorteil des Farbeinsatzes verzichtet, nämlich die Nutzung der Farbe für die Hervorhebung und die *Bedeutung* bestimmter Inhalte.

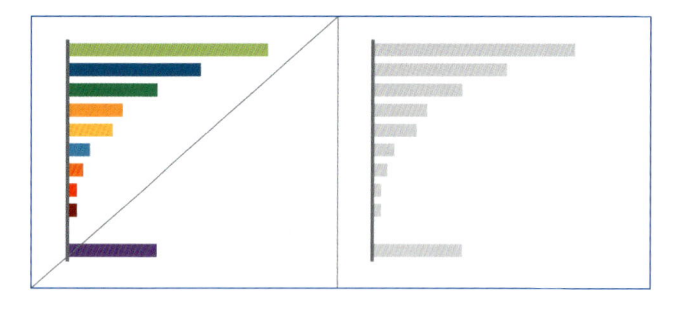

Abbildung 1.37:
Farben ohne Bedeutung vermeiden

Farbe ist eine wertvolle Ressource bei der Schaubildgestaltung, und man sollte sparsam mit ihr umgehen. Wenn Farben bei der Diagrammgestaltung quasi zufällig, dem „guten Geschmack" folgend oder nach gewissen, nur auf Einheitlichkeit bedachten *Corporate Design*-Regeln eingesetzt werden, so vergibt man eine sehr wichtige Chance: Farben sollten nur dann eingesetzt werden, wenn sie eine gewisse Bedeutung tragen – beispielsweise die Farbe Grün für positive und die Farbe Rot für negative Abweichungen gegenüber gewissen Bezugsgrößen. Wenn aber die Farbe Rot im Logo, bei den verwendeten Linien sowie für die (zufällige) Legendenzuordnung (siehe **Abbildung 1.23** auf der linken Seite) verwendet wird, so ist dieser inflationäre Einsatz kaum geeignet, schnell negative, also rote Abweichungen zu erkennen.

Diese Betrachtungen zum Farbeinsatz verdeutlichen schnell, dass aus diesem Grund Farben nicht geeignet sind, um Elemente bei „langen" Dimensionen wie Länder, Produkte oder Kunden zu kennzeichnen. Die heutigen Präsentationsmöglichkeiten erlauben es nicht, mehr als sechs oder sieben Farben nachhaltig zu unterscheiden.

Im Notationskonzept kommen – wie erwähnt – die Farben Rot und Grün für Abweichungen zum Einsatz, und die Farbe Blau wird für Kommentarverweise bevorzugt. Die wenigen noch verbleibenden deutlich unterscheidbaren Farben Gelb, Orange, Türkis, Violett und Ocker werden deshalb nur gezielt für Hervorhebungen und Vergleiche eingesetzt. Der frühere Vorschlag in HICHERT®SUCCESS, die Farben Hellblau, Dunkelblau, Violett und Ocker für die durchgängige Unterscheidung von Vorjahres-, Ist-, Plan- und Hochrechnungswerten zu verwenden, wurde sehr erfolgreich durch den neuen Gestaltungsvorschlag mit den Kennzeichnungen grau, schwarz, „hohl" und „schraffiert" ersetzt, siehe **Abbildungen 1.11** und **1.12** sowie Abschnitt 4.7 in der Anlage.

Ganz generell bedeutet SIMPLIFY, mit möglichst wenig Farbe und Fläche die gewünschten Informationen darzustellen: Je einfacher, desto besser. Hier sollen als Beispiel die seit einiger Zeit von BI-Software-Anbietern propagierten Zahlendarstellungen in Form von Tachometern kritisiert werden. Mit viel Pomp werden hier banale Inhalte vermittelt, siehe die linke Seite von **Abbildung 1.38**.

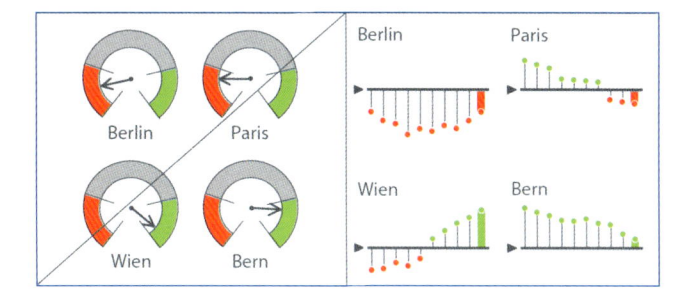

Abbildung 1.38:
Aufwendige Darstellungen durch einfachere ersetzen[11]

Auf der rechten Seite wird gezeigt, wie mit einfachsten Mitteln die zeitliche Entwicklung präsentiert wird, was – trotz weniger Pixel – zu viel interessanteren Erkenntnissen führt. (Dieses Thema könnte auch in der Regelgruppe CONDENSE behandelt werden: Links wird auf einer großen Fläche nur wenig Inhalt vermittelt.)

Es ist eine Frage des persönlichen Stils, bescheiden und zurückhaltend oder laut und aufdringlich aufzutreten – mit allen Vor- und Nachteilen. Bei der Diagrammgestaltung kann durch den konsequent *zurückhaltenden* Gebrauch von dicken Linien, groben Formen und aufdringlichen Farben erreicht werden, dass dann, wenn tatsächlich wichtige Inhalte in einem Diagramm vermittelt werden sollen, dafür noch eine gewisse „Darstellungsreserve" vorhanden ist. Auf der

---

11 Siehe auch **www.dashboard-schrecken.hichert.com**

rechten Seite von **Abbildung 1.39** wäre es beispielsweise viel einfacher, ausgewählte Inhalte hervorzuheben als auf der linken Seite.

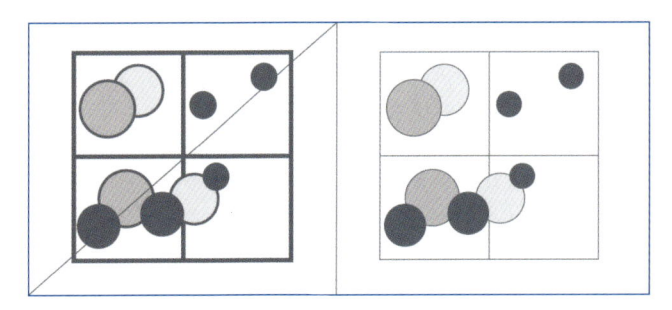

Abbildung 1.39:
Grobe Linien und Formen vereinfachen

Während die vorgenannten Beispiele zum Thema „Rauschen vermeiden" von SIMPLIFY gehören, gehört der in **Abbildung 1.40** gezeigte Vergleich zum Thema „Redundanz minimieren": Eine Vereinfachung und dadurch leichtere Lesbarkeit wird dadurch erzielt, dass alle doppelten, unnötigen und dadurch zusätzlichen Leseaufwand verursachenden Elemente weggelassen werden.

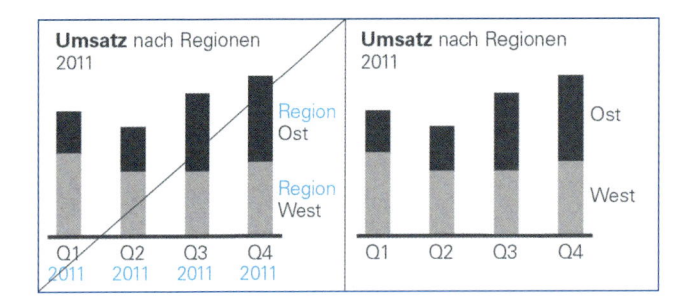

Abbildung 1.40:
Redundante Bezeichnungen vermeiden

Neben den hier gezeigten recht häufig vorkommenden Beispielen von redundanten Elementen in Titeln und Achsenbezeichnungen, gehören hierzu auch vermeidbare Ergänzungen wie *gesamt*, *Summe* und *total* oder Überschriften mit Hinweisen wie …*darstellung*, …*struktur* und …*verlauf*.

Das dritte Thema bei SIMPLIFY nach „Rauschen vermeiden" und „Redundanz minimieren" betrifft das Weglassen von unbedeutenden und ablenkenden Details. Mit **Abbildung 1.41** wird verdeutlicht, dass Zahlen in Geschäftsdiagrammen mit drei Stellen auskommen sollten, also in der Form von 123, 12,3 oder 1,23.

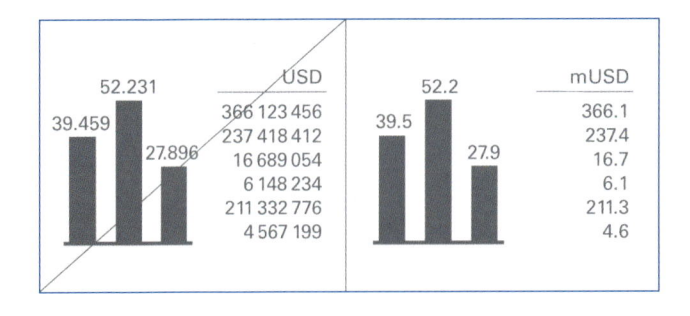

Abbildung 1.41:
Stellenzahl bei Diagrammen auf drei beschränken

Mehr als drei Stellen bedeutet eine Genauigkeit, die durch die gewählte Visualisierung nicht unterstützt werden kann. Bei Diagrammen geht es um die Vermittlung visueller Eindrücke; wenn es um Inhalte mit großer Genauigkeit geht, sollten Tabellen zum Einsatz kommen.

In eine ähnliche Richtung geht die Empfehlung, nur diejenigen Diagrammelemente zu beschriften, die für die Analyse wichtig sind – beispielsweise Ausreißer, Minimal- oder Maximalwerte sowie Schnittpunkte und Wendepunkte im Kurvenverlauf, siehe **Abbildung 1.42**.

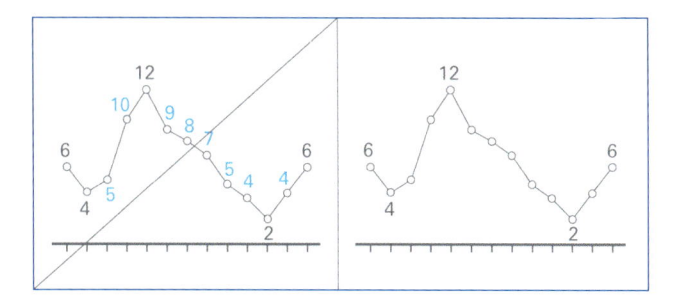

Abbildung 1.42:
Unnötige Beschriftungen weglassen

In entsprechender Weise sollten bei gestapelten Säulen- oder Balkendiagrammen nur diejenigen Säulen- oder Balkenabschnitte beschriftet werden, bei denen auch ausreichender Platz vorhanden ist, siehe **Abbildung 1.43**. Standardmäßig ist dies bei *Excel* nicht möglich, aber der hierzu erforderliche Trick wird in den Kapiteln 2 und 3 erläutert.

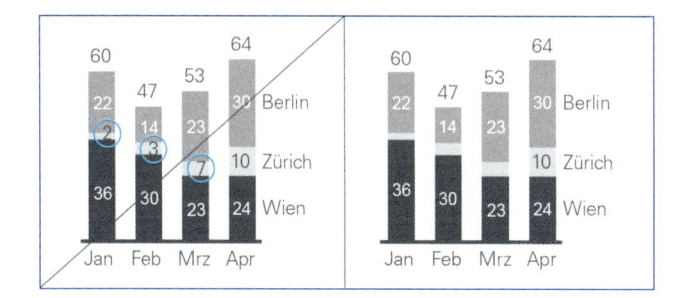

Abbildung 1.43:
Beschriftungen von kleinen Zahlenwerten weglassen

7 STRUCTURE: Diagramminhalte sollten richtig strukturiert sein

Wie es schon die Überschrift andeutet: Diese Regelgruppe ist nicht in erster Linie ein Thema der richtigen Diagrammgestaltung, sondern der dafür verwendeten Daten(struktur).

Bei HICHERT®SUCCESS wird gefordert, dass die Elemente auf *einer* Strukturebene (wie Länder, Produkte und Vertriebswege) *gleichartig* sein sollten, was beispielsweise bei der Auflistung von Schweiz, Österreich, Stockholm und Deutschland *nicht* der Fall ist. Darüber hinaus sollten diese Elemente auf *einer* Strukturebene möglichst *überschneidungsfrei* sein, was beispielsweise bei der Auflistung von Schweiz, Schweden, Skandinavien und Deutschland *nicht* der Fall ist. Die dritte Forderung nach richtigen Strukturen betrifft die *erschöpfende* Darstellung eines übergeordneten Themas, siehe **Abbildung 1.44**.

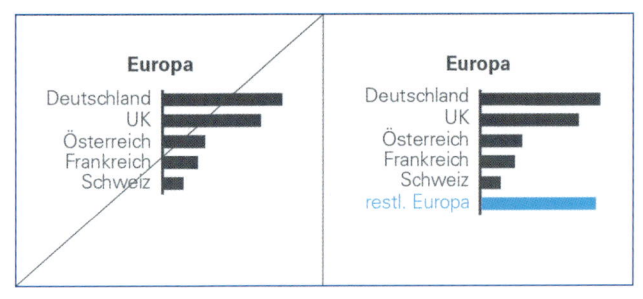

Abbildung 1.44:
Erschöpfende Strukturen in Diagrammen verwenden

Die vorgenannten Gestaltungsregeln sind ein Auszug aus dem oben bereits genannten Regelwerk (Poster) SUCCESS RULES. Für Interessenten, die sich intensiver mit dem wichtigen Thema Notationshandbuch beschäftigen wollen, wird auf die Seite **www.unify.hichert.com** verwiesen.

1.3 BEISPIELE FÜR PROFESSIONELLE GESCHÄFTSDIAGRAMME

Nachfolgend werden einige Beispiele für „professionelle" Geschäftsdiagramme vorgestellt, die die oben geforderten Gestaltungsregeln weitgehend befolgen. Es ist das Ziel dieses Buches, interessierte *Excel*-Anwender in die Lage zu versetzen, derartige Diagramme mit *Excel*-Standard-Funktionen zu realisieren. Grundlage dazu ist das *Excel*-Wissen, um das in **Abbildung 1.45** gezeigte Schaubild zu realisieren – und genau dies sind die Inhalte der Kapitel 2 und 3.

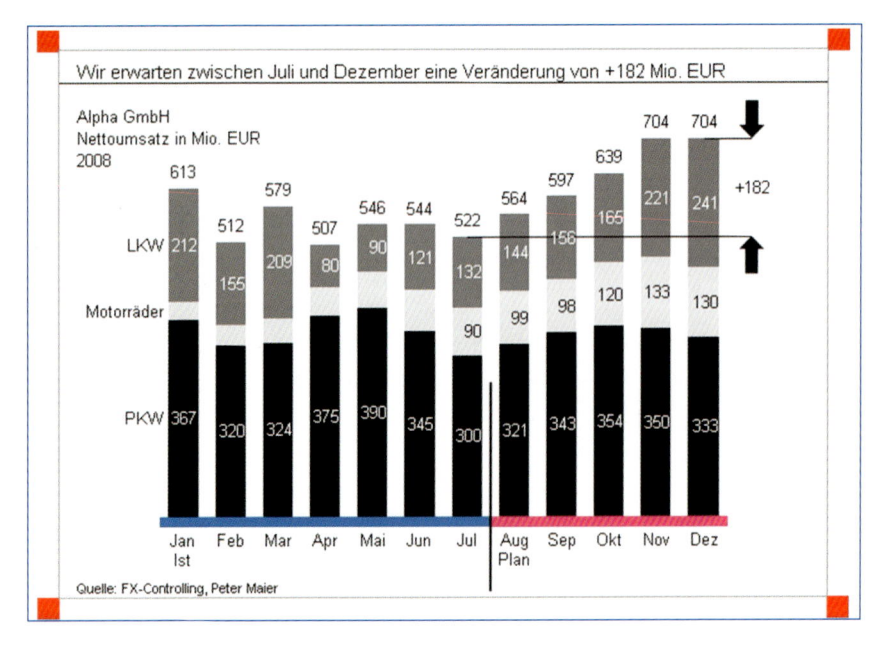

Abbildung 1.45: *In den Kapiteln 2 und 3 im Detail erläutertes Übungsbeispiel*

Wenn die dort erläuterten Tipps und Tricks zur Realisierung der in **Abbildung 1.45** gezeigten fix und auch frei positionierbaren Beschriftungen, beliebig verschiebbaren Objekten, farbigen

Achsen usw. beherrscht werden, so können auch die nachfolgend vorgestellten Diagramme realisiert werden.

Es ist aber zu beachten, dass der dazu benötigte Aufwand nicht unerheblich ist: Auch erfahrene *Excel*-Kenner, die sich mit den hier erläuterten Empfehlungen gut auskennen, werden zur Herstellung eines einzigen derartigen standardisierten und parametrisierten Schaubilds durchaus einige Stunden und auch Tage Entwicklungszeit benötigen. Es versteht sich so von selbst, dass sich dieser Aufwand nur bei einer größeren Zahl von Diagrammnutzern bzw. bei einer großen Zahl von immer wieder benötigten Diagrammen des gleichen Typs (*Templates*) rechtfertigen lässt.

Die nachfolgenden 18 Diagrammbeispiele sind in vier Gruppen gegliedert:
1. Diagramme mit *horizontaler* Achse (siehe die ersten beiden Spalten sowie die Typen 5, 6, 11 und 35 von **Abbildung 1.3** zur vorzugsweisen Darstellung *zeitlicher* Entwicklungen
2. Diagramme mit *vertikaler* Achse (siehe die Spalten 3 und 4 von **Abbildung 1.3**) zur vorzugsweisen Darstellung von *strukturellen* Zusammenhängen
3. Diagramme mit *zwei Größenachsen* (siehe die Typen 17, 23 und 29 von **Abbildung 1.3**) für die mehrdimensionale Analyse in Form von Punkt- oder Blasendiagrammen
4. *Spezialfälle* mit besonderen Darstellungsformen oder mehreren *unterschiedlichen* Diagrammtypen (siehe das in **Abbildung 1.17** auf der rechten Seite dargestellte Prinzip). Mehrfachdiagramme mit *gleichartigen* Typen sind bei den Diagrammen mit waagerechten und senkrechten Achsen zugeordnet.

Auf Beispiele zu den eher ausgefallenen Typen 12, 18 und 24 von **Abbildung 1.3** wird hier verzichtet, Typen 30 und 36 sind sowieso „verboten" ...

a) Diagramme mit horizontaler Achse
mit Darstellungsobjekten wie Säulen, Nadeln, Linien und Flächen

Diese Beispiele können als Excel-Templates bei **www.templates4.hichert.com** heruntergeladen werden.

Der Klassiker in dieser Gruppe ist das gestapelte Säulendiagramm, siehe **Abbildung 1.45**.

Die Erweiterung derartiger Säulendiagramme um integrierte Abweichungen zeigt **Abbildung 1.46**. Die Besonderheit liegt hier im Verzicht auf die typische kumulierte Darstellung in *absoluten* Werten im unteren Diagramm: Mit der *Durchschnittsbildung* (pro Monat) im unteren Diagramm können stattdessen einerseits kleine Abweichungen gut erkannt und stattdessen andererseits kann mit der gleichen Skalierung wie oben gearbeitet werden.

Eine ähnliche Durchschnittsbildung – hier pro Tag – wird auch in **Abbildung 1.47** vorgenommen: Auf diese Weise kann die Umsatzstruktur über längere Zeiträume und unterschiedliche Periodenarten hinweg untersucht werden.

Die Wasserfall-Darstellung von **Abbildung 1.48** ist eine gut geeignete Form zum Vergleich von Veränderungen auf der horizontalen Zeitachse. Da es sich aber bei den meisten in der Praxis verwendeten Wasserfall-Diagrammen um *Struktur*vergleiche handelt, sollten in diesen Fällen – in Übereinstimmung mit der Regel von **Abbildung 1.22** – stattdessen Wasserfälle mit *senkrechter* Achse verwendet werden, siehe **Abbildung 1.52**.

Ein typisches Mehrfachdiagramm mit horizontalen Achsen zeigt **Abbildung 1.49**. Hier wird der Deckungsbeitragsverlauf unterschiedlicher Standorte mit dem Durchschnittsverlauf dieser Standorte verglichen.

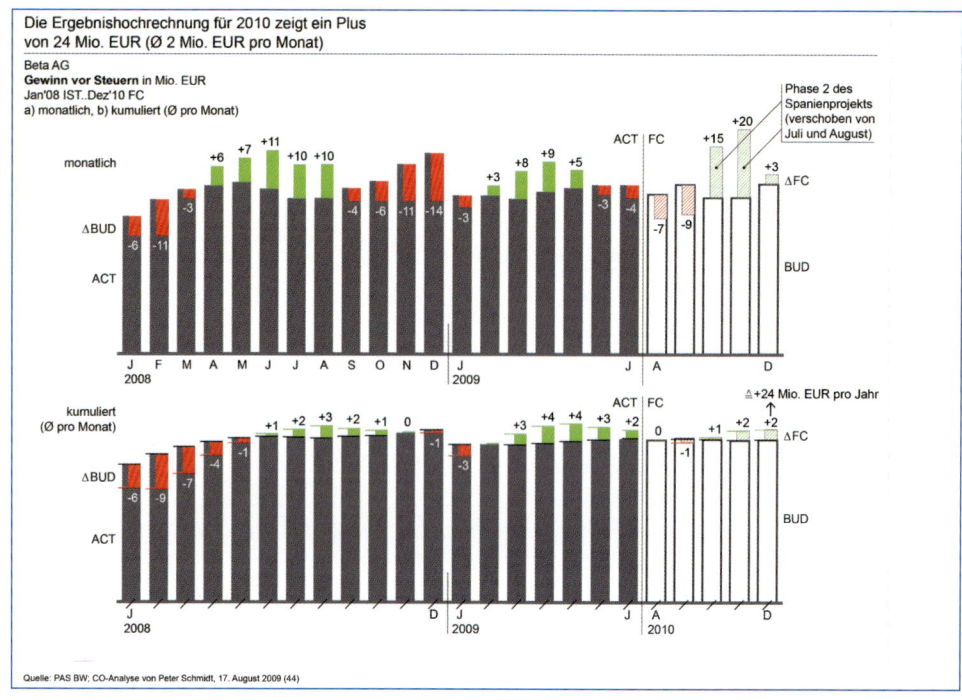

Abbildung 1.46: *Monatswerte und kumulierte Monatsdurchschnittswerte – Ist und Budget*

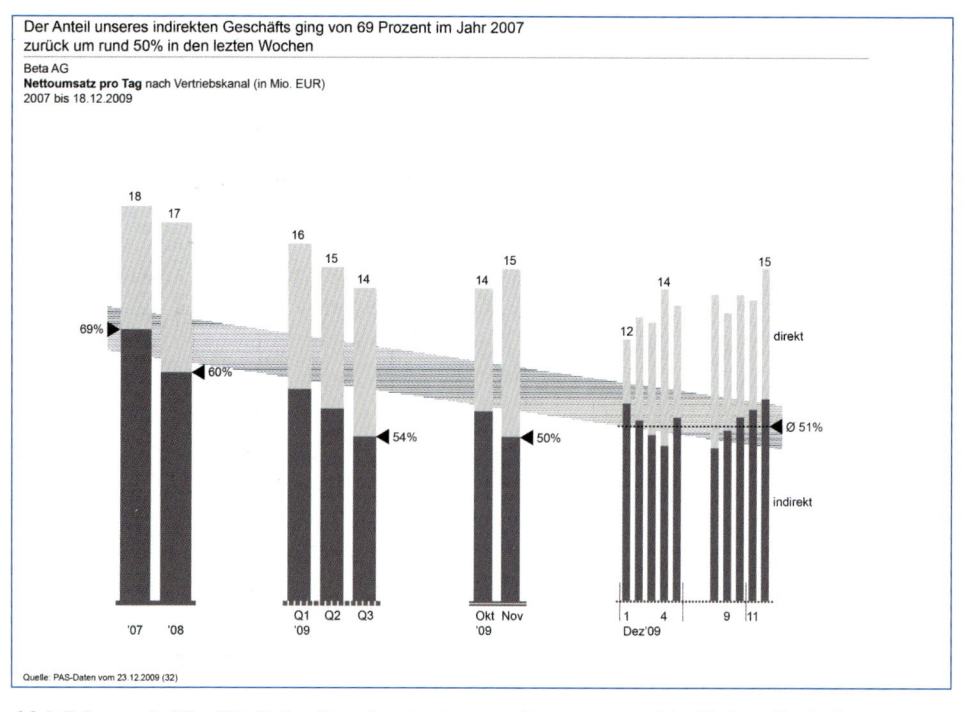

Abbildung 1.47: *Tägliche Durchschnittsumsätze unterschiedlicher Periodenarten*

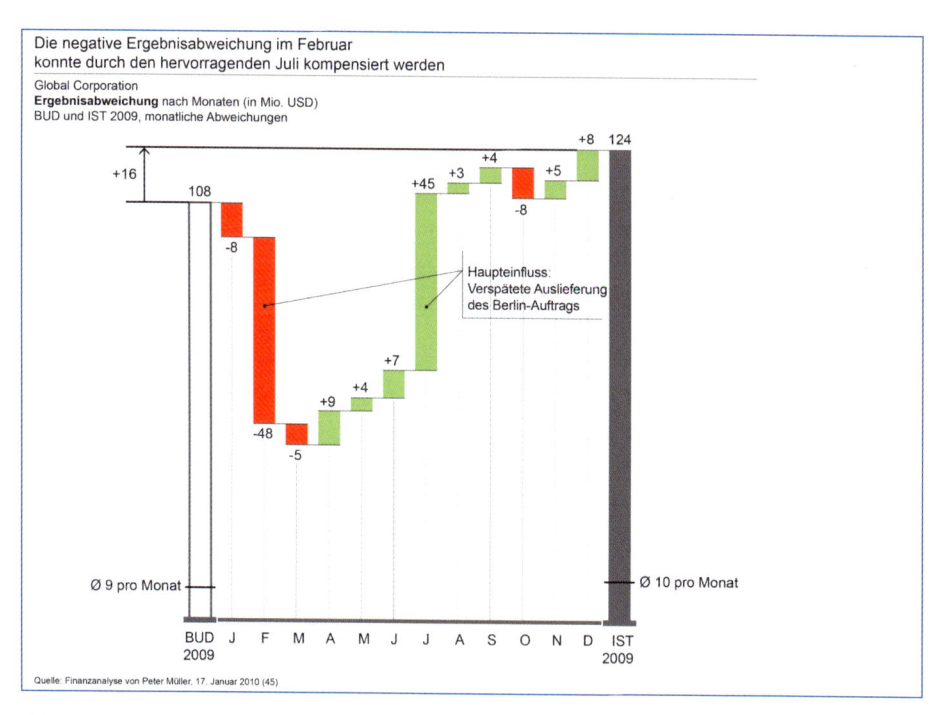

Abbildung 1.48: *Wasserfall mit horizontaler Achse für die Istabweichungen vom Budget*

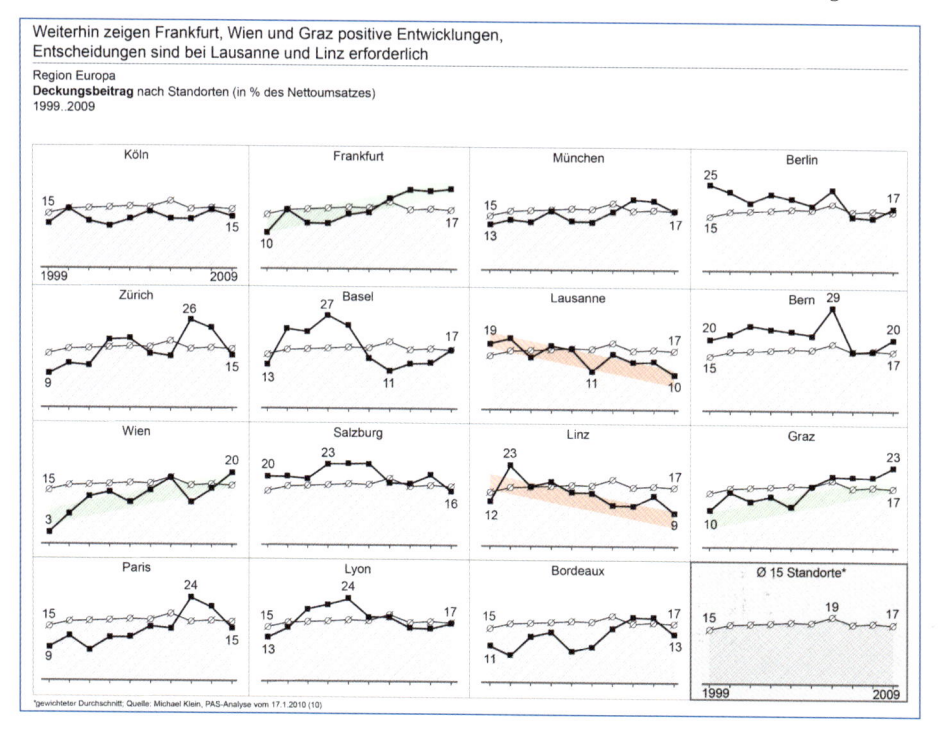

Abbildung 1.49: *Deckungsbeitrag von fünfzehn Standorten im Vergleich zum Durchschnitt*

b) Diagramme mit vertikaler Achse

mit Darstellungsobjekten wie Balken und Nadeln

Diese Beispiele können als Template bei **www.templates4.hichert.com** heruntergeladen werden.

Ein Klassiker dieser Gruppe von Diagrammen ist **Abbildung 1.50**: Neben der Darstellung der – gestapelten oder auch nicht gestapelten – Balken auf der linken Seite werden rechts Abweichungen angezeigt: In diesem Beispiel sind es die absoluten Abweichungen der Istwerte von den Budget- und Vorjahreswerten. Wenn es sich bei den Abweichungen um Prozentwerte handeln würde, so kämen die Nadeldarstellungen von **Abbildung 1.12** (rechte Seite) zur Anwendung.

Eine spezielle Darstellung von Balken zeigt **Abbildung 1.51**: Hier wird je Auftragsgrößenklasse die Anzahl Aufträge dem pro Klasse erzielten absoluten Deckungsbeitrag gegenübergestellt. Es ist gut zu erkennen, dass mit nur 17% aller 2.105 Aufträge 40% des gesamten Deckungsbeitrags von 4,5 Mrd. EUR erwirtschaftet werden.

Ein weiterer Klassiker für Balkendarstellungen ist **Abbildung 1.52**: Der hier nach absteigender Größe der Ist-Plan-Abweichungen sortierte Wasserfall wird auf der rechten Seite durch die prozentualen Abweichungen ergänzt. Ein anderes Wasserfallbeispiel dieser Art zeigt **Abbildung 4.26**.

Die integrierten Abweichungen von **Abbildung 1.53** entsprechen der bereits bekannten Darstellung in **Abbildung 1.46**.[12]

Die Pareto-Auswertungen in **Abbildung 1.54** sind erheblich aussagekräftiger als die üblicherweise gezeigten ABC-Kurven, mit denen eine 80-20-Verteilung einer Messgröße visualisiert wird. Die Gegenüberstellung unterschiedlicher, aber zusammengehörender Messgrößen in *einem* Diagramm zeigt interessantere Zusammenhänge, die beispielsweise für die Sortimentsbereinigung eine gute Hilfe sein kann.

Abbildung 1.55 ist eine weitere Variante zum Thema Mehrfachdiagramm. Bei allen diesen Mehrfachdiagrammen muss sichergestellt sein, dass bei jedem einzelnen Diagramm die gleiche Skala verwendet wird. Wenn sehr große und sehr kleine Werte gemeinsam angezeigt werden, so sollte man dies auch deutlich erkennen – eine Skalenmanipulation würde dies verhindern.

Eine Variation von einer Häufigkeitsanalyse wie in **Abbildung 1.51** gibt die Darstellung von **Abbildung 1.56** wieder: Die Anzahl Mitarbeiter in unterschiedlichen Altersklassen, gegliedert nach Männern und Frauen sowie Europa und USA, wird den jeweiligen prozentualen Fehlzeiten gegenübergestellt.

---

12 Wenn ausreichend Platz verfügbar ist, sollte auf die integrierten Abweichungen verzichtet werden (siehe **Abbildungen 1.12** und **1.50**).

[GESCHÄFTSDIAGRAMME]

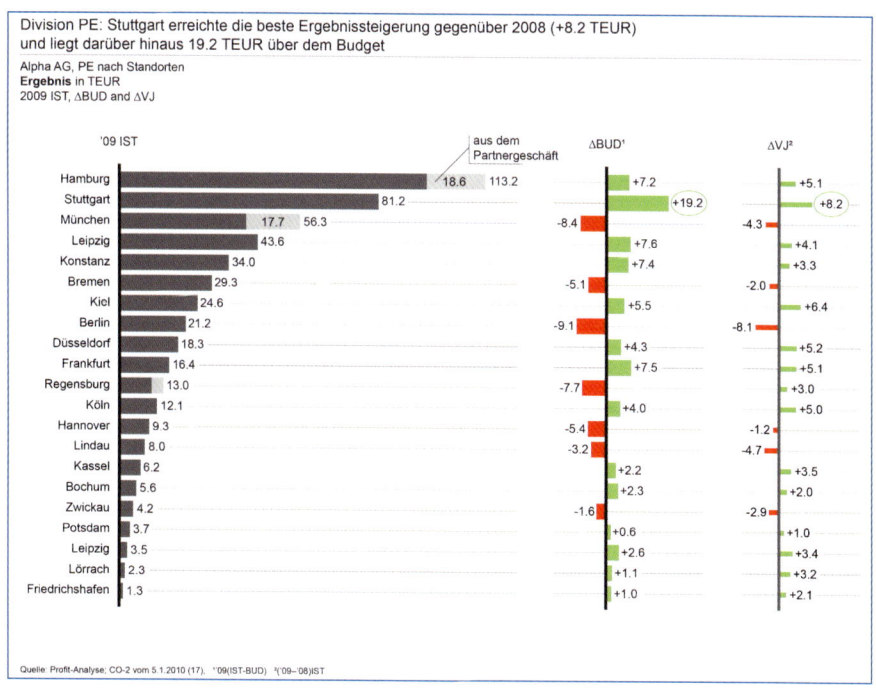

Abbildung 1.50: *Sortiertes Balkendiagramm mit Istabweichungen von Budget und Vorjahr*

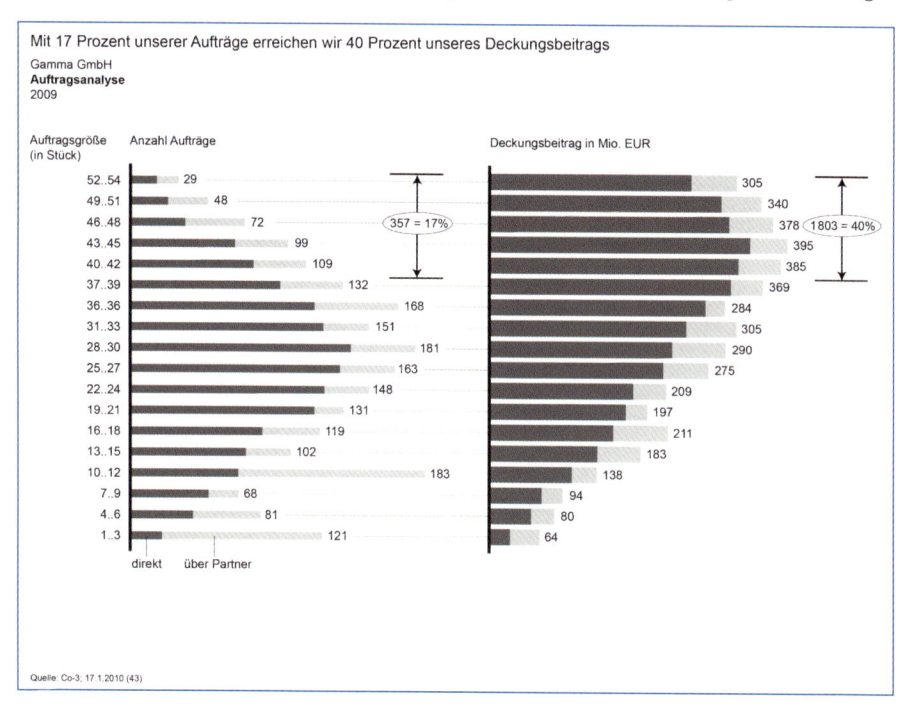

Abbildung 1.51: *Häufigkeitsverteilung der Auftragsanzahl im Vergleich mit dem pro Auftragsgrößenklasse erzielten Deckungsbeitrag*

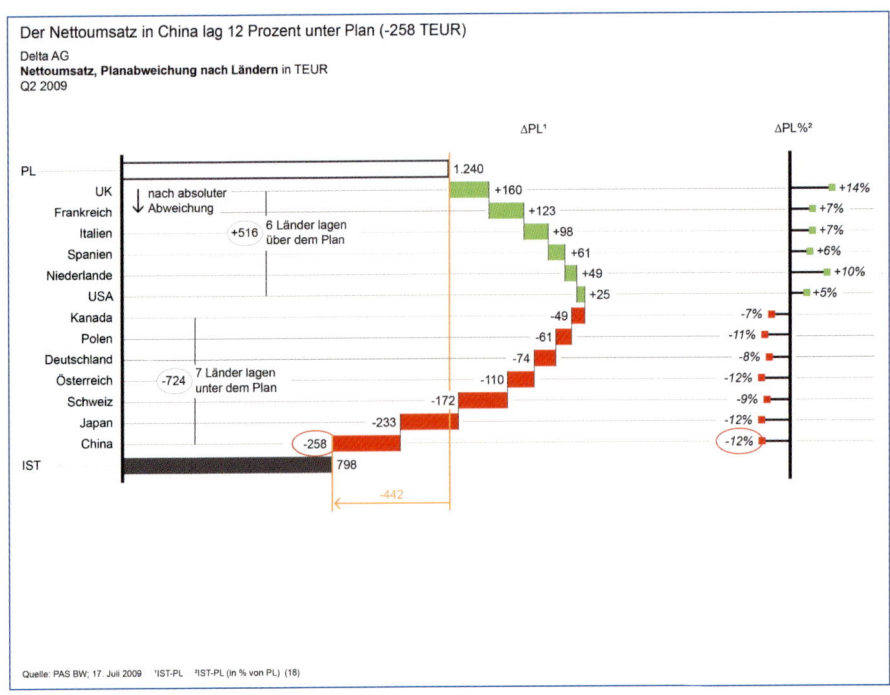

Abbildung 1.52: *Sortierter Wasserfall mit senkrechter Achse zur Darstellung der absoluten und prozentualen Umsatzabweichungen vom Plan*

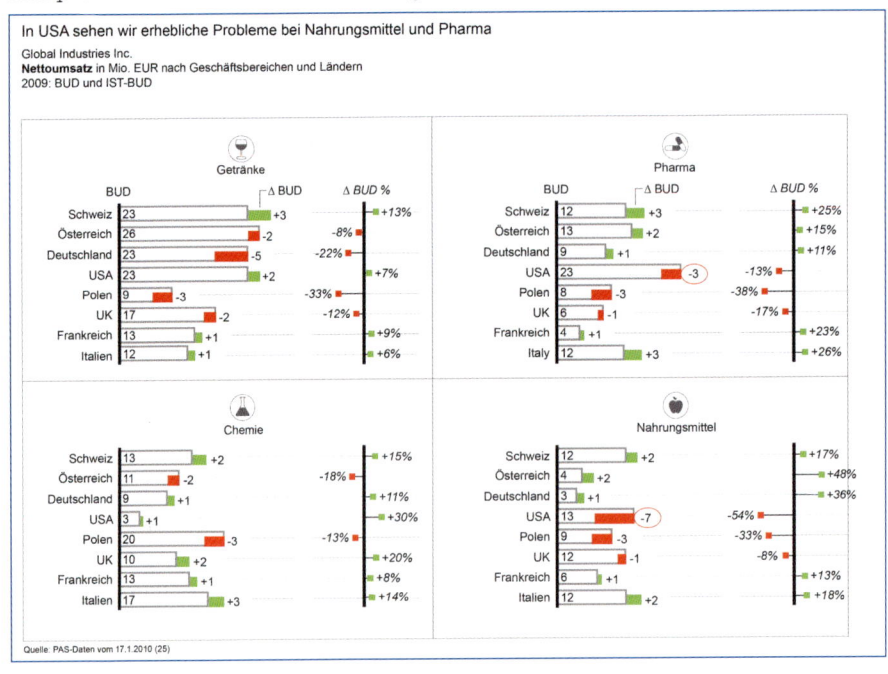

Abbildung 1.53: *Balkendiagramme mit integrierten Absolutabweichungen und Nadeldiagramme mit Prozentabweichungen des Nettoumsatzes für vier Geschäftsbereiche*

[GESCHÄFTSDIAGRAMME]

Im Inlandsgeschäft haben wir mit 57 von 113 Produkten nur 9 Prozent unseres Ergebnisses erwirtschaftet

Alpha AG
Pareto-Analyse Inlands- und Exportgeschäft
2009

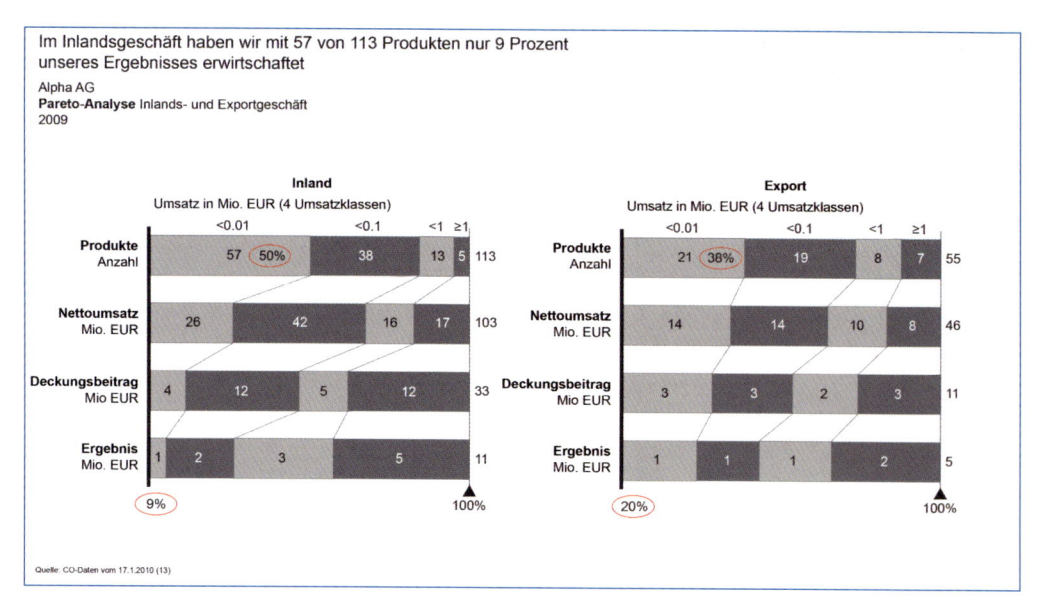

Inland
Umsatz in Mio. EUR (4 Umsatzklassen)

	<0.01	<0.1	<1	≥1	
Produkte Anzahl	57 (50%)	38	13	5	113
Nettoumsatz Mio. EUR	26	42	16	17	103
Deckungsbeitrag Mio EUR	4	12	5	12	33
Ergebnis Mio. EUR	1	2	3	5	11

9% → 100%

Export
Umsatz in Mio. EUR (4 Umsatzklassen)

	<0.01	<0.1	<1	≥1	
Produkte Anzahl	21 (38%)	19	8	7	55
Nettoumsatz Mio. EUR	14	14	10	8	46
Deckungsbeitrag Mio EUR	3	3	2	3	11
Ergebnis Mio. EUR	1	1	1	2	5

20% → 100%

Quelle: CO-Daten vom 17.1.2010 (13)

Abbildung 1.54: *Gegenüberstellung von Pareto-Analysen für die Anzahl Produkte, Umsatz, Deckungsbeitrag und Ergebnis für das Inland- und Exportgeschäft*

Alle deutschen Standorte weisen Verluste aus

Delta AG, Zentraleuropa
Ergebnis nach Standorten und Geschäftsbereichen (in Mio. EUR)
Jan..Aug 2009 IST

Standorte

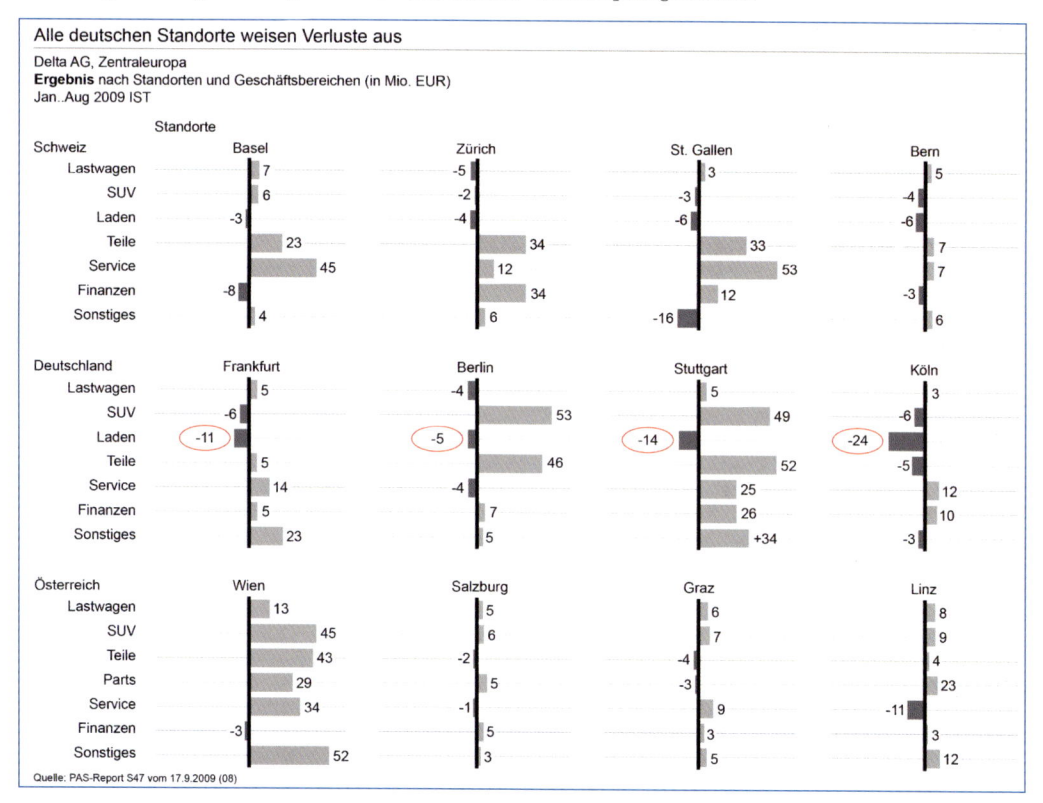

Schweiz

	Basel	Zürich	St. Gallen	Bern
Lastwagen	7	-5	3	5
SUV	6	-2	-3	-4
Laden	-3	-4	-6	-6
Teile	23	34	33	7
Service	45	12	53	7
Finanzen	-8	34	12	-3
Sonstiges	4	6	-16	6

Deutschland

	Frankfurt	Berlin	Stuttgart	Köln
Lastwagen	5	-4	5	3
SUV	-6	53	49	-6
Laden	-11	-5	-14	-24
Teile	5	46	52	-5
Service	14	-4	25	12
Finanzen	5	7	26	10
Sonstiges	23	5	+34	-3

Österreich

	Wien	Salzburg	Graz	Linz
Lastwagen	13	5	6	8
SUV	45	6	7	9
Teile	43	-2	-4	4
Parts	29	5	-3	23
Service	34	-1	9	-11
Finanzen	-3	5	3	3
Sonstiges	52	3	5	12

Quelle: PAS-Report S47 vom 17.9.2009 (08)

Abbildung 1.55: *Umsatzvergleich von sieben Produktbereichen und zwölf Standorten*

[GESCHÄFTSDIAGRAMME]

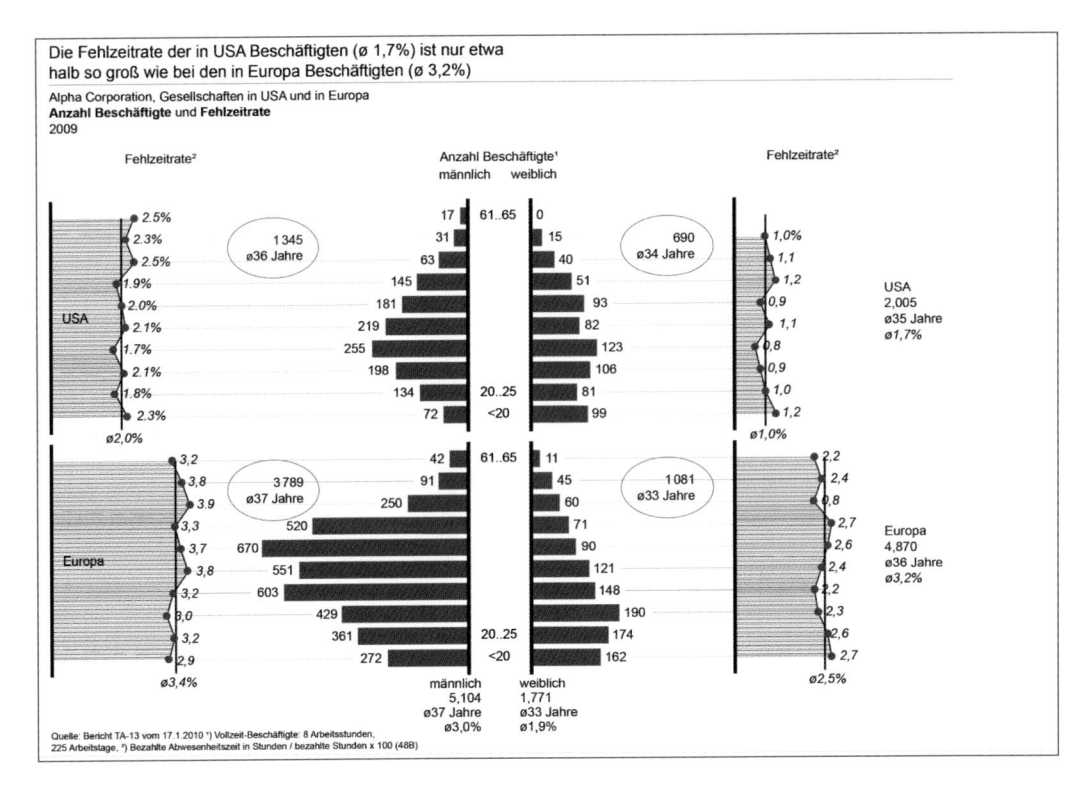

Die Fehlzeitrate der in USA Beschäftigten (ø 1,7%) ist nur etwa
halb so groß wie bei den in Europa Beschäftigten (ø 3,2%)
Alpha Corporation, Gesellschaften in USA und in Europa
Anzahl Beschäftigte und **Fehlzeitrate**
2009

Fehlzeitrate[2] Anzahl Beschäftigte[1] Fehlzeitrate[2]
                männlich   weiblich

USA
2,5%   1345   17   61..65   0   690   1,0%
2,3%   ø36 Jahre 31   15   ø34 Jahre 1,1
2,5%   63   40   1,2   USA
1,9%   145   51   0,9   2,005
2,0%   181   93   ø35 Jahre
2,1%   219   82   1,1   ø1,7%
1,7%   255   123   0,8
2,1%   198   106   0,9
1,8%   134   20..25 81   1,0
2,3%   72   <20   99   1,2
ø2,0%   ø1,0%

Europa
3,2   3789   42   61..65   11   1081   2,2
3,8   ø37 Jahre 91   45   ø33 Jahre 2,4
3,9   250   60   0,8
3,3   520   71   2,7   Europa
3,7   670   90   2,6   4,870
3,8   551   121   2,4   ø36 Jahre
3,2   603   148   2,2   ø3,2%
3,0   429   190   2,3
3,2   361   20..25   174   2,6
2,9   272   <20   162   2,7
ø3,4%   ø2,5%

männlich   weiblich
5,104   1,771
ø37 Jahre ø33 Jahre
ø3,0%   ø1,9%

Quelle: Bericht TA-13 vom 17.1.2010 [1]) Vollzeit-Beschäftigte: 8 Arbeitsstunden,
225 Arbeitstage. [2]) Bezahlte Abwesenheitszeit in Stunden / bezahlte Stunden x 100 (48B)

Abbildung 1.56: *Verteilung der Mitarbeiterzahlen nach Altersgruppen im Vergleich mit ihren prozentualen Fehlzeiten*

c) Diagramme mit zwei Größenachsen

mit Darstellungsobjekten wie Punkte und Blasen
Diese Beispiele können als Template bei **www.templates4.hichert.com** heruntergeladen werden.

In der betrieblichen Praxis wird dieser Diagrammgruppe mit *zwei* Größenachsen gegenüber den vorgenannten beiden Gruppen mit nur jeweils *einer* Größenachse erheblich weniger Aufmerksamkeit gewidmet. Wir schätzen, dass über rund 80 Prozent aller heute in Berichten, Präsentationen und Statistiken verwendeten Geschäftsdiagramme den beiden ersten Gruppen zugeordnet werden können.

Dabei bieten die Darstellungen mit zwei Größenachsen besonders aufschlussreiche Einblicke in betriebswirtschaftliche Zusammenhänge, die mit Tabellen und Worten nicht oder nur schlecht vermittelt werden können.

Die beiden Klassiker sind hier zweifellos das zweidimensionale Punktdiagramm und das dreidimensionale Blasendiagramm. Weitere Dimensionen sind durch unterschiedliche Farben und Formen sowie durch Blasensegmente (siehe rechte Seite von **Abbildung 1.19**) möglich.

Ein typisches Punktdiagramm ist die zweidimensionale Produktpositionierung von **Abbildung 1.57**. Neben der zweidimensionalen Produktpositionierung kann mit Farben und hyperbelförmigen Kurven eine geeignete Gruppenbildung vorgenommen werden.

Abbildung 1.58 zeigt eine ganz ähnliche Darstellung, die hier der Qualitätsanalyse bei den in zwei unterschiedlichen Werken produzierten Aufträgen dient.

Eine typische Darstellung eines Blasendiagramms zeigt **Abbildung 1.59**: Das hier gezeigte sogenannte *Produkt-Markt-Portfolio* bietet neben der zweidimensionalen Positionierung von Geschäftseinheiten die zusätzliche Möglichkeit der visuellen Unterscheidung der Umsatzgröße dieser Geschäftseinheiten über die Größe der Blasenfläche.

Ein anderes Blasendiagramm zeigt **Abbildung 1.60**: Hier wird mit zwei Achsen die relative Kostenposition mehrerer Länder ausgewiesen, zusätzlich zeigt die Größe der Blasenfläche den jeweiligen Landesumsatz an.

Eine Form eines Mehrfachdiagramms für Blasen zeigt **Abbildung 1.61**: In der hier gezeigten zweidimensionalen Anordnung von Filialen und Produktbereichen repräsentiert die Kreisfläche die jeweilige Marktgröße. Der eigene Umsatz wird als Kreissegment gezeigt, sein Anteil an der gesamten Kreisfläche entspricht dem prozentualen Marktanteil. Diese Darstellung ist dann geeignet, wenn nur die Werte *einer* Periode vorliegen. Wenn die Werte für mehrere Perioden vorliegen, wären gestapelte Säulendiagramme innerhalb jedes Quadranten die deutlich bessere Lösung: Generell kann man sagen, dass jede weitere Dimension zusätzliche Erkenntnisse bringt und so eine Analyse verbessern kann.

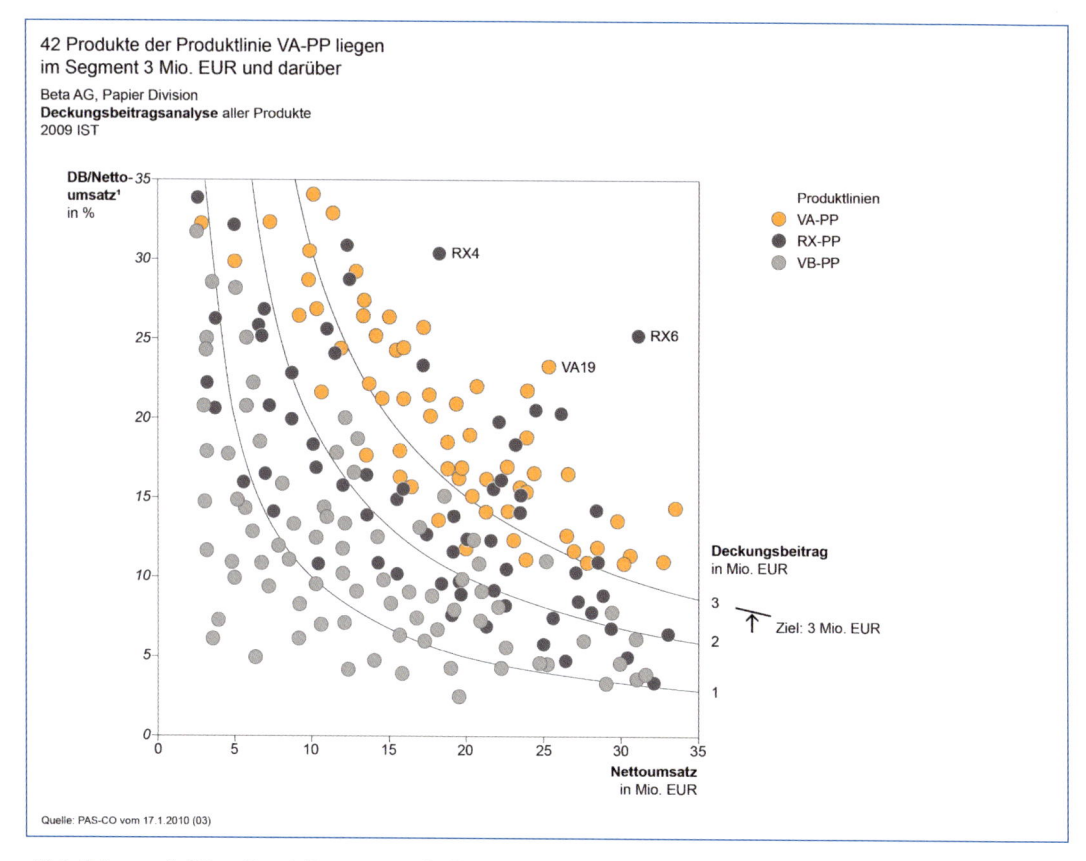

Abbildung 1.57: *Zweidimensionale Produktanalyse mit Darstellung von vier Klassen*

[GESCHÄFTSDIAGRAMME]

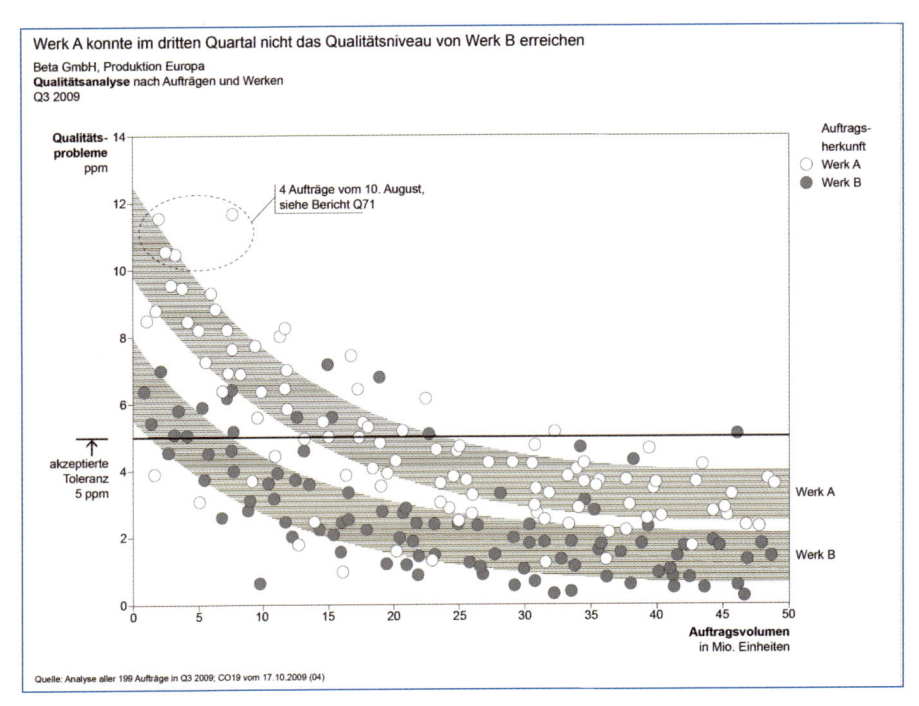

Abbildung 1.58: *Zweidimensionale Qualitätsanalyse für die in zwei Werken produzierten Aufträge*

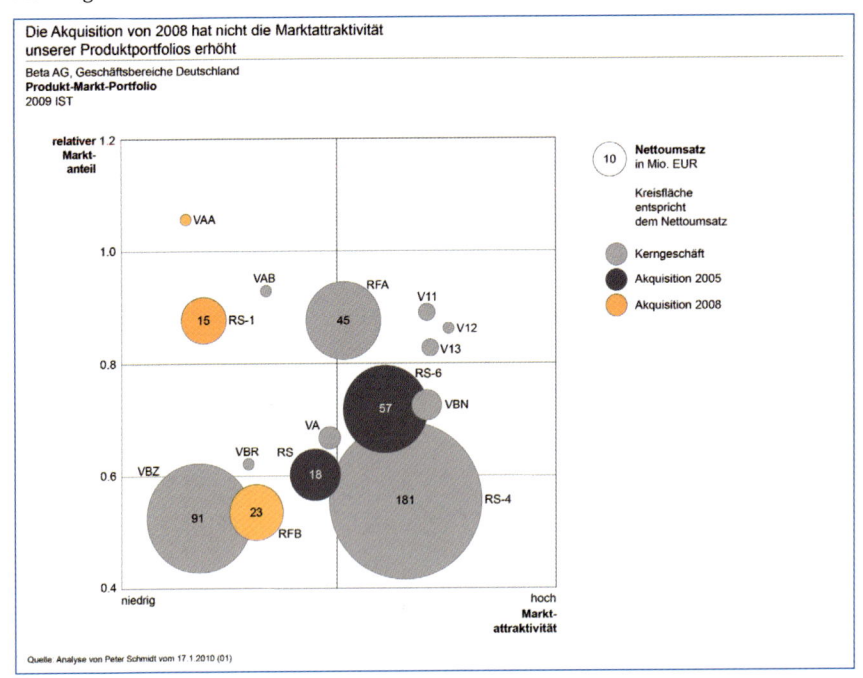

Abbildung 1.59: *Produkt-Markt-Portfolio für das Kerngeschäft im Vergleich mit den Akquisitionen in zwei Geschäftsjahren*

[GESCHÄFTSDIAGRAMME]

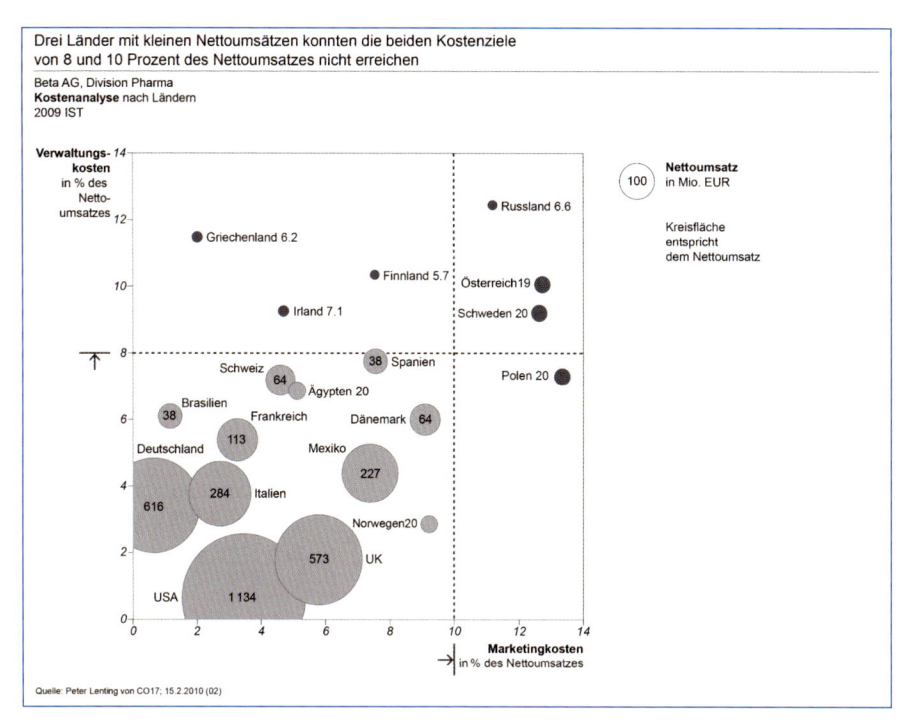

Abbildung 1.60: *Zweidimensionale Kostenanalyse für die Landesgesellschaften mit Darstellung ihres absoluten Umsatzes*

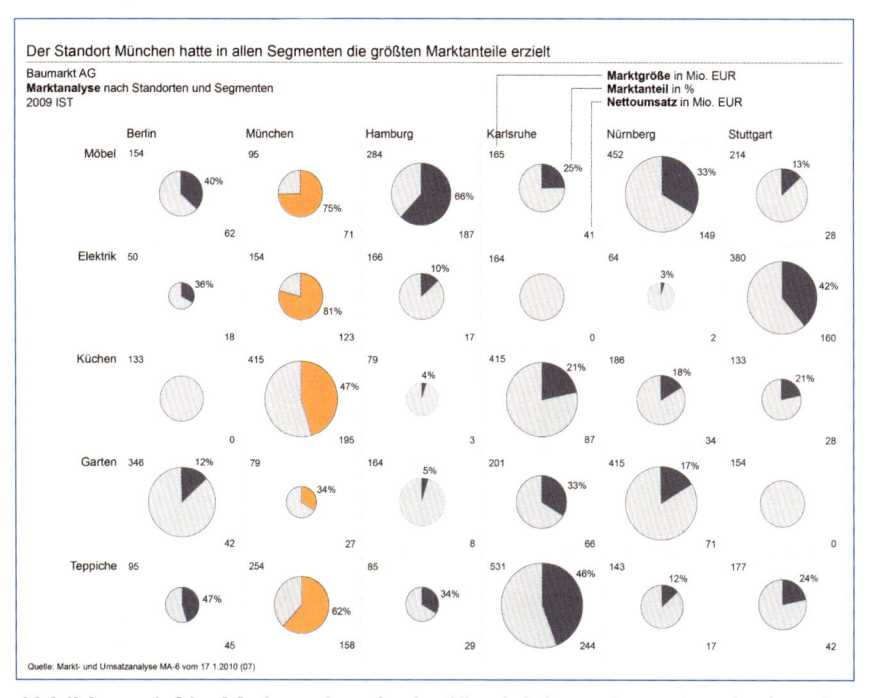

Abbildung 1.61: *Marktanalyse für fünf Produktbereiche und sechs Standorte*

d) Spezialfälle

Diese Beispiele können als Template bei **www.templates4.hichert.com** heruntergeladen werden.

Diese Gruppe der Spezialfälle (*besondere* Darstellungsformen einerseits und *unterschiedliche* Diagrammtypen andererseits) ist zwangsläufig groß und nicht einfach zu kategorisieren. Es werden nachfolgend zwei typische Vertreter vorgestellt.

Die Darstellung von **Abbildung 1.62** zeigt ein Säulendiagramm mit unterschiedlich breiten Säulen. Zwischen den Säulen besteht kein Abstand, damit auf der horizontalen Achse der Gesamtumsatz auf die einzelnen Produktgruppen verteilt werden kann. Die Rechtecke repräsentieren den absoluten Deckungsbeitrag pro Produktgruppe, der sich aus der Multiplikation von Umsatz und prozentualem Deckungsbeitrag ergibt. Man könnte diesen Typ auch zur Gruppe c) der Diagramme mit zwei Größenachsen rechnen – dort verwenden wir aber nur Punkte und Blasen. Andere besondere Darstellungsformen zeigen die Grundtypen 6 (oben) und 12 von **Abbildung 1.3**.

Die Darstellung von **Abbildung 1.63** zeigt unterschiedliche Diagrammtypen in einem Schaubild, hier in Form eines ROI-Baums angeordnet. Weitere Darstellungsformen dieser Art sind die bereits erwähnten *Dashboards*, bei denen unterschiedliche Messgrößen in verdichteter Form visualisiert werden. Da es sich bei *Dashboards* meistens nur um eine Kombination der bereits oben vorstellten Diagrammtypen handelt – oft mit zusätzlichen Hinweisen in Form von Listen, Tabellen und Texten – soll im Rahmen dieses Buches nicht näher darauf eingegangen werden.

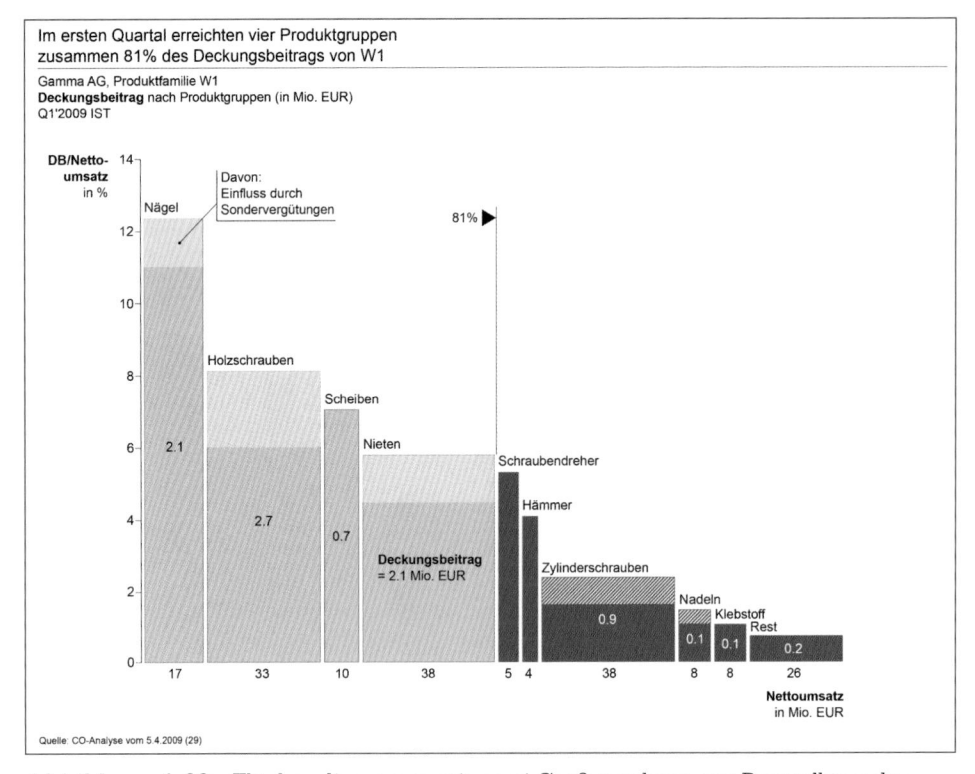

Abbildung 1.62: *Flächendiagramm mit zwei Größenachsen zur Darstellung des Deckungsbeitrags*

[GESCHÄFTSDIAGRAMME] **51**

Das Wachstum bei der Kapitalrendite bis 2011 wird
vor allem aus höheren Gewinnen erwartet

Alpha GmbH
ROI-Baum
2005..2011
IST und Plan

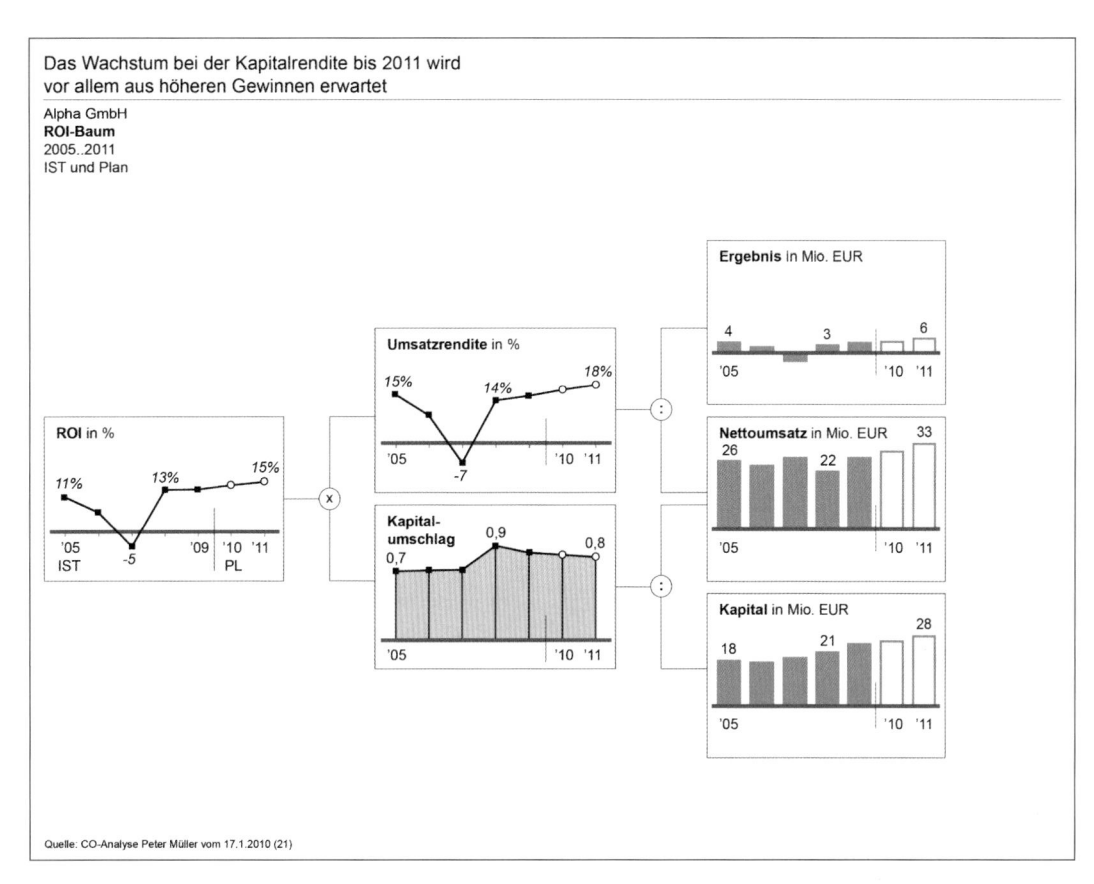

Quelle: CO-Analyse Peter Müller vom 17.1.2010 (21)

Abbildung 1.63: *Grafische Darstellung eines ROI-Baums für Ist- und Planzahlen*

2 GESTAPELTES SÄULENDIAGRAMM MIT *EXCEL 97* BIS *2003* REALISIEREN

In diesem Kapitel lernen Sie Schritt für Schritt, wie Sie ein vielseitig konfigurierbares Diagramm mit Hilfe von *MS Excel 2003* (und älteren Versionen) erstellen. Gestapelte Säulendiagramme stellen den Diagrammtyp dar, der für geschäftliche Anwendungen wohl die größte praktische Bedeutung hat. Sie eignen sich gut für Zeitreihenvergleiche. Im vorliegenden Beispiel werden die monatlichen Nettoumsätze von drei Fahrzeugsparten der Alpha GmbH im Jahr 2008 grafisch aufbereitet.

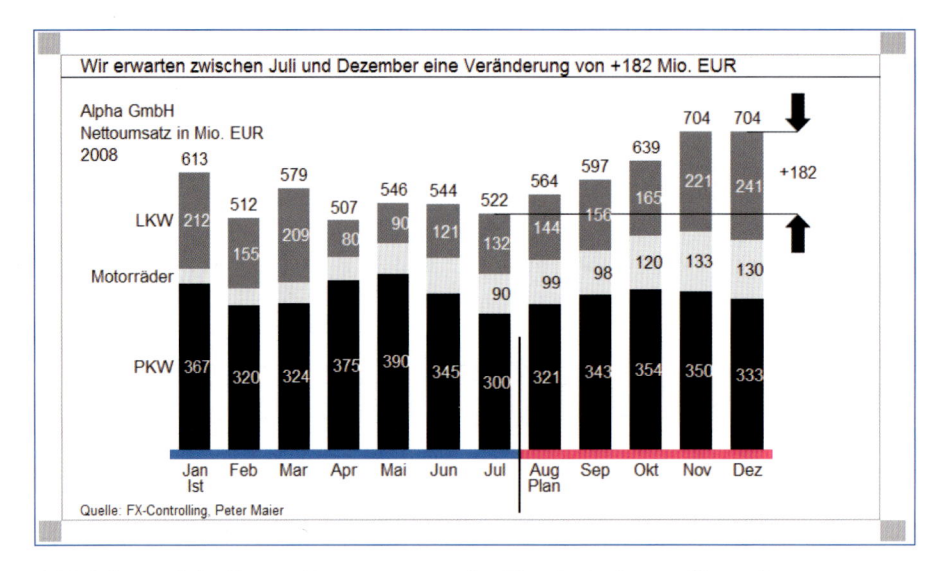

Abbildung 2.1: *Dieses Diagramm ist das Ergebnis dieses Kapitels*

Um das in **Abbildung 2.1** gezeigte Diagramm zu erstellen, werden Sie folgende Teilaufgaben kennenlernen:

1. Diagramme richtig positionieren
2. Diagramme von unnötigem Ballast befreien
3. Säulen in der gewünschten Breite darstellen
4. Säulen nach einem eigenen Farbkonzept einfärben
5. Beschriftungen einfügen und punktgenau positionieren
6. Reihenfolge der Säulenabschnitte festlegen
7. Eigene, steuerbare X-Achse integrieren
8. Summenwerte über die Säulen schreiben
9. Dynamische Skalierung einsetzen
10. Richtig positionierte Legende einfügen

[GESTAPELTES SÄULENDIAGRAMM MIT EXCEL 97 BIS 2003 REALISIEREN]

11. Zusätzliche Grafikelemente wie beispielsweise Pfeile einsetzen
12. Titel und sonstige Beschriftungen variabel gestalten

Wenn Sie diese Teilaufgaben beherrschen, können Sie auch andere Diagrammtypen erstellen und weitere Darstellungsaufgaben lösen und deren Anpassung ohne jede VBA-Programmierung realisieren.

Hierbei werden einheitliche Formatierungen verwendet, die Ihnen helfen sollen, die Arbeitsschritte besser nachzuvollziehen, siehe **Abbildung 2.2**.

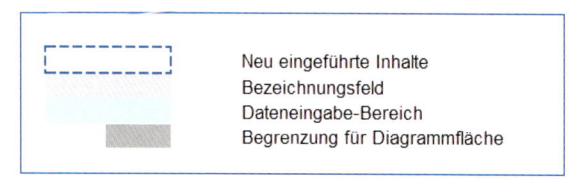

Abbildung 2.2:
Im Blatt Hinweise werden die im Beispiel einheitlich verwendeten Zellenformatierungen erläutert

1.1 ÜBUNGSDATEIEN VERWENDEN

Um die Arbeitsschritte in diesem Kapitel besser nachvollziehen und das Ergebnis auch kontrollieren zu können, werden mit diesem Buch Übungsbeispiele mitgeliefert. Das sind die folgenden Dateien:

Diagrammbeispiel Säulen.xls

Das ist eine *Excel*-Arbeitsmappe, die alle Arbeitsschritte nacheinander in unterschiedlichen Arbeitsblättern zeigt (**Abbildung 2.1**).

Am Anfang eines jeden Abschnitts finden Sie einen Hinweis auf das Arbeitsblatt, das zum Bearbeiten verwendet werden soll, und auf das Arbeitsblatt, das das fertige Ergebnis zeigt.

Dadurch können Sie auch einen beliebigen Schritt in der Mitte des Buches nachvollziehen, ohne dass Sie das Beispiel vorher bis zu diesem Punkt aufgebaut haben.

Im Folgenden wird diese Datei als Übungsbeispiel bezeichnet.

Farbindex.xls

Diese Datei enthält eine Farbpalette. Die Verwendung wird in Abschnitt 2.7 „Farben richtig einsetzen" erläutert.

Mappe.xlt

Das ist eine *Excel*-Mustervorlage. Die Verwendung wird in Abschnitt 2.8 „Formatvorlagen festlegen" erläutert.

Abbildung 2.3: *Die Arbeitsblätter im Übungsbeispiel erleichtern das Nachvollziehen der Arbeitsschritte*

1.2 AUSGANGSDATEN BEREITSTELLEN

Das **Übungsbeispiel** beginnt hier mit dem Arbeitsblatt 1 Daten.

Bevor Sie ein Säulendiagramm erstellen, müssen Sie die Daten in Form einer Tabelle bereitstellen, siehe **Abbildung 2.4**. Diese Daten können auch mit einer externen Datenquelle verknüpft werden.

	A	B	C	D	E	F	G	H	I	J	K	L	M	N	O
2			Jan	Feb	Mar	Apr	Mai	Jun	Jul	Aug	Sep	Okt	Nov	Dez	
3			Ist						Plan						
4		LKW	212	155	209	80	90	121	132	144	156	165	221	241	
5		Motorräder	34	37	46	52	66	78	90	99	98	120	133	130	
6		PKW	367	320	324	375	390	345	300	321	343	354	350	333	
7															
8															
9															
10															
11															
12															
13															
14															
15															
16															
17															
18															
19															
20															
21															
22															
23															
24															
25															
26															
27															
28															
29															
30															

Abbildung 2.4: *Ausgangsdaten und Begrenzung der späteren Diagrammfläche*

Bei den hier vorliegenden Daten handelt es sich um die Nettoumsatzzahlen eines Fahrzeugherstellers mit den drei Sparten LKW, Motorräder und PKW. Die Umsatzzahlen liegen von Januar bis Juni als Istdaten vor, die Daten von Juli bis Dezember sind Plandaten. Die Beträge sind in Millionen Euro ausgewiesen.

Die Fläche innerhalb der grau formatierten Zellen markiert die Position des noch einzufügenden Diagramms. Die Flächengröße hat zunächst noch keine spezielle Bedeutung.

2.3 SÄULENDIAGRAMM EINFÜGEN

Übungsbeispiel

Bearbeiten in Blatt
1 Daten

Ergebnis in Blatt
2 Diagramm

In diesem Schritt fügen Sie mit Hilfe des Diagramm-Assistenten ein Säulendiagramm ein und positionieren es anschließend an die gewünschte Stelle.

1. Markieren Sie den Zellbereich B2:N6.
2. Wählen Sie aus dem Menü Einfügen den Befehl Diagramm. Alternativ können Sie den Diagramm-Assistenten auch über den Tastatur-Shortcut Alt-E-D aufrufen.
3. Im Diagramm-Assistenten wählen Sie im Register Standardtypen den Diagrammtyp Säule.
4. Als Diagrammuntertyp entscheiden Sie sich für den Typ Gestapelte Säulen.
5. Klicken Sie die Schaltfläche Fertig stellen, um das Säulendiagramm einzufügen.

2.4 DIAGRAMM INS RASTER EINRASTEN

Übungsbeispiel

Bearbeiten in Blatt
2 Diagramm

Ergebnis in Blatt
3 Position

Jetzt wird das Säulendiagramm exakt innerhalb der grauen Quadrate positioniert.

Zum besseren Verständnis des Diagrammaufbaus ist es wichtig, die Zeichnungsfläche von der Diagrammfläche zu unterscheiden. In Abbildung 2.6 ist die Zeichnungsfläche im Diagramm innen hervorgehoben. Die dick umrandete äußere Fläche heißt Diagrammfläche. Die Diagrammgröße und -position wird nur an der äußeren Diagrammfläche (Abbildung 2.5) geändert.

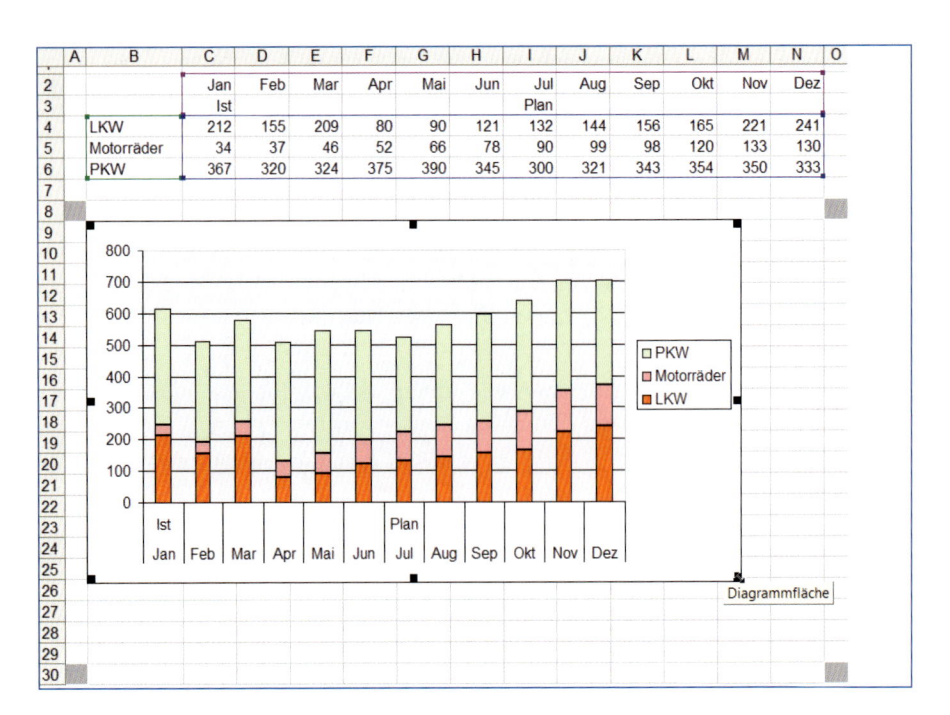

Abbildung 2.5: *Die äußere Fläche des Diagramms ist die Diagrammfläche*

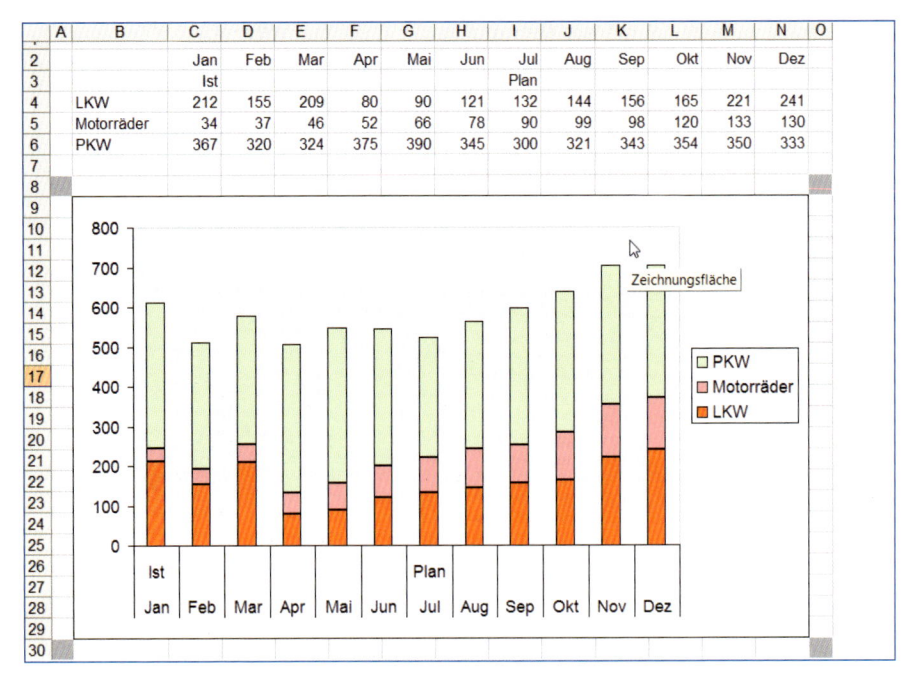

Abbildung 2.6: *Hier ist die Zeichnungsfläche hervorgehoben*

[GESTAPELTES SÄULENDIAGRAMM MIT EXCEL 97 BIS 2003 REALISIEREN]

Das Diagramm kann exakt in das Zellraster eingerastet werden, indem Sie den äußeren Dia-grammbereich anklicken und mit gedrückter ALT-Taste verschieben. Die Größe wird im Diagrammraster eingerastet, indem an den Ecken oder an den Kanten des dick umrandeten Diagrammbereichs mit gedrückter ALT-Taste gezogen wird. **Abbildung 2.7** zeigt das Diagramm mit korrekter Position und Größe.

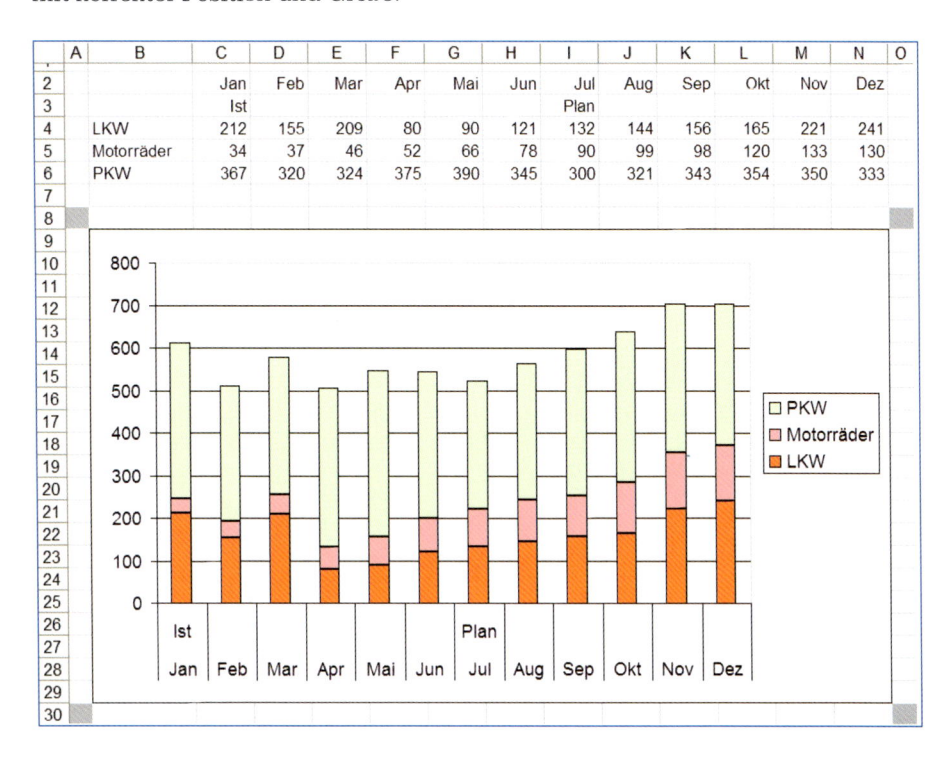

Abbildung 2.7: *Das Diagramm sitzt pixelgenau innerhalb der vorgegebenen Begrenzungen*

2.5 UNNÖTIGE ELEMENTE ENTFERNEN

Übungsbeispiel

Bearbeiten in Blatt
3 Position

Ergebnis in Blatt
3 Säubern

In diesem Schritt entfernen Sie nicht benötigte Elemente aus dem Diagramm. Dazu gehören die Legende, der graue Hintergrund sowie die Gitternetzlinien und die vertikale Y-Achse (Größenachse). Markieren Sie jeweils diese Elemente und drücken die Taste Entf. Beachten Sie bitte, dass bei Drücken der Entf-Taste die vertikale Y-Achse nicht gelöscht, sondern nur ausgeblendet wird. Die horizontale X-Achse (Rubrikenachse) lassen Sie zunächst unverändert. Zum Ausblenden der inneren Zeichnungsfläche markieren Sie diese und entfernen mit der Taste Entf die Formatierung.

[GESTAPELTES SÄULENDIAGRAMM MIT EXCEL 97 BIS 2003 REALISIEREN]

Nun entfernen Sie die Ränder um die einzelnen Säulenabschnitte. Dazu gehen Sie wie folgt vor:

1. Klicken Sie im Diagramm auf eine der drei Datenreihen.
2. Haben Sie die gewünschte Datenreihe markiert, drücken Sie auf Ihrer Tastatur die Taste **Kontextmenü**. Diese Taste befindet sich bei den meisten PC-Tastaturen standardmäßig links neben der Taste **Strg**. Sie kann sich aber auch, gerade bei Notebooks, an unterschiedlichen Stellen befinden. Sollte sich die Taste **Kontextmenü** jedoch nicht auf Ihrer Tastatur befinden, dann können Sie alternativ die Tastenkombination **Umschalt** + **F10** drücken oder auf die rechte Maustaste klicken, um das Kontextmenü zu öffnen.
3. Wählen Sie aus dem Kontextmenü den Befehl **Datenreihen formatieren**.
4. Auf der Registerkarte **Muster** aktivieren Sie im Gruppenfeld **Rahmen** die Option **Keine**.
5. Bestätigen Sie mit **OK**.

Wiederholen Sie diese Schritte auch für die anderen beiden Datenreihen. Am schnellsten geht dies, wenn Sie die weiteren Datenreihen z. B. per Mausklick markieren und danach über die Taste **F4** oder über die Tastenkombination **Strg** + **Y** die vorhergehende Formatierung wiederholen. Das Ergebnis sehen Sie in **Abbildung 2.8**.

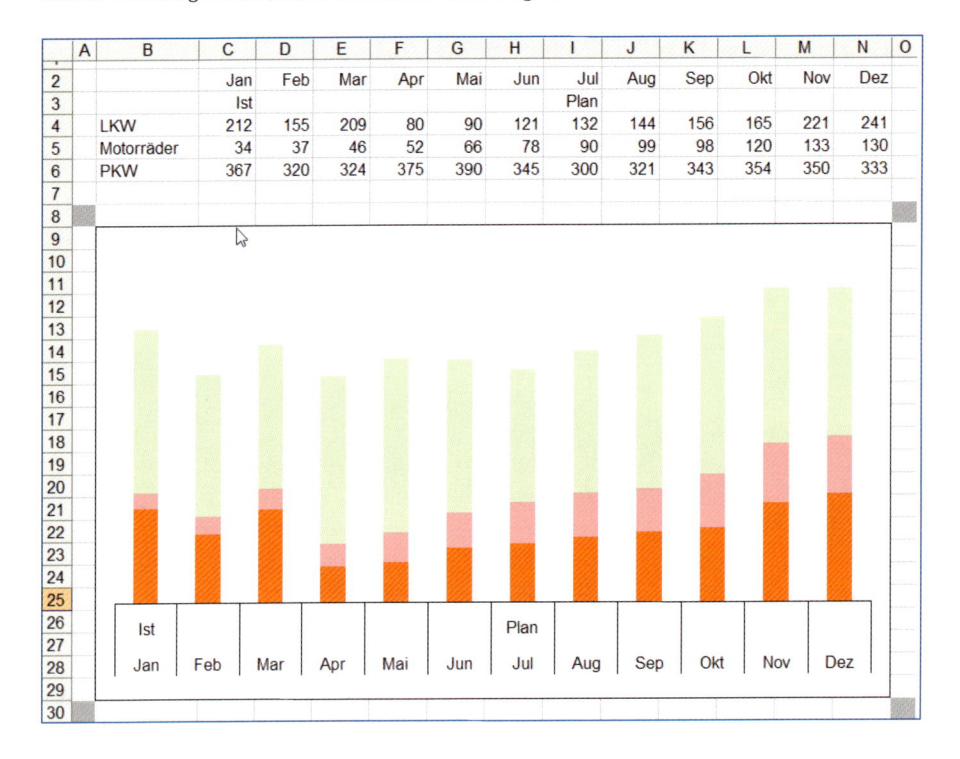

Abbildung 2.8: *Das Diagramm wurde von nicht benötigten Elementen befreit*

2.6 ZEICHNUNGSFLÄCHE MAXIMIEREN

Übungsbeispiel

Bearbeiten in Blatt
`4 Säubern`

Ergebnis in Blatt
`5 Größe`

In diesem Schritt wird die Größe der Zeichnungsfläche maximiert. Ein Diagramm besteht aus der (äußeren) Diagrammfläche sowie der (inneren) Zeichnungsfläche. Die Zeichnungsfläche hat standardmäßig keine nachvollziehbare Größe und Position, was ein Reproduzieren der gewünschten exakten Positionierungen erschweren kann.

Markieren Sie die (innere) Zeichnungsfläche und ziehen Sie diese am linken oberen und am rechten unteren Rand an den jeweiligen Markierungen so weit wie möglich in die jeweilige Ecke der (äußeren) Diagrammfläche, siehe **Abbildung 2.9**.

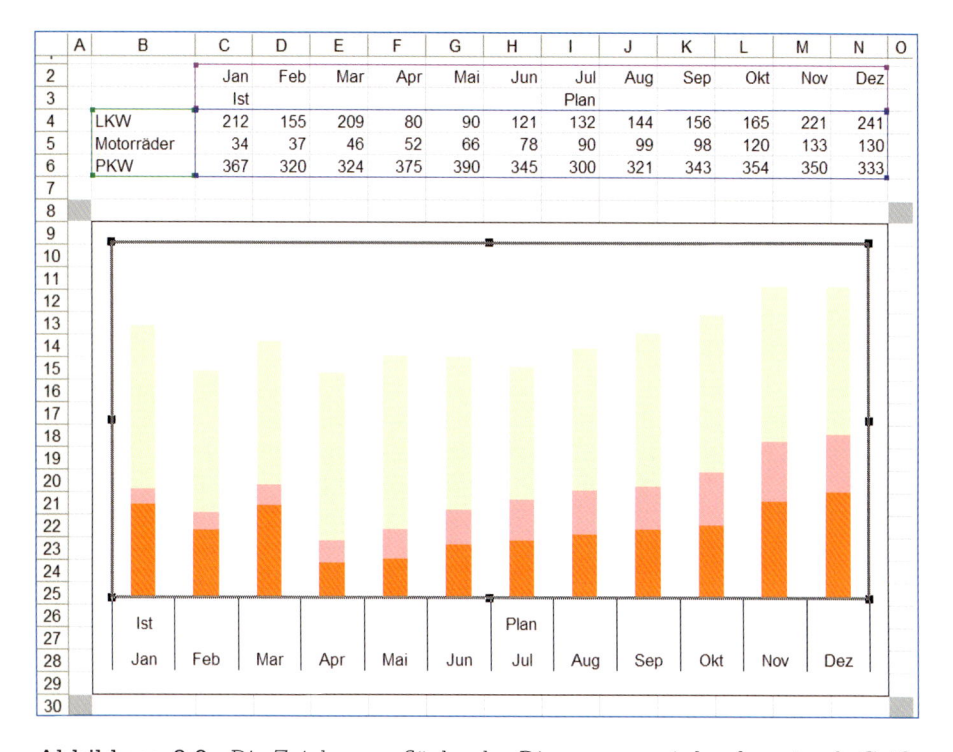

Abbildung 2.9: Die Zeichnungsfläche des Diagramms wird auf maximale Größe gebracht, um den Platz optimal auszunutzen

Nach dem Maximieren der Zeichnungsfläche bleibt rundum ein fünf Pixel breiter Abstand zur Diagrammfläche, der in *Excel* bis Version 2003 nicht zu vermeiden ist. Dieser nur noch sehr kleine Überstand der Diagrammfläche kann das Markieren der Diagrammfläche mit der Maus schwierig machen – beispielsweise dann, wenn Sie später die Diagrammgröße ändern möchten. Wenn Sie mit der Maus in die (innere) Zeichnungsfläche klicken und dann die Taste Pfeil nach unten betätigen, markieren Sie sehr schnell die (äußere) Diagrammfläche. Sie können aber auch das komplette Diagramm mit der linken Maustaste bei gedrückter Taste Umschalt anklicken. Dann wird – unabhängig von der Klick-Position – immer das ganze Diagramm markiert, genauer gesagt: die Platzhaltergrafik des Diagramms.

2.7 FARBEN RICHTIG EINSETZEN

Übungsbeispiel
Bearbeiten in Blatt
5 Größe
Ergebnis in Blatt
6 Farben

Die verwendeten Farben im Beispieldiagramm entstammen nicht der Standard-*Excel*-Farbpalette. Im Beispieldiagramm ist eine angepasste Farbpalette enthalten. In *Excel* bis Version 2003 enthält jede Arbeitsmappe eine eigene Definition der Farbpalette. Eine Arbeitsmappe kann daher als Träger einer Farbpalette verwendet werden. Diese Farbpalette kann in wenigen Schritten aus einer anderen Datei, in unserem Beispiel aus der Datei Farbindex.xls, übernommen werden. Diese Datei kann als leere Datei verstanden werden, die lediglich eine Farbpalette enthält.

1. Das Beispieldiagramm muss zusammen mit der Datei Farbindex.xls geöffnet sein.
2. Wechseln Sie anschließend zur Datei mit dem Beispieldiagramm und klicken Sie über das Menü Extras auf den Befehl Optionen.
3. Wechseln Sie dann zur Registerkarte Farben und wählen Sie aus dem *Drop-down*-Feld Farben kopieren aus den Eintrag Farbindex.xls aus.
4. Wenn Sie sie anschließend mit OK bestätigen, wird die Farbpalettendefinition aus der Datei Farbindex.xls in das Beispieldiagramm übernommen.

Bei der Erstellung eines Diagramms mit der Farbeinstellung „automatisch" wählt *Excel* aus der vorletzten Zeile der Farbpalette (Diagrammfüllfarben) eine Farbe nach der anderen von links nach rechts für die Farbgebung der einzelnen Datenreihen aus. Bei unserem Beispiel sollen den Säulenabschnitten (Datenreihen LKW, Motorräder und PKW) aber nicht automatisch Farben zugewiesen werden, sondern sie sollen bestimmte Farbtöne aus dem oben beschriebenen Farbkonzept erhalten. Es werden hier drei unterschiedliche Grautöne verwendet, damit sich PKW und LKW auch dann noch voneinander abgrenzen lassen, falls bei den Motorrädern ein Wert fehlen sollte.

Um den Säulenabschnitten die gewünschte Farbe zu geben, befolgen Sie die nächsten Arbeitsschritte:

1. **Blenden Sie die Symbolleiste** Diagramm **ein.**
2. Markieren Sie das Diagramm.
3. Wählen Sie aus dem *Drop-down*-Feld dieser Symbolleiste die Reihe „PKW" aus.
4. Klicken Sie auf das Symbol Datenreihen formatieren.
5. Wechseln Sie auf die Registerkarte Muster.

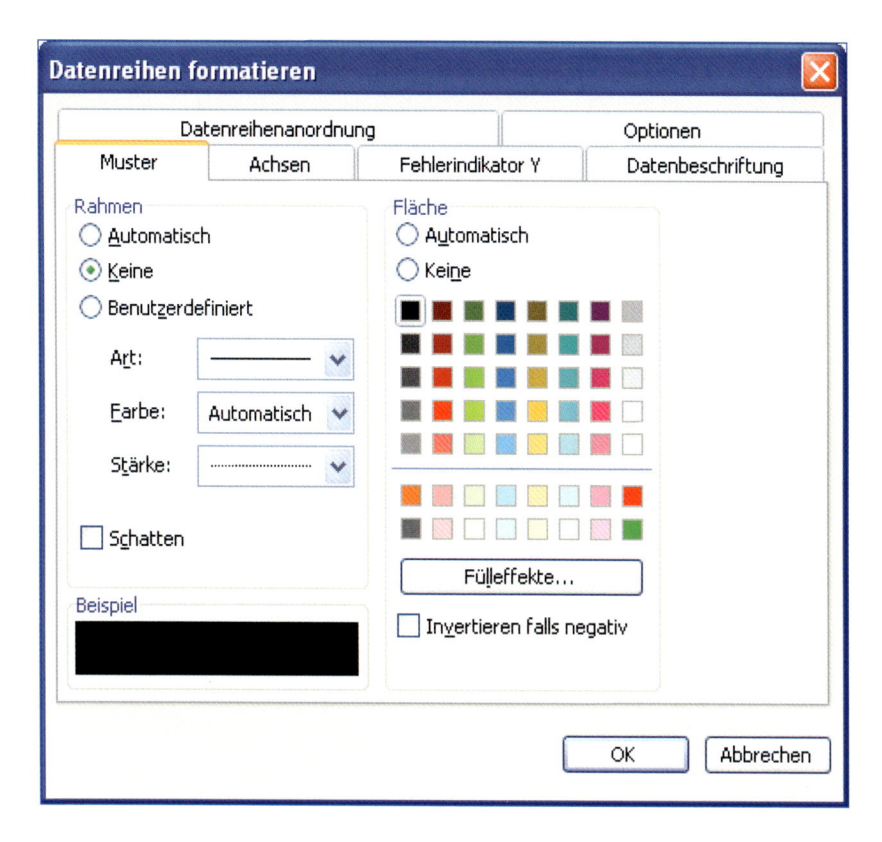

[GESTAPELTES SÄULENDIAGRAMM MIT EXCEL 97 BIS 2003 REALISIEREN]   61

Abbildung 2.10: *Aus der Farbpalette wird eine neue Farbe zugewiesen*

6. Klicken Sie in der Farbpalette auf die Farbe im ersten Kästchen der oberen Farbspalte, siehe **Abbildung 2.10**.
7. Bestätigen Sie mit **OK** und Sie erhalten die Darstellung von **Abbildung 2.11**.
8. Wählen Sie nun aus dem *Drop-down*-Feld der Symbolleiste die Reihe „LKW" und klicken Sie auf das Symbol Datenreihen formatieren.
9. Auf der Registerkarte **Muster** wählen Sie das Grau aus der ersten Spalte in der vierten Zeile aus und bestätigen mit **OK**.
10. Stellen Sie dann die Reihe „Motorräder" im *Drop-down*-Feld ein und klicken Sie erneut auf das Symbol Datenreihen formatieren.
11. Auf der Registerkarte **Muster** wählen Sie nun das hellere Grau in der achten Spalte in der dritten Zeile aus und bestätigen mit **OK**.

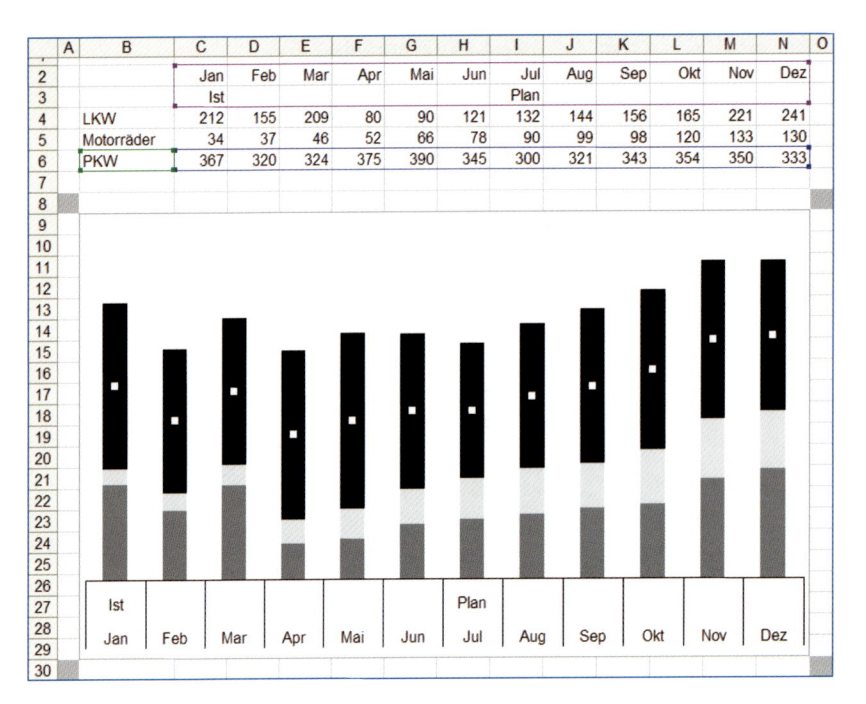

[GESTAPELTES SÄULENDIAGRAMM MIT EXCEL 97 BIS 2003 REALISIEREN]

	A	B	C	D	E	F	G	H	I	J	K	L	M	N
2			Jan	Feb	Mar	Apr	Mai	Jun	Jul	Aug	Sep	Okt	Nov	Dez
3			Ist						Plan					
4		LKW	212	155	209	80	90	121	132	144	156	165	221	241
5		Motorräder	34	37	46	52	66	78	90	99	98	120	133	130
6		PKW	367	320	324	375	390	345	300	321	343	354	350	333

Abbildung 2.11: *Neue Säulenfarben des Diagramms*

2.8   FORMATVORLAGEN FESTLEGEN

Übungsbeispiel
Bearbeiten in Blatt
6 Farben

Ergebnis in Blatt
7 Zellformate

Für die zukünftigen Schritte benötigen Sie immer wieder für bestimmte Zellen bzw. Zellbereiche die gleichen Formate. Um nicht jedes Mal die komplette Formatierungsprozedur durchlaufen zu müssen, ist es äußerst hilfreich, sich sogenannte Formatvorlagen einzurichten. Wie Sie eine Formatvorlage erstellen können, erfahren Sie in den nachfolgenden Arbeitsschritten:

1. Markieren Sie zunächst die Zellen B4 bis B6 und klicken Sie dann über das Menü Format auf den Befehl Formatvorlage.
2. Erfassen Sie dann im Dialogfenster Formatvorlage im *Drop-down*-Feld Name der Formatvorlage den Eintrag Beschriftung.
3. Entfernen Sie dann alle Häkchen aus dem Gruppenfeld Formatvorlage enthält und klicken Sie nun auf die Befehlsschaltfläche Ändern.
4. Wechseln Sie dann zur Registerkarte Schrift und nehmen Sie die Einstellungen gemäß Abbildung 2.12 vor.

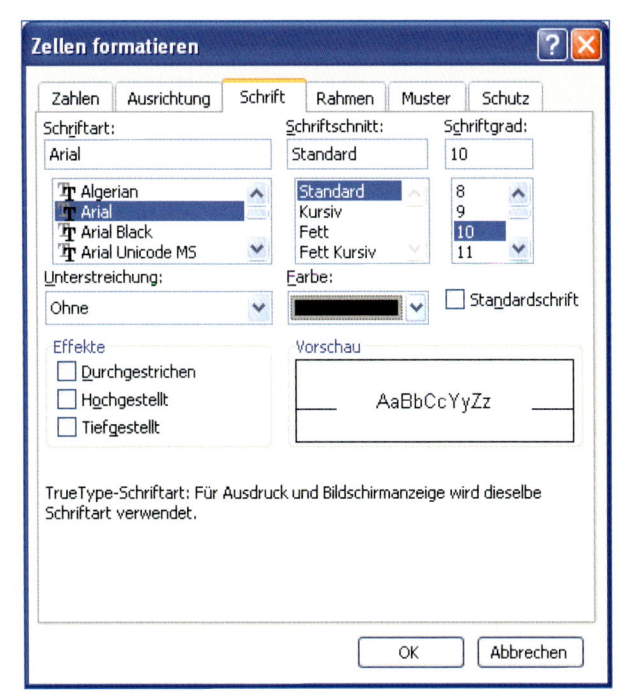

[GESTAPELTES SÄULENDIAGRAMM MIT EXCEL 97 BIS 2003 REALISIEREN]

Abbildung 2.12:
Die Schrift für die Formatvorlage **Beschriftung** *wird eingestellt*

5. Wechseln Sie dann zur Registerkarte **Muster** und nehmen Sie nun die Einstellungen wie in **Abbildung 2.13** vor.

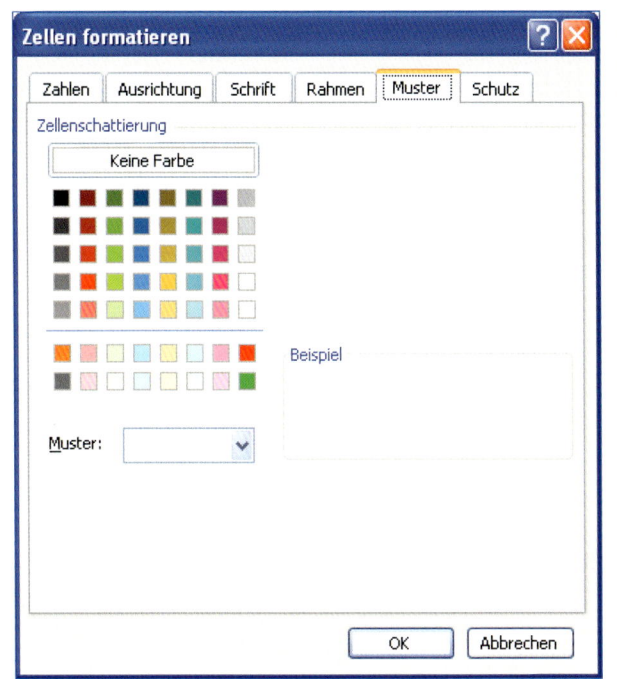

Abbildung 2.13:
Der Zellenhintergrund für die Formatvorlage **Beschriftung** *wird eingestellt*

6. Bestätigen Sie mit OK, um den Dialog Zellen formatieren zu verlassen.
7. Bestätigen Sie nun erneut mit OK, um den Dialog Formatvorlage zu verlassen.

Zukünftig können Sie alle Zellen, die eine Beschriftung enthalten, mit Hilfe dieser Formatvorlage rasch formatieren. Sie müssen hierzu lediglich die besagten Zellen markieren und über das Menü Format den Befehl Formatvorlage aufrufen. Anschließend wird aus dem *Drop-down*-Feld Name der Formatvorlage die Formatvorlage Beschriftung ausgewählt und die Eingabe mit OK bestätigt. Ein Beispiel für die genutzten Formatvorlagen zeigt **Abbildung 2.14**.

	A	B	C	D	E	F	G	H	I	J	K	L	M	N
2			Jan	Feb	Mar	Apr	Mai	Jun	Jul	Aug	Sep	Okt	Nov	Dez
3			Ist						Plan					
4		LKW	212	155	209	80	90	121	132	144	156	165	221	241
5		Motorräder	34	37	46	52	66	78	90	99	98	120	133	130
6		PKW	367	320	324	375	390	345	300	321	343	354	350	333

Abbildung 2.14: *Formatvorlagen für Beschriftung und Dateneingabe*

Die Datei zum vorliegenden Diagrammbeispiel enthält eine Vielzahl von Formatvorlagen, auf deren Aufzählung an dieser Stelle verzichtet wird. Alle Formatvorlagen sind jedoch über den soeben aufgezeigten Weg, d. h. über das Menü Format und den Befehl Formatvorlage, einsehbar.

2.9 MIT EXCEL-VORLAGEN ARBEITEN

In *Excel* bis Version 2003 besteht die Möglichkeit, *Excel*-Vorlagen in Form einer XLT-Datei anzulegen. In diesen Vorlagen können Sie beispielsweise eine Farbpalette und die benutzerdefinierten Zellformatvorlagen integrieren. Wird eine solche *Excel*-Vorlage zum Erstellen einer neuen Arbeitsmappe verwendet, dann stehen dort alle in der Vorlage enthaltenen Inhalte, wie Farbpalette und Zellformatvorlagen, zur Verfügung.

Um eine *Excel*-Vorlage zu erstellen, gehen Sie wie folgt vor:

1. Legen Sie zunächst – am besten in einer leeren Arbeitsmappe – alle benutzerdefinierten Zellformate an und importieren Sie die gewünschte Farbpalette.
2. Klicken Sie auf das *Excel*-Menü Datei – Speichern unter.
3. Wechseln Sie zum Ordner XLStart, dieser befindet sich in dem Verzeichnis, in dem *Excel* installiert ist. Standardmäßig ist dieser hier zu finden:
   C:\Programme\Microsoft Office\Office11 – für *Excel 2003*
   C:\Programme\Microsoft Office\Office10 – für *Excel 2002*
4. Klicken Sie in der Liste Dateityp auf Excel-Mustervorlage (*.xlt) und benennen Sie diese Vorlage Mappe.xlt. Eine so benannte und im Ordner XLStart abgelegte Vorlage wird automatisch beim Start von *Excel* zur Erstellung einer neuen leeren Arbeitsmappe verwendet.
5. Klicken Sie auf Speichern.

[GESTAPELTES SÄULENDIAGRAMM MIT EXCEL 97 BIS 2003 REALISIEREN]

2.10 SÄULENABSCHNITTE BESCHRIFTEN

Übungsbeispiel
Bearbeiten in Blatt
7 Zellformate

Ergebnis in Blatt
8 Beschriftung

Im nächsten Schritt sollen die Zahlenwerte innerhalb der Säulen angezeigt werden, siehe **Abbildung 2.15**. Dazu sind folgende Arbeitsgänge notwendig:

1. Führen Sie einen Doppelklick auf die Reihe „PKW" durch, um den Dialog Datenreihen formatieren aufzurufen.
2. Wechseln Sie auf die Registerkarte Datenbeschriftung.
3. Aktivieren Sie das Kontrollkästchen Wert.
4. Bestätigen Sie mit OK.
5. Führen Sie diese Einstellung auch für die anderen Datenreihen durch, indem Sie diese markieren und die Taste F4[1] drücken. Mit dieser Taste wird generell der letzte Befehl, also das Hinzufügen der Werte-Beschriftung, wiederholt.
6. Blenden Sie die Symbolleiste Diagramm ein.
7. Wählen Sie nun aus dem *Drop-down*-Feld das Diagrammobjekt „PKW" Datenbeschriftung aus und klicken Sie dann auf das Symbol Datenbeschriftungen formatieren.
8. Wechseln Sie jetzt zur Registerkarte Schrift und wählen Sie aus dem *Drop-down*-Feld Farbe die Farbe Weiß und aus dem *Drop-down*-Feld Hintergrund den Eintrag Unsichtbar aus.
9. Wiederholen Sie die Schritte 7 und 8 für das Diagrammobjekt „LKW" Datenbeschriftung mit der Taste F4.

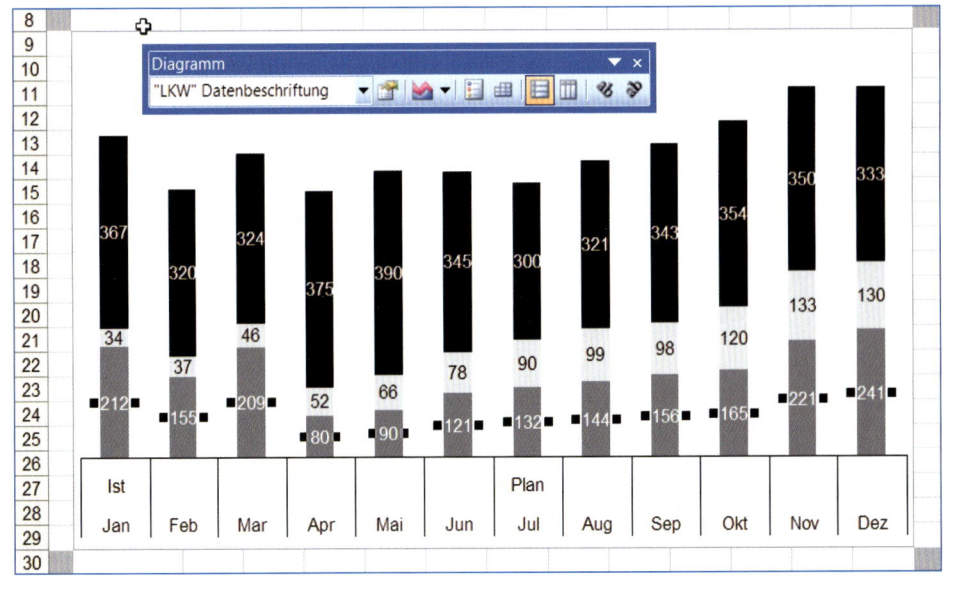

Abbildung 2.15: *Werte werden in den Säulen weiß oder schwarz beschriftet*

---

[1] Das Betätigen der Taste F4 entspricht der Tastenkombination Strg + Y.

2.11 SCHRIFT AUF DIE RICHTIGE GRÖSSE BRINGEN

Übungsbeispiel
Bearbeiten in Blatt
8 Beschriftung
Ergebnis in Blatt
9 Textformat

Durch das Vergrößern oder Verkleinern des Diagramms wird von *Excel* automatisch die Schriftgröße von Diagrammbeschriftung angepasst. Um die Schriftgröße auf einer festen, voreingestellten Größe zu belassen, gehen Sie wie folgt vor:

1. Klicken Sie mit der rechten Maustaste auf eine Beschriftungsreihe und öffnen Sie den Dialog Datenbeschriftungen formatieren oder führen Sie einen Doppelklick direkt auf die angezeigten Beschriftungsreihe durch.
2. Im Dialog Datenbeschriftungen formatieren wechseln Sie auf die Registerkarte Schrift.
3. Geben Sie beim Schriftgrad die Größe 10 an.
4. Entfernen Sie das Häkchen bei Automatisch skalieren.
5. Bestätigen Sie mit OK.

Diese Schritte müssten Sie für jede neu hinzukommende Beschriftung wiederholen. Diese Einstellung kann auch als Voreinstellung für das ganze Diagramm hinterlegt werden. Markieren Sie hierzu die Diagrammfläche und nehmen Sie über das Kontextmenü Diagrammfläche formatieren die Einstellungen aus Schritt 2 bis 5 vor.

2.12 SÄULENBREITE ANPASSEN

Übungsbeispiel
Bearbeiten in Blatt
9 Textformat
Ergebnis in Blatt
10 Breite

Wie Sie in **Abbildung 2.15** sehen, sind die Säulen zu schmal, um die Beschriftungen komplett anzuzeigen. Häufig muss auch die Säulenbreite an konzeptionelle Anforderungen angepasst werden. Diese lässt sich in *Excel* nur indirekt über die Abstandsbreite einstellen:

1. Klicken Sie eine beliebige Säulenreihe doppelt an, um den Dialog Datenreihen formatieren aufzurufen.
2. Wechseln Sie auf die Registerkarte Optionen.
3. Stellen Sie die Abstandsbreite auf den Wert 60 ein.
4. Bestätigen Sie mit OK.

Diese neue Einstellung wird nun automatisch für alle Datenreihen dieses Diagramms durchgeführt und ergibt das Diagramm von **Abbildung 2.16**. Der eingegebene Wert für die Abstandsbreite (hier 60) gibt an, wie groß der Abstand zwischen den Säulen ist. Gemessen ist dieser Wert in Prozent der Säulenbreite.

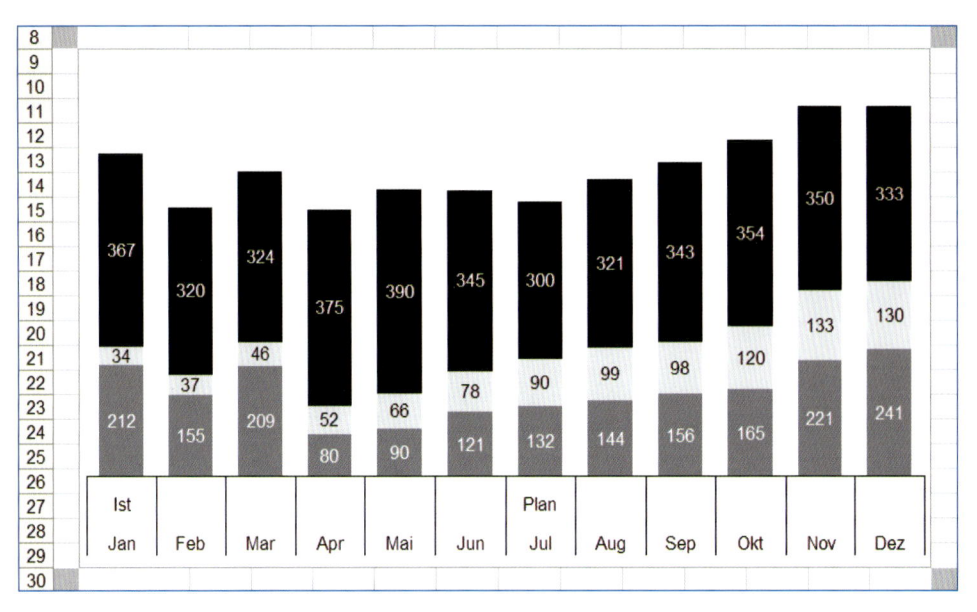

[GESTAPELTES SÄULENDIAGRAMM MIT EXCEL 97 BIS 2003 REALISIEREN]

Abbildung 2.16: *Der Säulenabstand wurde auf 60 % der Säulenbreite verändert*

2.13 VERTIKALE REIHENFOLGE DER SÄULENREIHEN ÄNDERN

Übungsbeispiel
Bearbeiten in Blatt
10 Breite
Ergebnis in Blatt
11 Reihenfolge

Wenn Sie sich das Diagramm und die Datentabelle ansehen, dann stellen Sie fest, dass die Reihe „LKW" in der Datentabelle ganz oben und im Diagramm ganz unten angeordnet ist. *Excel* zeigt im Diagramm die umgekehrte Reihenfolge der Datenreihe als in der Tabelle, weil bei Tabellen die Leserichtung von oben nach unten gilt und die Reihen bei gestapelten Diagrammen von der X-Achse aus nach oben (bei positiven Werten) angeordnet werden. Diagramm-Templates werden leichter verständlich, wenn die Reihenfolge in Tabelle und Diagramm gleich ist.

Sie können die Reihenfolge der Datenreihen im Diagramm (Reihenfolge der Säulenreihen in vertikaler Richtung) wie folgt ändern:

1. Aktivieren Sie die Symbolleiste Diagramm.
2. Wählen Sie die Reihe „LKW" (ggf. mit den Pfeiltasten) aus.
3. Klicken Sie auf das Symbol Datenreihen formatieren.
4. Wechseln Sie in die Registerkarte Datenreihenanordnung.
5. Markieren Sie die Reihe „LKW" und klicken dann die Schaltfläche Nach unten verschieben zweimal an.
6. Bestätigen Sie mit OK.
7. Ändern Sie entsprechend auch die Datenreihenanordnung der Reihe „Motorräder".

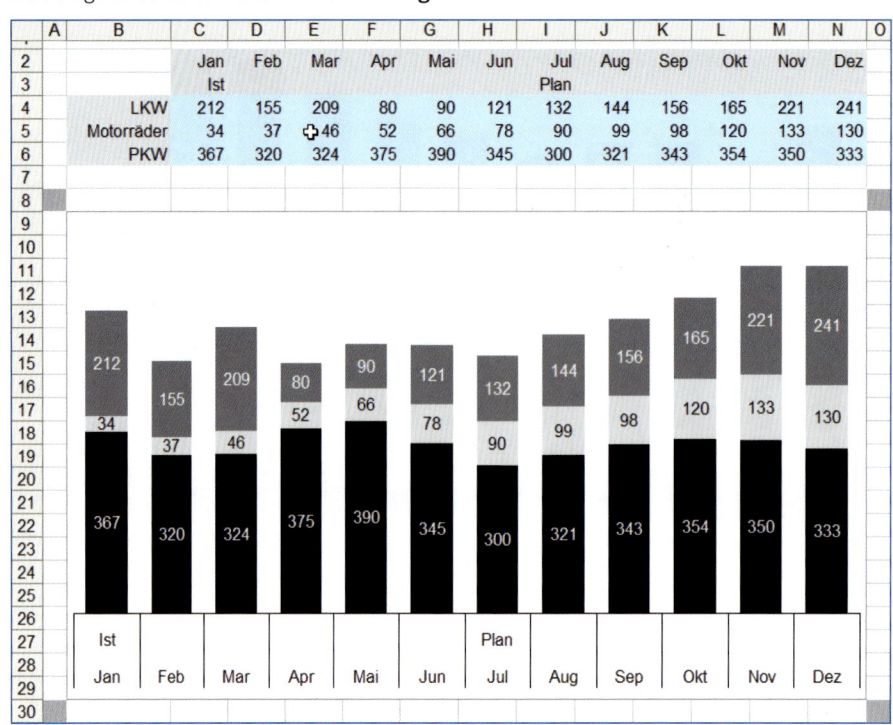

Das Ergebnis sehen Sie in **Abbildung 2.17**.

	A	B	C	D	E	F	G	H	I	J	K	L	M	N	O
2			Jan	Feb	Mar	Apr	Mai	Jun	Jul	Aug	Sep	Okt	Nov	Dez	
3			Ist						Plan						
4		LKW	212	155	209	80	90	121	132	144	156	165	221	241	
5		Motorräder	34	37	46	52	66	78	90	99	98	120	133	130	
6		PKW	367	320	324	375	390	345	300	321	343	354	350	333	

Abbildung 2.17: *Die Reihenfolge der Datenreihen entspricht hier der Reihenfolge in der Datentabelle*

Es kann zweckmäßig sein, die Datenreihe mit den Werten, die man in erster Linie miteinander vergleichen will, ganz nach unten in Achsennähe zu sortieren.

2.14 LINIEN DER X-ACHSE AUSBLENDEN

Übungsbeispiel
Bearbeiten in Blatt
`11 Reihenfolge`

Ergebnis in Blatt
`12.1 X-Achse Säulen`

Die senkrechten Linien zwischen den Bezeichnungen der X-Achse im Diagramm (siehe **Abbildung 2.17**) sind störend und unnötig. Dieses Linienraster entsteht immer dann, wenn die Bezeichnungen der X-Achse (siehe Dialog Datenquelle in der Registerkarte Reihe) aus mehr als einer Tabellenzeile bestehen.

Diese senkrechten Linien sind nicht separat ausblendbar, sie können Sie nur zusammen mit der Achsenlinie ausblenden:

1. Klicken Sie die X-Achse mit der rechten Maustaste an (oder: wählen Sie in der Symbolleiste Diagramm die Rubrikenachse aus und klicken Sie anschließend auf die rechte Maustaste).

[GESTAPELTES SÄULENDIAGRAMM MIT EXCEL 97 BIS 2003 REALISIEREN]

2. Wählen Sie den Befehl **Achse formatieren** aus dem Kontextmenü.
3. Wechseln Sie auf die Registerkarte **Muster**.
4. Im Gruppenfeld **Linien** aktivieren Sie die Option **Keine**.
5. Bestätigen Sie mit **OK**.

Sie erfahren im nächsten Abschnitt, wie Sie die Achsenlinie, die in **Abbildung 2.18** fehlt, mit variabler Strichdicke neu erstellen.

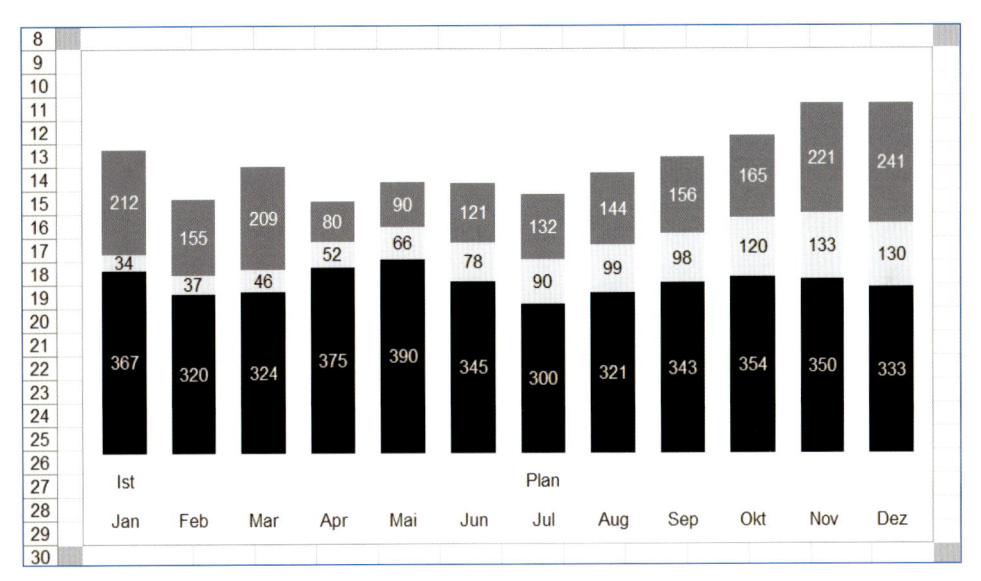

Abbildung 2.18: Die Linien der X-Achse sind ausgeblendet

2.15 EIGENE X-ACHSEN-LINIE MIT VARIABLER DICKE ERSTELLEN

Übungsbeispiel

Bearbeiten in Blatt

12.1 X-Achse Säulen

Ergebnis in Blatt

12.2 X-Achse Säulen

und

12.3 X-Achse Säulen

Hier erfahren Sie, wie Sie eine X-Achsen-Linie mit variabler Dicke einbauen können. Dies erreichen Sie mit einem Trick: Die X-Achsen-Linie wird durch eine weitere Säulenreihe dargestellt, die auf der Sekundärachse dieses Diagramms angeordnet ist. Wenn die einzelnen Säulenabschnitte dieser neuen Datenreihe einen Abstand von null erhalten, so schmelzen sie zu einer durchgehenden Linie zusammen. Die zusätzliche Datenreihe muss auf der Sekundärachse angeordnet werden, weil sich sonst auch die Abstandsbreiten aller anderen Datenreihen auf 0 ändern würden; der Abstand gilt immer für alle Datenreihen (einer Achsengruppe).

Zur Vorbereitung wird zunächst ein Konfigurationswert, die Eingabe der Liniendicke, angelegt und dann die Datenquelle für die Datenreihe:

1. Fügen Sie wie in **Abbildung 2.19** in Zeile 7 eine neue Datenreihe ein, welche die Monatswerte der einzelnen Fahrzeugsparten summiert, indem Sie in Zelle C7 die Formel =SUMME(C4:C6) erfassen und diese anschließend in den Zellbereich D7 bis N7 kopieren.

	A	B	C	D	E	F	G	H	I	J	K	L	M	N
2			Jan	Feb	Mar	Apr	Mai	Jun	Jul	Aug	Sep	Okt	Nov	Dez
3			Ist						Plan					
4		LKW	212	155	209	80	90	121	132	144	156	165	221	241
5		Motorräder	34	37	46	52	66	78	90	99	98	120	133	130
6		PKW	367	320	324	375	390	345	300	321	343	354	350	333
7		Fahrzeuge	613	512	579	507	546	544	522	564	597	639	704	704

Abbildung 2.19: *Neue Datenreihe mit Monatssummen*

2. Ermitteln Sie dann in Zelle R35 über die Formel =MAX(C7:N7) den Maximalwert aus den Summen. Der Maximalwert dient dazu, die Dicke der X-Achse über einen Prozentwert zu steuern. Wie dies im Detail geschieht, wird aus den nachfolgenden Arbeitsschritten ersichtlich.

3. Hinterlegen Sie zuerst in Zelle R9 einen Prozentwert, also beispielsweise 2 %.

4. Erfassen Sie dann in Zelle S9 die Formel =R9*$R$35. Diese Formel errechnet jetzt auf Basis des zuvor ermittelten Maximalwerts in Zelle R35 und des Prozentwerts in Zelle R9 den Prozentanteil als absoluten Wert.

Die Eingabe der Achsendicke über einen Prozentwert dient dazu, die Dicke der X-Achse unabhängig von der Skala der Eingabewerte zu steuern. Der Prozentwert bedeutet hier, dass die Achsendicke in Prozent von der Diagrammhöhe angegeben wird. Da die *Excel*-Größenachsen zunächst eine automatische Skalierung haben, die sich am kleinsten und größten Wert orientiert, ist die Diagrammhöhe innerhalb eines Diagramms in Achseneinheiten nicht konstant und auch nicht mit einer Formel ablesbar. Daher wird diese durch den größten Summenwert (zunächst) grob angenähert. Dieser entspricht in etwa der Achsenhöhe – Maximalwert minus Minimalwert.

1. Fügen Sie in Zeile 32 eine neue Datenquelle ein, indem Sie in Zelle C32 die Formel =-$S$9 erfassen und dann in den Zellbereich D32 bis N32 kopieren. Das negative Vorzeichen dient dazu, dass die neue Datenreihe nicht die vorhandenen positiven Säulen überlagert, sondern unterhalb der Diagramm-Nulllinie liegt.

2. Markieren Sie den Zellbereich B32:N32.

3. Ziehen Sie die markierten Zellen am Markierungsrahmen direkt ins Diagramm und es entsteht die Darstellung von **Abbildung 2.20**.

[GESTAPELTES SÄULENDIAGRAMM MIT EXCEL 97 BIS 2003 REALISIEREN]   71

	A	B	C	D	E	F	G	H	I	J	K	L	M	N	O
2			Jan	Feb	Mar	Apr	Mai	Jun	Jul	Aug	Sep	Okt	Nov	Dez	
3			Ist						Plan						
4		LKW	212	155	209	80	90	121	132	144	156	165	221	241	
5		Motorräder	34	37	46	52	66	78	90	99	98	120	133	130	
6		PKW	367	320	324	375	390	345	300	321	343	354	350	333	
7		Fahrzeuge	613	512	579	507	546	544	522	564	597	639	704	704	

(Diagramm mit gestapelten Säulen: Werte LKW, Motorräder, PKW für Jan–Dez; Beschriftung Ist/Plan; Jan Feb Mar Apr Mai Jun Jul Aug Sep Okt Nov Dez)

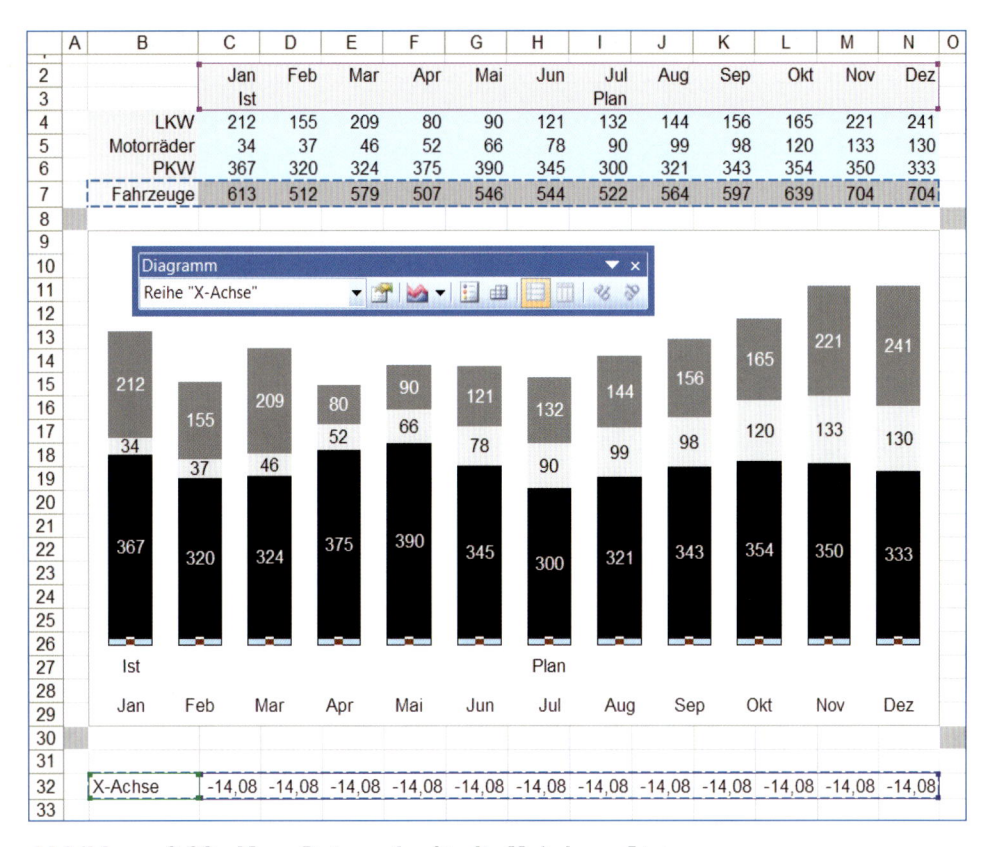

| 32 | X-Achse | -14,08 | -14,08 | -14,08 | -14,08 | -14,08 | -14,08 | -14,08 | -14,08 | -14,08 | -14,08 | -14,08 | -14,08 |

Abbildung 2.20: *Neue Datenreihe für die X-Achsen-Linie*

Jetzt muss die neu eingefügte Datenreihe auf die Sekundärachse verschoben werden, da sonst die Abstandsbreite-Einstellungen von dieser neuen Datenreihe auch für alle anderen Datenreihen derselben Achsengruppe gelten würden:

1. Blenden Sie erneut die Symbolleiste **Diagramm** ein.
2. Wählen Sie aus dem *Drop-down*-Feld die **Reihe „x-Achse"**.
3. Klicken Sie auf das Symbol **Datenreihen formatieren**.
4. Wechseln Sie auf die Registerkarte **Achsen**.
5. Aktivieren Sie die Option **Sekundärachse**.
6. Wechseln Sie auf die Registerkarte **Optionen**.
7. Geben Sie unter **Abstandsbreite** eine **0** ein.
8. Wechseln Sie auf die Registerkarte **Muster**.
9. Im Gruppenfeld **Rahmen** aktivieren Sie die Option **Keine**.
10. Wählen Sie im Gruppenfeld **Fläche** die schwarze Farbe aus der ersten Spalte und der obersten Zeile der Farbskala aus.
11. Bestätigen Sie mit **OK**.

72   [GESTAPELTES SÄULENDIAGRAMM MIT EXCEL 97 BIS 2003 REALISIEREN]

Durch die Zuordnung der neuen X-Achsen-Linie auf die Sekundärachse wurde automatisch die sekundäre Größenachse am rechten Diagrammrand eingeblendet. Markieren Sie diese und drücken Sie die Taste **Entf**, um diese auszublenden.

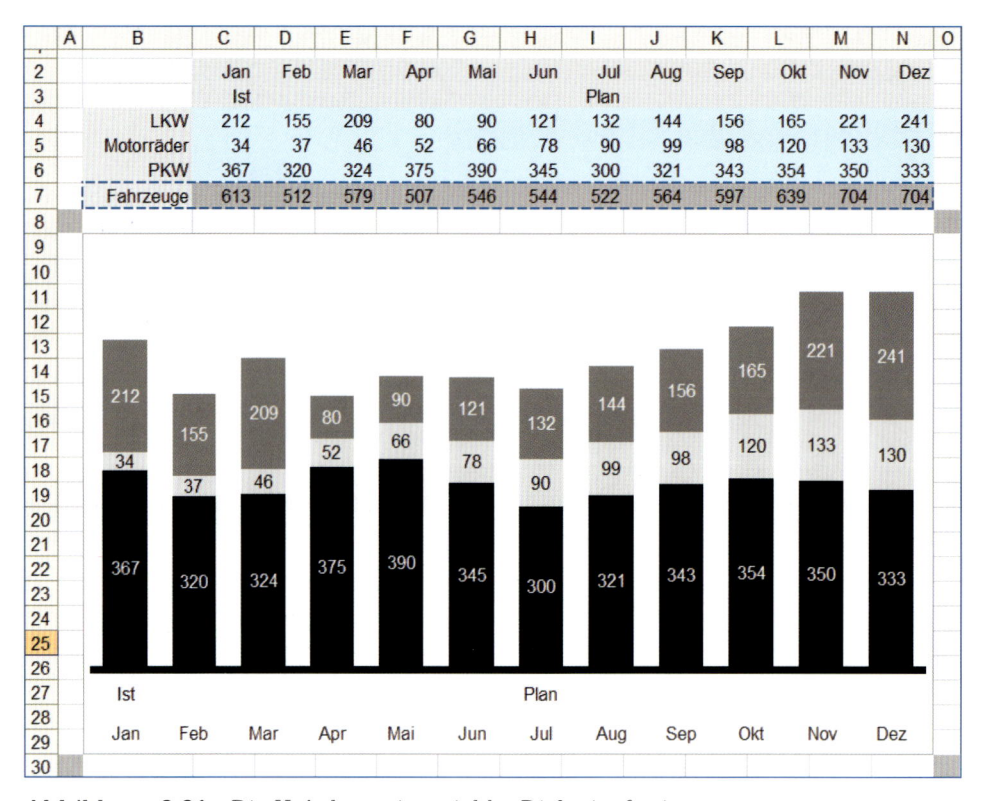

	A	B	C	D	E	F	G	H	I	J	K	L	M	N	O
2			Jan	Feb	Mar	Apr	Mai	Jun	Jul	Aug	Sep	Okt	Nov	Dez	
3			Ist						Plan						
4		LKW	212	155	209	80	90	121	132	144	156	165	221	241	
5		Motorräder	34	37	46	52	66	78	90	99	98	120	133	130	
6		PKW	367	320	324	375	390	345	300	321	343	354	350	333	
7		Fahrzeuge	613	512	579	507	546	544	522	564	597	639	704	704	

Abbildung 2.21: *Die X-Achse mit variabler Dicke ist fertig*

Wenn Sie in der Zelle **R9** einen anderen Prozentwert angeben, ändert sich die Dicke der X-Achsen-Linie im Diagramm, siehe **Abbildung 2.21**.

2.16 SUMMEN ÜBER DEN SÄULEN ANZEIGEN

Übungsbeispiel
Bearbeiten in Blatt
12.3 X-Achse-Säulen
Ergebnis in Blatt
13.1 Summen Punkt
bis
13.3 Summen Punkt

Im folgenden Schritt sollen die Summen der Datenreihen LKW, Motorräder und PKW oberhalb der Säulen angezeigt werden. Diese Beschriftungen fügen Sie am besten als Punktediagramm ein, denn Punkte lassen sich sowohl in X- als auch in Y-Richtung frei positionieren. Die Punkte selbst werden anschließend unsichtbar gemacht, nur deren Beschriftung wird sichtbar bleiben.

Hierfür wird zuerst ein Konfigurationswert angelegt und dann die Datenquelle für die neue Diagramm-Datenreihe als Zellbereich:

[GESTAPELTES SÄULENDIAGRAMM MIT EXCEL 97 BIS 2003 REALISIEREN]

1. Tragen Sie zunächst im Zellbereich **C31** bis **N31** die Ziffern **1** bis **12** stellvertretend für die zwölf Monate ein. Diese dienen für die folgenden Datenreihen als X-Koordinaten.
2. Tragen Sie in Zelle **C35** die Formel **=C31** ein und kopieren diese in den verbleibenden Zellbereich. Hiermit haben Sie die X-Koordinaten für die zu erstellende Punktdatenreihe erzeugt. Die scheinbar überflüssige Verknüpfung dieser beiden Zeilen dient später dazu, die X-Koordinaten in Zeile 35 verschieben zu können, indem ein Wert zur X-Koordinate addiert wird. Das geht nur dann, wenn hier Formeln und keine Basiswerte (1, 2, 3, ...) in den Zellen stehen.
3. Im Zellbereich **C36** bis **N36** werden die Summen aus **C7** bis **N7** referenziert, indem Sie in **C36 =C7** eingeben und die Formel mit der Maus nach rechts auf den Bereich **C36:N36** kopieren.
4. Die Y-Koordinaten der Punkte für die Summenbeschriftung entsprechen den Summen aus Zeile 7 und aus Zeile 36 plus einer Verschiebung nach oben. Diese Verschiebung entspricht dem Abstand der Beschriftungsmitte von den Säulenoberkanten.
   Diese Verschiebung wird variabel als Konfigurationswert in Prozent (analog zur Achsendicke) erstellt. Tragen Sie in Zelle **R14** einen Prozentwert ein, beispielsweise **3 %**.
5. Erfassen Sie dann in Zelle **S14** die Formel **=R14*$R$35**. Hiermit wird aus dem Prozentwert ein Absolutwert berechnet, der auf den Maximalwert als Näherung an die Diagrammhöhe in Zelle **$R$35** bezogen wird.
6. In Zeile **37** wird dieser ermittelte Prozentanteil zur jeweiligen Monatssumme hinzuaddiert. Erfassen Sie hierfür in Zelle **C37** die Formel **=C36+$S$14** und kopieren Sie diese in den Zellbereich **D37** bis **N37**.

Sie haben hiermit die Datenquelle für eine Punktdatenreihe geschaffen, die nun in das bestehende Diagramm eingefügt werden kann:

1. Markieren Sie den Zellbereich **B37:N37** und ziehen Sie diesen Bereich direkt in Ihr Diagramm. (Sie können dies auch über das Kontextmenü **Datenquelle – Reihe – Reihe hinzufügen** tun.) Die Darstellung entspricht **Abbildung 2.22**, sie kann in anderen Konstellationen aber auch anders aussehen.

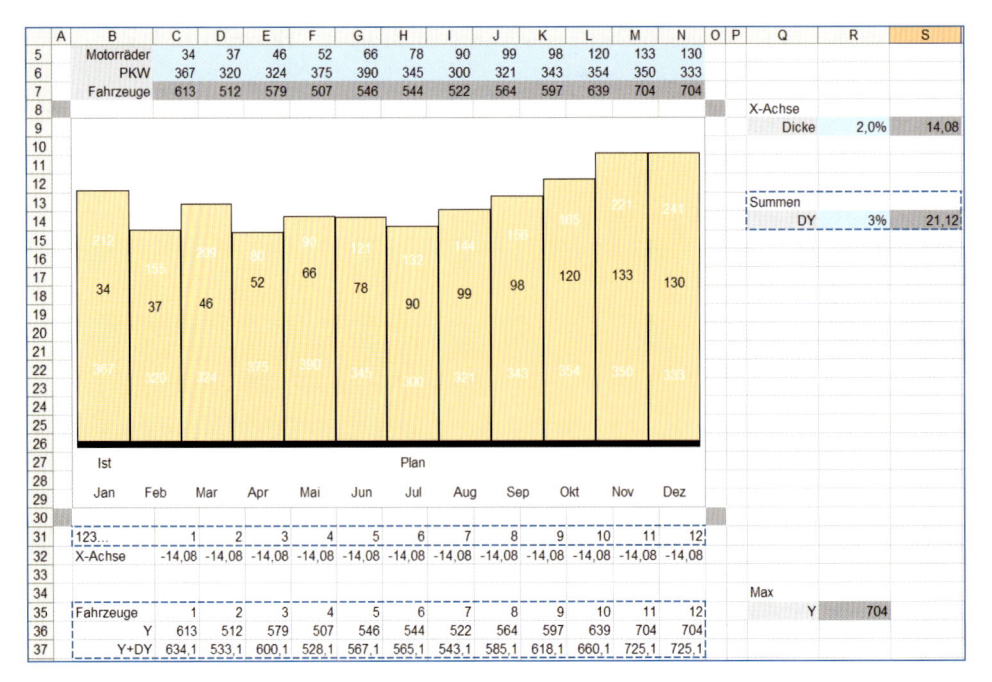

[GESTAPELTES SÄULENDIAGRAMM MIT EXCEL 97 BIS 2003 REALISIEREN]

	A	B	C	D	E	F	G	H	I	J	K	L	M	N	O	P	Q	R	S
5		Motorräder	34	37	46	52	66	78	90	99	98	120	133	130					
6		PKW	367	320	324	375	390	345	300	321	343	354	350	333					
7		Fahrzeuge	613	512	579	507	546	544	522	564	597	639	704	704					
8																	X-Achse		
9																	Dicke	2,0%	14,08
13																	Summen		
14																	DY	3%	21,12
31		123...	1	2	3	4	5	6	7	8	9	10	11	12					
32		X-Achse	-14,08	-14,08	-14,08	-14,08	-14,08	-14,08	-14,08	-14,08	-14,08	-14,08	-14,08	-14,08					
34																	Max		
35		Fahrzeuge	1	2	3	4	5	6	7	8	9	10	11	12			Y		704
36		Y	613	512	579	507	546	544	522	564	597	639	704	704					
37		Y+DY	634,1	533,1	600,1	528,1	567,1	565,1	543,1	585,1	618,1	660,1	725,1	725,1					

Abbildung 2.22: *Die neu eingefügte Datenreihe Fahrzeuge überdeckt die anderen Datenreihen*

2. Markieren Sie nun die neu eingefügte Datenreihe Reihe „Y+DY", betätigen Sie dann die rechte Maustaste und rufen Sie über das Kontextmenü den Befehl **Diagrammtyp** auf. Wählen Sie aus dem Feld **Diagrammtyp** den Eintrag **Punkt (XY)** aus und als **Diagrammuntertyp** den Typ **Punkte**. Bestätigen Sie die getroffene Auswahl mit **OK**.

3. Klicken Sie in das Diagramm und anschließend auf die rechte Maustaste. Im sich nun öffnenden Kontextmenü rufen Sie dann den Befehl **Datenquelle** auf und klicken im Auswahlfeld **Datenreihe** auf den Eintrag **Y+DY**.

4. Ändern Sie nun im Feld **Name** den vorhandenen Bezug ab, indem Sie zuerst den vorhandenen Eintrag löschen und dann mit der Maustaste die Zelle **B35** markieren. Somit erhält die Datenreihe den Namen **Fahrzeuge** und verfügt von jetzt an über eine sprechende Bezeichnung.

5. Ordnen Sie nun noch dieser Datenreihe die X-Koordinaten zu, indem Sie zuerst einen möglicherweise vorhandenen Eintrag im Feld X-Werte löschen und anschließend durch das Markieren des Zellbereiches **C35** bis **N35** einen neuen Bezug herstellen.

6. Beenden Sie dann Ihre Eingaben mit **OK** und Sie erhalten die Darstellung von **Abbildung 2.23**.

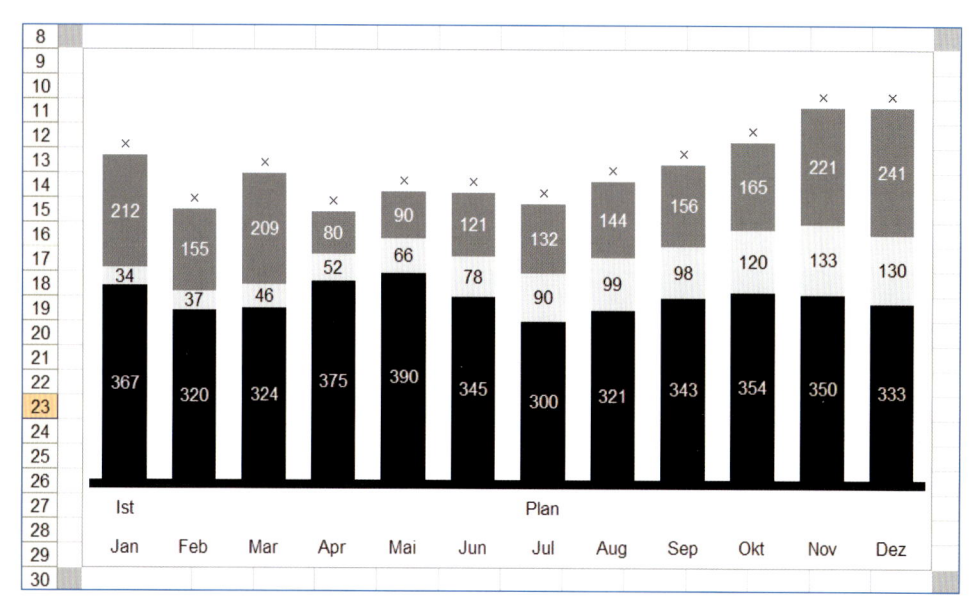

[GESTAPELTES SÄULENDIAGRAMM MIT EXCEL 97 BIS 2003 REALISIEREN]   **75**

Abbildung 2.23: *Die neue Datenreihe wird mit Punktsymbolen angezeigt*

Die neu eingefügte Datenreihe wird im Folgenden mit einer Beschriftung versehen. Hierbei werden Summenwerte aus dem Zellbereich C36 bis N36 als Text verwendet. Verfahren Sie dabei wie folgt:

1. Klicken Sie jetzt diese neue Reihe „Fahrzeuge" an und klicken Sie dann auf das Symbol Datenreihen formatieren in der Symbolleiste Diagramm.
2. Setzen Sie in der Registerkarte Muster die Markierung auf ohne.
3. Setzen Sie dann in der Registerkarte Datenbeschriftung im Gruppenfeld Beschriftung enthält das Häkchen bei Y-Wert und bestätigen Sie mit OK.
4. Wählen Sie nun über die Symbolleiste Diagramm den Eintrag „Fahrzeuge" Datenbeschriftung aus dem *Drop-down*-Feld Diagrammobjekte und klicken Sie danach auf das Symbol Datenbeschriftungen formatieren.
5. Anschließend müssen Sie noch in der Registerkarte Ausrichtung aus dem *Drop-down*-Feld Position den Eintrag Zentriert auswählen und können dann die Maske mit OK verlassen.
6. Jetzt haben Sie eine Beschriftung, die zwar an der richtigen Position ist, aber noch den falschen Wert anzeigt. Verknüpfen Sie jetzt die Beschriftungen mit den Zellen C7 bis N7, welche die richtigen Werte enthalten. Wählen Sie hierzu über die Symbolleiste Diagramm die Beschriftungsreihe „Fahrzeuge" Datenbeschriftung.
7. Markieren Sie dann mit der Taste Pfeil nach rechts das erste Beschriftungsobjekt und drücken Sie anschließend die Taste =. Klicken Sie jetzt auf die Zelle C7 und betätigen Sie anschließend die Taste Enter. Die Beschriftung ist jetzt mit einer Zelle verknüpft.

8. Mit der Taste **Pfeil nach rechts** gelangen Sie jeweils zur nächsten Beschriftung. Wiederholen Sie den vorigen Schritt für jede der 12 Beschriftungen mit den entsprechenden Zellen **D7**, **E7**, **F7** usw. bis zur Zelle **N7**.

Hiermit ist die Summenbeschriftung vollständig und Sie erhalten das in **Abbildung 2.24** gezeigte Diagramm.

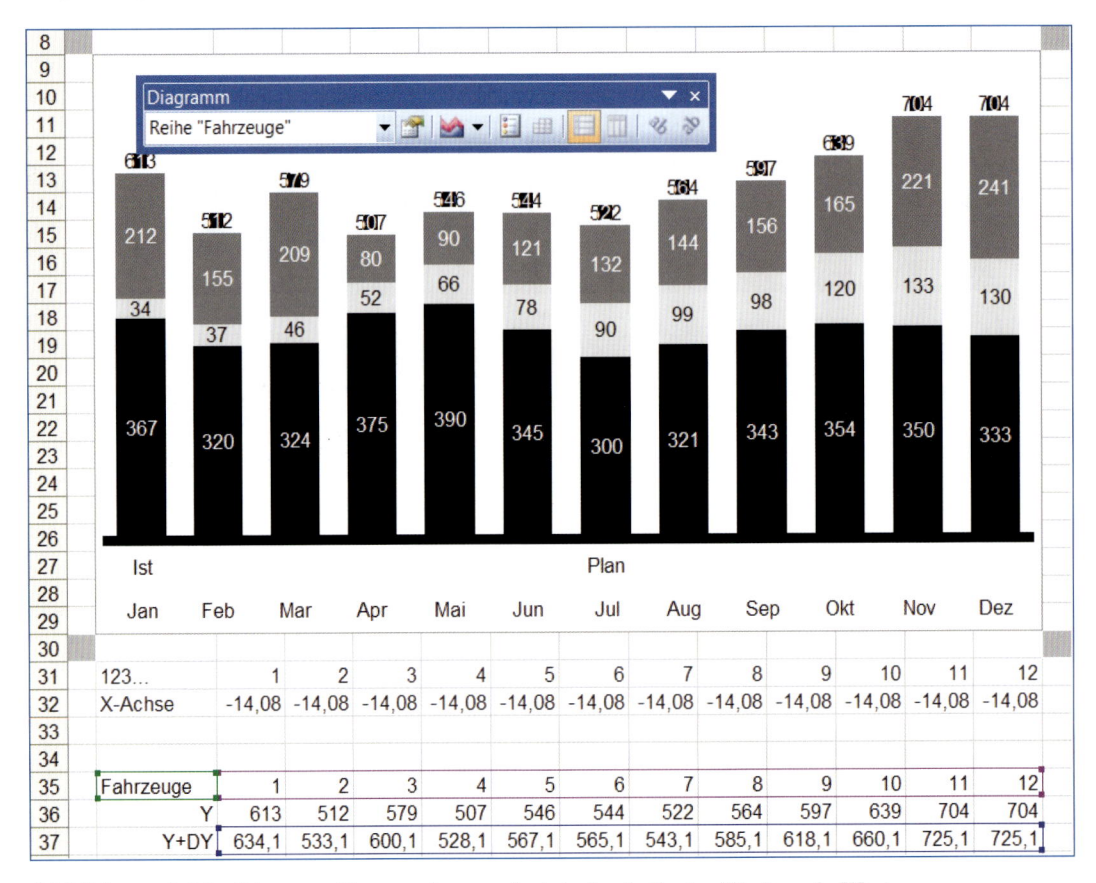

Abbildung 2.24: *Die neue Datenreihe erscheint oberhalb der Säulen als Wert*

Mit dem Prozentwert in Zelle **R14** justieren Sie den Abstand der Summen zu den Säulen.

Sie können über die Tastenkombination **Strg + Z** die letzten Schritte widerrufen. Dies funktioniert nicht immer zuverlässig, da nicht alle Aktionen widerrufbar sind. Daher sollten Sie regelmäßig eine Zwischenspeicherung – unter neuem Dateinamen – vornehmen. Praktisch ist es auch, wenn Sie durch Kopieren des gerade bearbeiteten Blattes (mit Hilfe der Maus bei gedrückter Taste **Strg**) einen neuen Zwischenstand festhalten.

2.17 PLATZ LINKS UND RECHTS DES DIAGRAMMS SCHAFFEN

Übungsbeispiel
Bearbeiten in Blatt
13.3 Summen Punkt
Ergebnis in Blatt
14 X-Platzhalter

In diesem Schritt soll links und rechts des Diagramms zusätzlicher Platz geschaffen werden. Damit soll erreicht werden, dass Sie das Diagramm horizontal verschieben können, um so beispielsweise Platz für eine Legende auf der rechten oder linken Diagrammseite zu erhalten.

Das Diagramm soll variabel um maximal vier Säulenbreiten nach links und rechts verschoben werden können. Hierzu sind folgende Vorbereitungen erforderlich:

1. Erweitern Sie zuerst die bestehende Tabelle, indem Sie nach der Spalte **B** und anschließend nach der Spalte **T** jeweils sechs weitere Spalten einfügen. Diese Spalten dienen als Platzhalter und können über den Befehl **Ausblenden** über das Menü **Format** und den Eintrag **Spalte** ausgeblendet werden.

2. Legen Sie zuerst den Konfigurationswert an, in dem die Verschiebung nach links und nach rechts eingestellt werden kann, siehe **Abbildung 2.25**.

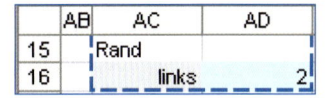

	AB	AC	AD
15		Rand	
16		links	2

Abbildung 2.25:
Konfigurationswert für die horizontale Diagrammverschiebung anlegen

3. Begrenzen Sie nun die Eingabe in Zelle **AD16**, indem Sie über das Menü **Daten** den Befehl **Gültigkeit** aufrufen und die Einstellungen von **Abbildung 2.26** verwenden.

Abbildung 2.26:
Beschränkung der horizontalen Diagrammverschiebung

[GESTAPELTES SÄULENDIAGRAMM MIT EXCEL 97 BIS 2003 REALISIEREN]

Die Zelle **AD16** soll die Größe des linken Randes steuern. Der Wert bedeutet die Anzahl leerer Spalten, die den Rand bilden. Der rechte Rand wird dann entsprechend vier minus Rand links. Bei Eingabe einer **0** wird das Diagramm ganz links, bei Eingabe einer **2** mittig und bei Eingabe einer **4** ganz rechts ausgerichtet. Nachdem Sie die Einstellungen im Dialog **Gültigkeitsprüfung** vorgenommen haben, folgt die Logik, die das Diagramm horizontal verschiebt.

1. Erfassen Sie nun in der Zelle **AH2** die Formel **=BEREICH.VERSCHIEBEN(I2;0;-$AD$16)** und kopieren Sie diese Formel in den gesamten Zellbereich bis **AW6**. Über die Funktion **BEREICH.VERSCHIEBEN()** können Sie sich einen Bezug zurückgeben lassen, der gegenüber dem angegebenen Bezug verschoben ist. Hierbei kann der zurückgegebene Bezug eine einzelne Zelle oder ein Bereich aus mehreren Zellen sein. Das bedeutet, bezogen auf das Beispiel, dass wenn Sie in Zelle **AD16** den Wert **0** erfassen, sich im Zellbereich **AH2** bis **AW6** zunächst nichts „bewegt", weil der Bereich um **0** Spalten, also überhaupt nicht verschoben wird. Tragen Sie in der Zelle **AD16** den Wert **1 ein**, dann verschieben sich die angezeigten Daten im Zellbereich **AH2** bis **AW6** um genau eine Spalte nach rechts. Diese Bewegung wird auch im Diagramm sichtbar, wenn die verschobenen Daten die Datenquelle des Diagramms werden.

	AG	AH	AI	AJ	AK	AL	AM	AN	AO	AP	AQ	AR	AS	AT	AU	AV	AW
2				Jan	Feb	Mar	Apr	Mai	Jun	Jul	Aug	Sep	Okt	Nov	Dez		
3				Ist						Plan							
4				212	155	209	80	90	121	132	144	156	165	221	241		
5				34	37	46	52	66	78	90	99	98	120	133	130		
6				367	320	324	375	390	345	300	321	343	354	350	333		

Abbildung 2.27: *Bereich für die Verschiebung der Daten für die Säulenreihen*

2. Damit die Nullen im Zellbereich (**Abbildung 2.27**) ausgeblendet werden, die später im Diagramm zu sehen wären, markieren Sie den Bereich **AH2:AW6**, wählen im Kontextmenü den Eintrag **Zellen formatieren** und dort die Registerkarte **Zahlen**. In der Liste wählen Sie den Eintrag **Benutzerdefiniert** und tragen in Typ das Format **0;-0;" "** ein. Alternativ dazu kann auch das Zahlenformat „**#**" verwendet werden.

3. Es müssen auch die Daten für die Säulen, die die X-Achsen-Linie bilden, verschoben werden. Kopieren Sie dazu den Zellbereich **AH2:AW2** nach **AH32:AW32**.

	AG	AH	AI	AJ	AK	AL	AM	AN	AO	AP	AQ	AR	AS	AT	AU	AV	AW
31																	
32		0	0	-14,1	-14,1	-14,1	-14,1	-14,1	-14,1	-14,1	-14,1	-14,1	-14,1	-14,1	-14,1	0	0

Abbildung 2.28: *Bereich für die Verschiebung der X-Achsen-Linie*

Jetzt werden die Datenquellen aller Säulendatenreihen im Diagramm auf die neu erstellten, verschiebbaren Daten geändert:

1. Klicken Sie zunächst im Diagramm auf die **Reihe „LKW"**.
2. Ändern Sie dann den Datenbezug, der sich im Falle dieser Datenreihe auf den Zellbereich **I4** bis **T4** erstreckt, indem Sie die blaue Umrahmung in der Tabelle mit der Maustaste auf den Zellbereich **AH4** bis **AS4** ziehen.

[GESTAPELTES SÄULENDIAGRAMM MIT EXCEL 97 BIS 2003 REALISIEREN]

Abbildung 2.29 und Abbildung 2.30 zeigen, wie es geht.

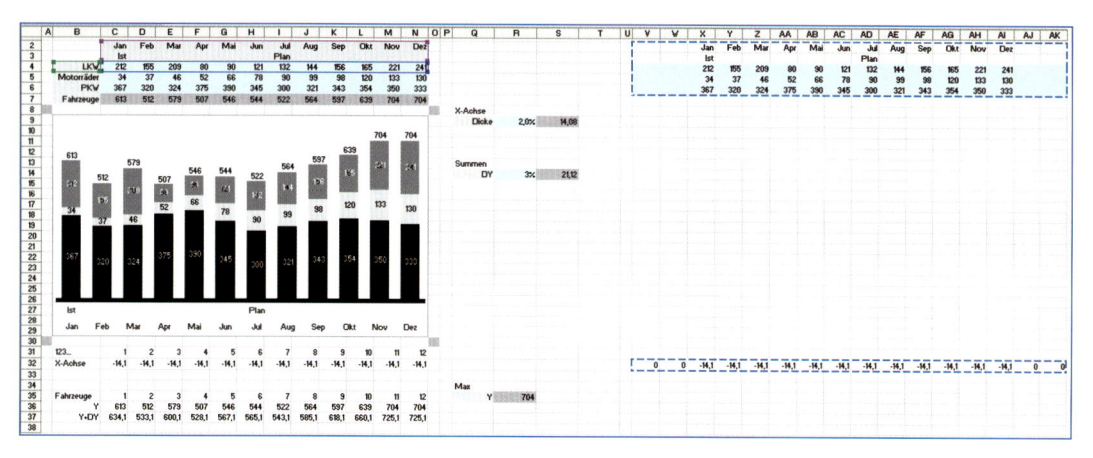

Abbildung 2.29: *Datenreihe LKW markieren . . .*

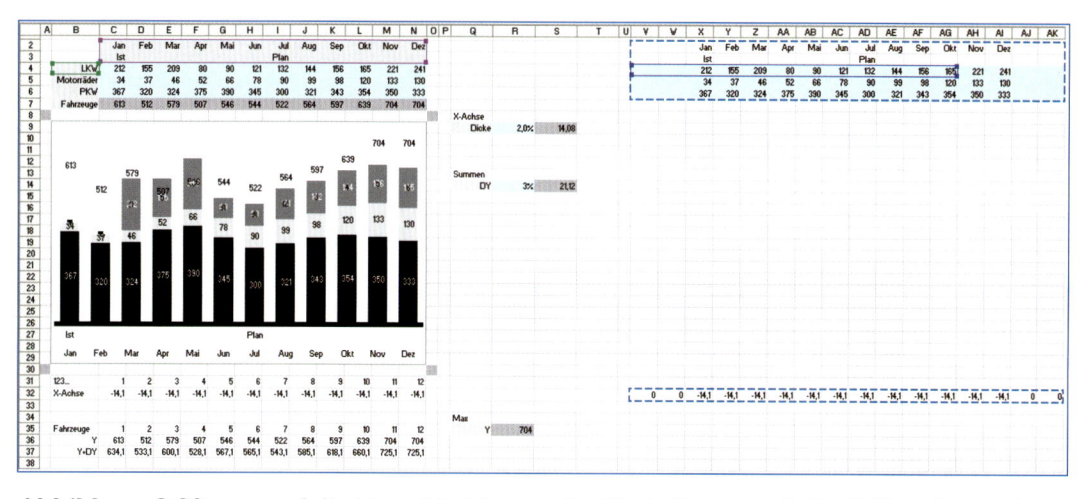

Abbildung 2.30: *. . . und die blaue Markierung der Werte-Datenquelle im Zellbereich nach rechts verschieben*

3. Verschieben Sie auf dieselbe Weise den violett umrahmten X-Achsen-Bereich von **I2:T3** nach **AH2:AS3**. Siehe **Abbildung 2.31**. Die Änderung des X-Achsen-Bereichs betrifft nicht nur die markierte Datenreihe, sondern alle Datenreihen auf der Primärachsengruppe.

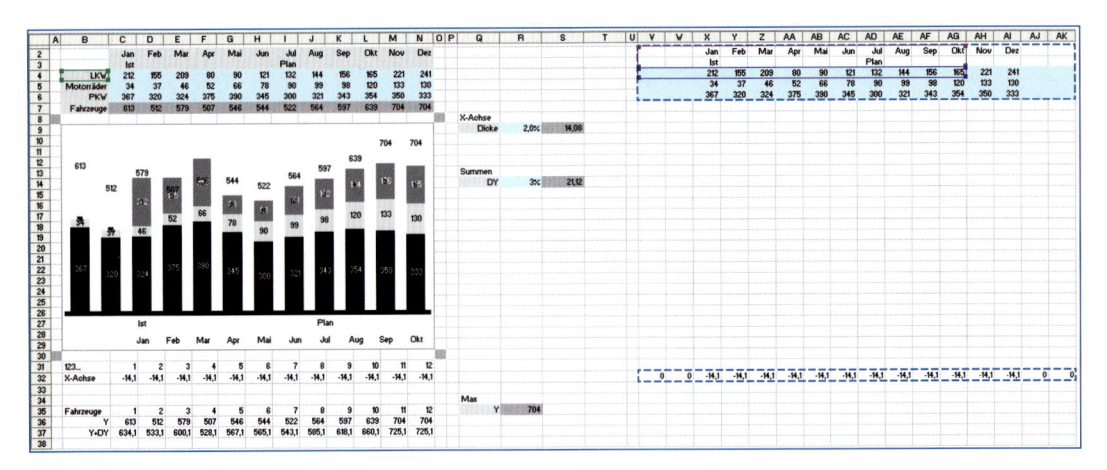

[GESTAPELTES SÄULENDIAGRAMM MIT EXCEL 97 BIS 2003 REALISIEREN]

Abbildung 2.31: *Dann die violette Markierung der X-Achsen-Datenquelle nach rechts verschieben*

Erweitern Sie anschließend die beiden umrahmten Zellbereiche. Ziehen Sie zuerst mit der Maustaste auf dem Ziehkästchen in der unteren rechten Ecke der Zelle AS3 den umrahmten Zellbereich (X-Achsen-Bereich) AH2 bis AS3 so, dass nun die Umrahmung den Zellbereich AH2 bis AW3 umfasst. Siehe **Abbildung 2.32**.

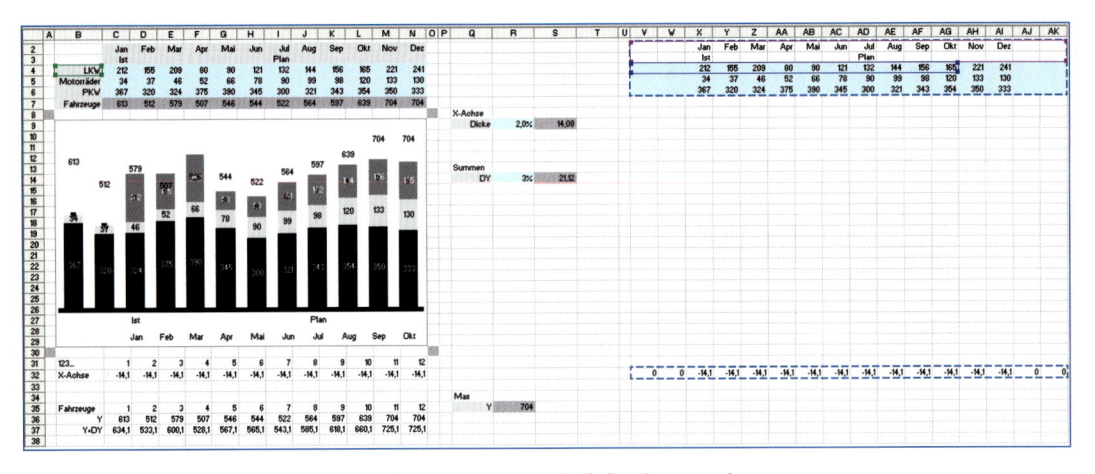

Abbildung 2.32: *Die X-Achsen-Datenquelle auf 16 Spalten verbreitern*

Ziehen Sie dann mit der Maustaste auf dem Ziehkästchen in der unteren rechten Ecke der Zelle AS4 den umrahmten Zellbereich AH4 bis AS4 so, dass nun die Umrahmung den Zellbereich AH4 bis AW4 umfasst. Siehe **Abbildung 2.33**.

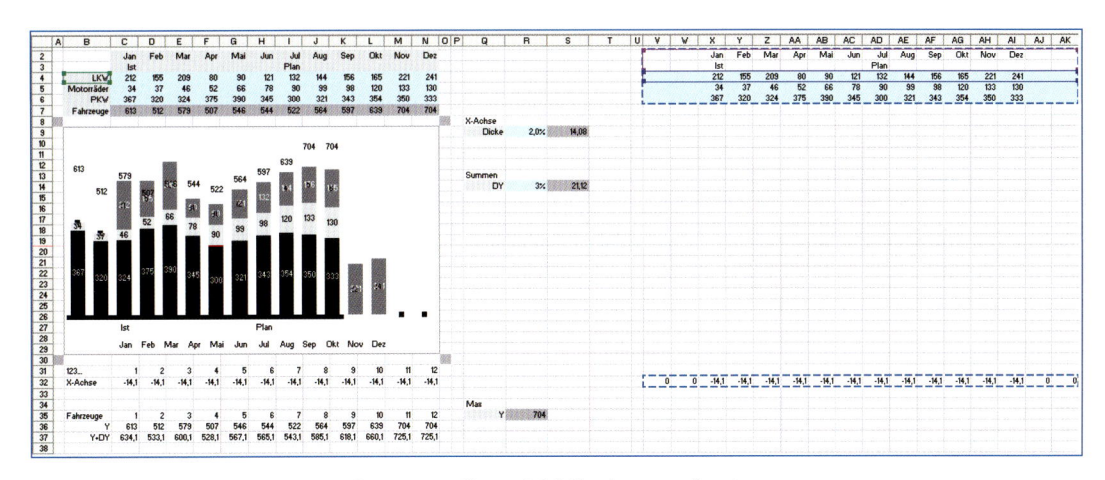

[GESTAPELTES SÄULENDIAGRAMM MIT EXCEL 97 BIS 2003 REALISIEREN]   **81**

Abbildung 2.33: *Die Werte-Datenquelle auf 16 Spalten verbreitern*

4. Klicken Sie nach dieser Aktion auf eine beliebige Zelle außerhalb der Umrahmungen, um die Aktion abzuschließen.

Wiederholen Sie die Schritte 1 bis 2 für die Reihe „PKW" und die Reihe „Motorräder" (Sie brauchen nicht erneut den violetten X-Achsen-Bereich zu verschieben). Siehe **Abbildung 2.34**.

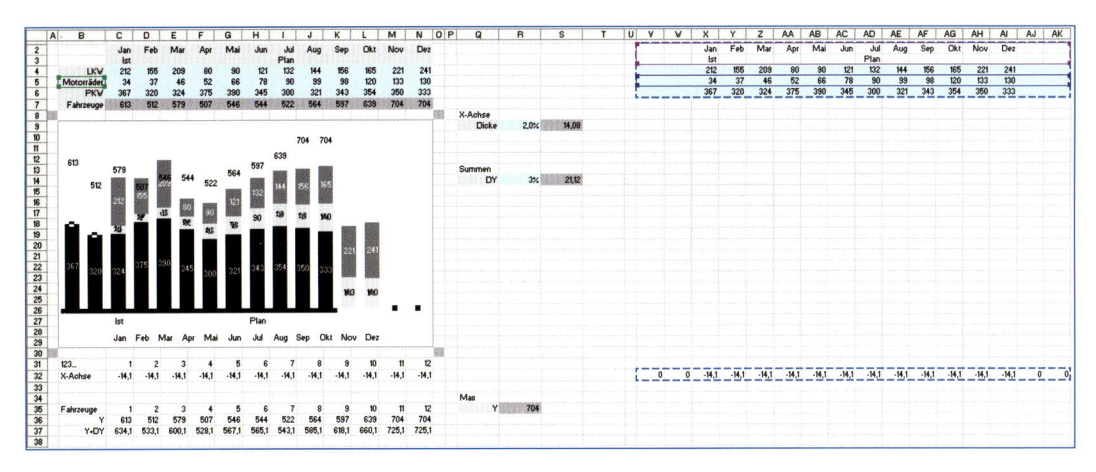

Abbildung 2.34: *Die Datenquelle für* **Motorräder** *verschieben*

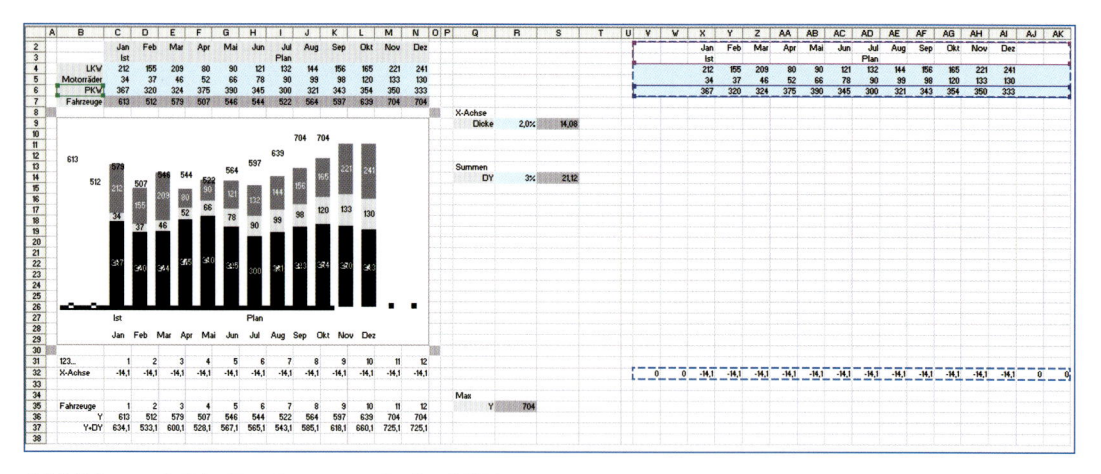

[GESTAPELTES SÄULENDIAGRAMM MIT EXCEL 97 BIS 2003 REALISIEREN]

Abbildung 2.35: *Die Datenquelle für **PKW** wird verschoben*

Da die X-Achsen-Linie ebenfalls eine Datenreihe vom Typ Säule ist, wird diese nach demselben Verfahren auf die neue Datenquelle im Bereich **AH32:AW32** verschoben:

Markieren Sie die Datenreihe **X-Achse** und ändern Sie dann die Datenquelle, der sich im Falle dieser Datenreihe auf den Zellbereich I4 bis T4 erstreckt, indem Sie die blaue Umrahmung in der Tabelle mit der Maustaste auf den Zellbereich **AH32** bis **AS32** ziehen. Siehe **Abbildung 2.36** bis **Abbildung 2.38**.

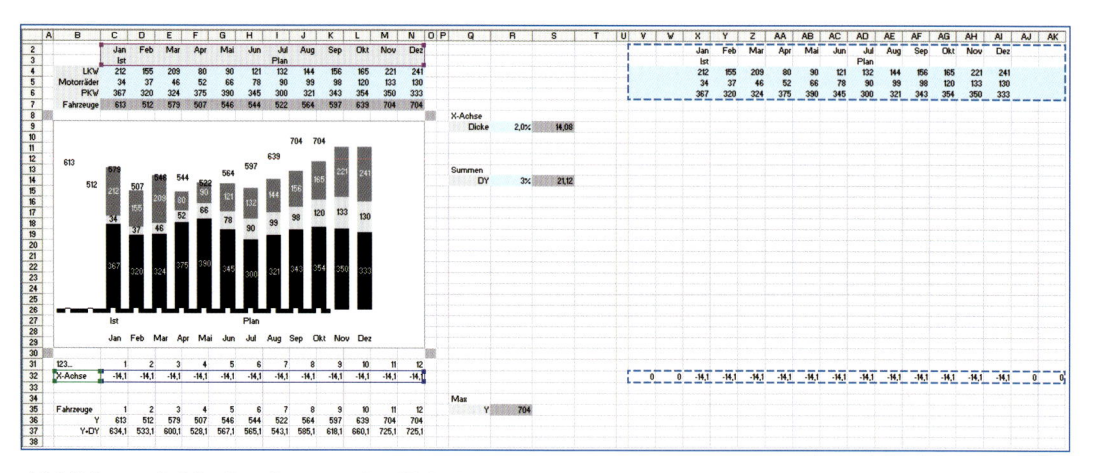

Abbildung 2.36: *Die Datenreihe **X-Achse** wird markiert*

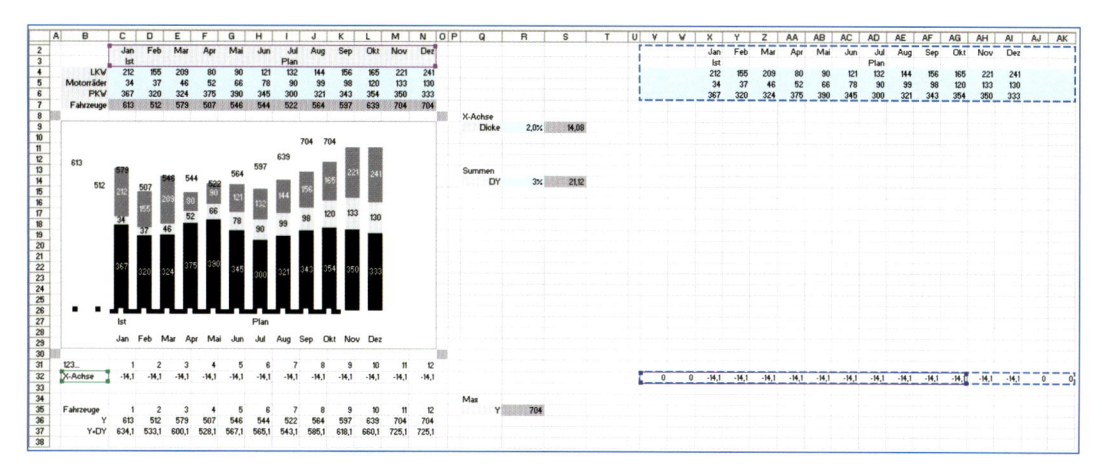

[GESTAPELTES SÄULENDIAGRAMM MIT EXCEL 97 BIS 2003 REALISIEREN]   83

Abbildung 2.37: *Die Datenquelle der Datenreihe **X-Achse** wird verschoben*

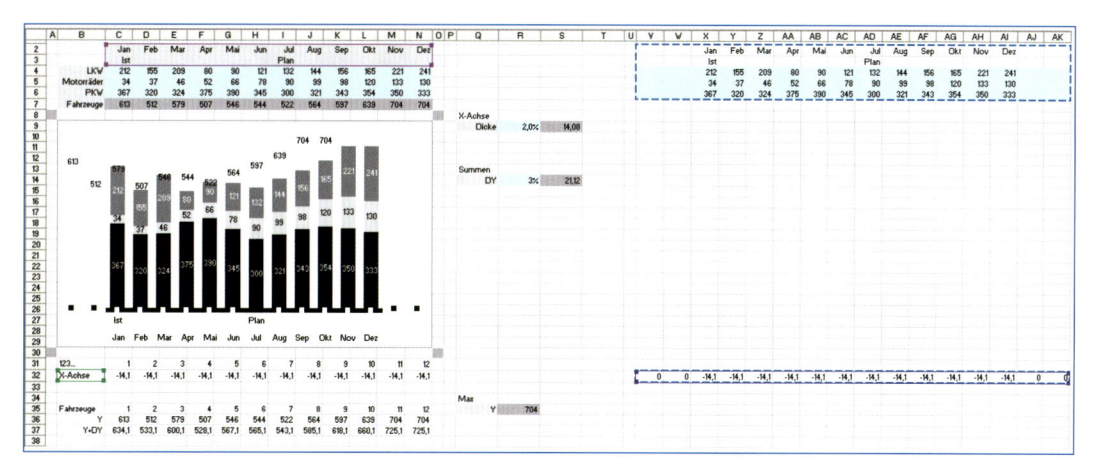

Abbildung 2.38: *Die Datenquelle der Datenreihe **X-Achse** wird auf 16 Spalten erweitert*

Die Summenbeschriftung erfolgt über ein Punktediagramm und wird über X- und Y-Koordinaten gesteuert. Hier muss lediglich der linke Rand zu den Summen-X-Koordinaten addiert werden. Hierzu ändern Sie in Zelle I35 die Formel =I31+$AD$16. Kopieren Sie diese Formel in den Zellbereich J35 bis T35. Siehe **Abbildung 2.39** bis **Abbildung 2.41**.

	A	B	I	J	K	L	M	N	O	P	Q	R	S	T
34														
35		Fahrzeuge	1	2	3	4	5	6	7	8	9	10	11	12
36		Y	613	512	579	507	546	544	522	564	597	639	704	704
37		Y+DY	634,1	533,1	600,1	528,1	567,1	565,1	543,1	585,1	618,1	660,1	725,1	725,1

Abbildung 2.39: *Bereich zur Anzeige der Summen **vor** der Anpassung*

[GESTAPELTES SÄULENDIAGRAMM MIT EXCEL 97 BIS 2003 REALISIEREN]

	A	B	I	J	K	L	M	N	O	P	Q	R	S	T
34														
35		Fahrzeuge	3	4	5	6	7	8	9	10	11	12	13	14
36		Y	613	512	579	507	546	544	522	564	597	639	704	704
37		Y+DY	634,1	533,1	600,1	528,1	567,1	565,1	543,1	585,1	618,1	660,1	725,1	725,1

Abbildung 2.40: Bereich zur Anzeige der Summen **nach** der Anpassung. Zu den X-Koordinaten in Zeile 35 wurde **Rand links** addiert, der hier im Beispiel den Wert **2** hat

123...	1	2	3	4	5	6	7	8	9	10	11	12
X-Achse	-14,1	-14,1	-14,1	-14,1	-14,1	-14,1	-14,1	-14,1	-14,1	-14,1	-14,1	-14,1
Fahrzeuge	3	4	5	6	7	8	9	10	11	12	13	14
Y	613	512	579	507	546	544	522	564	597	639	704	704
Y+DY	634,1	533,1	600,1	528,1	567,1	565,1	543,1	585,1	618,1	660,1	725,1	725,1

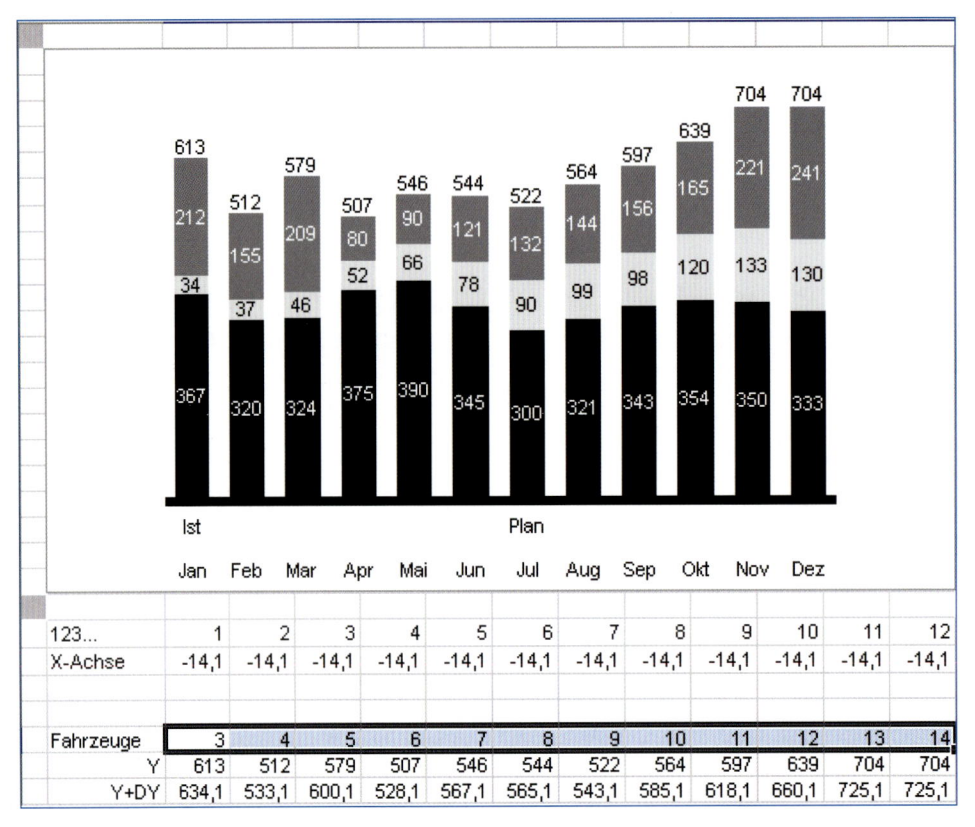

Abbildung 2.41: Durch die Addition der X-Koordinaten zu den Summenpunkten verschieben sich die Summen – wie auch die Säulen –, wenn der Konfigurationswert **Rand links** geändert wird

Nun haben Sie das Diagramm so erweitert, dass es über die Konfigurationszelle **Rand links,** d. h. über die Zelle **AD16,** verschoben werden kann, siehe **Abbildung 2.42.**

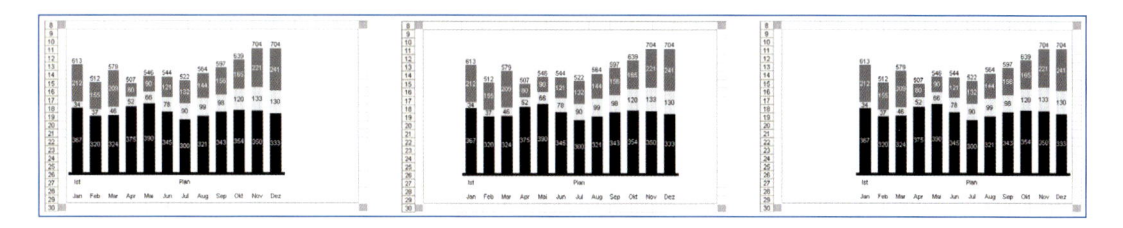

[GESTAPELTES SÄULENDIAGRAMM MIT EXCEL 97 BIS 2003 REALISIEREN]   85

Abbildung 2.42: *Das Diagramm lässt sich horizontal verschieben. Die Abbildungen zeigen von links nach rechts* **Rand links** *= 0,* **Rand links** *= 2 und* **Rand links** *= 4*

2.18 FREI STEUERBARE Y-SKALIERUNG ERMÖGLICHEN

Übungsbeispiel

Bearbeiten in Blatt

14 X-Platzhalter

Ergebnis in Blatt

15.1 Y-Skalierung

bis

15.3 Y-Skalierung

Hier lernen Sie, wie Sie die Y-Skalierung von extern festlegen – entweder manuell oder per Formel berechnet. Das ist interessant, wenn man für mehrere Diagramme die gleiche Skalierung einstellen will.

So soll auch die *Excel*-Automatik umgangen werden, die immer den größten Wert auf die maximale Höhe hochzieht. Die Skalierung soll zwar in jedem Diagramm konfigurierbar sein, zusätzlich aber auch nachvollziehbar und von außen einstellbar.

Zuerst machen Sie die primäre Größenachse sichtbar, die zu Beginn ausgeblendet wurden. Dies machen Sie nur vorübergehend, um die Achsen konfigurieren zu können. Gehen Sie folgendermaßen vor:

1. Klicken Sie auf das Diagramm und betätigen Sie die rechte Maustaste, um den Befehl **Diagrammoptionen** aufzurufen.
2. Wechseln Sie im Dialogfenster **Diagrammoptionen** auf das Register **Achsen**, setzen Sie im Gruppenfeld **Primärachse** das Häkchen bei **Größenachse (Y)** und bestätigen Sie mit **OK**.
3. Aktivieren Sie anschließend über die Symbolleiste **Diagramm** und das *Drop-down*-Feld den Eintrag **Größenachse** und klicken Sie auf das Symbol **Achse formatieren**, um die Einstellungen von **Abbildung 2.43** zu treffen.

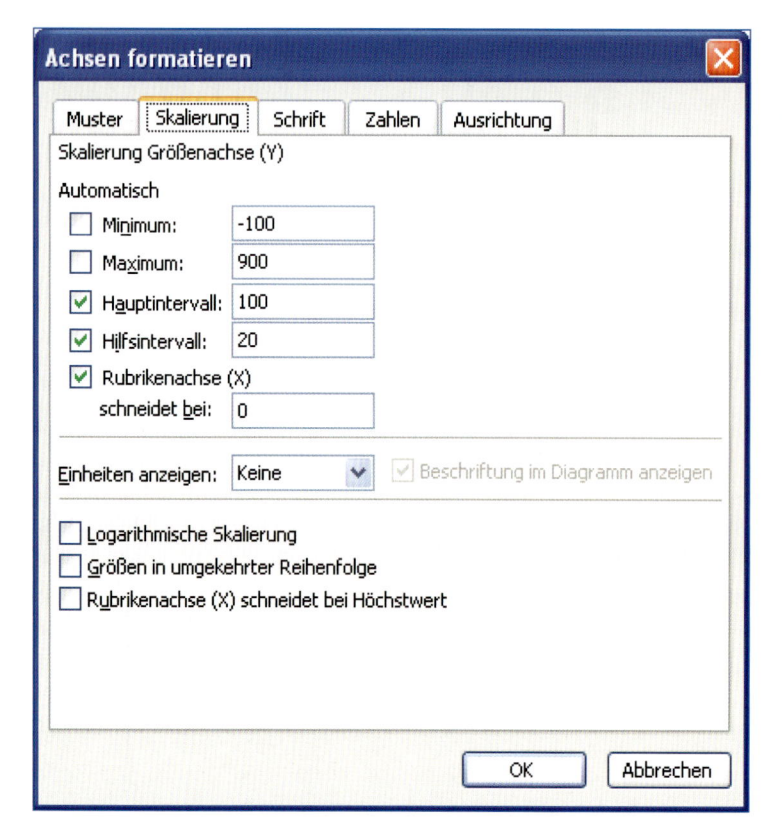

Abbildung 2.43:
Die Skalierung für die Größenachse wird manuell eingestellt

Wenn Sie die Werte Minimum und Maximum verändern, werden die Häkchen in der Spalte **Automatisch** neben den Feldern **Minimum** und **Maximum** entfernt. Jetzt würde ein Wert, der über dem Maximum 900 liegt, oben aus dem Diagramm hinausragen und deshalb abgeschnitten werden. Um das Diagramm wieder in der Diagrammfläche anzuzeigen, wird ein Skalierungsfaktor eingeführt, mit dem alle Diagramm-Datenbereiche multipliziert werden. Bestätigen Sie die getroffenen Einstellungen mit **OK** und Sie erhalten die Darstellung von **Abbildung 2.44**.

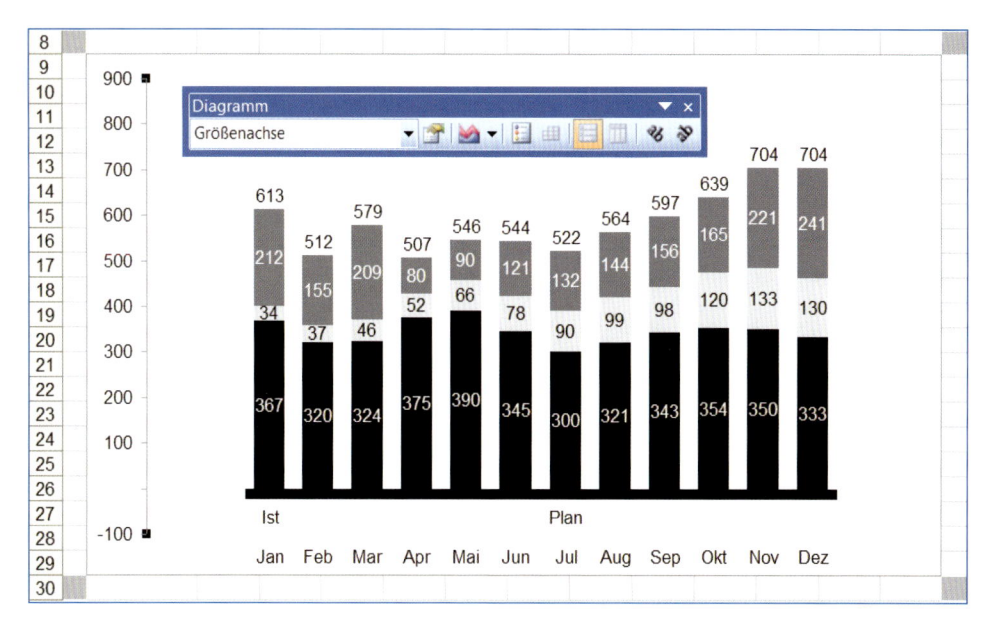

[GESTAPELTES SÄULENDIAGRAMM MIT EXCEL 97 BIS 2003 REALISIEREN]

Abbildung 2.44: *Die Y-Achse ist auf eine feste Skala eingestellt mit **Minimum** = –100 und **Maximum** = 90*

Im nächsten Schritt muss zur variablen Skalierung der Y-Achse zunächst ein Konfigurationsbereich erstellt werden, über den der Skalierungsfaktor erfasst werden kann. Zusätzlich muss der Datenbereich für die Skalierung modifiziert werden:

1. Legen Sie zunächst den Konfigurationsbereich wie in **Abbildung 2.45** an.

Abbildung 2.45:
Konfigurationsbereich für die Größenskalierung

2. Erstellen Sie einen neuen Bereich, in dem der Zellbereich **AH4:AW6** mit dem Skalierungsfaktor multipliziert wird. Erstellen Sie den Datenbereich, indem Sie in Zelle **AH9** die Formel =AH4*$AD$19 erfassen und in den Zellbereich bis **AW11** kopieren. Dieser neu erstellte Datenbereich enthält die ursprünglichen Daten der drei Datenreihen **LKW**, **Motorräder** und **PKW** multipliziert mit dem Skalierungsfaktor.

3. Sie wissen jetzt genau, wie groß die Y-Achse des Diagramms ist: **Min=-100** und **Max=+900**, das ergibt **1000** Einheiten. Diesen Wert können Sie in Zukunft für die Umrechnung von Prozent- in Absolutwerte benutzen. Tragen Sie dazu in die Zelle **AD35** den konstanten Wert **1000** ein. Damit muss die Diagrammgröße in Achseneinheiten nicht mehr über den größten Summenwert angenähert werden, sondern diese liegt exakt vor.

[GESTAPELTES SÄULENDIAGRAMM MIT EXCEL 97 BIS 2003 REALISIEREN]

	AG	AH	AI	AJ	AK	AL	AM	AN	AO	AP	AQ	AR	AS	AT	AU	AV	AW	AX	AY
8																			
9			0	0	233,2	170,5	229,9	88	99	133,1	145,2	158,4	171,6	181,5	243,1	265,1	0	0	Skalierter Bereich
10			0	0	37,4	40,7	50,6	57,2	72,6	85,8	99	108,9	107,8	132	146,3	143	0	0	
11			0	0	403,7	352	356,4	412,5	429	379,5	330	353,1	377,3	389,4	385	366,3	0	0	

Abbildung 2.46: *Skalierte Eingabewerte*

4. Die Y-Höhen der Summen müssen jetzt ebenfalls skaliert werden, indem Sie diese über die Formel =(I7*$AD$19)+$AE$14 in Zeile I36 mit dem Skalierungsfaktor multiplizieren. Kopieren Sie anschließend diese Formeln in den Zellbereich J36 bis T36.

	A	B	I	J	K	L	M	N	O	P	Q	R	S	T
34														
35		Fahrzeuge	3	4	5	6	7	8	9	10	11	12	13	14
36			613	512	579	507	546	544	522	564	597	639	704	704
37		Y skal.+DY	704,3	593,2	666,9	587,7	630,6	628,4	604,2	650,4	686,7	732,9	804,4	804,4

Abbildung 2.47: *Y-Koordinaten wurden zur richtigen Anzeige der Summen mit dem Skalierungsfaktor multipliziert*

Jetzt werden diese skalierten Daten in das Diagramm integriert:

1. Klicken Sie im Diagramm auf die **Reihe „LKW"**. Ändern Sie dann den Datenbezug, der sich im Falle dieser Datenreihe auf den Zellbereich **AH4** bis **AW4** erstreckt, indem Sie die Umrahmung dieses Zellbereiches mit der Maustaste auf den Zellbereich **AH9** bis **AW9** ziehen.
2. Wiederholen Sie diesen Schritt für die **Reihe „PKW"** und die **Reihe „Motorräder"**.
3. Sie erhalten die Darstellung von **Abbildung 2.48**.

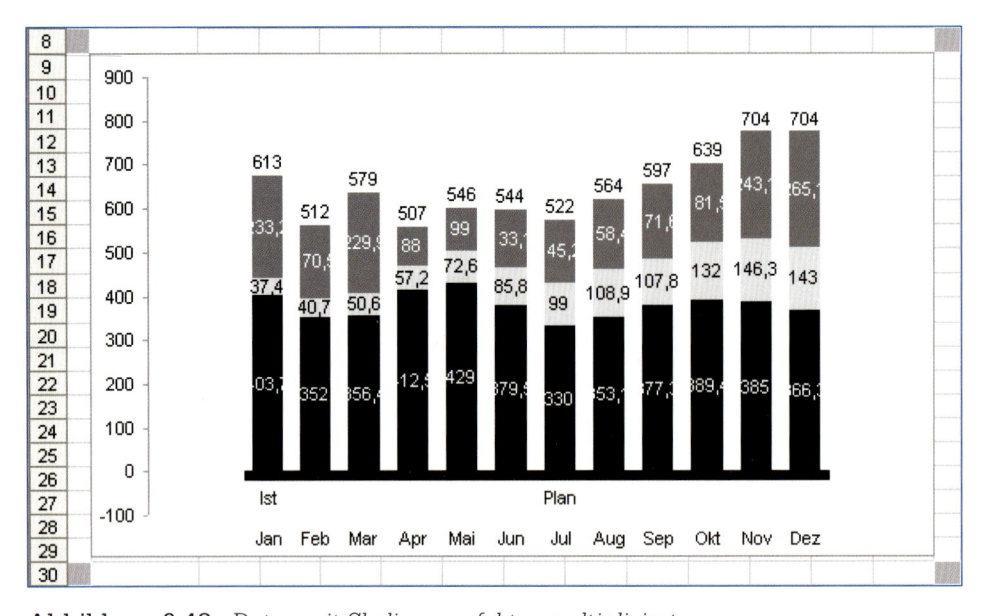

Abbildung 2.48: *Daten mit Skalierungsfaktor multipliziert*

[GESTAPELTES SÄULENDIAGRAMM MIT EXCEL 97 BIS 2003 REALISIEREN]

Als Nächstes muss dafür gesorgt werden, dass die Beschriftung nicht den skalierten Wert, sondern den eingegebenen Wert anzeigt. Dazu können Sie folgendermaßen die Beschriftungen einzeln mit Zellen verknüpfen und damit deren Werte als Beschriftung anzeigen lassen:

1. Markieren Sie über die Symbolleiste Diagramm den Eintrag „LKW" Datenbeschriftung. Markieren Sie mit der Taste Pfeil nach rechts das erste Beschriftungselement. Drücken Sie jetzt die Taste = und klicken Sie dann auf die Zelle AH4, drücken Sie abschließend die Taste Enter. Die Beschriftung zeigt jetzt den unskalierten Wert der Zelle AH4 an. Wiederholen Sie dies für alle Beschriftungen der Beschriftungsreihe, indem Sie danach erneut die Taste Pfeil nach rechts drücken und mit der Taste = die nächsten Zellen (AI4, AJ4 bis AW4) verknüpfen.

2. Wiederholen Sie das für die Reihe „PKW" und die Reihe „Motorräder". Verwenden Sie zum Verknüpfen jeweils den passenden Zellbereich. Motorräder werden mit dem Zellbereich AH5:AW5 und PKW mit dem Zellbereich AH6:AW6 verknüpft.

3. Klicken Sie im Diagramm auf das Objekt Größenachse und anschließend auf die Taste Entf, um die Achse auszublenden.

Nachdem Sie diese Schritte vollendet haben, erhalten Sie das Diagramm von Abbildung 2.49 mit korrekter Beschriftung.

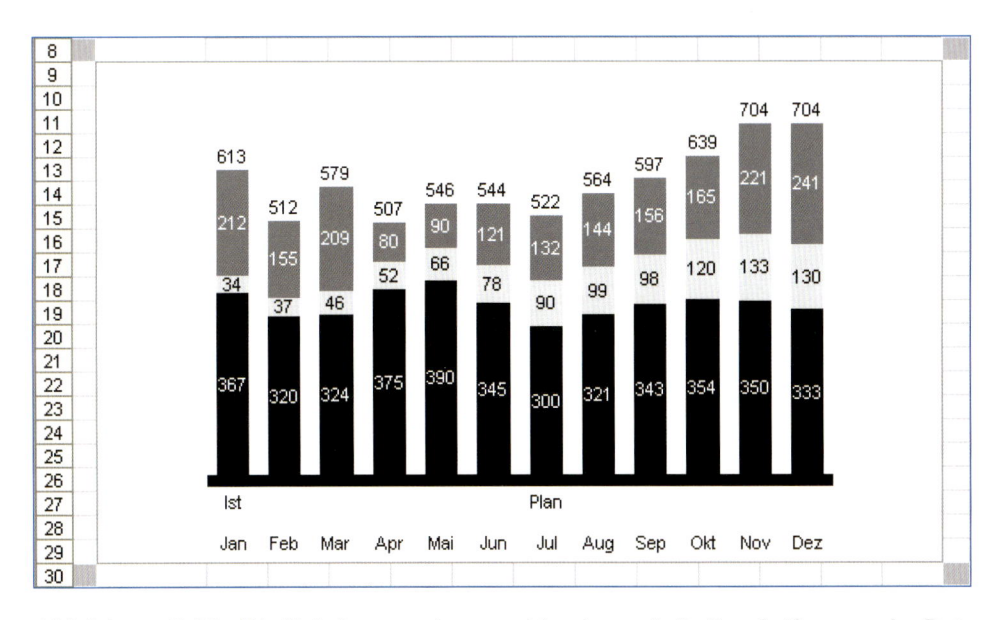

Abbildung 2.49: *Die Y-Achse wurde ausgeblendet und die Beschriftungen der Datenpunkte wurden mit den Eingabewerten verknüpft*

2.19 Y-POSITIONIERUNG STEUERN

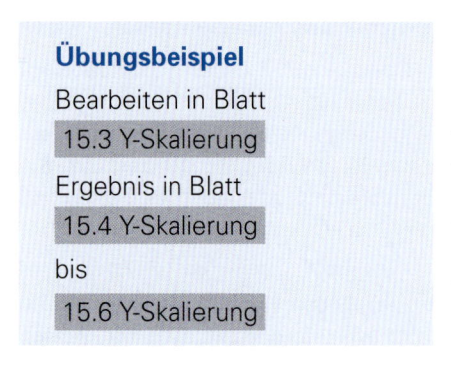

Übungsbeispiel
Bearbeiten in Blatt
15.3 Y-Skalierung
Ergebnis in Blatt
15.4 Y-Skalierung
bis
15.6 Y-Skalierung

Mit der Festlegung von Minimum (-100) und Maximum (+900) der Größenachse ist die Lage der X-Achse auf einer Höhe von 10 % festgelegt. Um die Lage der X-Achse variieren zu können, kommt hier ein Trick zur Anwendung: Um Säulen auf einer variablen Position auf der Y-Achse beginnen zu lassen, wird eine transparente Säulenreihe unter die sichtbaren Säulenreihen gestapelt. Diese neuen transparenten Datenreihen nennen wir PLATZHALTER.

Als PLATZHALTER werden zwei Datenreihen benötigt, eine für die Säulen auf der Primärachsengruppe und eine für die Säulen auf der Sekundärachsengruppe. Das klappt nur, wenn alle beteiligten Säulendatenreihen vom Typ gestapelte Säule sind. Dazu bedarf es der folgenden Vorbereitungen:

1. Legen Sie zuerst den Konfigurationsbereich für den unteren Rand des Diagramms an, indem Sie in AD17 eine Eingabezelle vorsehen. Unterer Rand bedeutet hier der Platz zwischen X-Achsen-Linie und unterem Diagrammende. Hier wird ein Prozentwert eingegeben, der in der Zelle daneben, d. h. in AE17 in einen Absolutwert umgewandelt wird, indem der Prozentwert multipliziert wird mit der Achsengröße aus AD35: =AD17*$AD$35.

Abbildung 2.50:
Konfigurationsbereich für die vertikale Lage der X-Achse

2. Die Platzhalter-Säulen sollen so hoch werden, wie bei Rand unten festgelegt wurde. Beim Sekundär-Platzhalter ziehen Sie noch die Dicke der X-Achse ab, damit die X-Achse unter den PKW-Säulen ist und diese weiterhin nicht überdeckt. Erfassen Sie in der Zelle I39 die Formel =$AE$17 als Platzhalter für die Primärachse und kopieren Sie die Formel in den Zellbereich J39 bis T39. Erfassen Sie dann in Zelle I40 die Formel =$AE$17-$AE$9 (Rand unten minus X-Achsen-Dicke) als Platzhalter für die Sekundärachse und kopieren Sie die Formel in den Zellbereich J40 bis T40.

3. Auch der Datenbereich für diese beiden Achsen muss über die Funktion BEREICH.VERSCHIEBEN nach links und rechts verschoben werden können. Deshalb ist es erforderlich, dass Sie in Zelle AH39 die Formel
=BEREICH.VERSCHIEBEN(I39;0;-$AD$16)
hinterlegen und in den Zellbereich AI39 bis AW39 kopieren sowie in Zelle AH40 die Formel =BEREICH.VERSCHIEBEN(I40;0;-$AD$16)
erfassen und diese in den Zellbereich AI40 bis AW40 kopieren.

[GESTAPELTES SÄULENDIAGRAMM MIT EXCEL 97 BIS 2003 REALISIEREN]

	AG	AH	AI	AJ	AK	AL	AM	AN	AO	AP	AQ	AR	AS	AT	AU	AV	AW
38																	
39		0	0	120	120	120	120	120	120	120	120	120	120	120	120	0	0
40		0	0	100	100	100	100	100	100	100	100	100	100	100	100	0	0

Abbildung 2.51: *Bereich für die Verschiebung der Daten für die X-Achsen-Beschriftung*

Jetzt werden Minimum und Maximum der Y-Achse nochmals verändert. Die Achse soll den Bereich von **Min=0** bis **Max=1000** haben. Dazu muss die Achse zunächst vorübergehend eingeblendet werden. Befolgen Sie hierbei die nachfolgenden Schritte:

1. Blenden Sie die primäre Größenachse ein, indem Sie im Dialogfenster **Diagrammoptionen** zum Register **Achsen** wechseln, dann im Gruppenfeld **Primärachse** das Häkchen bei **Größenachse (Y)** setzen und mit **OK** bestätigen.

2. Aktivieren Sie anschließend über die Symbolleiste **Diagramm** und das *Drop-down*-Feld den Eintrag **Größenachse** und klicken Sie auf das Symbol **Achse formatieren**, um die Einstellungen von **Abbildung 2.52** vorzunehmen.

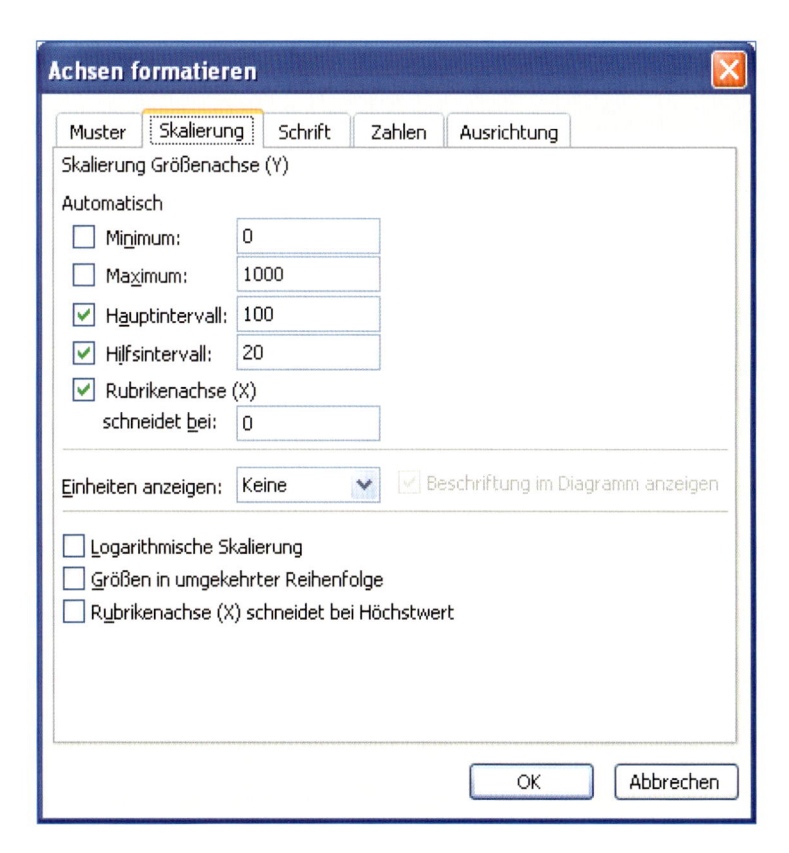

Abbildung 2.52:
Die Werte für die Größenachse werden eingestellt

[GESTAPELTES SÄULENDIAGRAMM MIT EXCEL 97 BIS 2003 REALISIEREN]

Fügen Sie nun die beiden Datenreihen der Platzhalter für die Primär- und die Sekundärachse in das Diagramm ein:

1. Klicken Sie auf das Diagramm, öffnen Sie über die rechte Maustaste den Dialog Datenquelle und wechseln Sie zur Registerkarte Reihe.
2. Betätigen Sie anschließend die Befehlsschaltfläche Hinzufügen und nehmen Sie für die Datenreihe Platzhalter pri im Feld Name Bezug auf die Zelle $B$39 und im Feld Werte Bezug auf den Zellbereich $AH$39:$AW$39. Bestätigen Sie die Eingabe mit OK.
3. Wiederholen Sie diese beiden Schritte für die Datenreihe Platzhalter sek mit den entsprechenden Zellbezügen.
4. Verlagern Sie dann die Datenreihe Platzhalter sek auf die Sekundärachse, indem Sie diese Datenreihe über die Symbolleiste Diagramm aktivieren und dann auf das Symbol Datenreihen formatieren klicken. Gehen Sie nun zur Registerkarte Achsen und wählen Sie im Gruppenfeld Datenreihe zeichnen auf die Option Sekundärachse aus. Bestätigen Sie mit OK.
5. Markieren Sie nun die Datenreihe Platzhalter sek und wählen Sie über das Kontextmenü der rechten Maustaste den Befehl Diagrammtyp. Wählen Sie in der Registerkarte Standardtypen den Diagrammtyp Säulen und als Diagrammuntertyp Gestapelte Säulen. Das ändert alle Säulendatenreihen auf der Sekundärachsengruppe in diesen Diagrammtyp um.
6. Sorgen Sie dafür, dass weiterhin die Datenreihe Platzhalter sek markiert ist, und öffnen Sie erneut den Dialog Datenreihen formatieren. Wechseln Sie dann zur Registerkarte Muster und wählen Sie sowohl aus dem Gruppenfeld Rahmen als auch aus dem Gruppenfeld Fläche die Option Keine aus.
7. Wechseln Sie anschließend zur Registerkarte Datenreihenanordnung, wählen Sie aus dem gleichnamigen Feld den Eintrag Platzhalter sek aus und betätigen Sie die Befehlsschaltfläche Nach oben verschieben. Achtung: Das, was in der Liste oben angezeigt wird, ist im Diagramm unten. Platzhalter müssen ganz unten sein. Bestätigen Sie diese Einstellungen mit OK.
8. Klicken Sie dann auf die Datenreihe Reihe „Platzhalter pri" und nun über die rechte Maustaste auf den Befehl Datenreihen formatieren.
9. Wechseln Sie erneut zunächst zur Registerkarte Muster und wählen Sie aus dem Gruppenfeld Rahmen und aus dem Gruppenfeld Fläche die Option Keine aus.
10. Wechseln Sie jetzt zur Registerkarte Datenreihenanordnung und klicken Sie so lange auf die Befehlsschaltfläche Nach oben verschieben, bis die Reihe ganz oben in der Liste ist, also im Diagramm ganz unten erscheint (siehe Abbildung 2.53).

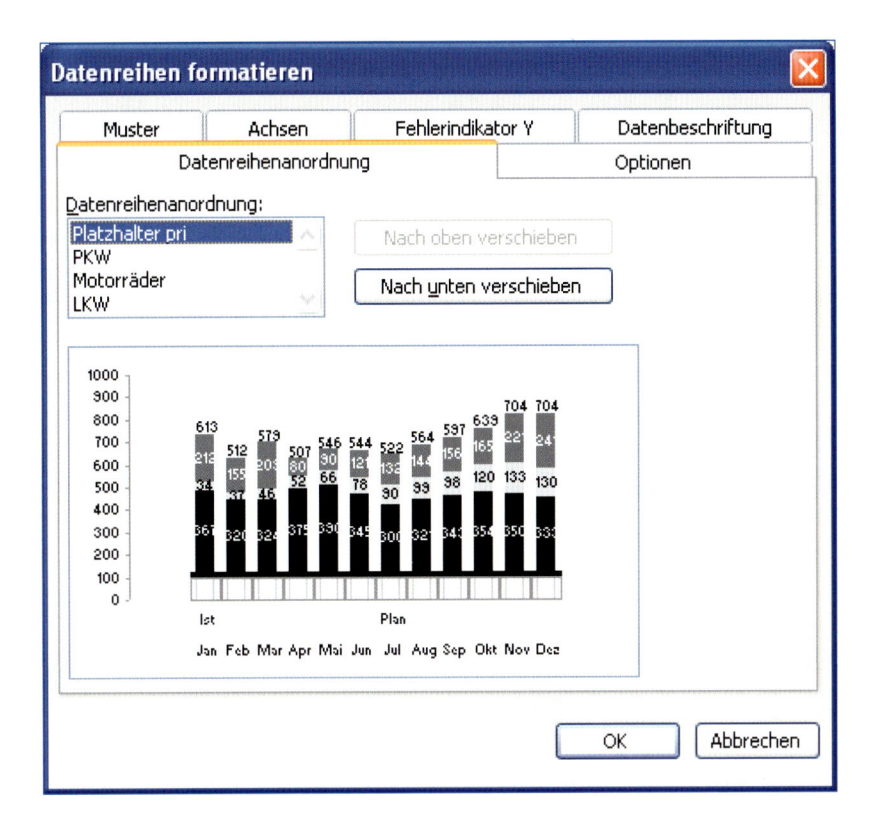

Abbildung 2.53:
Die Datenreihen „Platzhalter pri" und „Platzhalter sek" werden unter die Säulen gestapelt

11. Da die Y-Achse nur positive Werte von **0** bis **1000** abdeckt, werden negative Werte nicht angezeigt. Daher müssen auch die X-Achsen-Säulen in **I32:T32** positiv sein. Entfernen Sie in der Formel **I32=-$AE$9** das Minuszeichen und ziehen Sie damit anschließend den Bereich **I32:T32** aus.

12. Jetzt müssen Sie noch die Summen um die Rand-unten-Verschiebung nach oben verschieben. Ändern Sie die Formel **I37 =(I36*$AD$19)+$AE$14** in **I37 =(I36*$AD$19)+$AE$17+$AE$14** und füllen dann den Bereich **I37:T37** damit aus.

13. Klicken Sie nun auf die **Größenachse** und anschließend auf die Taste **Entf**, um dieses nun nicht mehr benötigte Element auszublenden.

Jetzt ist mit dem Konfigurationswert **Rand unten** das ganze Diagramm vertikal positionierbar. Das einzige Element, das seine Position noch nicht ändern kann, ist die X-Achsen-Beschriftung. Blenden Sie die X-Achse aus, indem Sie in den Dialog **Diagrammoptionen** und dort zur Registerkarte **Achsen** wechseln und im Gruppenfeld **Primärachse** das Häkchen bei **Rubrikenachse (X)** entfernen.

Nach den Anpassungen erhalten Sie ein Diagramm, dessen vertikale Position sich mit dem Konfigurationswert **Rand unten** wie in **Abbildung 2.54** gezeigt, steuern lässt.

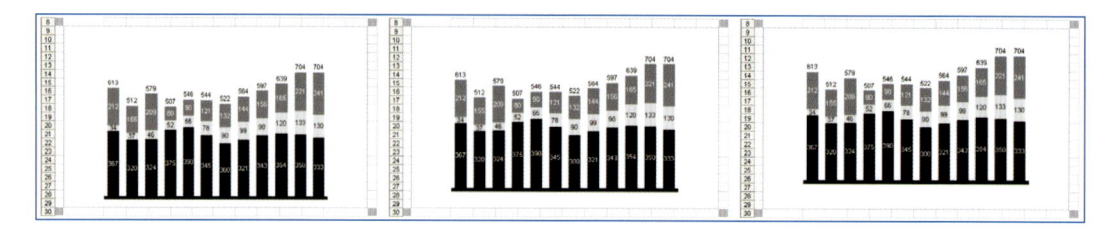

Abbildung 2.54: *Diagramm mit variabler vertikaler Position. Die Abbildungen zeigen von links nach rechts:* **Rand unten** = 5 %, **Rand unten** = 10 % *und* **Rand unten** = 15 %

2.20 EIGENE X-ACHSEN-BESCHRIFTUNG FREI POSITIONIEREN

Übungsbeispiel

Bearbeiten in Blatt
15 Y-Skalierung

Ergebnis in Blatt
16 X-Achse Text

Im vorangegangenen Schritt musste im Rahmen der Integration einer frei steuerbaren Y-Skalierung zwangsläufig auch die X-Achsen-Beschriftung entfernt werden. In diesem Abschnitt erfahren Sie, wie Sie eine eigene, frei steuerbare Beschriftung für die X-Achse in das Diagramm einbauen können. Wie in den vorangegangenen Abschnitten werden auch diese Beschriftungen als Punktdatenreihen realisiert, weil diese in X- und in Y-Richtung frei positionierbar sind. Zwei Datenreihen werden eingefügt, weil zwei Beschriftungszeilen entstehen sollen.

Zunächst wird ein Konfigurationsbereich angelegt. Befolgen Sie hierfür die nächsten Arbeitsschritte:

1. Erfassen Sie zunächst die Konfigurationszellen wie in **Abbildung 2.55** gezeigt.

	AB	AC	AD	AE
8		X-Achse		
9		Dicke	2,0%	20
10		Text Y1	-4,5%	-45
11		Text Y2	-8,0%	-80
12		DX	0	

Abbildung 2.55:
Konfigurationsbereich für die Position der X-Achsen-Beschriftung

2. In den Zellen **AD10** und **AD11** wird der prozentuale Abstand für jede der beiden Beschriftungszeilen der X-Achse erfasst. In den Zellen **AE10** und **AE11** wird der absolute Wert errechnet, der aus Prozentwert * Diagrammhöhe, die in **$AD$35 (=1000)** notiert ist, ermittelt wird.

3. Über die Zelle **AD12** kann mit einem weiteren Faktor, namens **DX**, die horizontale Positionierung der X-Achsen-Beschriftung völlig frei und unabhängig von der Positionierung der Säulen verändert werden.

Nun benötigen Sie die Datenreihen für die X-Achsen-Beschriftung. Diese werden auf Basis bestehender Daten und der Konfigurationsparameter wie folgt ermittelt:

[GESTAPELTES SÄULENDIAGRAMM MIT EXCEL 97 BIS 2003 REALISIEREN]

5. Blenden Sie die Datenbeschriftungen ein, indem Sie auf die Registerkarte Datenbeschriftung wechseln und das Kontrollkästchen Y-Wert aktivieren. Bestätigen Sie mit OK und Sie erhalten das Diagramm von Abbildung 2.61.

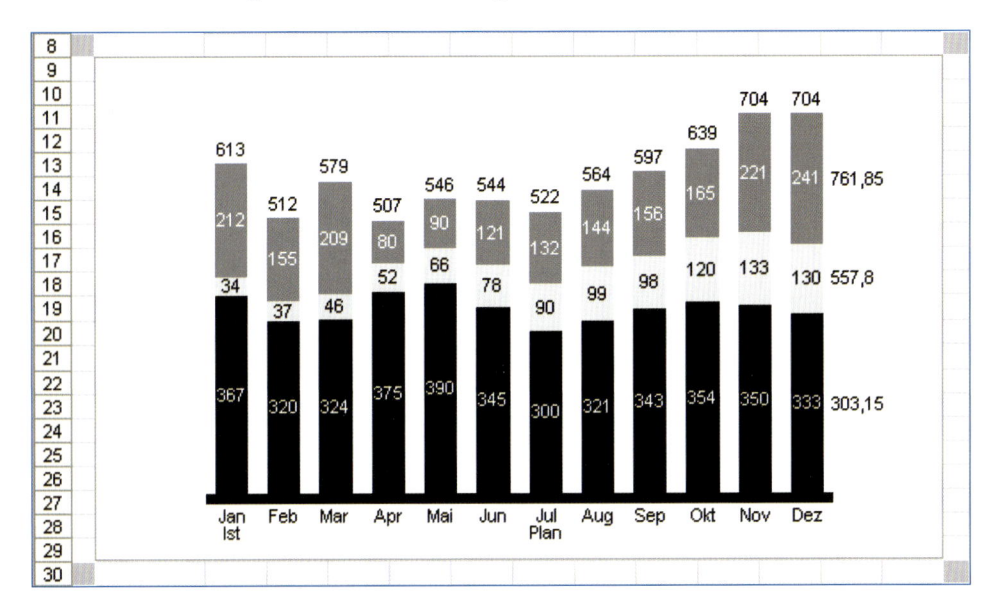

Abbildung 2.61: *Die Beschriftung der Legende ist an der richtigen Position, zeigt aber noch nicht den passenden Text an*

Verknüpfen Sie jetzt die drei Beschriftungsobjekte der Legende mit den Zellen, die LKW, Motorräder und PKW enthalten. Gehen Sie dabei folgendermaßen vor:

1. Klicken Sie in das Diagramm.
2. Durch wiederholtes Drücken der Taste Pfeil nach unten navigieren Sie auf die Reihe „Legende rechts Datenbeschriftung". Bitte beachten Sie, dass hier die Beschriftungsreihe markiert werden muss, nicht die Datenreihe.
3. Danach drücken Sie die Taste Pfeil nach rechts, um das erste Beschriftungsobjekt zu markieren.
4. Drücken Sie die Taste =, klicken Sie in der Tabelle in die Zelle B4 (LKW) und bestätigen Sie mit der Taste Enter.
5. Wiederholen Sie die Schritte 3 und 4 für die Beschriftungen Motorrad und PKW und Sie erhalten das Diagramm von Abbildung 2.62.

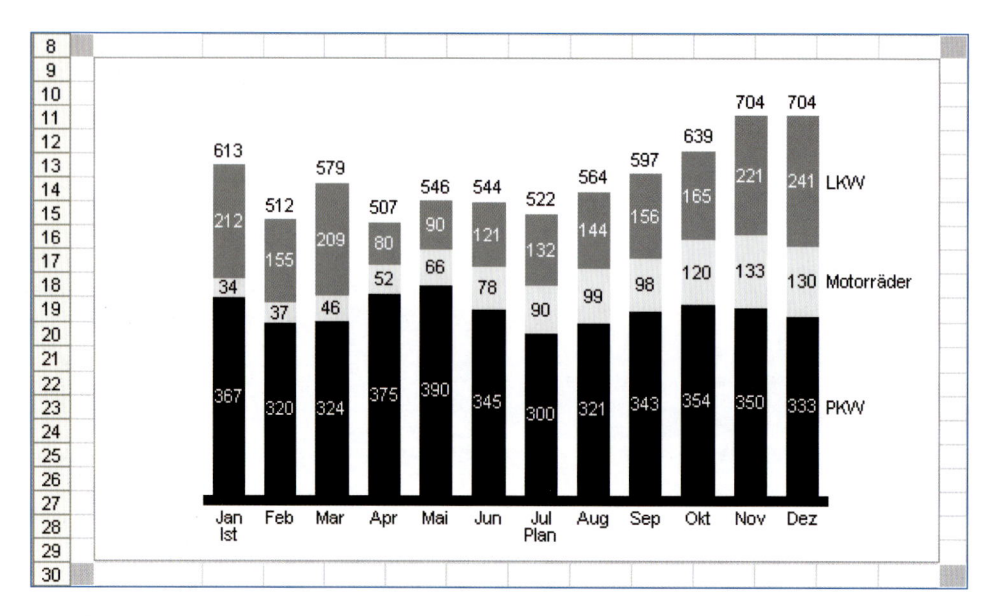

[GESTAPELTES SÄULENDIAGRAMM MIT EXCEL 97 BIS 2003 REALISIEREN]

Abbildung 2.62: *Die Legende ist jetzt richtig verknüpft*

Ändern Sie **AD21** in Zehntelschritten, um zu sehen, wie sich die horizontale Position der Legende verschiebt.

2.22 LEGENDE AUTOMATISCH AM LETZTEN GEFÜLLTEN MONAT AUSRICHTEN

Übungsbeispiel

Bearbeiten in Blatt
17.1 Legende R

Ergebnis in Blatt
17.2 Legende R

Die Legende in dieser Form funktioniert korrekt, wenn das Diagramm bis in den Dezember Werte anzeigt. Es ist aber durchaus möglich, dass das Diagramm unterjährig erstellt wird und deshalb noch nicht für alle Monate Werte vorhanden sind. In diesem Fall soll die Legende rechts von dem Monat angezeigt werden, der als Letzter Werte enthält. Das können Sie umsetzen, indem Sie zuerst die Position der letzten gefüllten Spalte ermitteln und die Koordinaten der rechten Legende dynamisch aus dieser Spalte berechnen. Gehen Sie folgendermaßen vor:

1. Im Bereich **I47:T47** wird zunächst ein Hilfsbereich angelegt, der für jede nicht leere Spalte die Spaltennummer wiedergibt. Erfassen Sie dazu in Zelle **I47** die Formel **=WENN(UND(ISTLEER(I4);ISTLEER(I5);ISTLEER(I6));0;I31)**, die prüft, ob im Datenbereich **I4:I6** Werte für den Monat **Jan** vorhanden sind. Kopieren Sie diese Formel dann in den Zellbereich **I47:T47**, um auch die übrigen Monate abzuprüfen. Falls in diesen Monaten Werte vorhanden sind, wird die jeweilige Monatszahl aus dem Zellbereich **I31:T31** übernommen, andernfalls wird eine **0** angezeigt.

[GESTAPELTES SÄULENDIAGRAMM MIT EXCEL 97 BIS 2003 REALISIEREN]

2. Wenn Sie aus dem Bereich I47:T47 den größten Wert ermitteln, kennen Sie die letzte gefüllte Spalte. Schreiben Sie dazu in Zelle AD37 die Formel =MAX(I47:T47), siehe **Abbildung 2.63**.

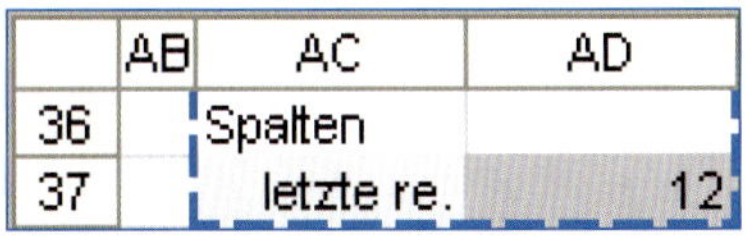

	AB	AC	AD
36		Spalten	
37		letzte re.	12

Abbildung 2.63:
Hier wird geprüft, welcher der letzte gefüllte Monat ist

3. Ein weiterer Hilfsbereich (AY4:AY6) gibt die Werte der letzten gefüllten Spalte wieder. Die Formel in AY4: =BEREICH.VERSCHIEBEN(I4;0;$AD$37-1) gibt den letzten **LKW**-Wert wieder, indem der Bezug ausgehend vom Januar-**LKW**-Bereich bis zur letzten gefüllten Spalte nach rechts verschoben wird. Kopieren Sie nun diese Formel in die darunterliegenden Zellen AY5 und AY6.

4. Jetzt passen Sie die X-Koordinaten so an, dass nicht fest die 12. Spalte verwendet wird, sondern jeweils die letzte. In AE4 steht die Formel =12+$AD$16+$AD$21. Ändern Sie die **12** in **$AD$37**. Die Formel lautet dann =$AD$37+$AD$16+$AD$21. Kopieren Sie diese Formel in AE5 und AE6. Damit ist nicht mehr Monat 12 derjenige, der die Werte für die Legende liefert, sondern der letzte gefüllte.

5. Abschließend werden die Y-Koordinaten (AF4:AF6) so angepasst, dass diese auch jeweils aus dem letzten gefüllten Monat ermittelt werden. Diese Werte stehen im Bereich AY4:AY6. Markieren Sie die Zelle AF4, drücken Sie nun die Taste **F2**, um die Zellbearbeitung zu aktivieren. Sie sehen jetzt zwei Markierungsrahmen in Zelle T4 und im Zellbereich T5:T6. Schieben Sie diese Rahmen von Spalte T in Spalte AY. Achten Sie hierbei darauf, dass die Zeile beibehalten wird, denn es kann leicht passieren, dass Sie den Bezug versehentlich in die falsche Zeile verschieben. Drücken Sie die Taste **Enter** zum Abschließen der Zellbearbeitung. Wiederholen Sie das für AF5 und AF6. Die Y-Koordinaten sehen jetzt folgendermaßen aus:
AF4=(SUMME(AY5:$AY$6)+(AY4/2))*$AD$19+$AE$17
AF5=(AY6+(AY5/2))*$AD$19+$AE$17
AF6=(AY6/2)*$AD$19+$AE$17

Abbildung 2.64 bis **Abbildung 2.66** zeigen die einzelnen Schritte:

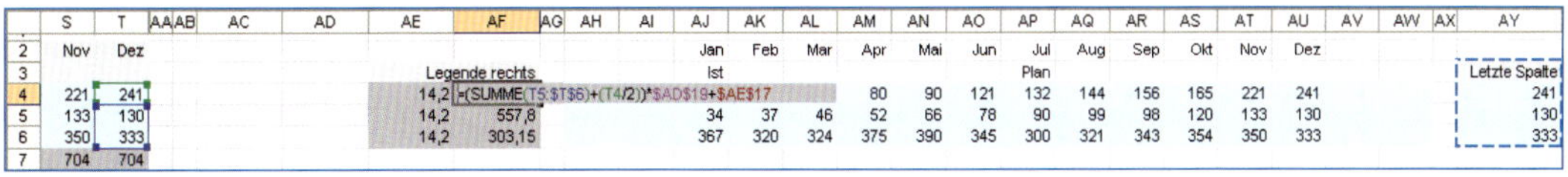

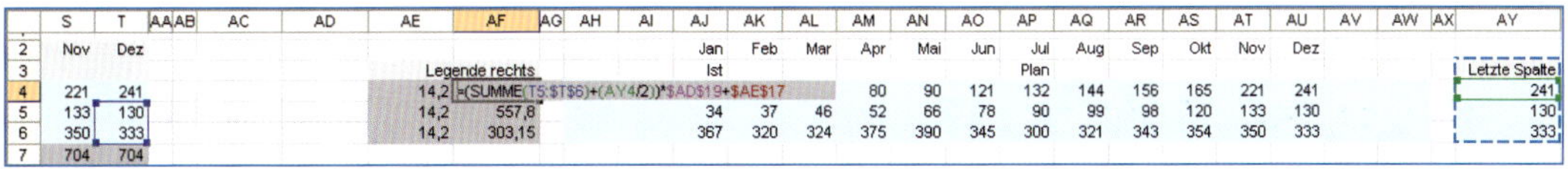

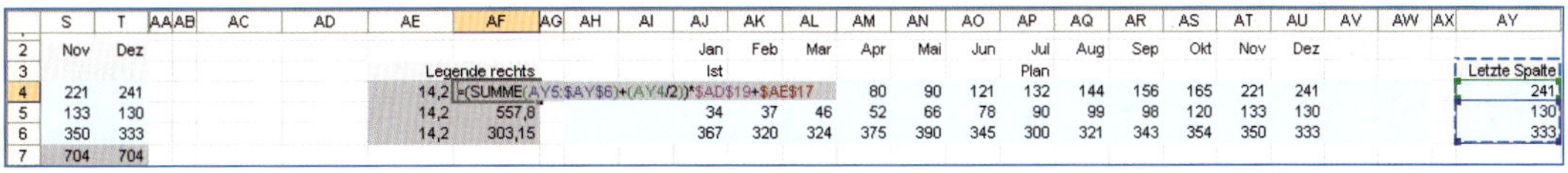

Abbildung 2.64: *Die Y-Koordinaten des **LKW**-Legendenpunkts werden auf den Hilfsbereich verschoben, der die Werte der letzten gefüllten Spalte enthält*

	S	T	AA	AB	AC	AD	AE	AF	AG	AH	AI	AJ	AK	AL	AM	AN	AO	AP	AQ	AR	AS	AT	AU	AV	AW	AX	AY
2	Nov	Dez										Jan	Feb	Mar	Apr	Mai	Jun	Jul	Aug	Sep	Okt	Nov	Dez				
3								Legende rechts				Ist						Plan									Letzte Spalte
4	221	241					14,2	761,85				212	155	209	80	90	121	132	144	156	165	221	241				241
5	133	130					14,2	=(T6+(T5/2))*$AD$19+$AE$17					37	46	52	66	78	90	99	98	120	133	130				130
6	350	333					14,2	303,15				367	320	324	375	390	345	300	321	343	354	350	333				333
7	704	704																									

	S	T	AA	AB	AC	AD	AE	AF	AG	AH	AI	AJ	AK	AL	AM	AN	AO	AP	AQ	AR	AS	AT	AU	AV	AW	AX	AY
2	Nov	Dez										Jan	Feb	Mar	Apr	Mai	Jun	Jul	Aug	Sep	Okt	Nov	Dez				
3								Legende rechts				Ist						Plan									Letzte Spalte
4	221	241					14,2	761,85				212	155	209	80	90	121	132	144	156	165	221	241				241
5	133	130					14,2	=(T6+(AY5/2))*$AD$19+$AE$17					37	46	52	66	78	90	99	98	120	133	130				130
6	350	333					14,2	303,15				367	320	324	375	390	345	300	321	343	354	350	333				333
7	704	704																									

	S	T	AA	AB	AC	AD	AE	AF	AG	AH	AI	AJ	AK	AL	AM	AN	AO	AP	AQ	AR	AS	AT	AU	AV	AW	AX	AY
2	Nov	Dez										Jan	Feb	Mar	Apr	Mai	Jun	Jul	Aug	Sep	Okt	Nov	Dez				
3								Legende rechts				Ist						Plan									Letzte Spalte
4	221	241					14,2	761,85				212	155	209	80	90	121	132	144	156	165	221	241				241
5	133	130					14,2	=(AY6+(AY5/2))*$AD$19+$AE$17					37	46	52	66	78	90	99	98	120	133	130				130
6	350	333					14,2	303,15				367	320	324	375	390	345	300	321	343	354	350	333				333
7	704	704																									

Abbildung 2.65:
Die Y-Koordinaten des ***Motorräder****-Legendenpunkts werden verschoben*

	S	T	AA	AB	AC	AD	AE	AF	AG	AH	AI	AJ	AK	AL	AM	AN	AO	AP	AQ	AR	AS	AT	AU	AV	AW	AX	AY
2	Nov	Dez										Jan	Feb	Mar	Apr	Mai	Jun	Jul	Aug	Sep	Okt	Nov	Dez				
3								Legende rechts				Ist						Plan									Letzte Spalte
4	221	241					14,2	761,85				212	155	209	80	90	121	132	144	156	165	221	241				241
5	133	130					14,2	557,8				34	37	46	52	66	78	90	99	98	120	133	130				130
6	350	333					14,2	=(T6/2)*$AD$19+$AE$17					320	324	375	390	345	300	321	343	354	350	333				333
7	704	704																									

	S	T	AA	AB	AC	AD	AE	AF	AG	AH	AI	AJ	AK	AL	AM	AN	AO	AP	AQ	AR	AS	AT	AU	AV	AW	AX	AY
2	Nov	Dez										Jan	Feb	Mar	Apr	Mai	Jun	Jul	Aug	Sep	Okt	Nov	Dez				
3								Legende rechts				Ist						Plan									Letzte Spalte
4	221	241					14,2	761,85				212	155	209	80	90	121	132	144	156	165	221	241				241
5	133	130					14,2	557,8				34	37	46	52	66	78	90	99	98	120	133	130				130
6	350	333					14,2	=(AY6/2)*$AD$19+$AE$17					320	324	375	390	345	300	321	343	354	350	333				333
7	704	704																									

Abbildung 2.66: *Die Y-Koordinaten des* ***PKW****-Legendenpunkts werden verschoben*

Wenn Sie nun die Daten im Zellbereich T4 bis T6 löschen, so können Sie sehen, wie die Legende nach links zu dem Monat Nov, also dem Monat, der zuletzt Nettoumsätze aufweist, bewegt wird.

Jetzt sorgen Sie noch dafür, dass die Achse für nicht gefüllte Monate ausgeblendet wird. Fügen Sie hierfür in I32:T32 eine Bedingung ein, die in der Zeile darüber prüft, ob der aktuelle Monat nicht den Wert Spalten letzte re. in AD37 übersteigt. Ändern Sie die Formel in I32 ab in =WENN(I$31<=$AD$37;$AE$9;0) und füllen Sie damit den Bereich I32:T32 aus. **Abbildung 2.67** zeigt die Legende mit gelöschten Dezemberwerten.

[GESTAPELTES SÄULENDIAGRAMM MIT EXCEL 97 BIS 2003 REALISIEREN] 103

	Jan Ist	Feb	Mar	Apr	Mai	Jun	Jul Plan	Aug	Sep	Okt	Nov	Dez
LKW	212	155	209	80	90	121	132	144	156	165	221	
Motorräder	34	37	46	52	66	78	90	99	98	120	133	
PKW	367	320	324	375	390	345	300	321	343	354	350	
Fahrzeuge	613	512	579	507	546	544	522	564	597	639	704	

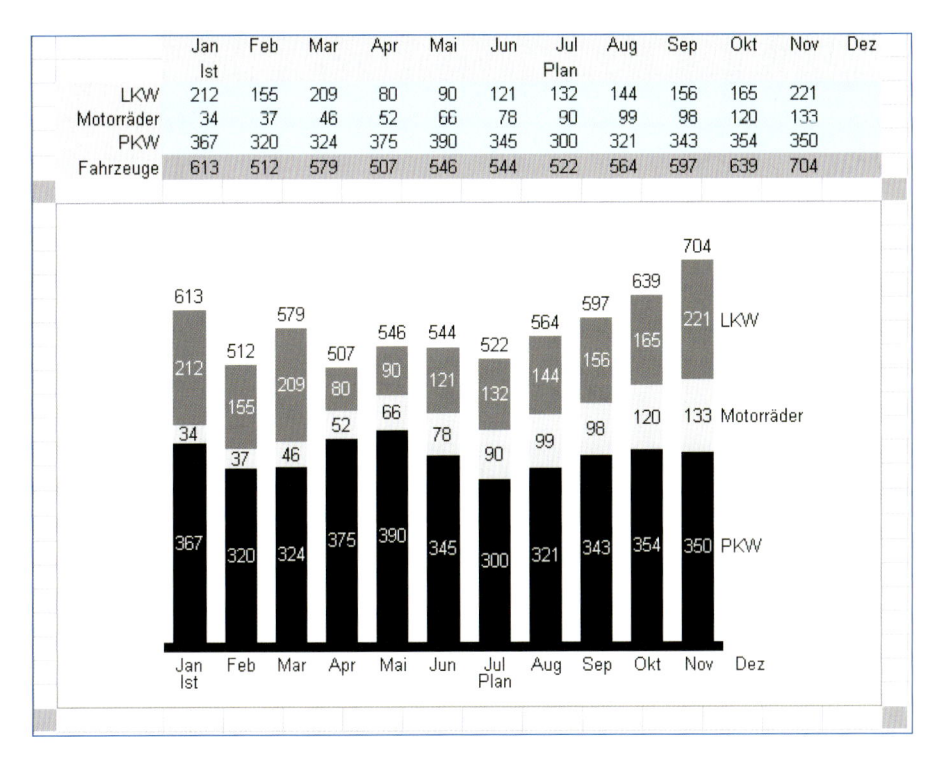

Abbildung 2.67: *Die Werte des Monats Dezember sind gelöscht. Das Diagramm richtet die Legende automatisch am letzten gefüllten Monat aus*

2.23 LEGENDE VON LINKS NACH RECHTS UMSCHALTEN

Übungsbeispiel
Bearbeiten in Blatt
17.2 Legende R
Ergebnis in Blatt
17.3 Legende L+R

Um die Legende von rechts nach links umschaltbar zu machen, könnte man dazu die X- und Y-Koordinaten variabel aus der Januar-Spalte beziehen. Dies würde die Position der Punkte zwar korrekt steuern, aber die Beschriftung bliebe immer noch rechts vom Punkt, also linksbündig, stehen. Da die Beschriftungsposition nicht extern gesteuert werden kann, muss hier eine zweite Legende erstellt werden, deren Koordinaten aus dem Januar bezogen werden. Anschließend wird – je nach Einstellung – entweder die linke oder die rechte Legende mit einer Wenn-Formel in der Datenquelle ausgeblendet. Die Umsetzung wird im Folgenden gezeigt:

1. Richten Sie zuerst die Zelle AD22 so ein, dass über diese Zelle ein Konfigurationswert, der entweder die Auswahl L (Legende links) oder R (Legende rechts) enthält, ausgewählt werden kann. Hierfür eignet sich eine *Drop-down*-Liste, aus der die Einträge L und R ausgewählt werden können (siehe **Abbildung 2.68**).

[GESTAPELTES SÄULENDIAGRAMM MIT EXCEL 97 BIS 2003 REALISIEREN]

	AB	AC	AD	AE
20		Legende		
21		DX	0,2	L
22		Position		R R

Abbildung 2.68:
Hier wird gesteuert, ob die Legende rechts oder links vom Diagramm angezeigt werden soll

2. Tragen Sie in Zelle **AE21** und **AE22** die *Drop-down*-Listeneinträge **L** und **R** ein.
3. Markieren Sie die Zelle **AD22** und rufen Sie aus dem Menü **Daten** den Befehl **Gültigkeit** auf.
4. Markieren Sie im *Drop-down*-Feld **Zulassen** den Eintrag **Liste** und geben Sie unter **Quelle** die Formel **=$AE$21:$AE$22** ein, indem Sie mit der Maus den Zellbereich markieren, so wie in **Abbildung 2.69** abgebildet. Bestätigen Sie die Einstellungen mit **OK**.

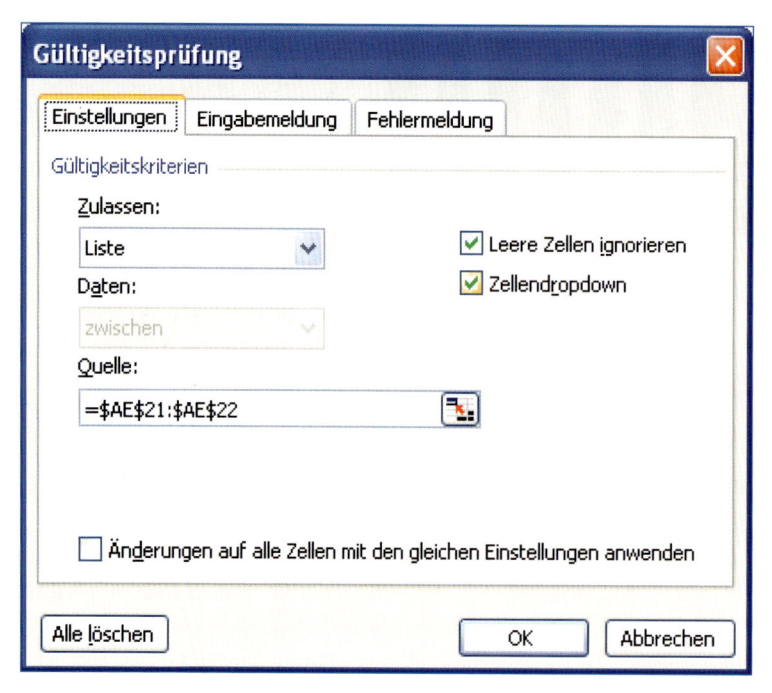

Abbildung 2.69: *Die Auswahl von L und R über eine Gültigkeitsliste. Damit kann nur ein gültiger Eintrag L oder R erfolgen*

5. Sie können nun die vorhandene rechte Legende ausblenden, und zwar immer dann, wenn die Position der Legende über die Zelle **AD22** auf **L** eingestellt wird. Sollten Sie eine der Koordinaten X oder Y löschen, dann wird der entsprechende Punkt mit der dazugehörenden Beschriftung ausgeblendet. Die Formel für diese Funktionalität arbeitet folgendermaßen: Über eine Wenn-Bedingung wird in der Datenquelle für die X-Koordinate immer dann -1 zurückgegeben, wenn die Prüfung des ersten Argumentes in der Bedingung den Wert **FALSCH** ergeben hat. Damit wird jeweils die Legende, die nicht sichtbar sein soll, links aus dem Diagramm herausgeschoben, da die X-Achse links erst bei +0,5 beginnt. Erweitern Sie also die X-Koordinaten der Legende, indem Sie in der Zelle **AE4** folgende Formel erfassen:
=WENN($AD$22= $AE$22;$AD$37+$AD$16+$AD$21;-1).

[GESTAPELTES SÄULENDIAGRAMM MIT EXCEL 97 BIS 2003 REALISIEREN]

6. Kopieren Sie jetzt diese Formel in **AE5** und **AE6**.
7. Erstellen Sie dann – in der gleichen Logik wie bei der rechten Legende – eine linke Legende, indem Sie die folgenden drei (identischen) X-Koordinaten benutzen:
   AC4=WENN($AD$22= $AE$21;$AD$16+1-$AD$21;-1)
   AC5=WENN($AD$22= $AE$21;$AD$16+1-$AD$21;-1)
   AC6=WENN($AD$22= $AE$21;$AD$16+1-$AD$21;-1)
8. Ergänzen Sie nun noch die fehlenden Y-Koordinaten in den folgenden Zellen:
   AD4=(SUMME(I5:$I$6)+(I4/2))*$AD$19+$AE$17
   AD5=(SUMME(I6:$I$6)+(I5/2))*$AD$19+$AE$17
   AD6=(I6/2)*$AD$19+$AE$17
9. Vergeben Sie jetzt in Zelle **AD3** den Datenreihen-Namen **Legende links** (siehe **Abbildung 2.70**).

Abbildung 2.70:
Der Datenbereich wurde zur Anzeige der Legende im linken Diagrammbereich erweitert

Tragen Sie in den Konfigurationswert **Position** den Wert **L** ein, damit die linke Legende sichtbar wird. Markieren Sie den neuen Bereich **AC3:AD6** und ziehen Sie ihn mit der Maus am Rand des Zellbereichs über das Diagramm und lassen Sie ihn dort los. Überprüfen Sie die Einstellungen im Dialog, der in **Abbildung 2.71** gezeigt wird. Bestätigen Sie dann mit **OK**.

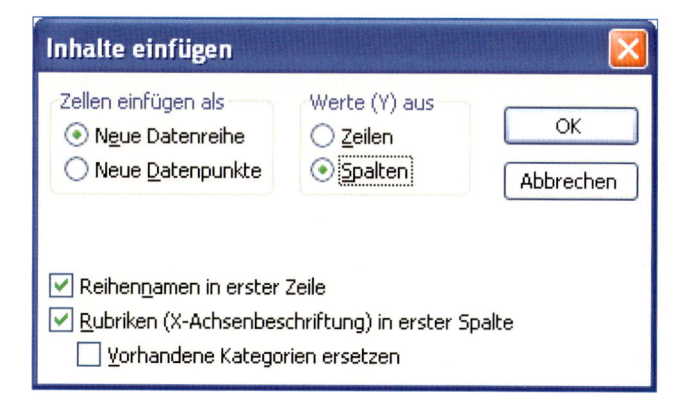

Abbildung 2.71:
Die neue Datenreihe wird in das Diagramm eingefügt

10. Blenden Sie dann die Datenbeschriftungen ein, indem Sie die **Reihe „Legende links"** markieren, die Taste **Kontextmenü** drücken und über das Kontextmenü auf den Eintrag **Datenreihen formatieren** klicken. Wechseln Sie nun auf die Registerkarte **Datenbeschriftung** und aktivieren Sie dort das Kontrollkästchen **Y-Wert**. Wechseln Sie anschließend zur Registerkarte **Muster** und wählen Sie nacheinander in den Gruppenfeldern **Linie** und **Markierung** die Option **Ohne**. Bestätigen Sie mit **OK** und Sie erhalten die Darstellung von **Abbildung 2.72**.

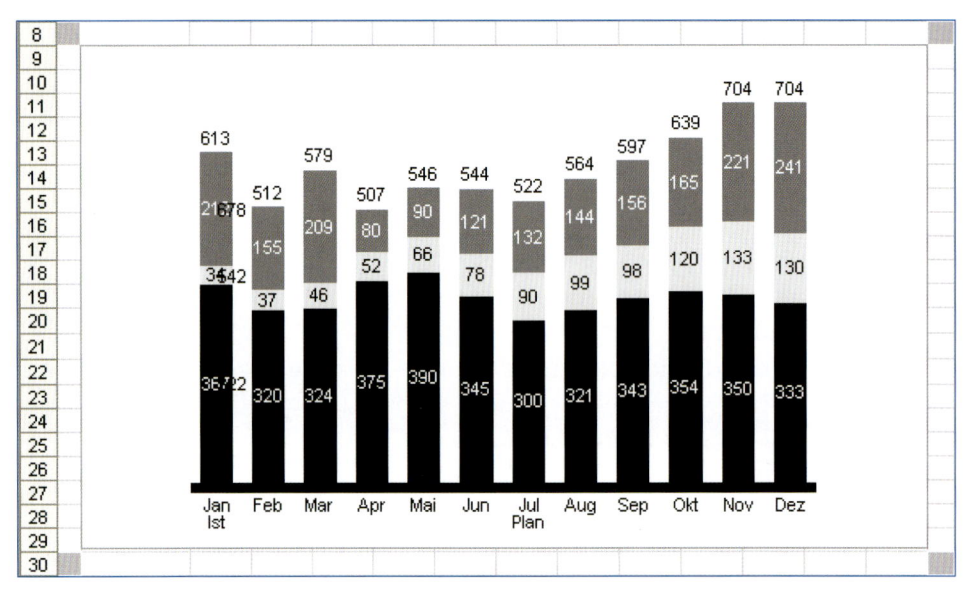

[GESTAPELTES SÄULENDIAGRAMM MIT EXCEL 97 BIS 2003 REALISIEREN]

Abbildung 2.72: *Die Beschriftung der Legende auf der linken Seite ist rechts statt links ausgerichtet*

11. Markieren Sie jetzt die neue Beschriftungsreihe „Legende links" Datenbeschriftung und drücken Sie erneut die Taste Kontextmenü, um den Befehl Datenbeschriftungen formatieren auszuwählen. Im gleichnamigen Dialog wechseln Sie jetzt zum Register Ausrichtung und wählen im Feld Position den Eintrag Links (für linksbündige Ausrichtung) aus. Beenden Sie den Dialog mit OK und Sie erhalten die Darstellung von Abbildung 2.73.

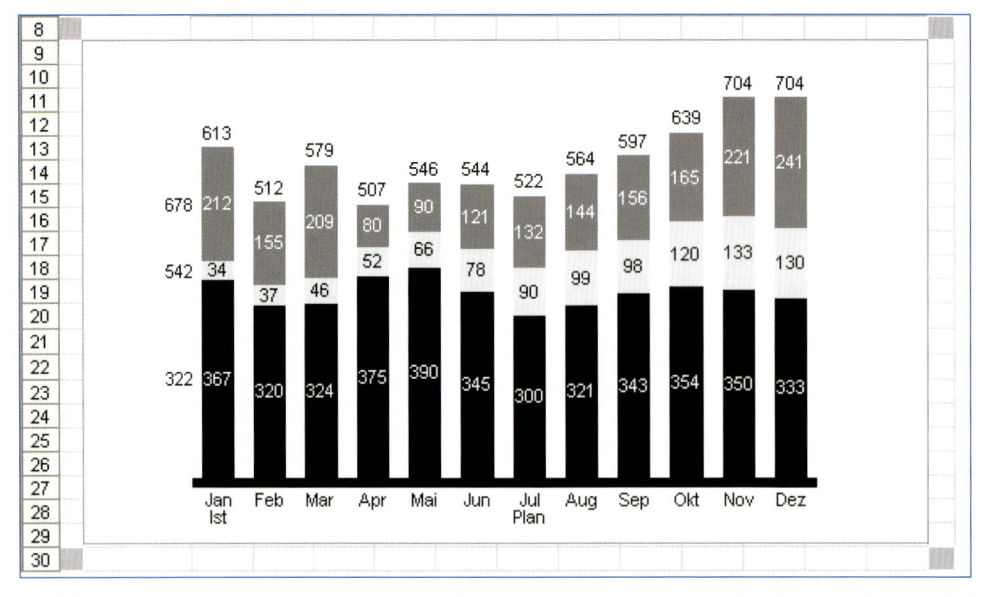

Abbildung 2.73: *Die Legende auf der linken Seite hat jetzt die Schriftausrichtung* links

[GESTAPELTES SÄULENDIAGRAMM MIT EXCEL 97 BIS 2003 REALISIEREN]

Verknüpfen Sie jetzt noch die einzelnen Beschriftungen der Reihe „Legende links" Datenbeschriftung. Gehen Sie genau so vor wie bei der Beschriftungsreihe „Legende rechts" Datenbeschriftung vor (siehe weiter oben), indem Sie die drei Bestandteile der Legende mit den für die Beschriftung erforderlichen Zellen verknüpfen. Vollziehen Sie die folgenden Schritte:

1. Klicken Sie in die weiße Zeichnungsfläche des Diagramms.
2. Navigieren Sie durch mehrmaliges Drücken der Taste Pfeil nach unten zur Reihe „Legende links" Datenbeschriftung.
3. Danach drücken Sie die Taste Pfeil nach rechts, um das erste Beschriftungsobjekt einzeln zu markieren.
4. Geben Sie ein Gleichheitszeichen (=) ein.
5. Klicken Sie direkt im Anschluss in der Tabelle in die Zelle B4 (LKW) und bestätigen Sie mit der Taste Enter.
6. Wiederholen Sie diese Schritte auch für die beiden noch fehlenden Einträge Motorrad und PKW.

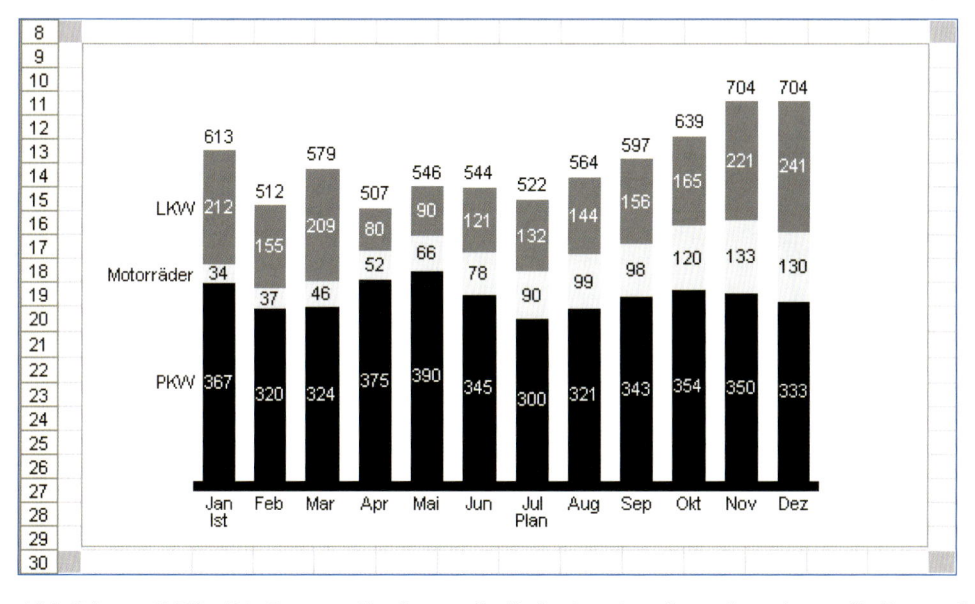

Abbildung 2.74: *Die Datenreihe* Legende links *ist eingefügt. Jetzt kann die Legende durch den Konfigurations-wert* Position *in Zelle* AD22 *von der linken auf die rechte Diagrammseite umgeschaltet werden.*

2.24 VERTIKALE LINIE EINFÜGEN

Übungsbeispiel

Bearbeiten in Blatt
17.3 Legende L+R

Ergebnis in Blatt
18 V-Linie

In diesem Schritt wird eine vertikale Linie eingefügt, die den Wechsel von Ist- zu Planwerten hervorheben soll. Durch Konfigurationswerte werden die X-Position sowie die Y-Länge der Linie eingestellt. Die nächsten Arbeitsschritte zeigen die Umsetzung:

Erweitern Sie den Konfigurationsbereich und fügen Sie einen Datenbereich für die benötigten Datenreihen ein.

Zuerst wird in Zelle **AD24** ein Eingabebereich erstellt, in den ein Monat eingetragen wird. Diese Eingabe bezeichnet den Monat, VOR dem eine Trennlinie zur Abgrenzung von Ist- und Planwerten angezeigt werden soll, siehe **Abbildung 2.75**.

	AB	AC	AD
23		Hervorhebung	
24		Planposition	8

Abbildung 2.75:
Eingabe des Monats, vor dem die Trennlinie angezeigt wird

Dann wird der Quelldatenbereich erstellt. Die Zelle **AD38** enthält den Reihennamen und die Zelle **AE40** die Höhe des Endpunkts über der X-Achse als Prozentwert. Im Feld **AE40** muss nun noch ein Prozentwert erfasst werden, im vorliegenden Beispiel in **Abbildung 2.76** ist das 30 %.

	AB	AC	AD	AE
38			Vertikale Linie	
39		9,5	0	
40		9,5	370	25%

Abbildung 2.76:
Die Höhe des Endpunkts der Trennlinie über der X-Achse wird eingestellt

1. Der Zellbereich **AC39:AC40** enthält die X-Koordinaten, der Zellbereich **AD39:AD40** die Y-Koordinaten. Die X-Koordinate in Zelle **AC39** errechnet sich aus der Planposition minus 0,5, da die Trennlinie zwischen dem ersten Planwert und der Spalte davor stehen soll. Damit die Linie mit verändertem linken Rand (**+$AD$16**) immer korrekt positioniert wird, wird dieser addiert: **AC39=$AD$24-0,5+$AD$16**. Kopieren Sie jetzt diese Formel in die Zelle **AC40**.

2. Es wird davon ausgegangen, dass die Linie immer am unteren Diagrammrand beginnen soll. Daher steht in Zelle **AD39** der Wert **0**. Das Linienende oben wird durch die zweite Y-Koordinate in Zelle **AD40** ermittelt. Es berechnet sich aus dem eingegebenen Prozentwert in Zelle **AE40** mal der Diagrammachsenhöhe **1000** in Zelle **AD35**. Nun wird der **Rand unten** addiert, damit das obere Ende der Linie immer an derselben Y-Position des Diagramms positioniert bleibt: **AD40=(AE40*AD35)+AE17**. Diese Darstellung im Beispiel ist eine von mehreren möglichen Varianten. Die Linie kann natürlich auch nach einer anderen Logik errechnet und dargestellt werden.

Fügen Sie jetzt den neu angelegten Zellbereich als neue Datenreihe ins Diagramm ein. Dazu befolgen Sie die nächsten Arbeitsschritte:

1. Markieren Sie den Zellbereich **AC38:AD40**.
2. Kopieren Sie diesen Bereich über die Tastenkombination **Strg** + **C**.
3. Klicken Sie ins Diagramm und drücken Sie die Tastenkombination **Strg** + **V**.

[GESTAPELTES SÄULENDIAGRAMM MIT EXCEL 97 BIS 2003 REALISIEREN]

Im Beispiel von **Abbildung 2.77** erhalten Sie anschließend eine Punktdatenreihe. Wenn dies nicht gleich der Fall sein sollte, muss diese eingefügte Datenreihe manuell in den Diagrammtyp Punkt umgewandelt werden.

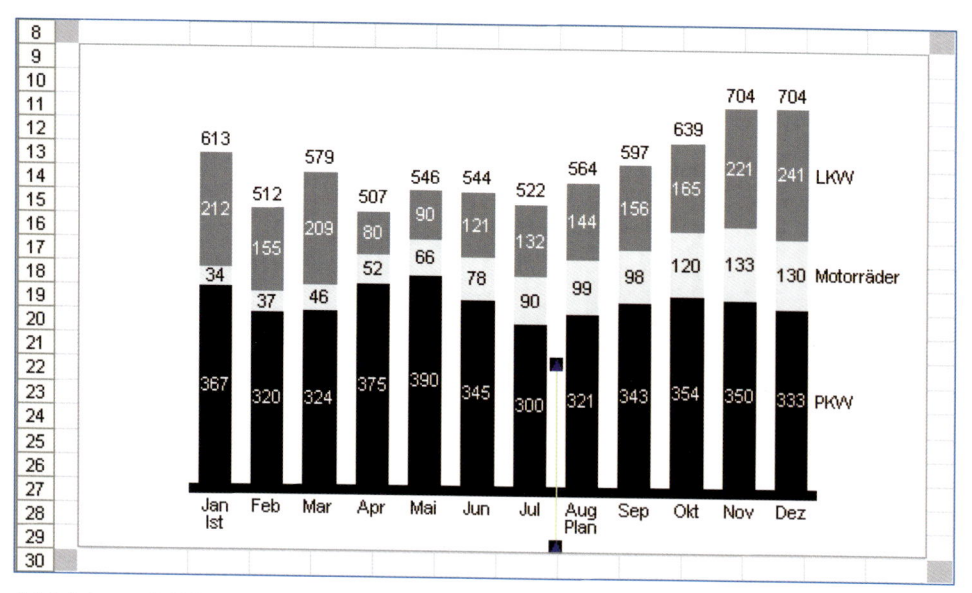

Abbildung 2.77: Die Trennlinie ist eingefügt. Sie besteht aus zwei Punkten mit einer Verbindungslinie und ist hier noch nicht formatiert

Entfernen Sie jetzt aus dieser Datenreihe die Markierungssymbole und färben Sie die Linie neu ein:

1. Wählen Sie die Reihe „Vertikale Linie" über die Symbolleiste Diagramm aus dem *Drop-down*-Feld aus.
2. Klicken Sie auf das Symbol Datenreihen formatieren.
3. Wechseln Sie auf die Registerkarte Muster.
4. Stellen Sie im Gruppenfeld Linie schwarz ein.
5. Im *Drop-down*-Feld Stärke wählen Sie eine breite Linie in der dritten Zeile aus.
6. Im Gruppenfeld Markierung aktivieren Sie die Option Ohne.
7. Bestätigen Sie mit OK.

Im nächsten Schritt wird zur Datenbechriftung ab Zelle J3 eine Prüfung hinzugefügt. Hierzu erfassen Sie in Zelle J3 die Formel =WENN(J31=$AD$24;"Plan";""). Kopieren Sie diese Formel in den Zellbereich K3 bis T3. Die Position des Textes „Plan" wird damit zusammen mit der vertikalen Linie verschoben und durch den Konfigurationswert Planposition in Zelle AD24 bestimmt. **Abbildung 2.78** zeigt das Ergebnis.

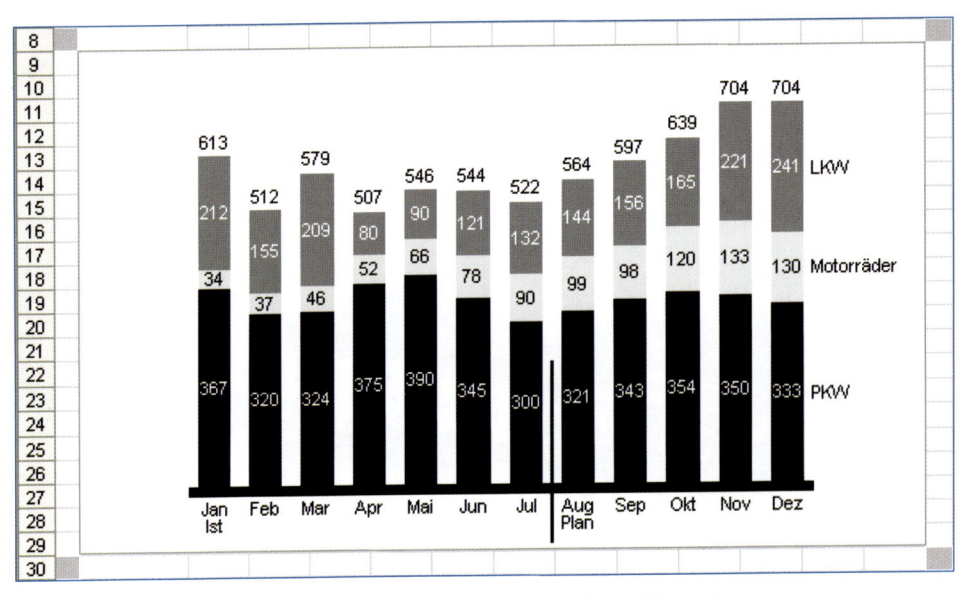

Abbildung 2.78: *Die Trennlinie ist in der gewünschten Form formatiert*

2.25 DATENGESTEUERTEN FARBWECHSEL IN DER X-ACHSE REALISIEREN

Übungsbeispiel

Bearbeiten in Blatt

18 V-Linie

Ergebnis in Blatt

19.2 Farb X-Achse Säule

Die X-Achse ist ein wichtiges Element für Hervorhebungen. Im Übungsbeispiel hat die X-Achse im Istbereich eine andere Farbe als im Planbereich.

Da man die Farbe eines Datenpunkts automatisiert nicht ohne VBA- oder ähnliche Programmierung ändern kann, arbeitet man mit demselben Trick wie beim Umschalten der Legende von links nach rechts. Wenn also bestimmte Säulen der X-Achse andersfarbig dargestellt werden sollen, dann muss eine weitere Säulendatenreihe hinzugefügt werden. Diese neue Datenreihe wird mit einer anderen Farbe formatiert. Mit einer Wenn-Abfrage wird in jeder Rubrik festgelegt, welcher Säulenabschnitt angezeigt werden soll. Dies erweckt den Eindruck, als ob sich die Farbe der X-Achsen-Abschnitte ändern würde.

Sie erreichen diesen Effekt, indem Sie den Zellbereich B32 bis T32 für die Reihe X1 so modifizieren, dass nur dann Werte in diesem Bereich für die Dicke der X-Achse sichtbar sind, wenn es sich bei dem Wert um einen Istwert handelt (X1). Im Zellbereich B33 bis T33 für X2 hingegen werden über eine neue Datenreihe nur noch Werte für die Dicke der X-Achse angezeigt, wenn hier Planwerte angezeigt werden (X2). Bereiten Sie die Modifikationen am Datenbereich wie folgt vor:

1. Benennen Sie zunächst die Datenreihe X-Achse in Zelle B32 um in X1. Darunter folgt eine zweite Zeile, in der in Zelle B33 die zweite Datenreihe mit X2 benannt wird.

[GESTAPELTES SÄULENDIAGRAMM MIT EXCEL 97 BIS 2003 REALISIEREN]   111

2. Ersetzen Sie die bestehende Formel in Zelle I32 durch den Eintrag =WENN(I$31<$AD$24 ;WENN(I$31<=$AD$37;$AE$9;0);0). Diese Formel prüft, ob der Monatswert des jeweiligen Monats (I$31) kleiner ist als die Planposition in AD24. Wenn ja, dann wird die Achsendicke –$AE$9 wiedergegeben, weil das bedeutet, dass hier Istwerte angezeigt werden, sonst wird 0 zurückgegeben. Kopieren Sie nun diese Formel in den Zellbereich J32 bis T32.

3. Die zweite Reihe X2 macht genau das Gegenteil der ersten Reihe X1. Immer, wenn der aktuelle Monat nicht kleiner ist (also größer oder gleich), wird die Achsendicke wiedergegeben. Das bedeutet, es handelt sich um Planwerte. Tragen Sie in Zelle I33 die Formel =WENN(I$31>=$AD$24;WENN(I$31<=$AD$37;$AE$9;0);0) ein. Kopieren Sie dann diese Formel in den Zellbereich J33 bis T33 (siehe **Abbildung 2.79**).

	A	B	I	J	K	L	M	N	O	P	Q	R	S	T
31		123…	1	2	3	4	5	6	7	8	9	10	11	12
32		X1	20	20	20	20	20	20	20	0	0	0	0	0
33		X2	0	0	0	0	0	0	0	20	20	20	20	20

Abbildung 2.79: *Zwei Datenreihen zum datengesteuerten Farbwechsel der X-Achse sind vorbereitet*

Abbildung 2.80 zeigt das Ergebnis. Die vorhandene X-Achsen-Datenreihe ist durch die neuen Formeln nur links von der Planposition zu sehen.

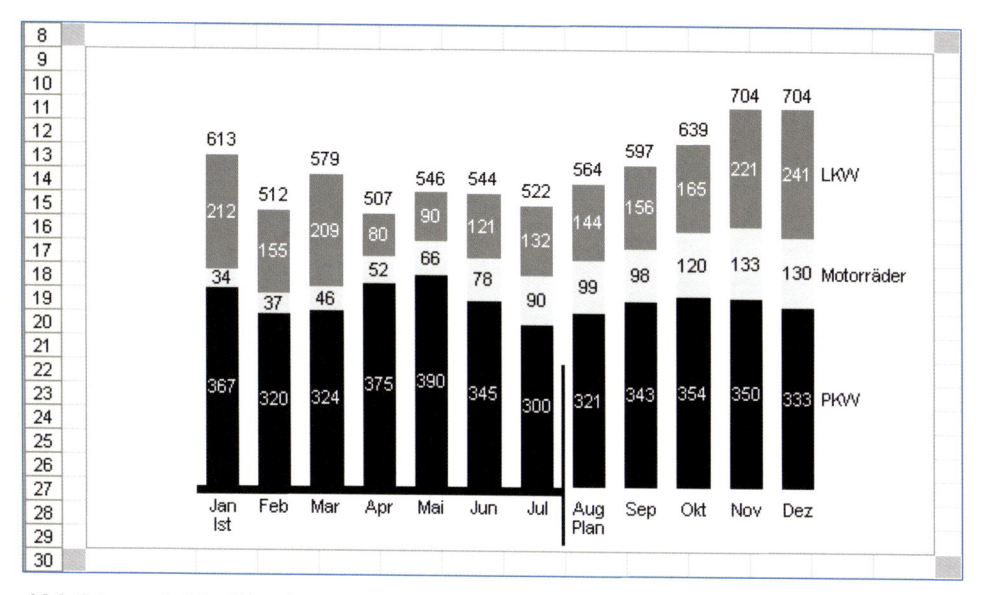

Abbildung 2.80: *Nur der linke Teil der Säulenabschnitte für die X-Achse wird angezeigt*

Da die X-Achse, wie die anderen Säulen auch, über die Funktion BEREICH.VERSCHIEBEN horizontal positioniert wird, muss auch dieser Bereich rechts neben dem nicht verschobenen Zellbereich (I33:T33) in den Zellbereich AH33:AW33 erstellt werden. Kopieren Sie den vorhandenen Zellbereich AH32:AW32 und fügen ihn beginnend mit Zelle AH33 ein (siehe **Abbildung 2.81**).

	AG	AH	AI	AJ	AK	AL	AM	AN	AO	AP	AQ	AR	AS	AT	AU	AV	AW
31																	
32		0	0	20	20	20	20	20	20	20	0	0	0	0	0	0	0
33		0	0	0	0	0	0	0	0	0	20	20	20	20	20	0	0

Abbildung 2.81: *Die beiden Datenreihen X1 und X2 werden in einem separaten Bereich für die Y-Skalierung aufbereitet*

Jetzt sind die Datenquellen für die Übernahme in das Diagramm vorbereitet. Dies geschieht folgendermaßen:

1. Klicken Sie in das Diagramm und rufen Sie über das Kontextmenü der rechten Maustaste den Befehl **Datenquelle** auf.

2. Klicken Sie auf die Befehlsschaltfläche **Hinzufügen** und stellen Sie im Feld **Name** einen Bezug zu Zelle **$B$33** und im Feld **Werte** den Bezug zum Zellbereich **$AH$33:$AW$33** her. Bestätigen Sie mit **OK**.

3. Markieren Sie über die Symbolleiste **Diagramm** die Reihe **X2** und klicken Sie auf das Symbol **Datenreihen formatieren**.

4. Wechseln Sie zur Registerkarte **Achsen** und wählen Sie aus dem Gruppenfeld **Datenreihe zeichnen auf** die Option **Sekundärachse** aus. Bestätigen Sie mit **OK**.

5. Drücken Sie die Taste **Kontextmenü** und klicken auf den Menüpunkt **Diagrammtyp**. Stellen Sie nun im Dialog sicher, dass der **Diagrammuntertyp** vom Typ **Gestapelte Säule** ist. Öffnen Sie jetzt wieder den Dialog **Datenreihen formatieren**, wechseln Sie dann zur Registerkarte **Optionen** und tragen Sie nun in das Feld **Überlappung** den Wert **100** und in das Feld **Abstandsbreite** den Wert **0** ein.

6. Anschließend setzen Sie in der Registerkarte **Muster** im Gruppenfeld **Rahmen** die Option **Keine** und wählen im Gruppenfeld **Fläche** die rote Farbe aus. Verlassen Sie das Dialogfenster mit **OK**.

7. Markieren Sie jetzt über die Symbolleiste **Diagramm** die Reihe **X1** und klicken Sie erneut auf den Button **Datenreihen formatieren**.

8. Wechseln Sie dann zur Registerkarte **Muster** und wählen Sie im Gruppenfeld **Fläche** die blaue Farbe aus. Bestätigen Sie mit **OK**.

Sie haben durch diese Schritte nun einen datengesteuerten Farbwechsel in der X-Achse realisiert und erhalten dadurch das Diagramm von **Abbildung 2.82**.

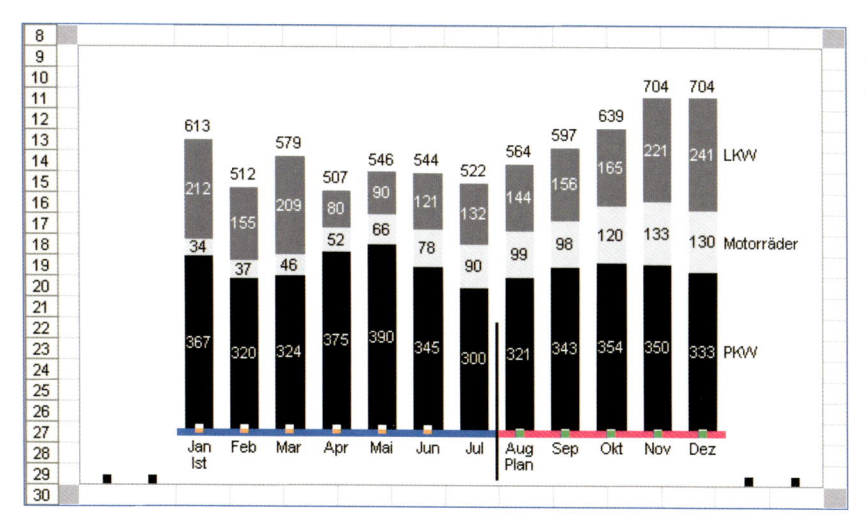

[GESTAPELTES SÄULENDIAGRAMM MIT EXCEL 97 BIS 2003 REALISIEREN]   **113**

Abbildung 2.82:
X-Achse mit unterschiedlicher Farbe für Ist- und Planwerte

2.26 FREI POSITIONIERBARE PFEILE EINFÜGEN

Übungsbeispiel
Bearbeiten in Blatt
19 2 Farb X-Achse Säulen
Ergebnis in Blatt
20 Pfeile Vektor

Dieser Abschnitt zeigt, wie Pfeile und andere Grafikobjekte für Hervorhebungen in das Diagramm eingefügt und frei positioniert werden können. Im konkreten Beispiel werden die Summenwerte zweier beliebiger Monate miteinander verglichen und deren Differenz zwischen zwei Pfeilen angezeigt, siehe **Abbildung 2.83**.

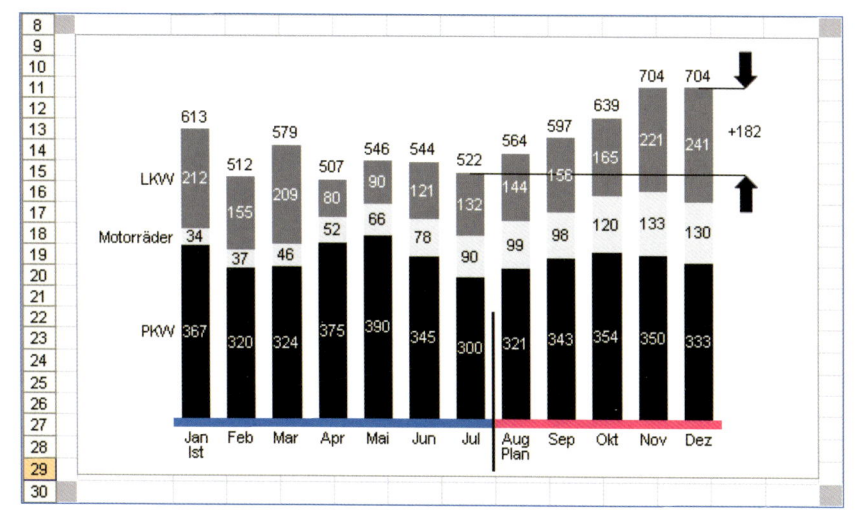

Abbildung 2.83:
Differenzen können mit Pfeilen verdeutlicht werden

Erstellen Sie zuerst den Konfigurationsbereich:

1. Erfassen Sie in Zelle **AC26** den Text **X-Von** und in Zelle **AD26** einen Wert, in unserem Beispiel **7**. Hiermit wird der erste der beiden Monate festgelegt, die miteinander verglichen werden sollen.

2. Erfassen Sie dann in Zelle **AC27** den Text **X-Bis** und in Zelle **AD27** einen Wert, in unserem Beispiel **12**. Hiermit wird der zweite der beiden Monate festgelegt, die miteinander verglichen werden sollen.

3. Erfassen Sie dann in Zelle **AC28** den Text **X-Pos** und in Zelle **AD28** einen Wert, in unserem Beispiel den Wert **13**. Hier wird die horizontale X-Position der Pfeile festgelegt.

4. Erfassen Sie dann in Zelle **AC29** den Text **Min DY Text** und in Zelle **AD29** einen Prozentwert, im Beispiel **4 %**. Falls der Abstand der beiden Werte (**Abbildung 2.83**) zu klein ist, passt keine Beschriftung dazwischen. Der Konfigurationswert legt den Mindestabstand fest, unterhalb dem die Beschriftung nach außen verschoben wird.

5. Erfassen Sie dann in Zelle **AC30** den Text **DX Text** und in Zelle **AD30** einen Wert, im Beispiel **0,5**. Hiermit wird festgelegt, wie weit der Beschriftungstext nach außen verschoben wird.

6. Mit der Formel **=AD29*$AD$35** in Zelle **AE29** wird aus dem in Zelle **AD29** erfassten Prozentwert der Absolutwert in der Diagrammskala ermittelt.

Im Folgenden werden zu den eingegebenen X-Werten **X-Von** und **X-Bis** die Y-Summenwerte ermittelt, aus denen die Differenz gebildet wird:

1. Die Formel **=WVERWEIS(AD26;$I$31:$T$36;6;0)** in Zelle **AF26** bewirkt, dass in der ersten Zeile des Bereichs **$I$31:$T$36** nach der Eingabe **X-Von** in Zelle **AD26** gesucht wird. In der Spalte, in der ein übereinstimmender Wert gefunden wird, wird der Wert aus der Zeile **6** des Bereichs zurückgegeben. Dies ist die Summe der jeweiligen Spalte.

2. Die Zelle **AF27** macht das Gleiche wie die Zelle **AF26**, nur sucht sie nach dem Y-Wert für X-Bis: **=WVERWEIS(AD27;$I$31:$T$36;6;0)**. Die Differenz dieser beiden Werte wird später als Beschriftung der Differenz verwendet.

3. Die Zelle **AE26** berechnet denselben Wert wie die Zelle **AF26**, allerdings wird dieser zusätzlich mit dem Y-Skalierungsfaktor multipliziert und der Rand unten addiert. Hiermit wird die korrekte Position für eine waagerechte Linie und einen Pfeil berechnet: **=WVERWEIS(AD26;$I$31:$T$36;6;0)*$AD$19+$AE$17**

4. Das Gleiche wird in der Zelle **AE27** für den **X-Bis**-Wert berechnet: **=WVERWEIS(AD27;$I$31:$T$36;6;0)*$AD$19+$AE$17** (siehe **Abbildung 3.84**)

AB	AC	AD	AE	AF
25	Differenz		skal.	orig.
26	X-Von	7	694,2	522
27	X-Bis	12	894,4	704

Abbildung 2.84:
Für die beiden Eingaben X-Von und X-Bis wird die skalierte und verschobene sowie die unskalierte und unverschobene Y-Summe ermittelt

[GESTAPELTES SÄULENDIAGRAMM MIT EXCEL 97 BIS 2003 REALISIEREN]

Jetzt ist es möglich, die Datenbereiche für die waagerechten Linien, die Pfeile, die Pfeilbeschriftung und den Pfeiltext zu erstellen:

Die waagerechten Linien werden als Punktediagramm bestehend aus einem Anfangs- und einem Endpunkt erstellt. Jeder Punkt hat eine X- und eine Y-Koordinate.

1. Die Waagerechte Linie 1 startet beim eingegebenen X-Von (+ Rand links). Dies wird in Zelle AC42 festgelegt: =$AD$26+$AD$16.
2. Die Waagerechte Linie 1 endet an der X-Position, die in X-Pos. in $AD$28 (+ Rand links) festgelegt ist. Die Formel in Zelle AC43 lautet: =$AD$28+$AD$16.
3. Da es sich um eine waagerechte Linie handelt, sind die beiden Y-Koordinaten gleich. Dieser Wert wurde bereits in Zelle AE26 ermittelt: AD42=$AE$26 und AD43=$AE$26. Das ist der skalierte Y-Wert, der zum eingegebenen X-Von ermittelt wurde.

Im Zellbereich AC45:AD45 werden die gleichen Schritte, wie soeben in Schritt 1 bis 3 beschrieben, vollzogen, hier aber für die Waagerechte Linie 2:
X-Start=X-Bis + Rand links: AC45=$AD$27+$AD$16
X-Ende=X-Pos. + Rand links: AC46=$AD$28+$AD$16
Y=Skalierter Y-Wert an der Position "X-Bis": AD45=$AE$27, AD46=$AE$27

Auch die beiden Pfeile werden als Punktediagramm umgesetzt. Jeder Pfeil ist zunächst ein mit X- und Y-Koordinaten steuerbarer Punkt, der dann als Punktsymbol eine Pfeilgrafik bekommt.

1. Die beiden Pfeile oben und unten haben als X-Koordinate den Endpunkt der waagerechten Linie, und werden folgendermaßen berechnet:
X für Pfeil oben: AC48=$AD$28+$AD$16
X für Pfeil unten: AC50=$AD$28+$AD$16
2. Die Y-Koordinate von Pfeil oben ist der größere der beiden Y-Werte aus Zelle AE26 und Zelle AE27, die Y-Koordinate von Pfeil unten ist der kleinere der beiden Y-Werte aus Zelle AE26 und Zelle AE27:
AD48=MAX($AE$26:$AE$27)
AD50=MIN($AE$26:$AE$27)

Die Beschriftung wird in der Mitte zwischen den beiden Pfeilspitzen platziert.

Y ist der Mittelwert aus den beiden Pfeil-Y-Koordinaten:
AD52=($AE$26+$AE$27)/2

X entspricht den Pfeil-X-Koordinaten für die Fälle, bei denen zwischen den Pfeilspitzen genügend Platz vorhanden ist (definiert in AE29). Falls dies nicht der Fall sein sollte, dann wird die Beschriftung in X-Richtung um den in AD30 festgelegten Wert zur Seite verschoben:
AC52 =$AD$28+$AD$16+WENN(ABS($AE$26-$AE$27)<$AE$29;$AD$30;0)

Der Beschriftungstext soll die Differenz der Summen der beiden ausgewählten Monate anzeigen: AD54=AF27-AF26.

Bei Abweichungen wie hier sollte das Zahlenformat bei positiven Werten ein vorangestelltes + (Pluszeichen) zeigen. Klicken Sie mit der rechten Maustaste auf die Zelle AD54 und wählen Sie über das Kontextmenü der rechten Maustaste den Befehl Zellen formatieren. Wechseln Sie zum Register Zahlen und wählen in der Liste Kategorie den Eintrag Benutzerdefiniert. Tragen Sie dann im Feld Typ das benutzerdefinierte Format +0;-0;"" ein. Bestätigen Sie anschließend mit OK.

[GESTAPELTES SÄULENDIAGRAMM MIT EXCEL 97 BIS 2003 REALISIEREN]

	AB	AC	AD
41		Waagerechte Linie 1	
42		9	694,2
43		15	694,2
44		Waagerechte Linie 2	
45		14	894,4
46		15	894,4
47		Pfeil oben	
48		15	894,4
49		Pfeil unten	
50		15	694,2
51		Pfeil Beschriftung	
52		15	794,3
53		Pfeil Text	
54			+182

Abbildung 2.85:
Bereiche für die Festlegung der Datenreihen für die beiden waagerechten Linien, Pfeilpositionen und Beschriftung

Nun können die waagerechten Linien wie folgt als Datenreihen in das Diagramm eingefügt werden:

1. Markieren Sie zuerst den Zellbereich **AC41:AD43** und ziehen Sie diesen Zellbereich direkt in das Diagramm. Mit diesem Schritt wird zugleich ein Dialogfenster geöffnet, in dem Sie alle Einstellungen gemäß **Abbildung 2.86** setzen und mit **OK** bestätigen.

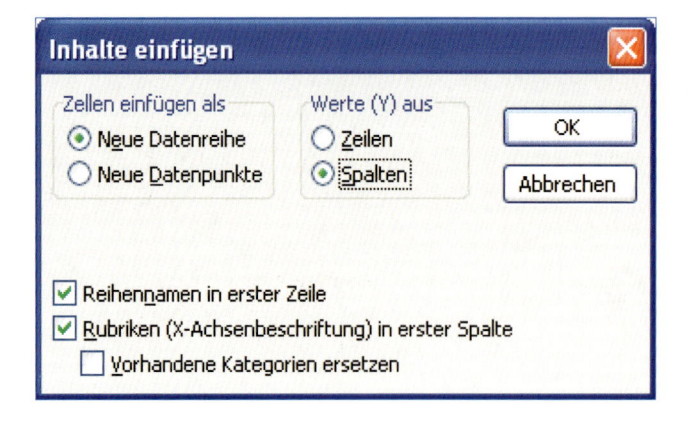

Abbildung 2.86:
Einfügen der Datenpunkte für die waagerechten Linien

2. Wählen Sie nun die Reihe „Waagerechte Linie 1" über die Symbolleiste **Diagramm** aus dem *Drop-down*-Feld aus.
3. Klicken Sie das Symbol **Datenreihen formatieren**.
4. Wechseln Sie auf die Registerkarte **Muster** und nehmen Sie die in **Abbildung 2.87** dargestellten Einstellungen vor und bestätigen Sie mit **OK**.

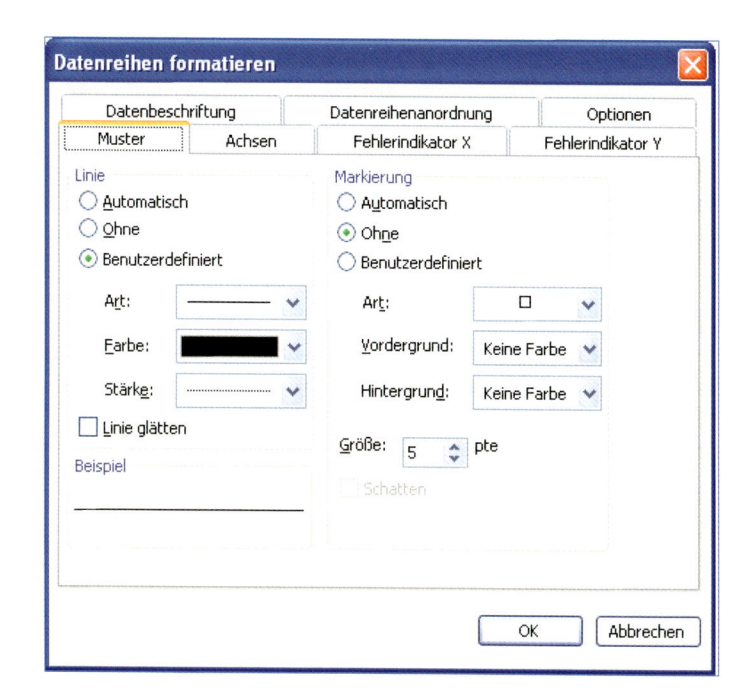

Abbildung 2.87:
Formatieren der Datenreihen für die waagerechten Linien

5. Wiederholen Sie diese Schritte 1 bis 4 für die zweite waagerechte Linie, d. h. für den Zellenbereich AC44:AD46 und die daraus entstehende Datenreihe Reihe „Waagerechte Linie 2".

Als Nächstes werden die Datenreihen für die Pfeile in das Diagramm eingefügt:

1. Markieren Sie den Zellbereich AC47:AD48 und ziehen Sie diesen Zellbereich direkt in das Diagramm, um den Datenpunkt für den oberen Pfeil in das Diagramm einzufügen. Mit diesem Schritt wird zugleich ein Dialogfenster geöffnet, in dem Sie gemäß **Abbildung 2.88** die Optionen setzen und mit OK bestätigen.

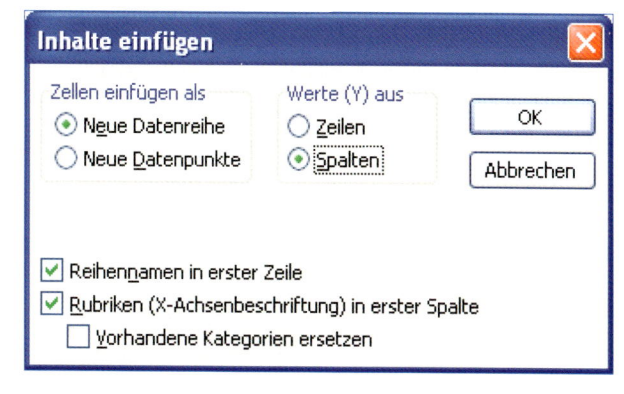

Abbildung 2.88:
Einfügen der Datenpunkte für die beiden Pfeile

2. Wiederholen Sie diesen Schritt für den Zellbereich AC49:AD50, um den unteren Pfeil in das Diagramm einzufügen.

9. Wechseln Sie anschließend in das Register Datenbeschriftung und setzen Sie im Gruppenfeld Beschriftung enthält das Häkchen bei Y-Wert.
10. Bestätigen Sie mit OK.
11. Positionieren Sie nun durch Drücken der Taste Pfeil nach unten auf „Pfeil Beschriftung" Datenbeschriftung.
12. Klicken Sie jetzt auf das Symbol Datenbeschriftungen formatieren und wechseln Sie auf die Registerkarte Ausrichtung.
13. Wählen Sie anschließend aus dem *Drop-down*-Feld Position den Eintrag Zentriert aus.
14. Bestätigen Sie mit OK.
15. Drücken Sie jetzt die Taste Pfeil nach rechts, so dass die Beschriftung, wie in Abbildung 2.92 gezeigt, umrahmt angezeigt wird.

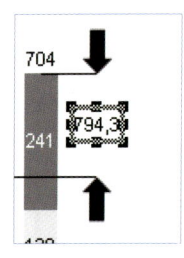

Abbildung 2.92:
Das Beschriftungsobjekt wird markiert und dann mit dem gewünschten Differenzwert verknüpft

16. Drücken Sie jetzt die Taste =, klicken Sie anschließend auf die Zelle AD54 und drücken Sie zum Abschließen die Taste Enter. Abbildung 2.93 zeigt das fertige Ergebnis.

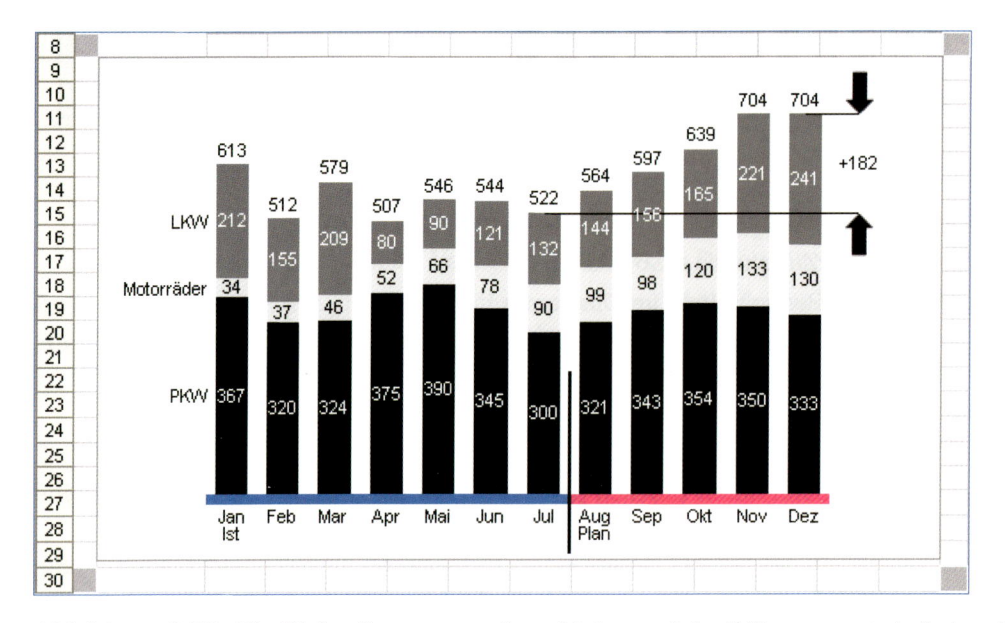

Abbildung 2.93: *Die Pfeile, die waagerechten Linien und der Differenzwert sind eingefügt*

2.27 BESCHRIFTUNGEN VON ZU KLEINEN DIAGRAMMWERTEN AUSBLENDEN

Übungsbeispiel
Bearbeiten in Blatt
20 Pfeile Vektor

Ergebnis in Blatt
21 Kleine Werte

In einem Diagramm ist es nicht erforderlich, dass jeder einzelne Datenpunkt mit einem Wert beschriftet ist. In vielen Fällen ist es ausreichend – und oftmals auch besser für das schnelle Verständnis und die einfachere Lesbarkeit –, wenn nur ausgewählte Datenpunkte, beispielsweise Ausreißer, beschriftet sind. Umgekehrt kann es sinnvoll sein, konsequent diejenigen Datenpunkte nicht zu beschriften, die klein oder unwichtig sind oder deren Beschriftung schlichtweg an gewissen Stellen keinen Platz hat.

Diese Aufgabe lösen Sie wie folgt beschrieben. Hierzu muss erneut der Konfigurationsbereich erweitert werden, siehe **Abbildung 2.94**:

1. Die Zelle **AD32** wird als Eingabezelle vorgesehen, in der ein Prozentwert erfasst werden kann, der regeln soll, ab welchem Grenzwert Säulenbeschriftungen angezeigt werden sollen oder nicht.
2. In der Zelle **AE32** wird über die Formel **=AD32*$AD$35** dieser Schwellenwert als Absolutwert aus der in Zelle **AD35** hinterlegten Diagrammhöhe errechnet. Das bedeutet, dass die Zelle **AD32** einen gewissen Anteil der Diagrammhöhe nennt.

AB	AC	AD	AE
31	Werte-Beschriftung		
32	Min.sichtbar	8%	80

Abbildung 2.94:
Grenzwert zur Anzeige der Säulenbeschriftung (Werte-Beschriftung ja oder nein)

Sie erstellen einen Zellbereich, der per Wenn-Formel die zu kleinen Werte ausblendet, und verknüpfen anschließend die Diagrammbeschriftungen mit diesen Zellen:

1. Markieren Sie den Zellbereich **AH14:AW16** und erfassen Sie die Formel
   =WENN(AH4>=$AE$32;AH4;" ").
2. Schließen Sie diese Aktion über die Tastenkombination **Strg** + **Enter** ab. Nur, wenn das jeweilige Formelergebnis größer ist als die Bezugszelle **$AE$32**, wird der Wert aus den Zeilen 4–6 in die Zielzeilen 14–16 übertragen. **Abbildung 2.96** zeigt den datenbereich, der Werte unterhalb eines Grenzwertes ausblendet.

	AG	AH	AI	AJ	AK	AL	AM	AN	AO	AP	AQ	AR	AS	AT	AU	AV	AW	AX	AY	AZ
13																				
14				212	155	209	80	90	121	132	144	156	165	221	241				Kleine Werte ausgeblendet	
15										90	99	98	120	133	130					
16				367	320	324	375	390	345	300	321	343	354	350	333					

Abbildung 2.95: *In diesem Bereich werden Werte unter dem vorgegebenen Grenzwert ausgeblendet*

Momentan sehen Sie noch keine Änderung im Diagramm, denn Sie müssen zuerst jede einzelne Beschriftung der Datenpunkte mit der dafür vorgesehen Zelle aus dem Bereich **AH14:AW16** verknüpfen. Dazu verfahren Sie, wie hier exemplarisch für die erste Beschriftung LKW im Januar beschrieben:

[GESTAPELTES SÄULENDIAGRAMM MIT EXCEL 97 BIS 2003 REALISIEREN]

1. Setzen Sie den Mauszeiger ins Diagramm.
2. Navigieren Sie mit der Taste **Pfeil nach unten** bis in die „LKW" **Datenbeschriftung**.
3. Drücken Sie die Taste **Pfeil nach rechts**.
4. Schreiben Sie ein Gleichheitszeichen und klicken im Hintergrund in Zelle **AH14**.
5. Drücken Sie **Enter**.

Wiederholen Sie diese Methode für alle Datenbeschriftungen. **Abbildung 2.96** zeigt das Diagramm mit den ausgeblendeten Beschriftungen.

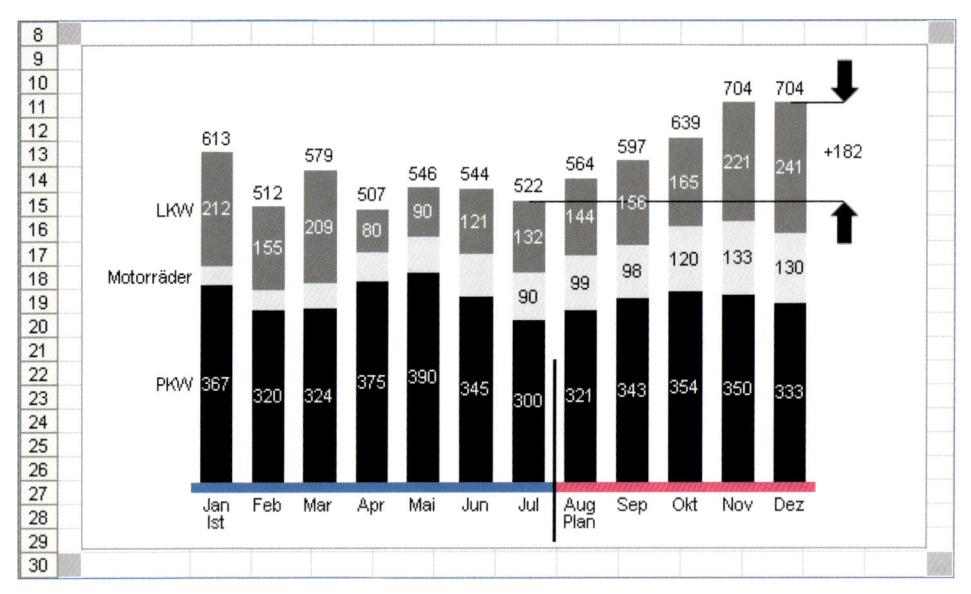

Abbildung 2.96: *Beschriftungen von Datenpunkten mit einem Wert <= 80 werden nicht angezeigt*

Wem dies zu aufwendig ist und wem ein fest eingestellter Schwellenwert ausreicht, der kann auch alternativ über eine geeignete Formatierung der Datenbeschriftung den gleichen Effekt erzielen. Sie müssen hierbei lediglich die jeweilige Beschriftungsreihe auswählen und dann über den Befehl **Datenbeschriftungen formatieren** das in **Abbildung 2.97** gezeigte benutzerdefinierte Format hinterlegen. Das funktioniert aber nur dann, wenn die Beschriftungen nicht aus anderen Gründen bereits mit externen Zellen verknüpft sind.

[GESTAPELTES SÄULENDIAGRAMM MIT EXCEL 97 BIS 2003 REALISIEREN]

Abbildung 2.97:
Über das Format der Datenbeschriftung lassen sich die Beschriftungen von Datenpunkten mit einem Wert von beispielsweise <= 80 ebenfalls ausblenden

2.28 FREI POSITIONIERBARE SÄULENBESCHRIFTUNGEN EINFÜGEN

Übungsbeispiel

Bearbeiten in Blatt
21 Kleine Werte

Ergebnis in Blatt
22 Punkt Beschriftung

In diesem Abschnitt erfahren Sie, wie Sie in Richtung der X-Achse frei positionierbare Säulenbeschriftungen einfügen können. Diese kann dann erforderlich werden, wenn Sie die Säulenbreite verändern möchten und die Beschriftungen beispielsweise *neben* den Säulenabschnitten angezeigt werden soll. (Standardmäßig können die Beschriftungen von Säulenabschnitten nur horizontal und nur zentriert angebracht werden.)

Nachfolgend wird gezeigt, wie Sie schmale Säulen *außerhalb* beschriften können. Hierzu machen Sie Säulen unseres Diagramms zunächst einmal so schmal wie möglich:

1. Klicken Sie auf eine Datenreihe im Diagramm, beispielsweise auf die Reihe „LKW" und dann über die rechte Maustaste auf den Befehl Datenreihen formatieren.

2. Wechseln Sie dann zur Registerkarte Optionen, geben Sie als Abstandsbreite den Wert 500 ein und bestätigen Sie mit OK (500 Prozent ist der größtmögliche Abstand).

3. Klicken Sie nun auf die Datenreihe „PKW" Datenbeschriftung und ebenfalls über die rechte Maustaste auf den Befehl **Datenbeschriftungen formatieren**.
4. Wechseln Sie nun zur Registerkarte **Schrift** und wählen Sie aus dem *Drop-down*-Feld **Farbe** die Farbe **Schwarz** und im *Drop-down*-Feld **Hintergrund** den Eintrag **Unsichtbar** aus, um die zuvor weiße Schrift vor dem weißen Diagrammhintergrund sichtbar zu machen.
5. Bestätigen Sie mit **OK**.
6. Wiederholen Sie die Schritte 3 bis 5 für alle Datenreihen, deren Säulenbeschriftung weiß ist.

Abbildung 2.98 zeigt das Diagramm mit schmalen Säulen und einer zentrierten Säulenbeschriftung, die in diesem Fall schlecht lesbar ist.

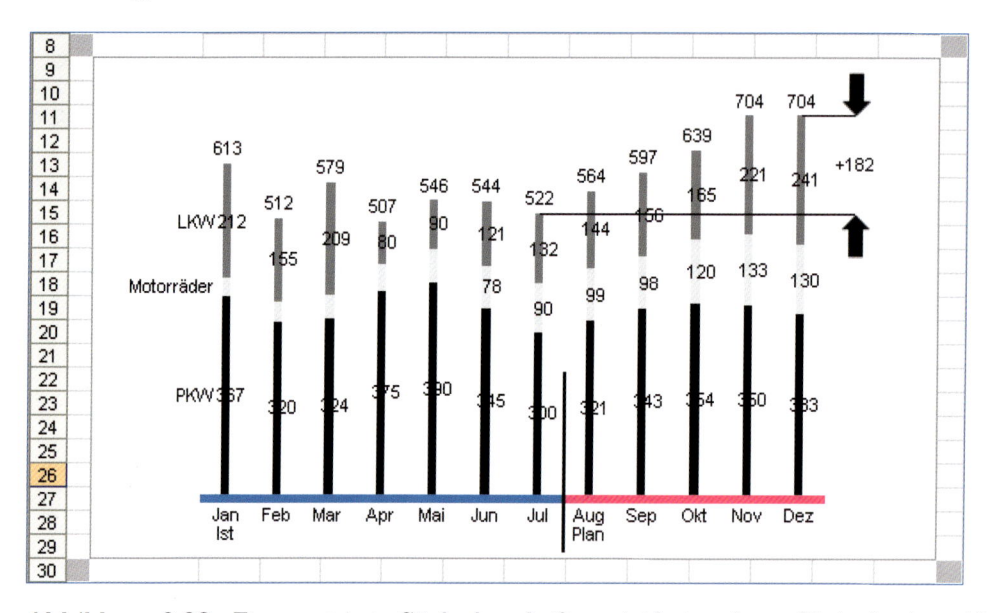

Abbildung 2.98: *Eine zentrierte Säulenbeschriftung ist bei geringer Säulenbreite schlecht lesbar*

Jetzt muss der Konfigurationsbereich ein weiteres Mal erweitert werden, indem die Zelle **AD33** als Eingabezelle für die Variable vorgesehen wird, mit Hilfe derer die Position der Säulenbeschriftung in X-Achsen-Richtung verändert werden soll.

Mit den nächsten Schritten wird der Datenbereich für Punkte-Datenreihen erstellt. Ziel ist es hierbei, unsichtbare Punkte über die Säulenabschnitte zu platzieren, die neue Beschriftung tragen. Gehen Sie wie folgt vor:

Zuerst werden die X-Koordinaten berechnet. Erfassen Sie in Zelle **I50** die Formel =I31+$AD$16+$AD$33. Das bedeutet: Spaltennummer + Rand links + Verschiebung.

Kopieren Sie diese Formel in den angrenzenden Zellbereich **J50:T50**.

[GESTAPELTES SÄULENDIAGRAMM MIT EXCEL 97 BIS 2003 REALISIEREN]

Die folgenden Y-Koordinaten sollen die Punkte vertikal in die Mitte jedes Datenpunkts positionieren. Das ist die gleich Logik wie bei den Y-Koordinaten der Legende: Alle darunterliegenden Datenpunkte werden addiert und der aktuelle, zu beschriftende, wird zur Hälfte addiert.

PKW in I53: =(I6/2)*$AD$19+$AE$17
Motorräder in I52: =(I6+(I5/2))*$AD$19+$AE$17
LKW in I51: =(SUMME(I5:I6)+(I4/2))*$AD$19+$AE$17

Alle Koordinaten werden mit der Y-Skalierung ($AD$19) multipliziert und der Rand unten ($AE$17) wird addiert.

Kopieren Sie die drei Zellen in den Bereich nach rechts bis Spalte T, indem Sie die Zelle I51 markieren und mit der Tastenkombination Strg + R den Zellbereich nach rechts ausfüllen.

Zum Verknüpfen der Beschriftungen diente bislang der 16 Spalten breite Zellbereich AH14:AW16. Das hier neu erstellte Raster aus Punkten ist aber nur 12 Spalten breit, da es nicht mit BEREICH.VERSCHIEBEN seine Rand-links-abhängige Position verschiebt, sondern durch Änderung der X-Koordinaten. Daher wird ein neuer Zellbereich erstellt, der ebenfalls 12 Spalten breit ist. In I55 wird geprüft, ob der Eingabewert kleiner als der konfigurierte Mindestwert ist, und wird in diesem Fall dann ausgeblendet:

I55= WENN(I4*$AD$19>=$AE$32;I4;" ").

Kopieren Sie diese Formel in den Bereich I55:T57. **Abbildung 2.99** zeigt das Ergebnis.

	A	B	I	J	K	L	M	N	O	P	Q	R	S	T
48														
49		Punkt-Beschriftung												
50		X	3,1	4,1	5,1	6,1	7,1	8,1	9,1	10,1	11,1	12,1	13,1	14,1
51		Y_LKW	677,7	598	642	633,7	671,1	651,9	621,6	661,2	690,9	732,2	772,9	761,9
52		Y_Motorräder	542,4	492,4	501,7	561,1	585,3	542,4	499,5	527,6	551,2	575,4	578,2	557,8
53		Y_PKW	321,9	296	298,2	326,3	334,5	309,8	285	296,6	308,7	314,7	312,5	303,2
54														
55		Kleine Werte	212	155	209	80	90	121	132	144	156	165	221	241
56								78	90	99	98	120	133	130
57			367	320	324	375	390	345	300	321	343	354	350	333

Abbildung 2.99: *Datenquelle für eine Beschriftung, die mit einem Punktediagramm realisiert wird*

Als Nächstes werden die drei neuen Datenreihen ins Diagramm eingefügt:

1. Löschen Sie zuerst die Beschriftungsreihen „PKW" Datenbeschriftung, „Motorräder" Datenbeschriftung und „LKW" Datenbeschriftung, indem Sie diese Diagrammobjekte markieren und per Taste Entf nacheinander aus dem Diagramm entfernen. Diese Datenreihen werden nicht mehr benötigt, sondern wie nachfolgend beschrieben ersetzt.

2. Markieren Sie dann den Zellbereich B51:T53 und betätigen Sie die Tastenkombination Strg + C. Klicken Sie anschließend in das Diagramm und betätigen Sie nun die Tastenkombination Strg + V, um die Datenreihen einzufügen. Sie erhalten die Darstellung von **Abbildung 2.100**.

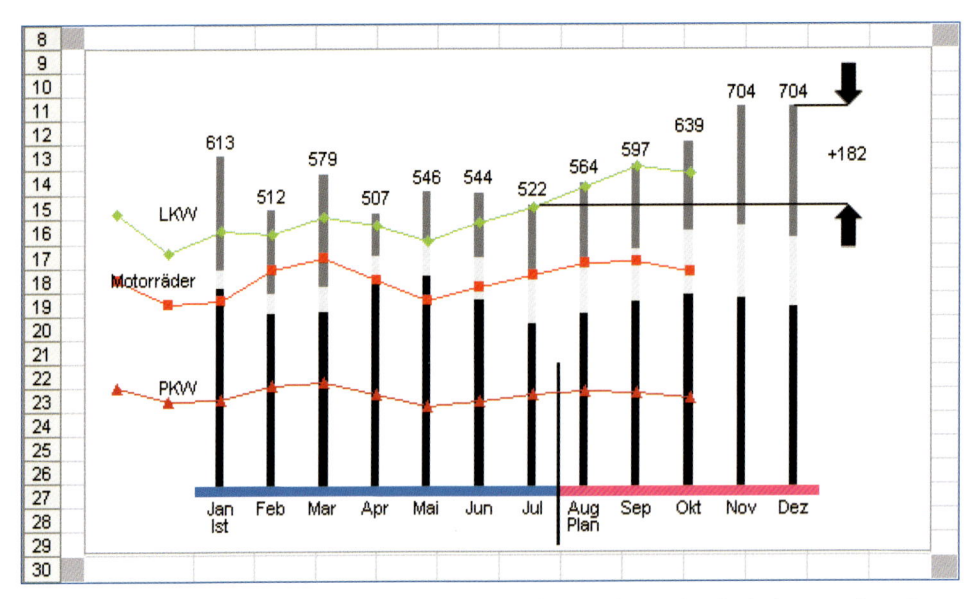

[GESTAPELTES SÄULENDIAGRAMM MIT EXCEL 97 BIS 2003 REALISIEREN]

Abbildung 2.100: *Drei neue Datenreihen sind eingefügt, sie sind aber noch unformatiert und ohne X-Koordinaten*

Navigieren Sie zur Datenreihe **Y_LKW**, drücken Sie die Taste **Kontextmenü** und wählen Sie aus dem Kontextmenü den Befehl **Diagrammtyp**. Prüfen Sie über **Diagrammuntertyp**, ob die Datenreihe vom Typ **Punkte** ist, und ändern Sie dieses gegebenenfalls. Wiederholen Sie diese Aktion auch für die anderen beiden Reihen **Y_Motorräder** und **Y_PKW**, indem Sie nacheinander zu den beiden Reihen navigieren und die letzte Aktion dort mit der Taste **F4** wiederholen.

3. Klicken Sie in das Diagramm und wählen Sie über die rechte Maustaste den Befehl **Datenquelle** und wechseln Sie zur Registerkarte **Reihe**.

4. Markieren Sie dann im Auswahlfeld **Datenreihe** die Reihe **Y_LKW** und fügen die X-Koordinaten im Feld **X-Werte** ein. Leeren Sie das Feld, falls es schon gefüllt sein sollte. Wählen Sie hier den Zellbereich **I51:T51**. Achten Sie bei diesem Schritt darauf, dass die Markierung nicht den ausgeblendeten Bereich umfasst. **Abbildung 2.101** kann zur Orientierung dienen.

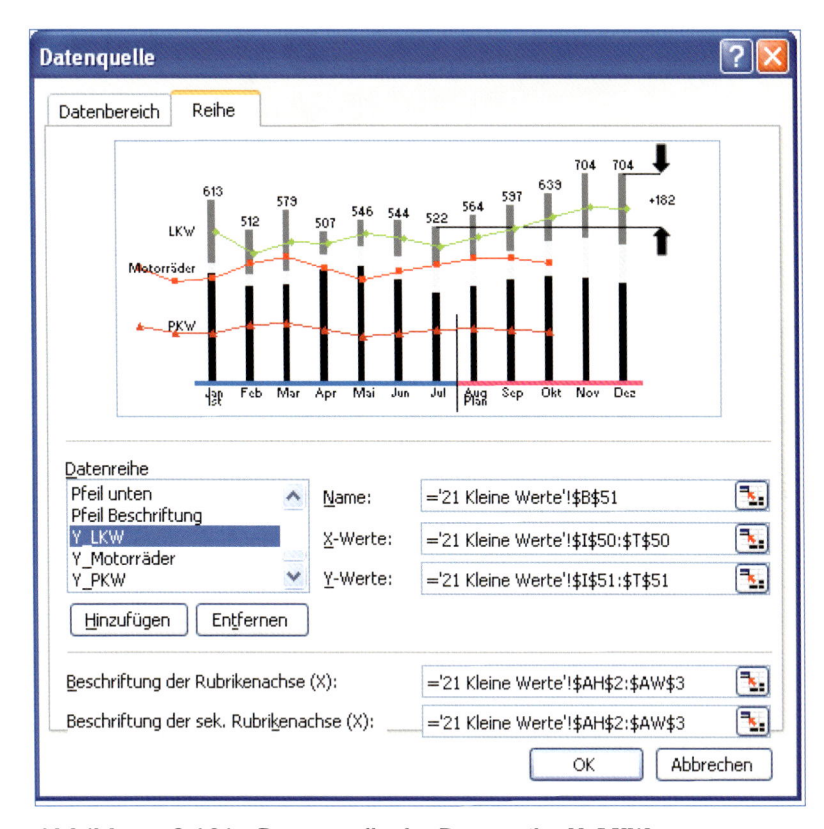

[GESTAPELTES SÄULENDIAGRAMM MIT EXCEL 97 BIS 2003 REALISIEREN]

Abbildung 2.101: *Datenquelle der Datenreihe Y_LKW*

5. Wiederholen Sie das Anpassen der X-Koordinaten auch für die Reihen **Y_Motorräder** und **Y_PKW**. Beenden Sie den Dialog mit **OK**.

6. Markieren Sie nun die **Reihe „Y_LKW"**, drücken Sie dann die Taste **Kontextmenü** und wählen Sie aus dem Kontextmenü den Befehl **Datenreihen formatieren**.

7. Wechseln Sie auf die Registerkarte **Muster** und wählen Sie im Gruppenfeld **Linie** und **Markierung** die Option **Ohne**.

8. Wechseln Sie anschließend in das Register **Datenbeschriftung** und setzen Sie im Gruppenfeld **Beschriftung enthält** das Häkchen bei **Y-Wert**.

9. Bestätigen Sie mit **OK**.

10. Wiederholen Sie die Schritte 1 bis 5 für die beiden übrigen Datenreihen **Reihe „Y_PKW"** und **Reihe „Y_Motorräder"** und Sie erhalten die Darstellung von **Abbildung 2.102**.

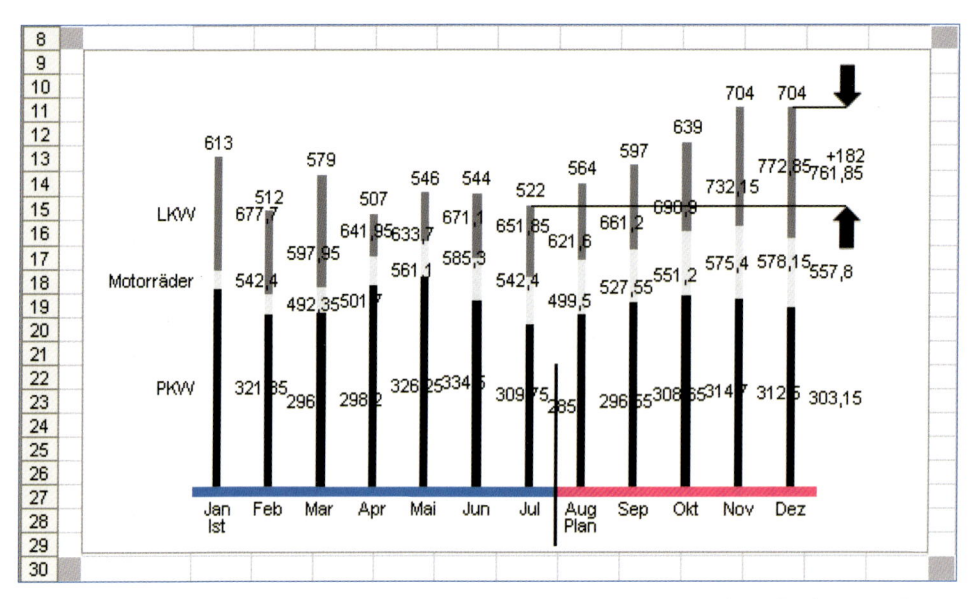

Abbildung 2.102: *Die Datenreihen müssen nun noch „richtig" beschriftet werden*

11. Markieren Sie die Beschriftungsreihe „Y_LKW" Datenbeschriftung.

12. Drücken Sie jetzt die Taste Pfeil nach rechts, damit das erste Beschriftungsobjekt markiert wird, siehe **Abbildung 2.103**.

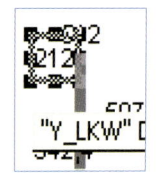

Abbildung 2.103:
Die Beschriftungen werden mit Zellen verknüpft

13. Drücken Sie die Taste =, klicken Sie dann auf die Zelle I55 und schließen Sie mit der Taste Enter ab.

14. Wiederholen Sie dies für alle Datenpunkte der drei Datenreihen „Y_LKW" Datenbeschriftung, „Y_PKW" Datenbeschriftung und „Y_Motorräder" Datenbeschriftung. Richten Sie jetzt noch die Beschriftung links aus, so dass zum Schluss das Diagramm von **Abbildung 2.104** entsteht.

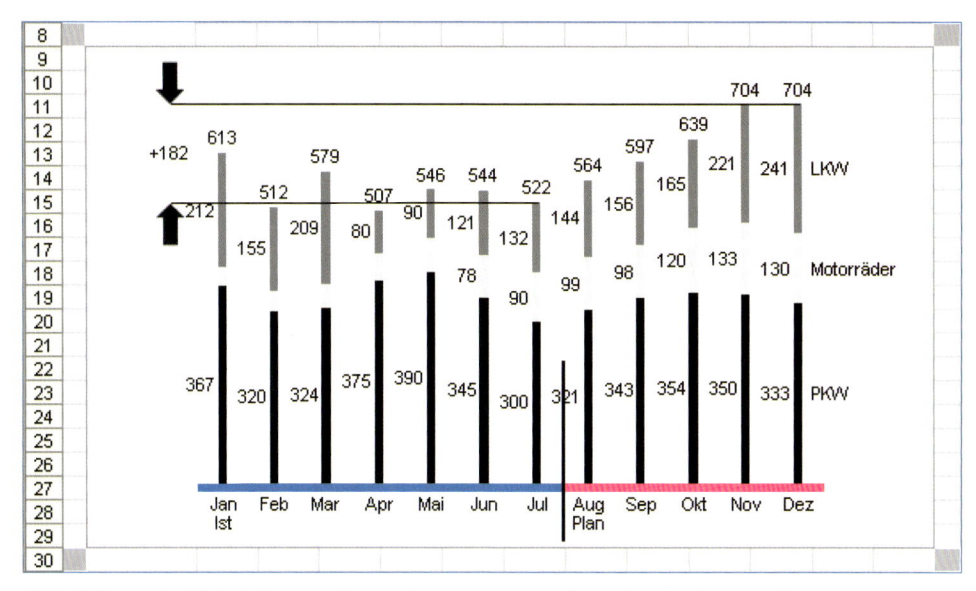

[GESTAPELTES SÄULENDIAGRAMM MIT EXCEL 97 BIS 2003 REALISIEREN]   129

Abbildung 2.104: *Hier wird eine frei positionierbare Säulenbeschriftung genutzt*

Wenn Sie nun die Variable in der Zelle AD33 verändern, dann können Sie die Säulenbeschriftungen links, mittig oder rechts der Säulen anordnen.

2.29 DIAGRAMMTITEL INTEGRIEREN

Übungsbeispiel
Bearbeiten in Blatt
22 Punkt Beschriftung

Ergebnis in Blatt
23 Titel

Nun fehlen nur noch fest positionierte Beschriftungen wie Titel, Fußnoten oder Diagramm-Botschaften. Im Gegensatz zu den bisherigen Beschriftungen für Datenpunkte und Legenden sollten diese Beschriftungen an einem festen Ort stehen und nicht durch äußere Parameter verschoben werden. Hierfür steht ein einfacherer Trick als der bislang verwendete „Punkte-Beschriftungs-Trick" zur Verfügung. Er besteht aus einer einfachen Zellenbeschriftung hinter einem transparenten Diagramm. Die im Diagramm-Assistenten vorgesehen Diagrammtitel und die dort vorgesehenen Titel der beiden Achsen sollten Sie nicht verwenden, da diese schlecht zu positionieren sind.

Machen Sie also vorab das Diagramm transparent, so dass die Beschriftung im Hintergrund sichtbar werden kann:

1. Klicken Sie in der Symbolleiste **Diagramm** auf das Diagrammobjekt **Diagrammfläche**.
2. Drücken Sie dann auf das Symbol **Diagrammfläche formatieren**.
3. Wechseln Sie nun zur Registerkarte **Muster** und setzen Sie, wie in der nachfolgenden **Abbildung 2.105** gezeigt, im Gruppenfeld **Fläche** die Option **Keine**.
4. Die Zeichnungsfläche wurde bereits in **Abschnitt 2.5** durch Markierung und Taste **Entf** transparent gemacht.

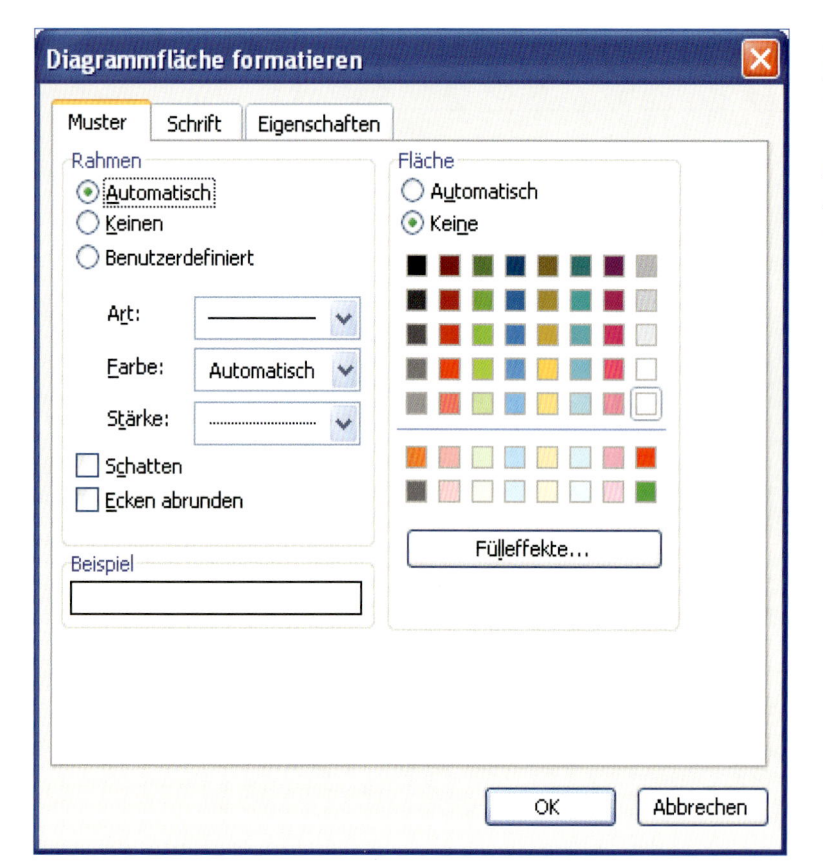

Abbildung 2.105:
Diagrammfläche transparent machen, damit die hinter dem Diagramm platzierte Beschriftung sichtbar wird

Nun können Sie die verschiedenen Beschriftungen in das Diagramm integrieren. Definieren Sie hierfür, wie in **Abbildung 2.106** gezeigt, zuerst einen Bereich, in dem Sie Texte wie Botschaft (**Message**), Titel (**Titel1** bis **Titel3**) und **Fußnote** erfassen.

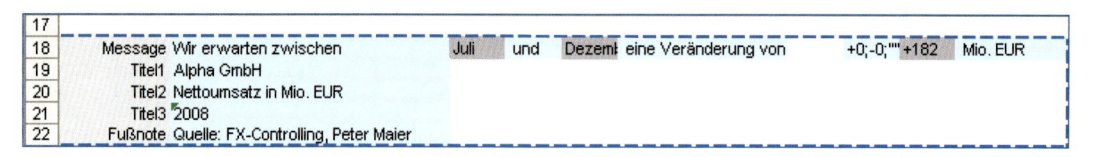

Abbildung 2.106: *Eingabe von fest positionierten Texten wie Botschaft, Titel und Fußnote*

Die Botschaft in Zeile **18** wird aus einer Kombination aus Texteingabe und Formeln gebildet. **Message** ist eine Verkettung aus Eingabefeldern (grün eingefärbte Zellen) und automatisch generierten variablen Monatsnamen (siehe Zelle **AM18** und **AO18**). Die beiden Monate in den Zellen **AM18** und **AO18** werden über eine Formel in die Botschaft eingebunden. Es handelt sich hierbei um die beiden Monate, aus deren Werten die zwischen den beiden Pfeilen angezeigte Differenz ermittelt wird. Die beiden Monate werden über eine WVERWEIS-Formel aus dem Zellbereich **I59:T59** bestimmt, siehe **Abbildung 2.107**.

[GESTAPELTES SÄULENDIAGRAMM MIT EXCEL 97 BIS 2003 REALISIEREN]

	A	B	I	J	K	L	M	N	O	P	Q	R	S	T
31		123...	1	2	3	4	5	6	7	8	9	10	11	12
32		X1	20	20	20	20	20	20	20	0	0	0	0	0
33		X2	0	0	0	0	0	0	0	20	20	20	20	20
34														
35		Fahrzeuge	3	4	5	6	7	8	9	10	11	12	13	14
36			613	512	579	507	546	544	522	564	597	639	704	704
37		Y skal.+DY	783	682	749	677	716	714	692	734	767	809	874	874
38														
39		Platzhalter pri	140	140	140	140	140	140	140	140	140	140	140	140
40		Platzhalter se	120	120	120	120	120	120	120	120	120	120	120	120
41														
42		X-Achse Text												
43		X	3	4	5	6	7	8	9	10	11	12	13	14
44		XATXT_Y1	95	95	95	95	95	95	95	95	95	95	95	95
45		XATXT_Y2	60	60	60	60	60	60	60	60	60	60	60	60
46														
47		Spalte leer?	1	2	3	4	5	6	7	8	9	10	11	12
48														
49		Punkt-Beschriftung												
50		X	3,55	4,55	5,55	6,55	7,55	8,55	9,55	10,55	11,55	12,55	13,55	14,55
51		Y_LKW	647	574,5	614,5	607	641	623,5	596	632	659	696,5	733,5	723,5
52		Y_Motorräder	524	478,5	487	541	563	524	485	510,5	532	554	556,5	538
53		Y_PKW	323,5	300	302	327,5	335	312,5	290	300,5	311,5	317	315	306,5
54														
55		Kleine Werte	212	155	209	80	90	121	132	144	156	165	221	241
56									90	99	98	120	133	130
57			367	320	324	375	390	345	300	321	343	354	350	333
58														
59			Januar	Februar	März	April	Mai	Juni	Juli	August	ptember	Oktober	ovember	ezember

Abbildung 2.107: *Bestimmung der Monate, auf die im Botschaftstext zugegriffen wird*

Im Detail gehen Sie wie folgt vor:

1. Um die beiden Monatsnamen variabel in den Botschaftstext einzubinden, müssen Sie in Zelle AM18 die Formel =WVERWEIS(AD26;$I$31:$T$59;29;0) erfassen und in Zelle AO18 die Formel =WVERWEIS(AD27;$I$31:$T$59;29;0). Die zuerst genannte Formel greift auf den ersten der beiden Monate für die Pfeile in Zelle AD26 zu und holt sich über die Funktion WVERWEIS den entsprechenden Monatsnamen aus dem Zellbereich I63:T63. Die zuletzt genannte Formel arbeitet analog, greift jedoch auf den zweiten der beiden Differenzmonate in Zelle AD27 zu. Gesucht wird jeweils in Zeile 35 nach der Monatsnummer und das Ergebnis, der Monatsname, kommt aus Zeile 63.

2. In der Zelle AT18 wird ein benutzerdefiniertes Zahlenformat hinterlegt: +0;-0;"". In AU18 wird der Differenz-Zahlenwert aus AD54 mit der Text-Formel in ein Format gewandelt, das positive und negative Zahlen jeweils mit Vorzeichen anzeigt: AU18 =TEXT(AD54; AT18).

3. Markieren Sie nun die Zelle B8 und drücken Sie dann die Taste Pfeil nach unten, um in die darunterliegende Zelle B9 hinter dem Diagramm zu gelangen.

4. Erfassen Sie dort die Formel =AH18 & AM18 & AN18 & AO18 & AP18 & AU18 & AV18, die eine Verkettung verschiedener Zellen aus dem Zellbereich AH18:AV18 vornimmt. Beenden Sie die Erfassung der Formel mit der Taste Enter und gehen Sie ggf. mit der Taste Pfeil nach oben wieder zurück zur Zelle B9.

5. Rufen Sie jetzt über das Menü **Format** den Befehl **Zellen formatieren** auf. Nehmen Sie dann im gleichnamigen Dialogfenster in der Registerkarte **Ausrichtung** im Feld **Einzug** den Eintrag **1** vor, um den Text in der Zelle eine Stelle nach rechts einzurücken, siehe **Abbildung 2.108**. Bestätigen Sie mit **OK**.

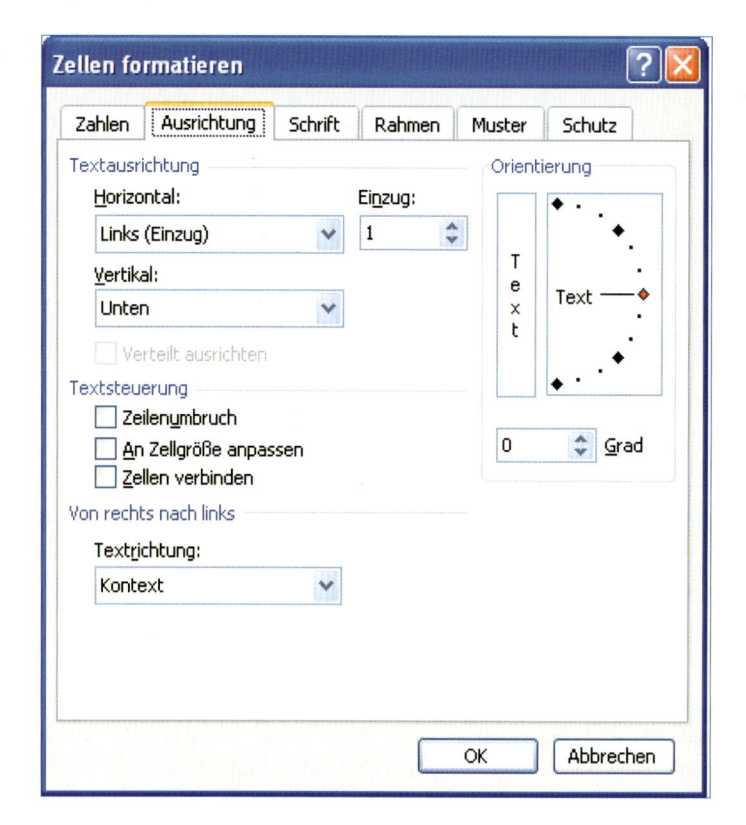

Abbildung 2.108:
Einstellung zum Einrücken der Texte

6. Gehen Sie dann über die Taste **Pfeil nach unten** zu der Zelle **B11** und erfassen Sie dort den Bezug **=AH19**. Das ist die Eingabe von **Titel1**. Nehmen Sie ebenfalls einen **Einzug** von **1** vor.

7. Verfahren Sie analog mit der Zelle **B12**, die einen Bezug **=AH20** erhält, und mit der Zelle **B13**, die den Formeleintrag **=AH21** bekommt. Vergessen Sie nicht, den Text einzurücken.

8. Navigieren Sie dann über die Taste **Pfeil nach unten** zu der Zelle **B32** und erfassen Sie dort den Bezug **=AH22** (die Fußzeile). Nehmen Sie erneut einen **Einzug** vor und ändern Sie die Schriftgröße, d. h. den **Schriftgrad**, auf **8**.

9. Markieren Sie zum Schluss den Zellbereich **B9:T9** und formatieren Sie diesen markierten Zellbereich über das Symbol **Rahmenlinie** in der Symbolleiste **Format** mit der Auswahl **Rahmenlinie unten**.

Achten Sie bei den genannten Aktionen darauf, dass ein (versehentlich) markiertes Diagramm nicht transparent ist und Sie dann auch keine Beschriftungen sehen können.

[GESTAPELTES SÄULENDIAGRAMM MIT EXCEL 97 BIS 2003 REALISIEREN] **133**

Blenden Sie zum Abschluss die Gitternetzlinien aus, indem Sie über das Menü Extras den Befehl Optionen aufrufen und in der Registerkarte Ansicht bei der Option Gitternetzlinien das Häkchen entfernen.

Sie haben nun die gewünschten fest positionierten Texte in das Diagramm integriert, siehe **Abbildung 2.109**. Es entspricht jetzt der Darstellung, wie sie zu Beginn dieses Kapitels vorgestellt wurde.

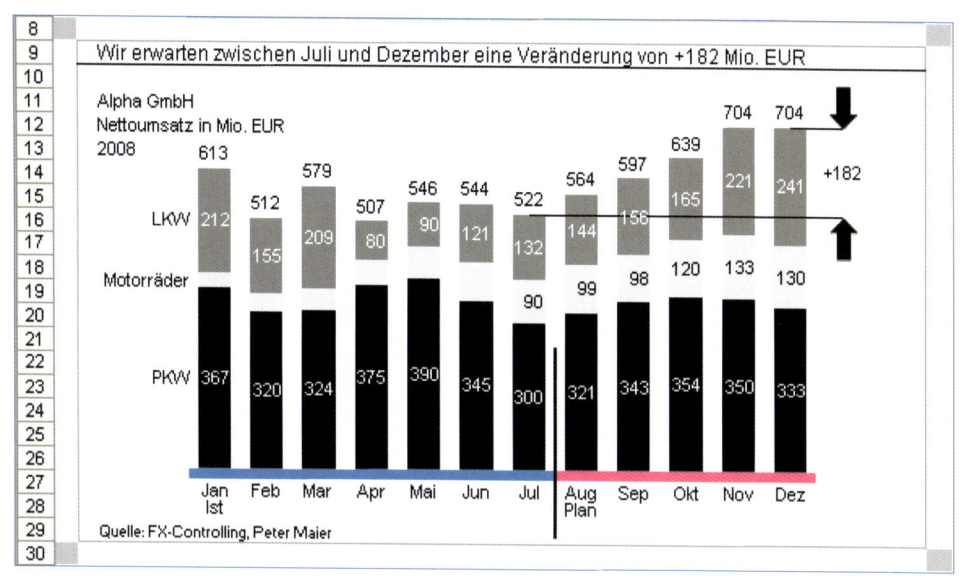

Abbildung 2.109: Komplettiertes Diagramm mit Botschaft, Titel und Fußnote

Um die exakt gleiche Darstellung wie **Abbildung 2.109** zu erzielen, müssen die Konfigurationswerte den grünen Zellen von **Abbildung 2.110** entsprechen.

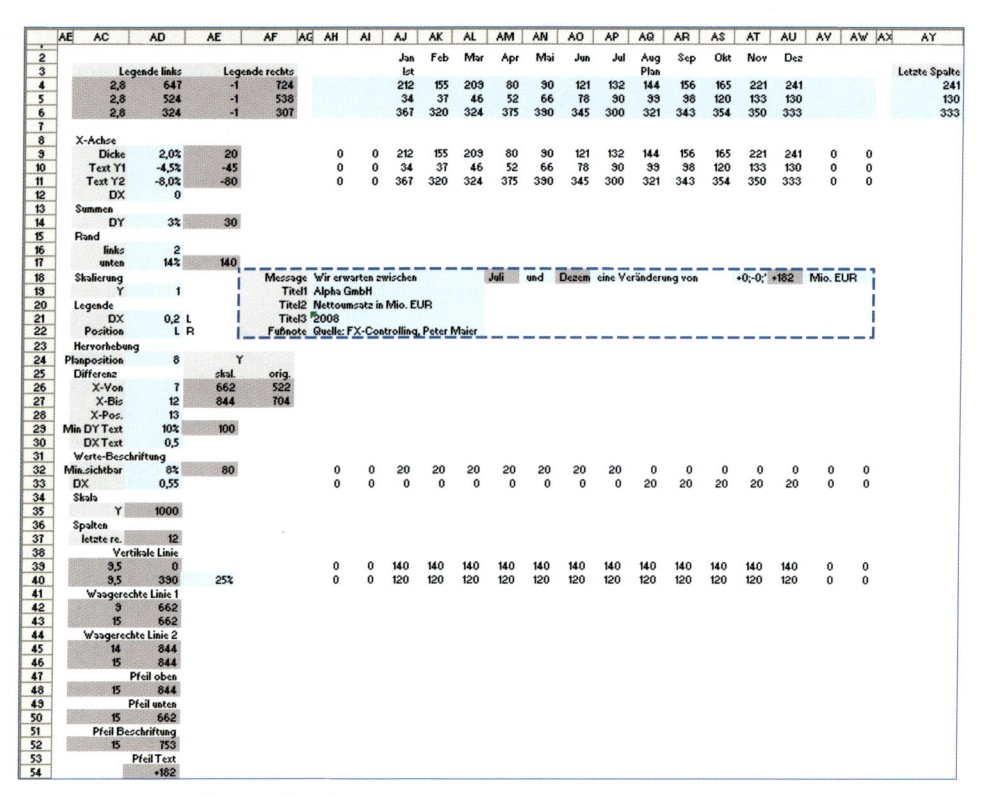

Abbildung 2.110: *Die Konfigurationseinstellungen des fertigen Diagramms. Identische Einstellungen ergeben identische Diagramme*

2.30 SEITENRASTER ERSTELLEN

Übungsbeispiel

Bearbeiten in Blatt
24 Raster für ppt

Ergebnis in Blatt
26 Schaubild

Hier lernen Sie, wie Sie das Diagramm in ein Seitenraster kopieren oder verknüpfen.

Im vorliegenden Beispiel wird das Diagramm im Arbeitsblatt 24 a Diagramm 1 für Raster in das in **Abbildung 2.111** gezeigte Raster eingefügt.

In Abschnitt 4.2 „*Excel* mit *PowerPoint* verknüpfen" erfahren Sie, wie Sie das Raster in der richtigen Größe für *PowerPoint* erstellen können.

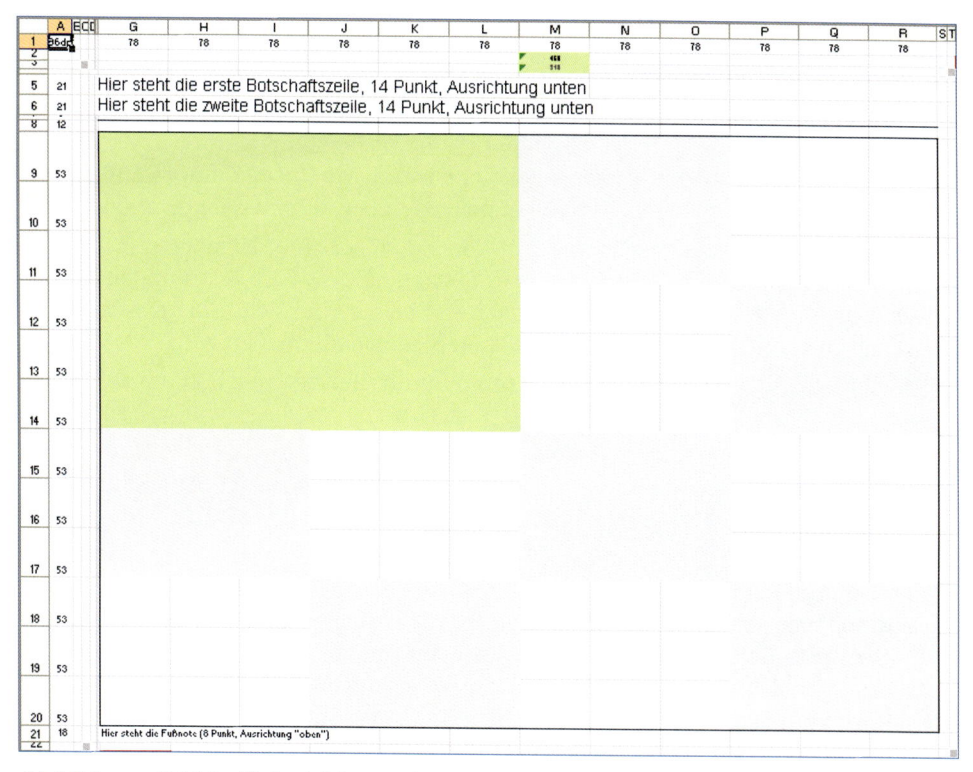

[GESTAPELTES SÄULENDIAGRAMM MIT EXCEL 97 BIS 2003 REALISIEREN]   **135**

Abbildung 2.111: *Beispiel für ein Raterkonzept für die Anordnung mehrerer Objekte zur späteren Verknüpfung mit* **PowerPoint**

2.30.1 KOPIEREN

Die erste Möglichkeit besteht darin, das Diagramm zu kopieren und auf dem neuen Arbeitsblatt einzufügen. Hierzu gehen Sie wie folgt vor:

1. Markieren Sie den Diagrammbereich im Arbeitsblatt 24 a Diagramm 1 für Raster und kopieren Sie das Diagramm mit der Tastenkombination Strg + C.
2. Im Arbeitsblatt 23 Raster für ppt markieren Sie die Zelle G9 und fügen das Diagramm über die Tastenkombination Strg + V ein.
3. Anschließend markieren Sie den Zellbereich G9:L14 und wählen als Füllfarbe Keine Füllung aus.
4. Blenden Sie die Gitternetzlinien aus mit Extras – Optionen – Ansicht – Fensteroptionen – Gitternetzlinien.

2.30.2 VERKNÜPFEN (EXCEL-KAMERA)

Das Zusammenführen mehrerer Diagramme in ein Arbeitsblatt könnte durch Kopieren dieser Diagramme erfolgen. Es kann aber vorteilhaft sein, stattdessen für diese Aufgabe die Excel-Kamera zu verwenden. Beispielsweise dann, wenn Formatierungsänderungen in den Ausgangsdiagrammen unmittelbar auch bei den Kopien erscheinen sollen. Die Excel-Kamera funktioniert nur innerhalb von *Excel*, kann also nicht zum Verknüpfen nach *PowerPoint* genutzt werden.

Die Excel-Kamera gibt es schon seit frühen *Excel*-Versionen. Mit ihrer Hilfe kann man einen markierten Zellbereich fotografieren und an anderer Stelle einfügen. Alle Änderungen in dem fotografierten Zellbereich werden nun an dieser anderen Stelle aktualisiert. Sie müssen dieses gut versteckte Feature aber zunächst aktivieren. Gehen Sie folgendermaßen vor:

1. Klicken Sie im Menü Ansicht auf den Menüeintrag Symbolleisten und dort auf den Befehl Anpassen.

2. Wechseln Sie dann zur Registerkarte Befehle und klicken Sie im Auswahlfeld Kategorien auf den Eintrag Extras. Ziehen Sie dann das Symbol Kamera aus dem Auswahlfeld Befehle (siehe **Abbildung 2.112**) in eine bestehende Symbolleiste Ihrer Wahl.

3. Alternativ dazu können Sie aber auch die Kamera-Funktionalität nutzen, indem Sie den zu fotografierenden Bereich markieren und über die Tastenkombination Strg + C in die Zwischenablage kopieren. Anschließend markieren Sie die erste Zelle, an der das fotografierte Bild bzw. verknüpfte Objekt eingefügt werden soll, und rufen dann mit gedrückter Taste Umschalt über das Menü Bearbeiten den Befehl Verknüpftes Bild einfügen auf. Diese Variante hat den Vorteil, dass ein Kamera-Objekt mit transparentem Hintergrund und ohne Rahmen entsteht.

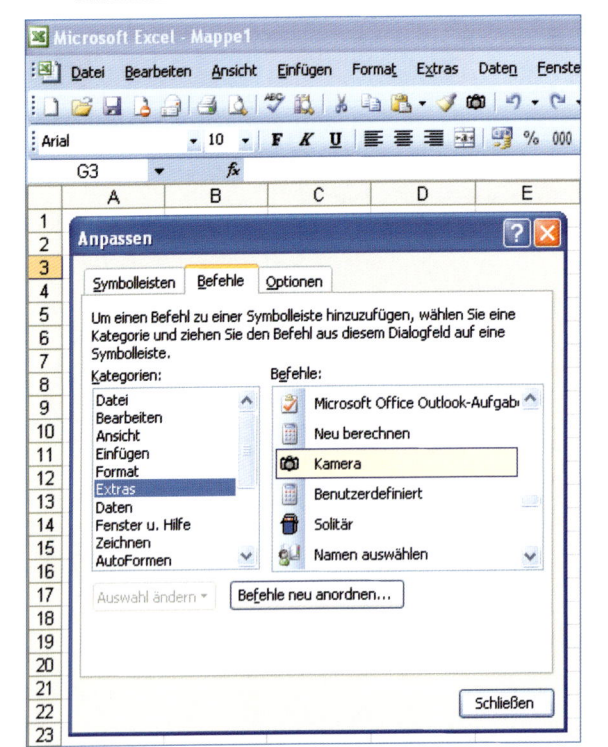

Abbildung 2.112:
Excel-Kamera in eine bestehende Symbolleiste integrieren

Jetzt sind die Voraussetzungen dafür geschaffen, die vier Diagramme in einem Schaubild zusammenzuführen. Hierzu sind vier Diagramme in den Blättern Diagramm 1 für Raster bis Diagramm 4 für Raster im Übungsbeispiel vorbereitet, nach dem Vorbild des bis **Abschnitt 2.29** erstellten Beispiels.

Anhand des ersten Diagramms im Arbeitsblatt Diagramm 1 für Raster wird nachfolgend der Vorgang des „Fotografierens" beschrieben:

1. Markieren Sie im Arbeitsblatt Diagramm 1 für Raster den Zellbereich J9:S26. Dieser Zellbereich liegt hinter dem Diagramm, so dass Sie am geschicktesten die Zelle J8 markieren und dann mit der Taste Pfeil nach unten zur Zelle J9 gelangen. Halten Sie nun die Taste Umschalt gedrückt und markieren Sie den genannten Zellbereich mit der Taste Pfeil nach unten und der Taste Pfeil nach rechts.

2. Klicken Sie nun auf das Symbol Kamera und wechseln Sie zum Arbeitsblatt 26 Schaubild.

3. Der Mauszeiger hat sich nun in ein Pluszeichen verwandelt. Klicken Sie auf irgendeine Stelle im Ziel-Arbeitsblatt 26 Schaubild und das fotografierte Schaubild wird an dieser Stelle eingefügt. Nun müssen Sie lediglich das eingefügte Objekt im Raster an der gewünschten Stelle (in diesem Falle oben links) positionieren.

4. Markieren Sie das positionierte Objekt und rufen Sie jetzt über das Kontextmenü der rechten Maustaste den Befehl Grafik formatieren auf. Wählen Sie über die Registerkarte Farben und Linien im Gruppenfeld Linie aus dem *Drop-down*-Feld Farbe den Eintrag Keine Linie aus.

5. Wiederholen Sie die Schritte 1 bis 4 für die übrigen drei Diagramme, so dass nun das Schaubild von **Abbildung 2.113** entsteht.

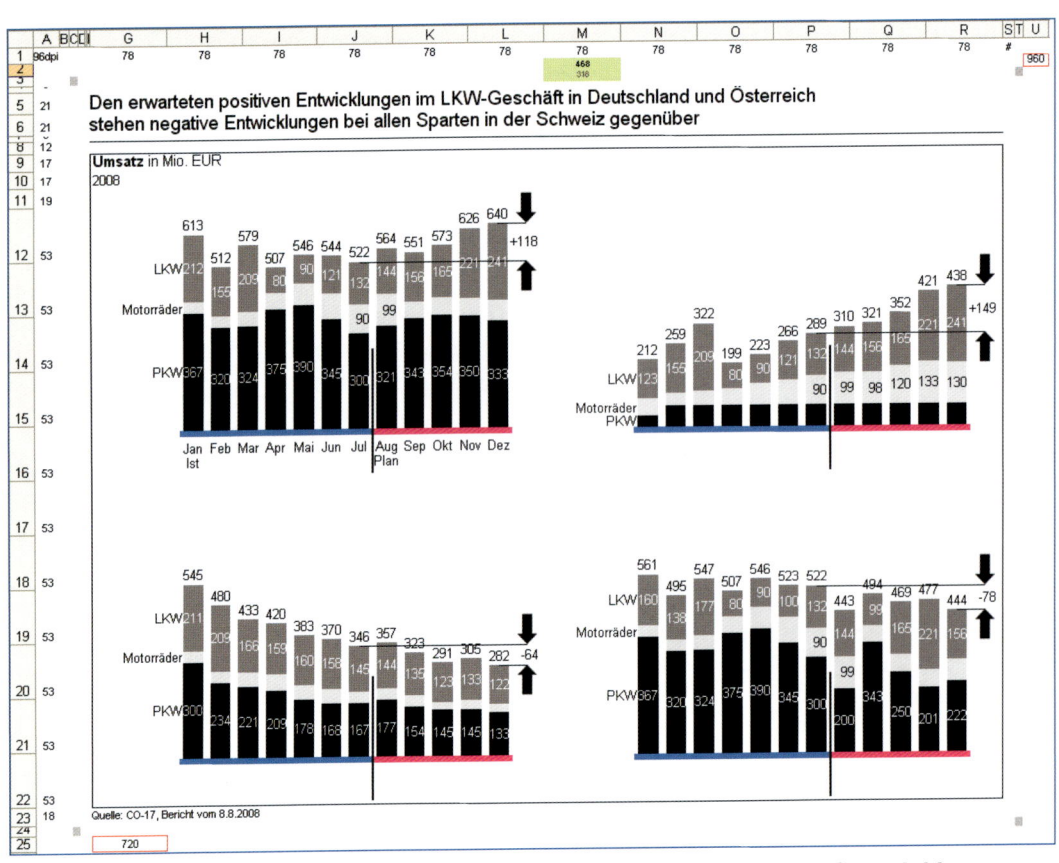

Abbildung 2.113: *Vier Diagramme werden mit der **Excel-Kamera** in ein Schaubild zusammengeführt*

Wenn Sie jetzt in einem der Arbeitsblätter, aus denen die vier Diagramme stammen, eine Änderung über eine der oben beschriebenen Eingabezellen durchführen oder einen Wert in den zugrundeliegenden Daten ändern, so wird die Änderung am jeweiligen Diagramm in diesem gemeinsamen Schaubild sofort angezeigt.

3 GESTAPELTES SÄULENDIAGRAMM MIT EXCEL 2007 UND 2010 REALISIEREN

In diesem Kapitel lernen Sie Schritt für Schritt, wie Sie ein vielseitig konfigurierbares Diagramm mit Hilfe von *MS Excel* erstellen. Gestapelte Säulendiagramme stellen den Diagrammtyp dar, der bei weitem die größte praktische Bedeutung hat. Sie eignen sich gut für Zeitreihenvergleiche. Im vorliegenden Beispiel werden die monatlichen Nettoumsätze von drei Fahrzeugsparten der Alpha GmbH im Jahr 2008 grafisch aufbereitet.

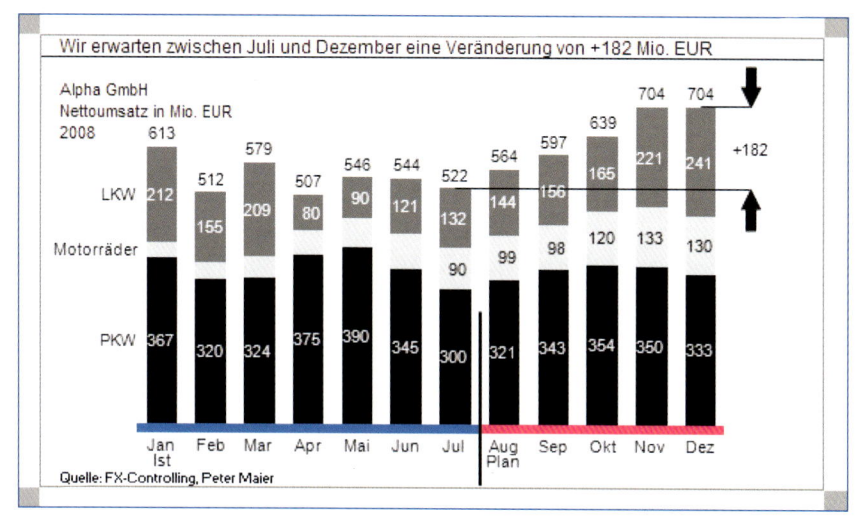

Abbildung 3.1: *Das gestapelte Säulendiagramm wird das Ergebnis dieses Kapitels sein*

Um das in der **Abbildung 3.1** gezeigte Diagramm zu erstellen, werden Sie folgende Teilaufgaben kennenlernen:

1. Diagramme richtig positionieren
2. Diagramme von unnötigem Ballast befreien
3. Säulen in der gewünschten Breite darstellen
4. Säulen nach einem eigenen Farbkonzept einfärben
5. Beschriftungen einfügen und punktgenau positionieren
6. Reihenfolge der Säulenabschnitte festlegen
7. Eigene, steuerbare X-Achse integrieren
8. Summenwerte über die Säulen schreiben
9. Dynamische Skalierung einsetzen
10. Richtig positionierte Legende einfügen
11. Zusätzliche Grafikelemente wie beispielsweise Pfeile einsetzen
12. Titel und sonstige Beschriftungen variabel gestalten

[GESTAPELTES SÄULENDIAGRAMM MIT EXCEL 2007 UND 2010 REALISIEREN]

Lernen Sie nun Schritt für Schritt in 21 Abschnitten, wie Sie das Säulendiagramm aus **Abbildung 3.1** erstellen und ohne VBA-Programmierung automatisieren können.

Hierbei werden bestimmte Formatierungen verwendet, die Ihnen helfen, die Arbeitsschritte besser nachzuvollziehen, siehe **Abbildung 3.2**.

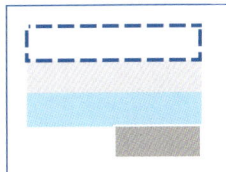

Abbildung 3.2:
Dies ist die Legende zum besseren Verständnis der Hinweise

3.1 ÜBUNGSDATEIEN VERWENDEN

Um die in diesem Kapitel folgenden Arbeitsschritte besser nachvollziehen und das Ergebnis auch kontrollieren zu können, werden mit diesem Buch Übungsbeispiele mitgeliefert. Das sind die folgenden Dateien:

Diagrammbeispiel Säulen.xlsx

Das ist eine *Excel*-Arbeitsmappe, die alle Arbeitsschritte nacheinander in unterschiedlichen Arbeitsblättern zeigt (**Abbildung 3.3**).

Am Anfang eines jeden Abschnitts finden Sie einen Hinweis auf das Arbeitsblatt, das zum Bearbeiten verwendet werden soll, und auf das Arbeitsblatt, das das fertige Ergebnis zeigt.

Beispiel:

Dadurch können Sie auch einen beliebigen Schritt in der Mitte des Buches nachvollziehen, ohne dass Sie das Beispiel vorher bis zu diesem Punkt aufgebaut haben.

Im Folgenden wird diese Datei als **Übungsbeispiel** bezeichnet.

HiCharts Colours.xml

Diese Datei ist eine XML-Datei mit einer Designfarben-Definition. Die Verwendung wird in **Abschnitt 3.7 „Farben richtig einsetzen"** erläutert.

Mappe.xltx

Das ist eine *Excel*-Vorlage. Die Verwendung wird in **Abschnitt 3.8 „Formatvorlagen festlegen"** erläutert.

Abbildung 3.3: *Die Arbeitsblätter im Übungsbeispiel erleichtern das Nachvollziehen der Arbeitsschritte*

[GESTAPELTES SÄULENDIAGRAMM MIT EXCEL 2007 UND 2010 REALISIEREN]

3.2 AUSGANGSDATEN BEREITSTELLEN

Das Übungsbeispiel beginnt hier mit dem Arbeitsblatt 1 Daten.

Bevor Sie ein Säulendiagramm erstellen, müssen Sie die Daten in Form einer Tabelle, wie in **Abbildung 3.4** gezeigt, erfassen. Diese Daten können natürlich auch mit einer Datenquelle verknüpft werden.

	A	B	C	D	E	F	G	H	I	J	K	L	M	N	O	P
2			Jan	Feb	Mar	Apr	Mai	Jun	Jul	Aug	Sep	Okt	Nov	Dez		
3			Ist						Plan							
4		LKW	212	155	209	80	90	121	132	144	156	165	221	241		
5		Motorräder	34	37	46	52	66	78	90	99	98	120	133	130		
6		PKW	367	320	324	375	390	345	300	321	343	354	350	333		

Abbildung 3.4: *Dies sind die Ausgangsdaten sowie die Begrenzung des späteren Diagrammbereichs*

Bei den Daten im vorliegenden Beispiel handelt es sich um die Nettoumsatzzahlen eines Kfz-Herstellers, mit den drei Sparten LKW, Motorräder und PKW. Die Umsatzzahlen liegen von Januar bis Juni als Istdaten vor, die Daten von Juli bis Dezember sind Plandaten. Die Beträge sind in Millionen Euro ausgewiesen.

Die Innenecken der grauen Zellen markieren das Raster, in das das Diagramm eingerastet werden soll. Die Größe des Rasters hat hier zunächst noch keine Bedeutung.

3.3 SÄULENDIAGRAMM EINFÜGEN

Übungsbeispiel
Bearbeiten in Blatt
1 Daten
Ergebnis in Blatt
2 Diagramm

Im nächsten Schritt wird mit Hilfe des **Diagramm-Assistenten** ein Säulendiagramm eingefügt:

1. Markieren Sie den Zellbereich **B2:N6**.
2. Wählen Sie aus dem Menü **Einfügen** in der Multifunktionsleiste **Diagramme** aus. Anschließend öffnen Sie durch einen Klick auf das ▣-Symbol (**Abbildung 3.5**) den Dialog **Diagramm einfügen** (**Abbildung 3.6**).

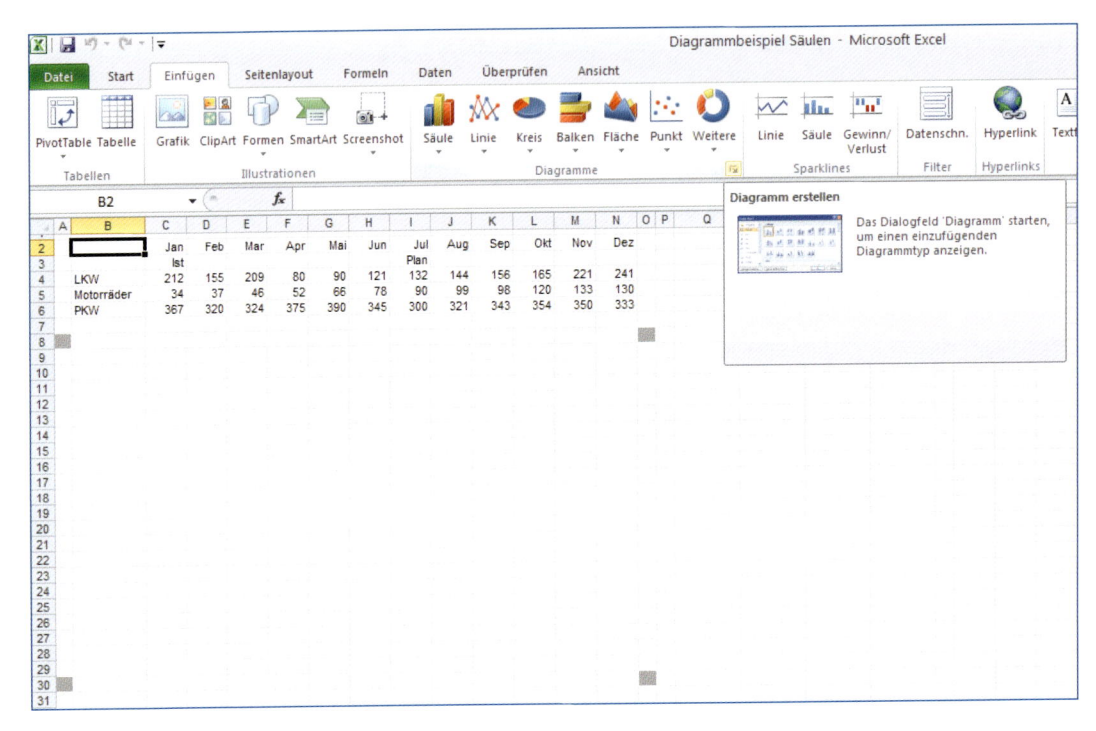

Abbildung 3.5: *Diagramm erstellen*

3. Anschließend wählen Sie im **Diagramm-Assistenten** den Diagrammtyp **Säule** aus.
4. Hier entscheiden Sie sich für den Diagrammuntertyp **Gestapelte Säulen**.
5. Klicken Sie die Schaltfläche **OK**, um das Säulendiagramm einzufügen.

[GESTAPELTES SÄULENDIAGRAMM MIT EXCEL 2007 UND 2010 REALISIEREN]

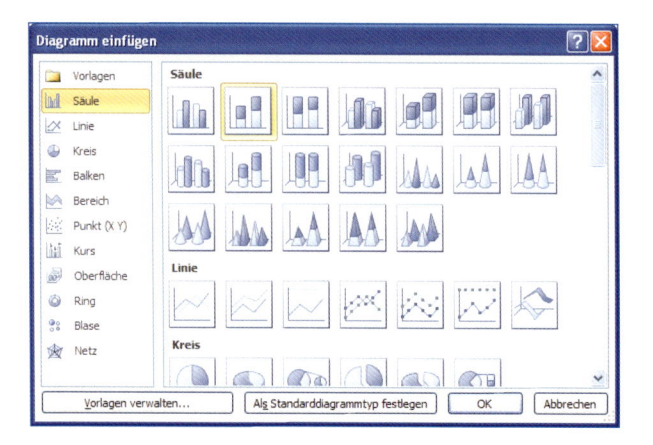

Abbildung 3.6
Dialog **Diagramm einfügen**

In *Excel* stehen die unterschiedlichen Diagrammtypen auch über die Multifunktionsleiste zur Verfügung (**Abbildung 3.7**). Hierzu wählen Sie aus dem Menü Einfügen in der Multifunktionsleiste Diagramme. Hier können die einzelnen Diagrammtypen und ihre Untertypen direkt ausgewählt und eingefügt werden.

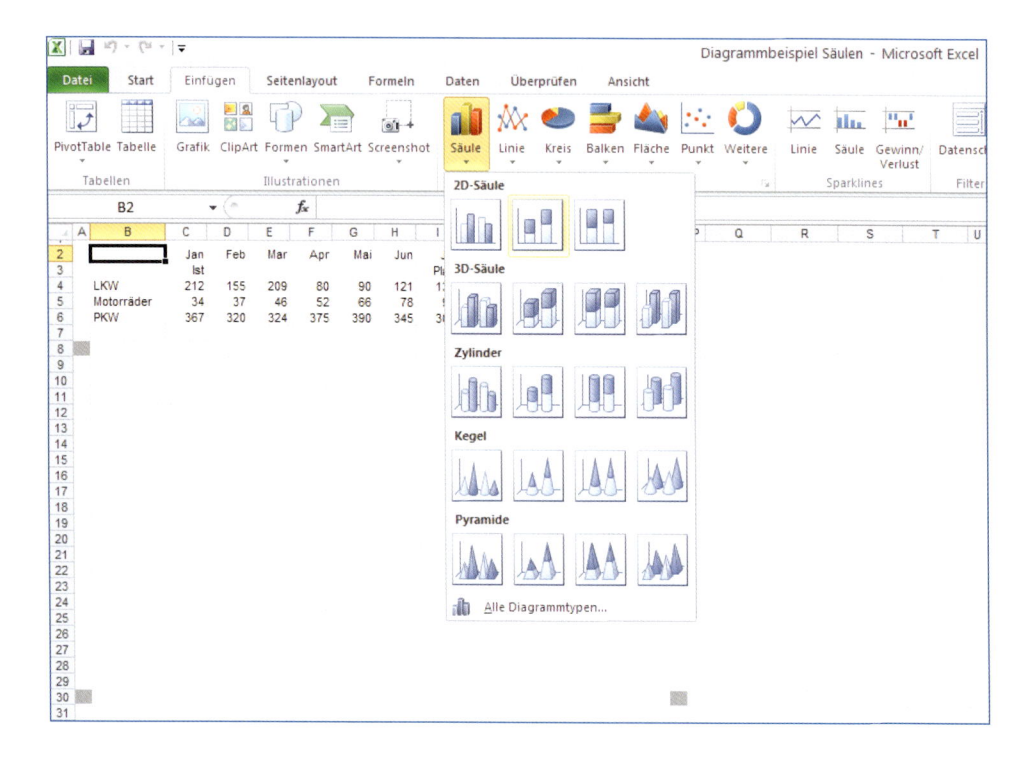

Abbildung 3.7: *Direktes Einfügen eines Säulendiagramms in Excel*

[GESTAPELTES SÄULENDIAGRAMM MIT EXCEL 2007 UND 2010 REALISIEREN]

3.4 DIAGRAMM INS RASTER EINRASTEN

Übungsbeispiel

Bearbeiten in Blatt
2 Diagramm
Ergebnis in Blatt
3 Position

Jetzt wird das Säulendiagramm innerhalb der grauen Quadrate positioniert.

Zum besseren Verständnis des Diagrammaufbaus ist es wichtig, die Zeichnungsfläche vom Diagrammbereich zu unterscheiden. In **Abbildung 3.9** ist die Zeichnungsfläche im Diagramm innen hervorgehoben. **Abbildung 3.8** zeigt das Diagramm ohne Hervorhebung. Die dick umrandete äußere Fläche heißt Diagrammbereich. Die Diagrammgröße und -position wird nur am äußeren Diagrammbereich geändert.

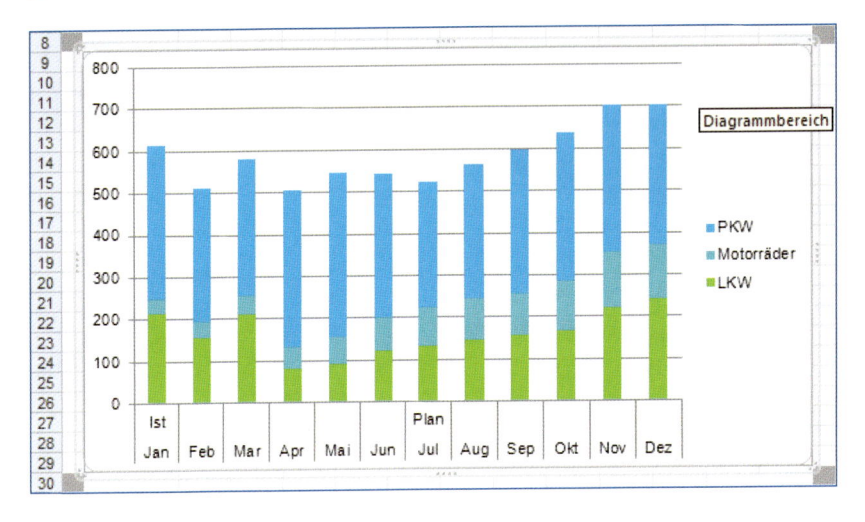

Abbildung 3.8:
Die äußere Fläche des Diagramms ist der Diagrammbereich

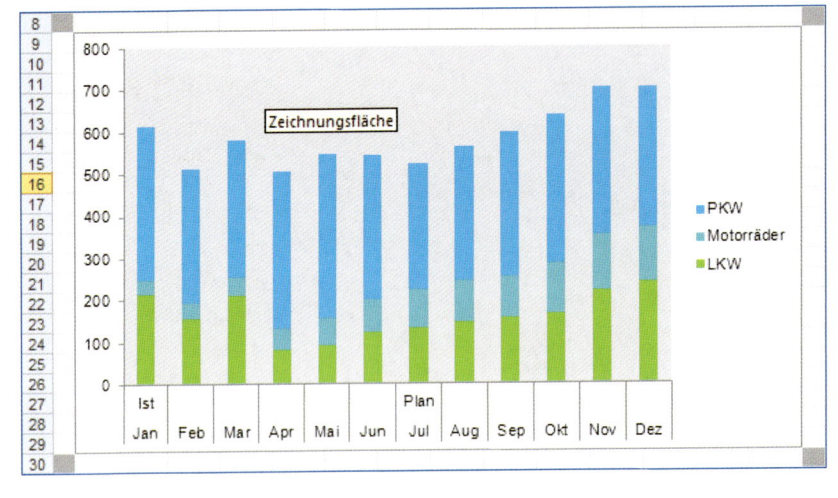

Abbildung 3.9:
Hier ist die Zeichnungsfläche hervorgehoben

[GESTAPELTES SÄULENDIAGRAMM MIT EXCEL 2007 UND 2010 REALISIEREN] **145**

Das Diagramm kann exakt in das Zellraster eingerastet werden, indem Sie den äußeren **Diagrammbereich** anklicken und mit gedrückter **ALT**-Taste verschieben. Die Größe wird im Diagrammraster eingerastet, indem an den Ecken oder an den Kanten des dick umrandeten **Diagrammbereichs** mit gedrückter **ALT**-Taste gezogen wird. **Abbildung 3.10** zeigt das Diagramm mit korrekter Position und Größe.

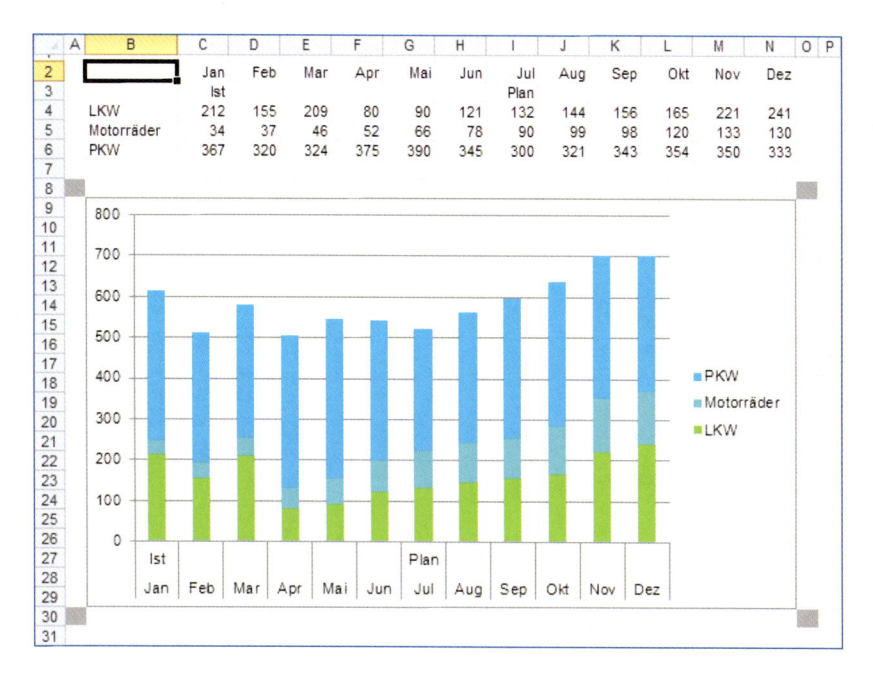

Abbildung 3.10:
Das Diagramm ist pixelgenau in die Markierung eingerastet

3.5 UNNÖTIGE ELEMENTE ENTFERNEN

Übungsbeispiel

Bearbeiten in Blatt

`3 Position`

Ergebnis in Blatt

`4 Säubern`

Im nächsten Schritt entfernen Sie nicht benötigte Elemente aus dem Diagramm. Dazu gehören die Legende und die Gitternetzlinien. Hierzu markieren Sie jeweils diese Elemente und drücken die Taste **Entf**. Die vertikale Y-Größenachse wird ausgeblendet, hierzu markieren Sie diese und drücken die **Entf**-Taste. Die horizontale X-Rubrikenachse soll nicht ausgeblendet werden. Zum Unsichtbarmachen der inneren Zeichnungsfläche markieren Sie diese und entfernen mit der Taste **Entf** die Formatierung. **Abbildung 3.11** zeigt das Ergebnis.

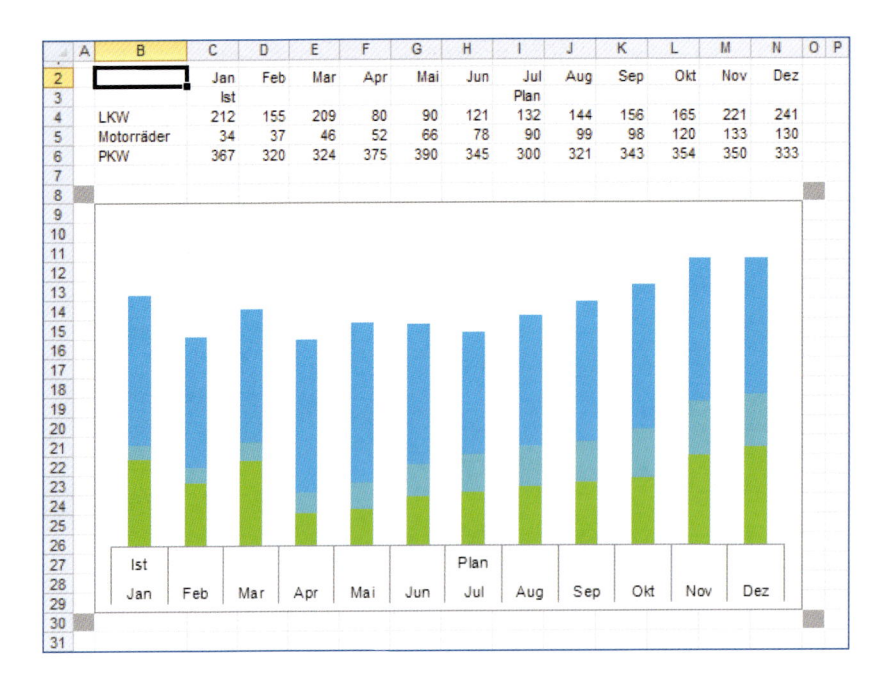

Abbildung 3.11:
Das Diagramm ohne Ballast

3.6 ZEICHNUNGSFLÄCHE MAXIMIEREN

Übungsbeispiel
Bearbeiten in Blatt
4 Säubern
Ergebnis in Blatt
5 Größe

In diesem Schritt wird nun die Größe der Zeichenfläche maximiert. Ein Diagramm besteht aus dem Diagrammbereich außen sowie aus der Zeichnungsfläche innen. Diese hat standardmäßig keine nachvollziehbare Größe und Position.

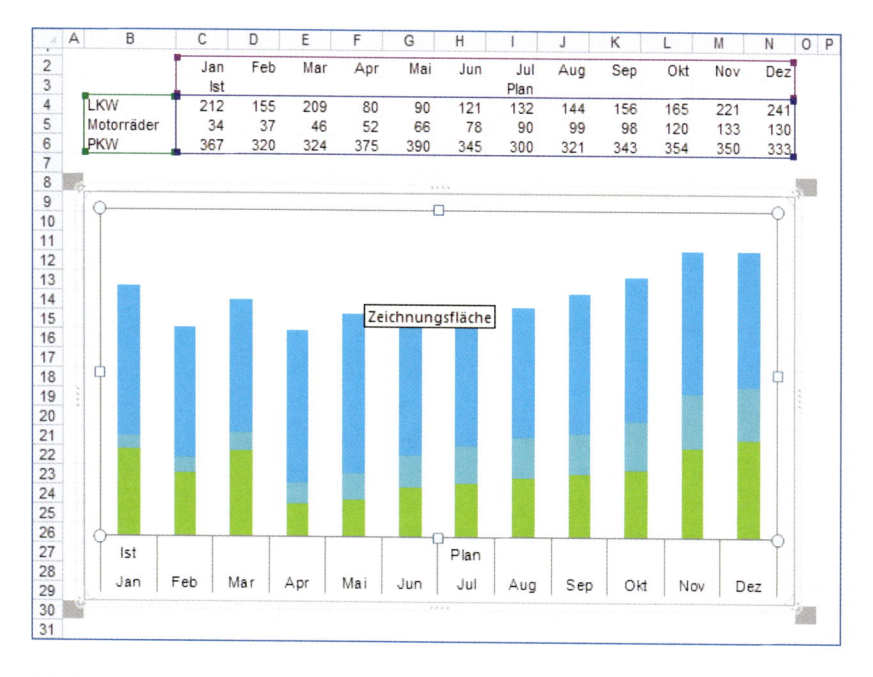

[GESTAPELTES SÄULENDIAGRAMM MIT EXCEL 2007 UND 2010 REALISIEREN]

Abbildung 3.12: Zeichnungsfläche des Diagramms

Markieren Sie die Zeichnungsfläche und ziehen Sie diese am linken oberen und am rechten unteren Rand über den **Diagrammbereich** hinaus. Die **Zeichnungsfläche** wird automatisch auf die maximale Darstellungsgröße eingerastet. Alternativ kann die Größe beim Ziehen der **Zeichnungsfläche** mit gedrückter **ALT**-Taste eingerastet werden. **Abbildung 3.12** zeigt die Zeichnungsfläche vor dem Maximieren, **Abbildung 3.13** danach.

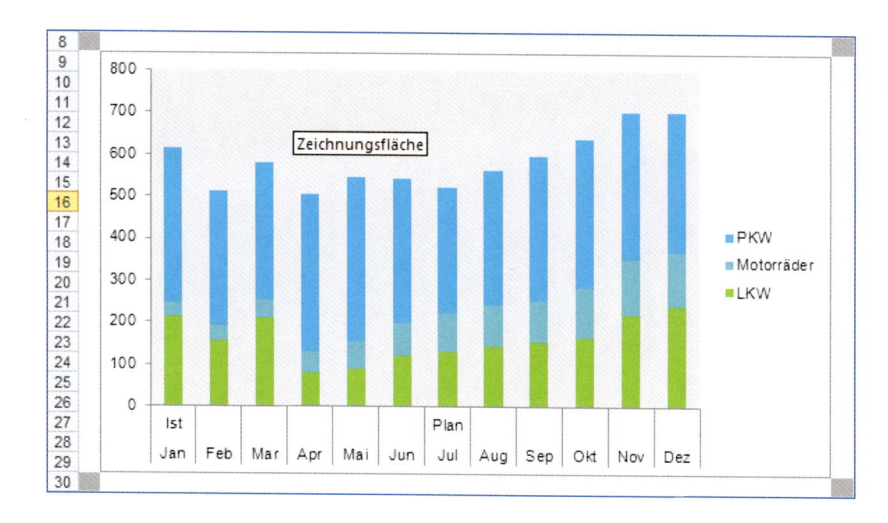

Abbildung 3.13: Die Zeichnungsfläche wurde auf maximale Größe eingerastet, um den Platz optimal auszunutzen

3.7 FARBEN RICHTIG EINSETZEN

Übungsbeispiel
Bearbeiten in Blatt
5 Größe
Ergebnis in Blatt
6 Farben

Hier lernen Sie, wie Sie mit den neuen Farbdesigns umgehen, die mit *Office 2007* eingeführt wurden.

Die verwendeten Farben im Beispieldiagramm entstammen nicht der original *Excel*-Farbpalette. Dem Beispieldiagramm liegt vielmehr eine eigene Farbpalette zugrunde.[1] Im Diagrammbeispiel wird das Farbdesign HiCharts Colours verwendet.

In diesem Abschnitt erfahren Sie, wie Sie die Farbdesigns von *Excel* neu anlegen, verändern und anwenden.

Im *Excel*-Menü SEITENLAYOUT befindet sich die Multifunktionsleiste Designs. Die *Excel*-Farbpaletten heißen in *Excel 2007* und *2010* „Farbdesigns". Diese werden über das *Drop-down-*Menü Farben aufgerufen (**Abbildung 3.14**). *Excel 2007* und *2010* stellen als Vorgabe einige integrierte Farbdesigns zur Verfügung, die jedoch nicht verändert werden können. Es können eigene benutzerdefinierte Farbdesigns erstellt und anpasst werden.

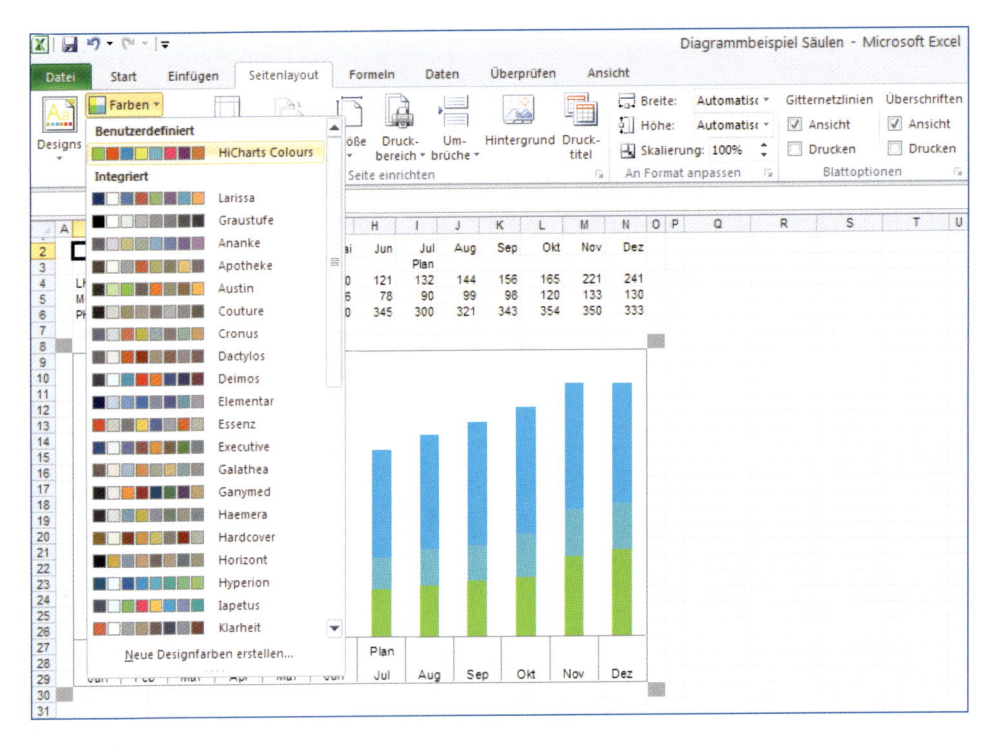

Abbildung 3.14: *Farbdesigns in* **Excel 2007**

---

1 Siehe xls-Farben unter: http://www.hichert.com/de/software/excel-diagramme/103

3.7.1 NEUES FARBDESIGN ANLEGEN

Um ein neues Farbdesign in *Excel 2007* anzulegen, rufen Sie bitte im *Drop-down*-Menü Farben die Funktion Neue Designfarben erstellen… auf. Es öffnet sich das Fenster, das in **Abbildung 3.15** gezeigt wird.

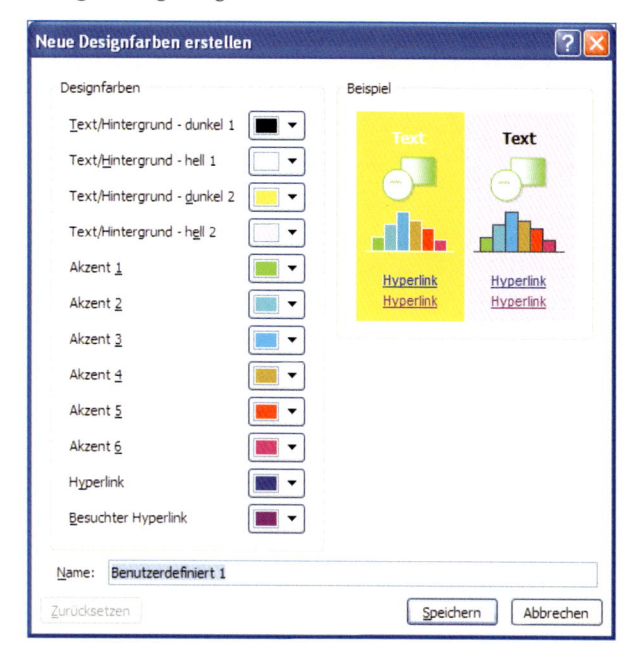

Abbildung 3.15:
Neue Designfarben erstellen

Im Feld Name geben Sie einen beliebigen Namen ein. Die Designfarben sind mit unterschiedlichen Bedeutungen belegt:

Designfarbe	Bemerkung
Text/Hintergrund – dunkel 1	Automatisch für Texte, Rahmen etc. Diese Farbe sollte nicht verändert werden und schwarz bleiben.
Text/Hintergrund – hell 1	Automatisch für Hintergründe. Diese Farbe sollte nicht verändert werden und weiß bleiben.
Text/Hintergrund – dunkel 2	Kann frei konfiguriert werden – aus den bereits vorhandenen Designfarben oder aus den Standardfarben oder über die Funktion Weitere Farben. Über die Funktion Weitere Farben können Sie weitere Farben mit der Eingabe eines RGB-Werts definieren.
Text/Hintergrund – hell 2	Kann frei konfiguriert werden.
Akzent 1 … 6	Können frei konfiguriert werden. Stapeldiagramme mit automatischer Farbe werden mit diesen Farben belegt.
Hyperlink	Kann frei konfiguriert werden, gilt aber ausschließlich für Hyperlinks.
Besuchter Hyperlink	Kann frei konfiguriert werden, gilt aber ausschließlich für besuchte Hyperlinks.

Wenn Sie die gewünschten Farben für die einzelnen Designfarben ausgewählt haben, klicken Sie auf Speichern und das neue Farbdesign ist in *Excel 2007* angelegt. Sie finden dies unter den benutzerdefinierten Farbdesigns wieder. Dieses kann dort ausgewählt werden. Danach steht das Farbdesign in der Arbeitsmappe zur Verfügung, z. B. unter Füllfarbe oder Schriftfarbe (**Abbildung 3.16**).

Abbildung 3.16:
Designfarben, beispielsweise unter **Füllfarbe**

Die obere Reihe sind die Designfarben des Farbdesigns. Hierbei sind die ersten vier Farben die Farben für Text/Hintergrund 1 und 2, die anderen sechs Farben sind die Akzentfarben. Unter jeder Farbe gibt es fünf Farbabstufungen, die von *Excel* fest vorgegeben und nicht veränderbar sind.

In *Excel 2007* haben Sie somit Einfluss auf zehn verschiedene Farben, wobei die letzten beiden Hyperlinks und Besuchter Hyperlink zwar konfiguriert werden können, aber ausschließlich für diese beiden Zwecke anwendbar sind.

Bei der automatischen Erstellung eines Diagramms wählt *Excel* automatisch die Farben für die einzelnen Datenreihen aus, weil die Farben standardmäßig auf automatisch stehen. Bei dem vorliegenden Beispiel sollen die Säulen PKW und LKW mit unterschiedlichen Farbtönen abgebildet werden. Die Motorräder als Zweiradsegment sollen ebenfalls mit einer farblich differenten Abstufung dargestellt werden.

Für die Formatierung werden in diesem Beispiel ausschließlich Grautöne verwendet.[2] Prinzipiell würde es genügen, zwei Grautöne im Wechsel zu haben. Besser ist es allerdings, drei Grautöne zu verwenden, damit sich z. B. PKW und LKW immer noch voneinander unterscheiden, wenn für das Segment Motorräder der Wert fehlt.

Um einer Datenreihe eine neue Säulenfarbe zu geben, gehen Sie wie folgt vor:

1. Markieren Sie die Datenreihe PKW im Diagramm.
2. Wechseln Sie in das Menü Start und in der Multifunktionsleiste in die Gruppe Schriftart. Über die Schaltfläche Füllfarbe (Farbeimer-Symbol, **Abbildung 3.17**) können Sie die Füllfarbe der Datenreihe ändern. Wählen Sie bei Designfarben das Schwarz aus der ersten Zeile der zweiten Spalte.

---

2 Siehe SUCCESS-Regel „UNIFY IT": http://www.hichert.com/de/success/unify

[GESTAPELTES SÄULENDIAGRAMM MIT EXCEL 2007 UND 2010 REALISIEREN]

Abbildung 3.17: *Säulenfarbe einer Datenreihe verändern*

Diese beiden Arbeitsschritte sind auch für die anderen beiden Datenreihen, Motorräder und LKW, durchzuführen.
Wählen Sie für Motorräder das Grau aus der dritten Zeile in der ersten Spalte.
Wählen Sie für LKW das Grau aus der sechsten Zeile in der ersten Spalte.

Das Ergebnis sehen Sie in **Abbildung 3.18**.

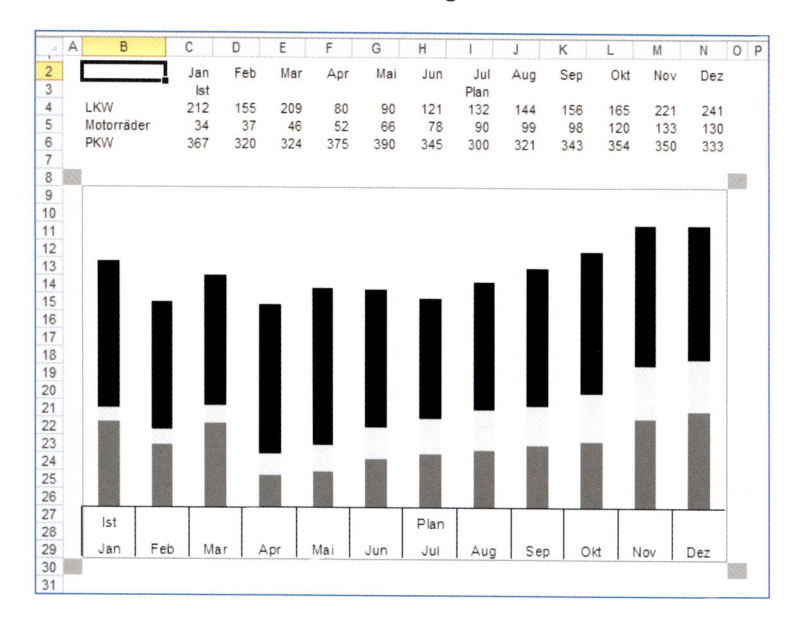

Abbildung 3.18: *Neue Säulenfarben des Diagramms*

3.7.2 SPEICHERORT DER FARBDESIGNS IN EXCEL 2007 UND 2010 FINDEN

In den *Excel*-Versionen bis 2003 waren die Farbpaletten in jeder *Excel*-Arbeitsmappe gespeichert. Damit war es möglich, dass sich die Paletten in unterschiedlichen Arbeitsmappen unterscheiden.

In *Excel 2007* und *2010* sind die Farbdesigns nicht mehr in der Arbeitsmappe gespeichert, sondern zentral auf jedem Rechner in XML-Dateien. Für jedes benutzerdefinierte Farbdesign wird eine eigene XML-Datei angelegt. Diese XML-Dateien sind an folgenden Positionen im Dateisystem zu finden:

Windows 2000 und *Windows XP*:
C:\Dokumente und Einstellungen\[Benutzerprofil]\Anwendungsdaten\Microsoft\Templates\Theme Colors

Windows Vista und *Windows 7*:
C:\Users\[Benutzerprofil]\AppData\Roaming\Microsoft\Templates\Theme Colors

Zusätzlich finden Sie in dem Ordner Documents Themes noch die beiden Ordner Theme Effects und Theme Fonts. Im Ordner Theme Effects finden Sie benutzerdefinierte Designeffekte und im Ordner Theme Fonts benutzerdefinierte Designschriftarten. Diese lassen sich in *Excel 2007* und *2010* im Menü **Seitenlayout** über die Multifunktionsleiste in der Gruppe **Designs** entsprechend auswählen (**Abbildung 3.19**).

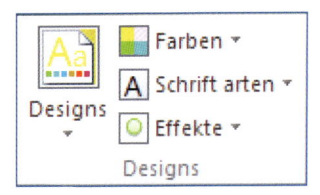

Abbildung 3.19:
Menü Seitenlayout – Gruppe Designs

3.8 FORMATVORLAGEN FESTLEGEN

Übungsbeispiel
Bearbeiten in Blatt
6 Farben
Ergebnis in Blatt
7 Zellformate

Hier lernen Sie, wie Sie wiederkehrende Formatierungen zentralisiert als Zellenformatvorlagen ablegen und diese in *Excel*-Dokumentvorlagen bereitstellen.

Für die weiteren Schritte benötigen Sie wiederkehrende Formate für Zellbereiche. Um nicht jedes Mal alle Formatierungsschritte vornehmen zu müssen, ist es hilfreich, sich sogenannte Formatvorlagen (Verwendung in **Abbildung 3.20**) einzurichten. Im Folgenden wird die Erstellung einer Formatvorlage gezeigt:

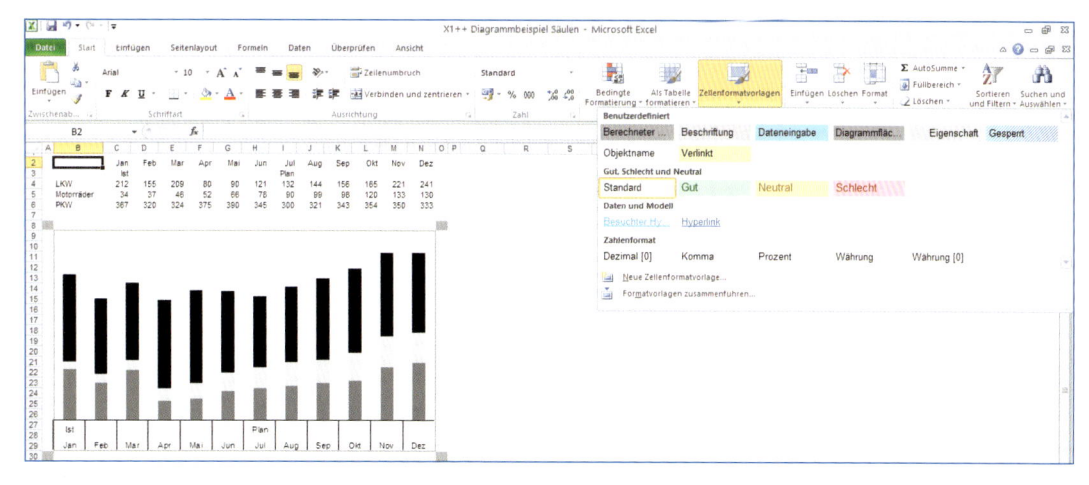

[GESTAPELTES SÄULENDIAGRAMM MIT EXCEL 2007 UND 2010 REALISIEREN]

Abbildung 3.20: Neue Zellenformatvorlage

1. Markieren Sie zunächst die Zellen **B4** bis **B6** und klicken Sie dann im Menü **Start – Formatvorlagen – Zellenformatvorlagen** und wählen hier **Neue Zellenformatvorlage**.
2. Tragen Sie dann im Dialogfenster **Formatvorlage** im Feld **Name der Formatvorlage** einen beliebigen Vorlagennamen ein. Es sollte kein Name gewählt werden, der bereits vorhanden ist.
3. Entfernen Sie dann alle Häkchen aus dem Gruppenfeld **Formatvorlage enthält** und klicken Sie nun auf die Befehlsschaltfläche **Formatieren**.
4. Wechseln Sie dann zur Registerkarte **Schrift** und nehmen Sie die Einstellungen gemäß **Abbildung 3.21** vor.

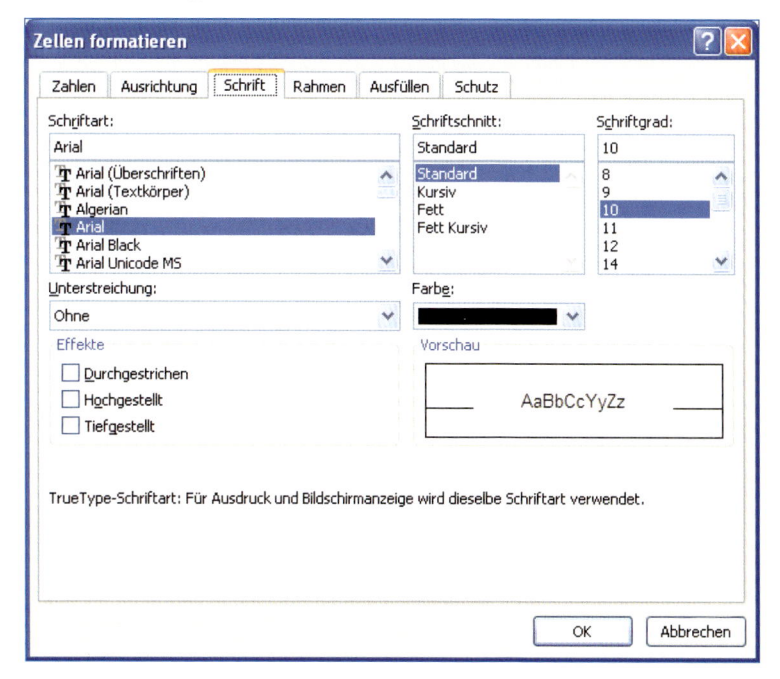

Abbildung 3.21:
Die Schrift für die Formatvorlage **Beschriftung** *wird eingestellt*

5. Wechseln Sie dann zur Registerkarte **Ausfüllen** und nehmen Sie nun die Einstellungen, wie in **Abbildung 3.22** dargestellt, vor.

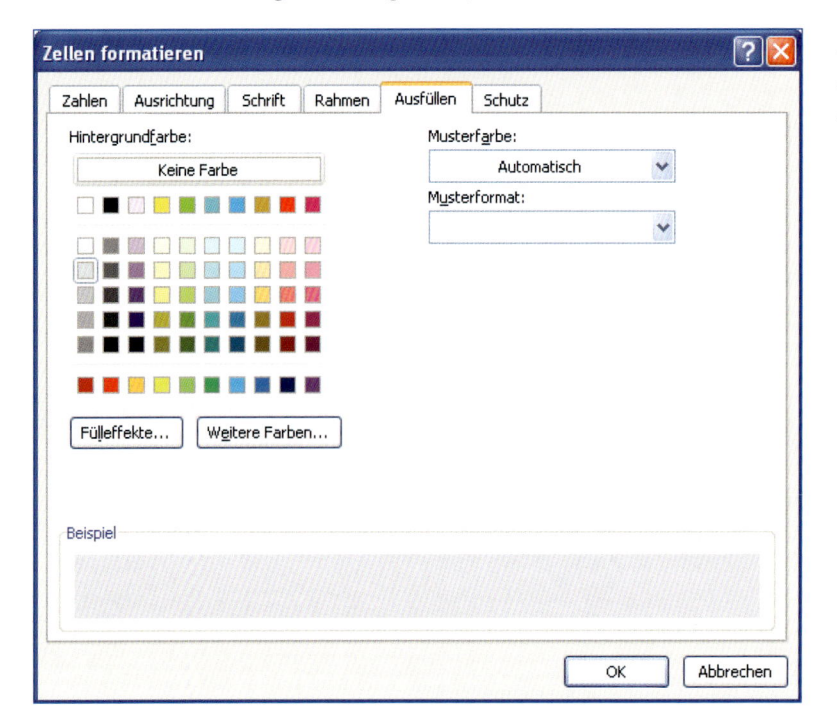

Abbildung 3.22:
Der Zellenhintergrund für die Formatvorlage Beschriftung wird eingestellt

6. Bestätigen Sie mit **OK**, um den Dialog **Zellen formatieren** zu verlassen.
7. Bestätigen Sie nun erneut mit **OK**, um den Dialog **Formatvorlage** zu verlassen.

Zukünftig können damit alle Zellen, die eine Beschriftung enthalten, mit Hilfe dieser Formatvorlage schnell und mit exakt wiederkehrenden Formaten formatiert werden. Sie müssen hierzu lediglich die zutreffenden Zellen markieren und über das Menü **Start** in der Multifunktionsleiste **Formatvorlagen – Zellenformatvorlagen** aufrufen. Anschließend wird im *Drop-down*-Menü die gewünschte **Formatvorlage** ausgewählt, wie in **Abbildung 3.23** gezeigt. **Abbildung 3.24** zeigt den Dateneingabebereich, der mit den Zellenformatvorlagen formatiert wurde.

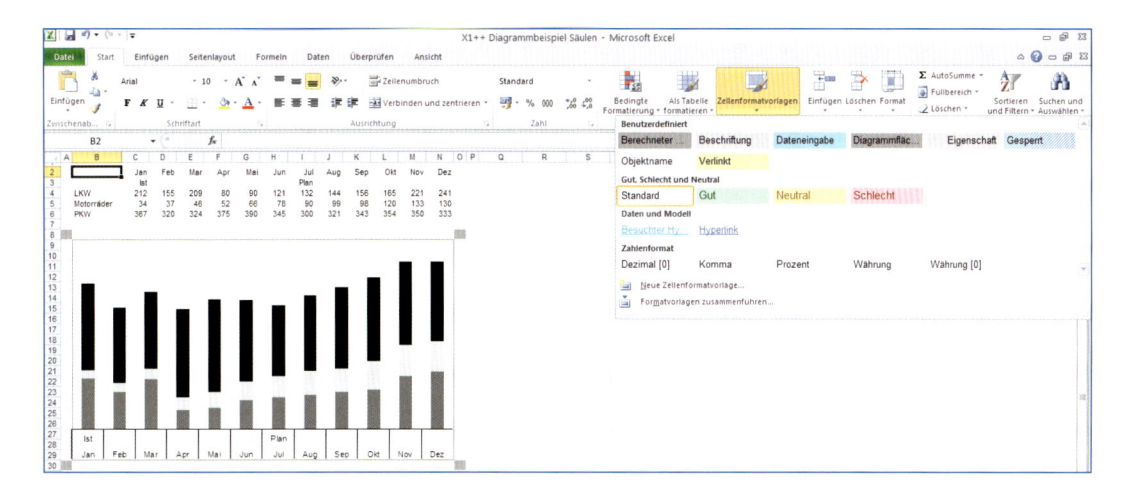

[GESTAPELTES SÄULENDIAGRAMM MIT EXCEL 2007 UND 2010 REALISIEREN]

Abbildung 3.23: *Aufrufen einer Formatvorlage*

Die Datei zum vorliegenden Diagrammbeispiel enthält folgende benutzerdefinierte Formatvorlagen:

- Berechneter Wert
- Beschriftung
- Dateneingabe
- Diagrammflächenbegrenzung
- Eigenschaft
- Gesperrt
- Objektname
- Verlinkt

Alle Formatvorlagen sind über das Menü Start – Formatvorlagen – Zellenformatvorlagen einsehbar.

Abbildung 3.24: *Hier sind die Formatvorlagen Beschriftung und Dateneingabe zu sehen*

3.9 MIT EXCEL-VORLAGEN ARBEITEN

In *Excel* ab Version 2007 besteht die Möglichkeit, *Excel*-Vorlagen in Form einer XLTX-Datei anzulegen. Eine Vorlage ist eine Arbeitsmappe mit anderer Dateiendung. Diese bewirkt beim Aufrufen, dass nicht die Vorlage bearbeitet wird, sondern dass diese in eine neue Arbeitsmappe kopiert und Letztere dann bearbeitet wird. In diesen Vorlagen können Sie beispielsweise ein Farbdesign und benutzerdefinierte Zellformatvorlagen integrieren. Damit sind Standards, die Sie in einer Arbeitsmappe vorfinden möchten, automatisch beim Neuanlegen einer Arbeitsmappe vorhanden.

Achtung! Sollte das in der *Excel*-Vorlage integrierte Farbdesign nicht auf dem Rechner angelegt sein, so sehen Sie dieses nicht in der Gruppe Designs im Menü Seitenlayout. Die Farbpalette des Farbdesigns steht Ihnen aber dennoch, z. B. unter Füllfarbe oder Schriftfarbe, zur Verfügung. Das kann vor allem dann vorkommen, wenn Sie die Arbeitsmappe an einen Kollegen weitergeben, das Farbdesign jedoch nicht.

Um eine *Excel*-Vorlage zu erstellen, gehen Sie bitte wie folgt vor:

1. Legen Sie zunächst – am besten in einer leeren Arbeitsmappe – alle benutzerdefinierten Zellformate an und wählen Sie das gewünschte Farbdesign aus.
2. Klicken Sie im Excel-Menü auf Datei – Speichern unter.

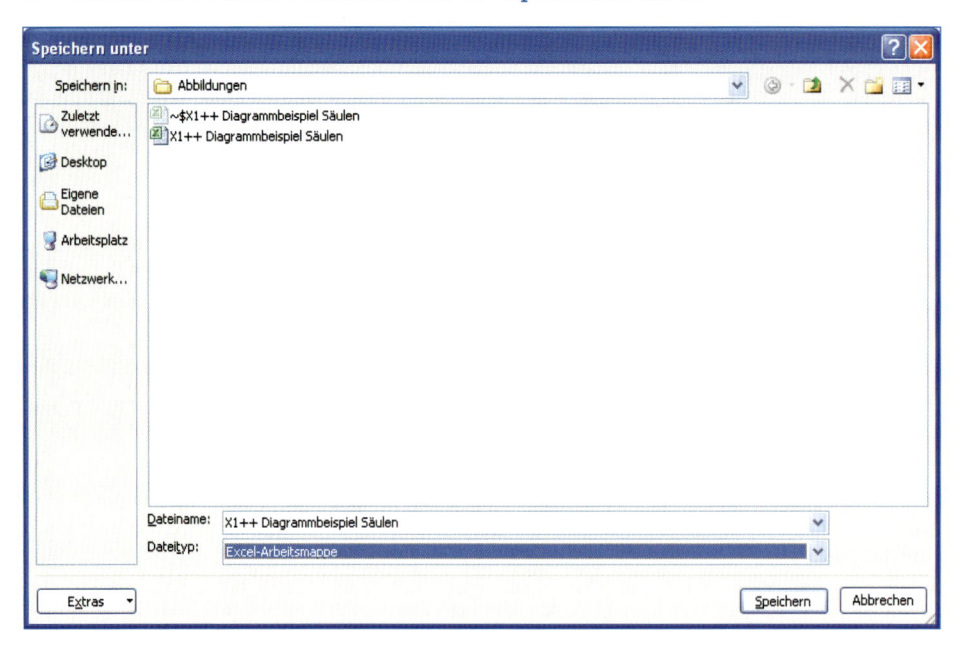

Abbildung 3.25: *Excel-Vorlage erstellen*

3. Wechseln Sie dann zum Ordner **XLStart**, dieser befindet sich in dem Verzeichnis, in dem *Excel* installiert ist. Standardmäßig ist *Excel* hier zu finden:
   C:\Programme\Microsoft Office\Office12 – für *Excel 2007*
   C:\Programme\Microsoft Office\Office14 – für *Excel 2010*

[GESTAPELTES SÄULENDIAGRAMM MIT EXCEL 2007 UND 2010 REALISIEREN] **157**

4. Benennen Sie diese Vorlage Mappe.xltx. Eine so benannte und im Ordner XLStart abgelegte Vorlage wird automatisch beim Start von *Excel* zur Erstellung einer neuen leeren Arbeitsmappe verwendet.
5. Klicken Sie in der Liste Dateityp auf Excel-Vorlage (*.xltx) und dann auf Speichern (**Abbildung 3.25**). In *Excel* wird zwischen *Excel*-Vorlagen mit und ohne VBA unterschieden, hierauf ist bei der Auswahl des Dateityps zu achten. Eine Vorlage mit Makros hat die Endung xltm.

3.10 SÄULENABSCHNITTE BESCHRIFTEN

Übungsbeispiel
Bearbeiten in Blatt
7 Zellformte
Ergebnis in Blatt
8 Beschriftung

Im nächsten Schritt werden die Wertebeschriftungen innerhalb der Säulen hinzugefügt. Dazu sind die folgenden Arbeitsgänge notwendig:

1. Markieren Sie die Datenreihe LKW und rufen mit der rechten Maustaste das Kontextmenü auf.
2. Wählen Sie, wie **Abbildung 3.26** zeigt, die Funktion Datenbeschriftungen hinzufügen aus.

Abbildung 3.26: *Standardwertebeschriftung einfügen*

3. Wiederholen Sie dies für die Datenreihen Motorräder und PKW.

Anschließend müssen die Wertebeschriftungen noch formatiert werden.

1. Hierzu wählen Sie mit Mausklick den Diagrammbereich aus. Wenn Sie nicht sicher sind, ob Sie den Diagrammbereich wirklich markiert haben, können Sie über das Menü Diagrammtools – Layout in der Gruppe Aktuelle Auswahl den Diagrammbereich über das *Drop-down*-Feld auswählen.

2. Im nächsten Schritt können Sie über das Menü Start – Schriftart die gewünschte Schriftart, -größe und -farbe definieren. Da diese Einstellung am äußeren Diagrammbereich gemacht wird, wird diese für alle folgenden Beschriftungsobjekte im Diagramm als Vorgabe verwendet. In unserem Diagrammbeispiel verwenden wir die Schriftart Arial und die Schriftgröße 10 pt.

3. Die Formatierungen, die bei den Datenreihen jeweils unterschiedlich sein sollen, müssen hinterher angebracht werden. In unserem Beispiel wäre dies z. B. die Schriftfarbe der Datenreihe PKW, da diese weiß sein muss, um auf dem schwarzen Hintergrund sichtbar zu sein. Hierzu markieren Sie die Datenbeschriftung der Datenreihe PKW und färben die Schriftfarbe über das Menü Start – Schriftart – Schriftfarbe weiß ein.

4. Für die Datenbeschriftung der Datenreihe LKW ist im Diagrammbeispiel analog vorzugehen. Hierzu reicht es, die Datenreihe zu markieren und mit der Funktionstaste F4 die vorhergehende Formatierung zu wiederholen.

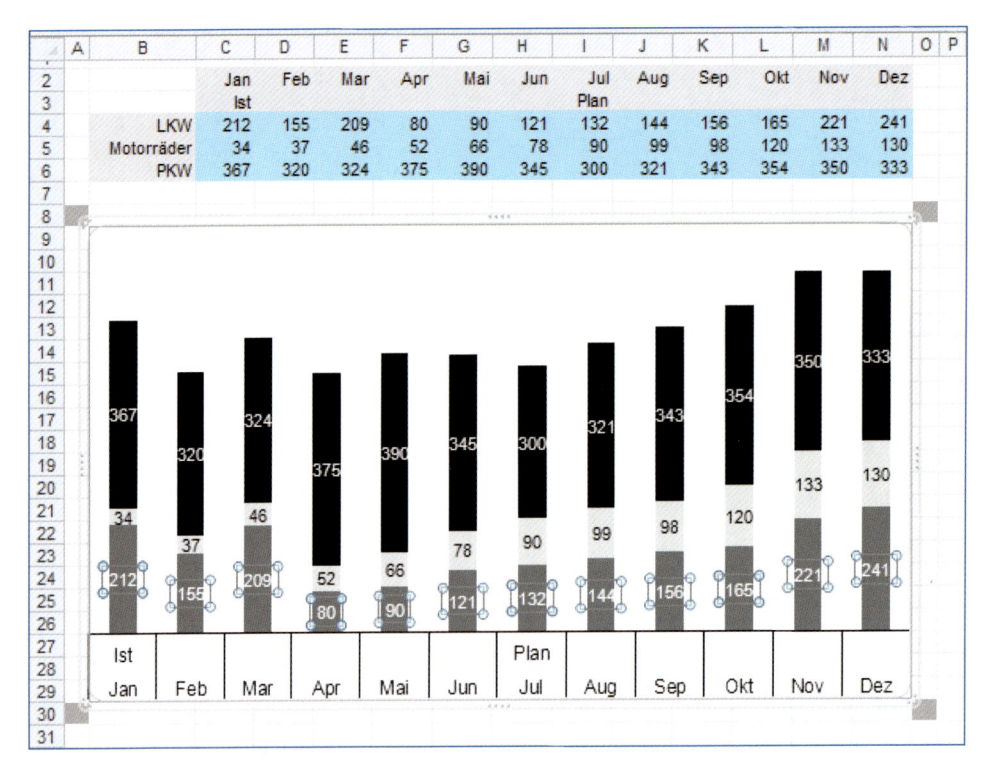

Abbildung 3.27: Schriftarten einer Datenreihe formatieren

[GESTAPELTES SÄULENDIAGRAMM MIT EXCEL 2007 UND 2010 REALISIEREN]   **159**

3.11 SÄULENBREITE ANPASSEN

Übungsbeispiel
Bearbeiten in Blatt
8 Beschriftung
Ergebnis in Blatt
9 Breite

Wie Sie in **Abbildung 3.27** sehen, sind die Säulen etwas zu schmal, um die Beschriftungen komplett anzeigen zu können. Es muss jedoch nicht unbedingt die Säulenbreite verändert werden, damit die Beschriftung hineinpasst. Es könnte nämlich auch sein, dass das Gestaltungskonzept für die dargestellte Größe eine bestimmte Breite vorsieht.[3] Passen Sie die Säulenbreite an, indem Sie die nächsten Schritte durchführen:

1. Markieren Sie eine Datenreihe.
2. Anschließend rufen Sie mit der rechten Maustaste das Kontextmenü auf.
3. Im Kontextmenü rufen Sie die Funktion Datenreihe formatieren… auf.
4. Im ersten Abschnitt Reihenoptionen kann die Abstandsbreite über den Schieberegler bzw. durch Direkteingabe verändert werden. Stellen Sie die Abstandsbreite für unser Diagrammbeispiel auf 60 %[4].
5. Beenden Sie die Eingabe mit Schließen.

Abbildung 3.28 zeigt das Ergebnis.

Wenn Sie für eine Datenreihe die Abstandsbreite definieren, wird diese auch automatisch auf alle anderen Datenreihen übertragen.

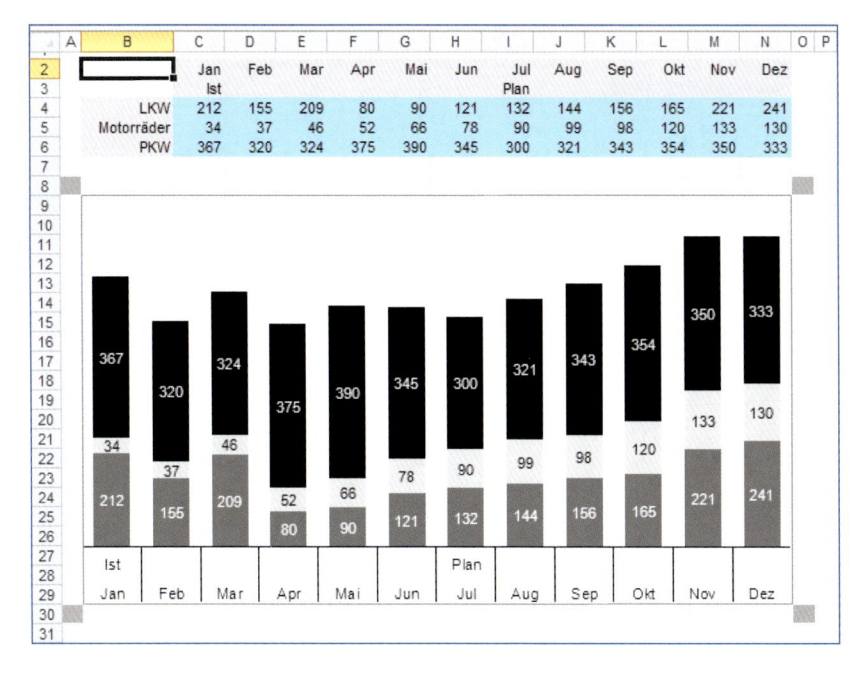

Abbildung 3.28: Die Säulenbreite wurde verändert

---

[3] Eventuell verfügen Sie über ein eigenes Gestaltungskonzept, das für einzelne Bedeutungen bestimmte Säulenbreiten vorsieht.
[4] Gemeint sind 60 % der Säulenbreite. Die Formel zur Berechnung der Säulenbreite in Prozent von der Rubrikenbreite lautet: 1/(1+Abstandsbreite).

3.12 VERTIKALE REIHENFOLGE DER SÄULENREIHEN ÄNDERN

Übungsbeispiel
Bearbeiten in Blatt
9 Breite
Ergebnis in Blatt
10 Reihenfolge

Wenn Sie sich das Diagramm und die Datentabelle ansehen, dann stellen Sie fest, dass die Reihe „LKW" in der Datentabelle ganz oben und im Diagramm ganz unten angeordnet ist. *Excel* zeigt im Diagramm die umgekehrte Reihenfolge der Datenreihe als in der Tabelle, weil bei Tabellen die Leserichtung von oben nach unten gilt und die Reihen bei gestapelten Diagrammen von der X-Achse aus nach oben (bei positiven Werten) angeordnet werden. Diagramm-Templates werden leichter verständlich, wenn die Reihenfolge in Tabelle und Diagramm gleich ist.

Ändern Sie deshalb die Anordnung, indem Sie wie folgt vorgehen:

1. Klicken Sie in das Diagramm.
2. Rufen Sie mit der rechten Maustaste das Kontextmenü auf.
3. Im Kontextmenü wählen Sie die Funktion Datenquelle auswählen... aus (Abbildung 3.29).

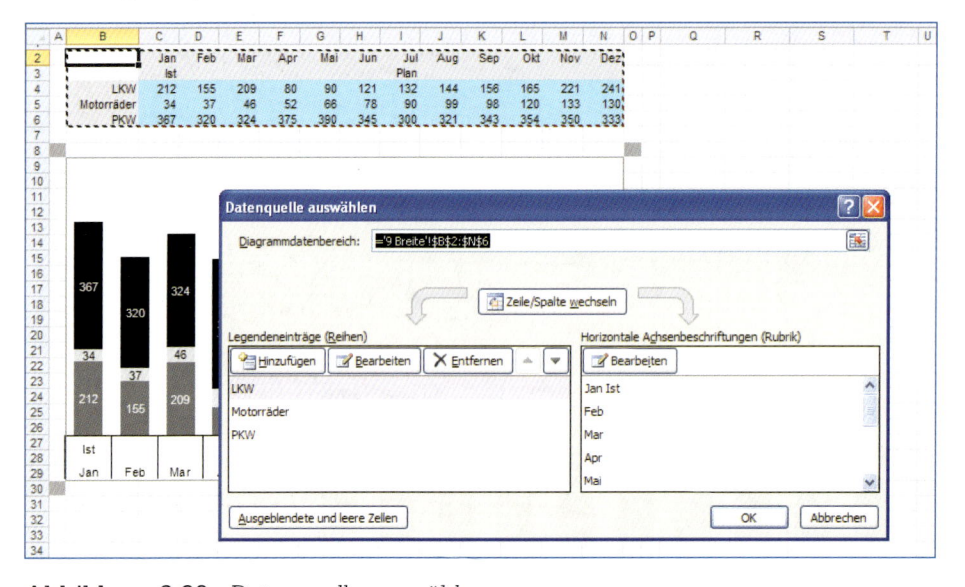

Abbildung 3.29: *Datenquelle auswählen*

4. Die **Datenreihen** werden jeweils angeklickt und können dann über die Pfeilsymbole neu verschoben werden. Die Datenreihe PKW wird durch zweimal klicken des ▲-Symbols nach oben verschoben und die Datenreihe LKW wird anschließend durch einmal klicken des ▼-Symbols nach unten verschoben. Dieser Vorgang muss nur einmal für das Diagramm durchgeführt werden, es gibt in *Excel* keine Möglichkeit, diese Reihenfolge von vornherein umzukehren.
5. Abschließend bestätigen Sie über die Schaltfläche OK.

Abbildung 3.30 zeigt das Diagramm mit umgekehrter Datenreihen-Reihenfolge.

[GESTAPELTES SÄULENDIAGRAMM MIT EXCEL 2007 UND 2010 REALISIEREN]   161

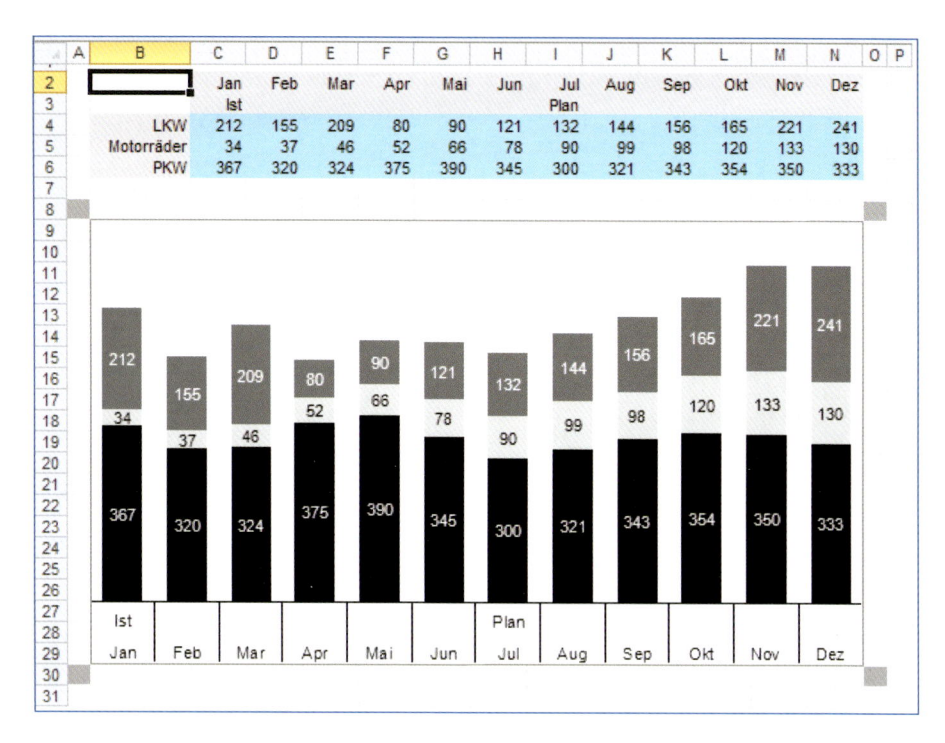

Abbildung 3.30: Die Datenreihen-Reihenfolge wurde geändert

Bei gestapelten Säulen oder Balken sind Unterschiede zwischen den einzelnen Werten besonders gut an der unteren, achsennahen Datenreihe erkennbar. In **Abbildung 3.30** ist das die schwarze Datenreihe.

3.13 X-ACHSEN-LINIE

Übungsbeispiel
Bearbeiten in Blatt
10 Reihenfolge
Ergebnis in Blatt
11.1 X-Achse Säulen bis
11.3 X-Achse Säulen

Hier lernen Sie, wie Sie eine X-Achsen-Linie ins Diagramm einbauen, deren Dicke durch einen Konfigurationswert aus einer Zelle gesteuert wird.

Bei genauer Betrachtung der **Abbildung 3.30** wirken die Linien zwischen den Beziehungen der X-Achse störend. Dieses Linienraster entsteht immer dann, wenn die Bezeichnungen der X-Achse (siehe im Dialog Daten auswählen... in Abschnitt Horizontale Achsenbeschriftung (Rubrik) – Bearbeiten) aus mehr als einer Tabellenzeile bestehen.

Die senkrechten Linien lassen sich bei einer mehrzeiligen Beschriftung leider nicht separat ausblenden. Daher bleibt nur die Möglichkeit, alle Achsenlinien auszublenden:

[GESTAPELTES SÄULENDIAGRAMM MIT EXCEL 2007 UND 2010 REALISIEREN]

1. Klicken Sie den X-Achsen-Bereich mit der linken Maustaste an (oder: wählen Sie das Menü Diagrammtool – Layout – Aktuelle Auswahl und wählen in dem Drop-down-Menü Horizontale (Kategorie) Achse aus).
2. Anschließend öffnen Sie mit der rechten Maustaste das Kontextmenü.
3. Im Kontextmenü öffnen Sie die Funktion Achse formatieren...
4. Wechseln Sie in den Abschnitt Linienfarbe und aktivieren Sie die Option Keine Linie.
5. Über die Schaltfläche Schließen bestätigen Sie Ihre Eingabe. Abbildung 3.31 zeigt das Ergebnis.

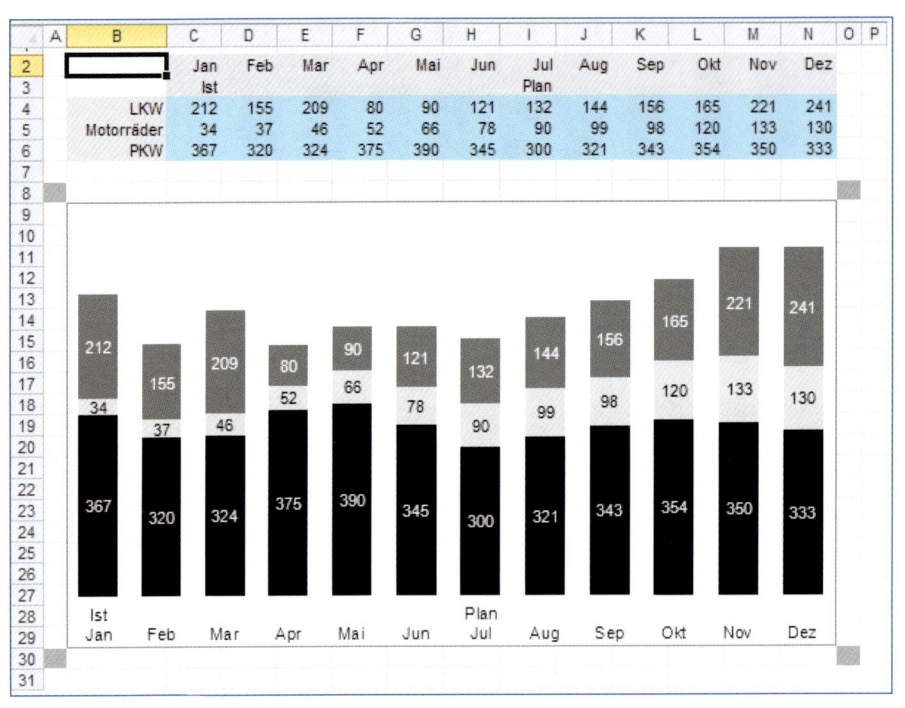

Abbildung 3.31: *Die Linien der X-Achse sind ausgeblendet*

Jetzt ist die X-Achsen-Linie selbst auch ausgeblendet. Im nächsten Abschnitt erfahren Sie, wie Sie eine eigene konfigurierbare X-Achse in das Diagramm einbauen können.

Alle Elemente, die zukünftig zum Diagramm hinzugefügt werden, wie Beschriftungen oder Linien, werden immer neue Datenreihen sein. Wichtig ist hier nur zu wissen, welcher Diagrammtyp für welches Darstellungsproblem angewendet werden muss. Dies erfahren Sie in den folgenden Abschnitten.

Die Achsenlinie mit konfigurierbarer Dicke erstellen Sie mit Hilfe des ersten Tricks. Sie stellen die X-Achsen-Linie durch eine weitere Säulenreihe dar, die auf der Sekundärachse angeordnet wird. Die Säulendatenreihe bekommt eine Abstandsbreite von 0, damit die einzelnen Säulen aussehen wie eine durchgehende Linie. Die Datenreihe muss auf die Sekundärachse verscho-

[GESTAPELTES SÄULENDIAGRAMM MIT EXCEL 2007 UND 2010 REALISIEREN]

ben werden, weil sich sonst die Abstandsbreite aller anderen Datenreihen derselben Achsengruppe ebenfalls auf 0 ändern würde.

Es folgen zunächst die Erstellung des Konfigurationswertes, der Datenquelle und dann das Hinzufügen der Diagramm-Datenreihe:

1. Legen Sie in Zelle Q8 den Objektnamen X-Achse an und formatieren Sie diesen mit der Zellenformatvorlage Objektname.

2. Unterhalb des Objektnamens legen Sie in Zelle Q9 die erste Objekteigenschaft an. In unserem Diagrammbeispiel ist dies die Objekteigenschaft Dicke. Formatieren Sie diese Zelle mit der Zellenformatvorlage Eigenschaft.

3. Rechts daneben in Zelle R9 kommt die Dateneingabe. Mit dieser Dateneingabe wird gesteuert, wie dick die X-Achse sein soll. In unserem Beispiel wählen wir hier 20. Anschließend formatieren Sie die Zellen mit der Zellenformatvorlage Dateneingabe.

4. In Zeile 32 erstellen Sie den Datenbereich für die X-Achse. Hierzu benennen wir zunächst den Datenbereich in Zelle B32 als X-Achse und geben anschließend in Zelle C32 die Formel =$R$9 ein und kopieren diese dann in den Zellbereich D32 bis N32.

5. Die gerade erzeugte Datenreihe soll nun ins Diagramm eingefügt werden. Hierzu klicken Sie mit der linken Maustaste ins Diagramm und rufen mit der rechten Maustaste das Kontextmenü auf und führen die Funktion Daten auswählen … aus.

6. Im Abschnitt Legendeneinträge (Reihen) klicken Sie mit der linken Maustaste auf die Schaltfläche Hinzufügen.

7. Im Dialog Datenreihe bearbeiten erfassen Sie die Datenquellen der neue Datenreihe, wie in Abbildung 3.32 dargestellt:

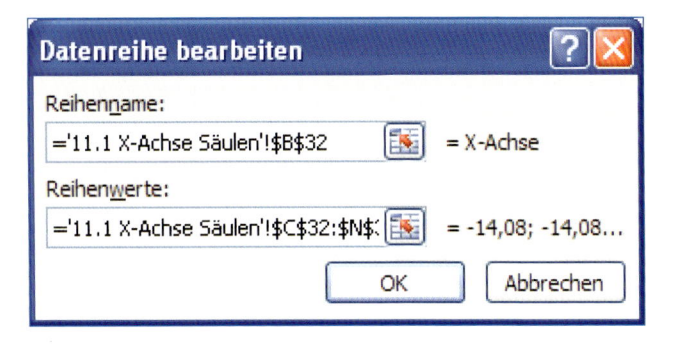

Abbildung 3.32:
Datenreihe für die X-Achse einfügen

Reihenname = $B$32
Reihenwerte = $C$32:$N$32

8. Anschließend bestätigen Sie Ihre Eingabe mit der Schaltfläche OK und verlassen das Dialogfenster ebenfalls mit der Schaltfläche OK.

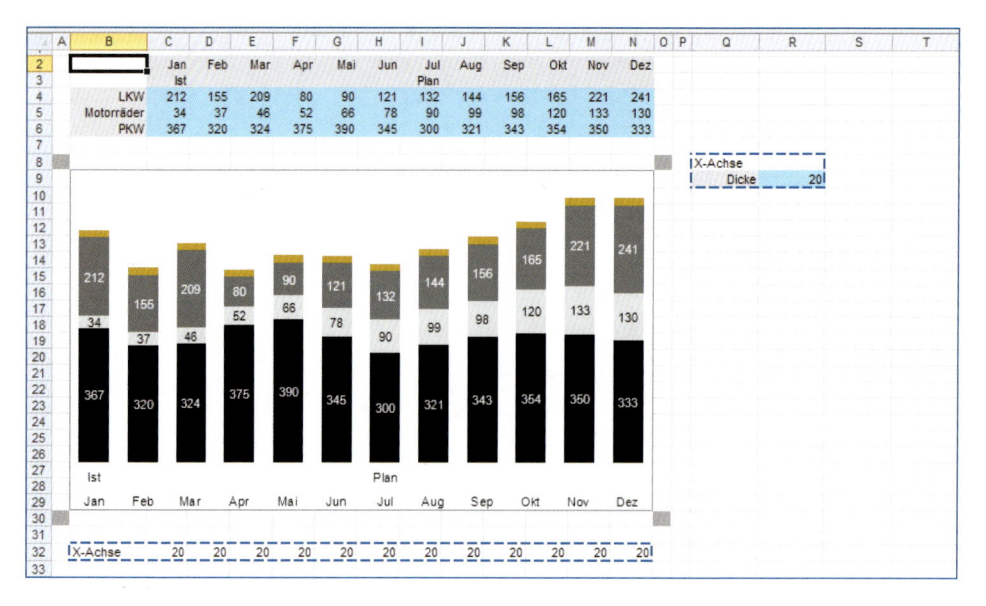

[GESTAPELTES SÄULENDIAGRAMM MIT EXCEL 2007 UND 2010 REALISIEREN]

Abbildung 3.33: *Das Diagramm nach dem Einfügen der Datenreihe X-Achse*

Abbildung 3.33 zeigt, dass jetzt eine Säulenreihe auf die bereits vorhandenen gestapelt wurde. Um die Abstandsbreite der neuen Reihe unabhängig von den übrigen Datenreihen ändern zu können, muss diese auf die Sekundärachsengruppe verschoben werden.

Die beiden Achsengruppen (Primär- und Sekundärachsengruppe) sind als zwei übereinander gezeichnete Einzeldiagramme zu verstehen.

Die X-Achsen-Datenreihe wird folgendermaßen auf die Sekundärachse verschoben:

1. Markieren Sie die **X-Achsen-Datenreihe** im Diagramm.
2. Rufen Sie über die rechte Maustaste das **Kontextmenü** auf.
3. Wählen Sie im Kontextmenü **Datenreihe formatieren...** aus.
4. Im Abschnitt **Reihenoptionen** können Sie über die Option **Datenreihe zeichnen auf** festlegen, auf welcher Achsengruppe die Datenreihe gezeichnet werden soll. Bitte wählen Sie hier die **Sekundärachse**.
5. Schließen Sie den Dialog.

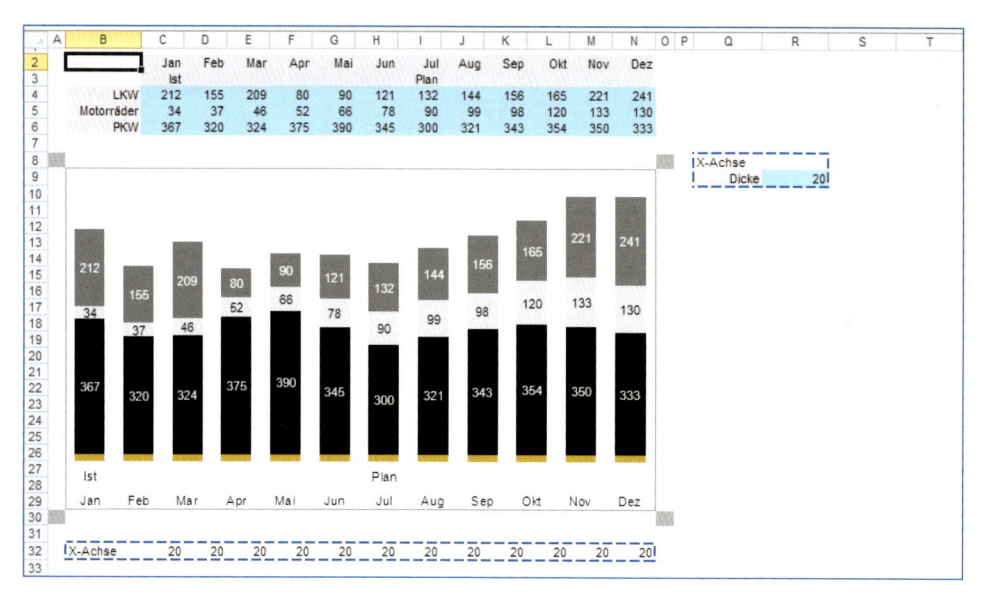

[GESTAPELTES SÄULENDIAGRAMM MIT EXCEL 2007 UND 2010 REALISIEREN]

Abbildung 3.34: *Verschieben der X-Achsen-Datenreihe auf die Sekundärachse*

6. Wie **Abbildung 3.34** zeigt, ist damit die sekundäre Größenachse eingeblendet worden. Markieren Sie diese und blenden Sie sie mit der Taste **Entf** aus.
7. Anschließend markieren Sie die Datenreihe **X-Achse** und rufen mit der rechten Maustaste das Kontextmenü auf und hier die Funktion **Datenreihe formatieren**. Sollten Sie Schwierigkeiten haben, die X-Achsen-Datenreihe zu markieren, so gehen Sie in das Menü **Diagrammtools – Layout** und hier in die Gruppe **Aktuelle Auswahl**. Über das *Drop-down*-Menü lässt sich die Datenreihe **X-Achse** direkt markieren.
8. Nehmen Sie im Abschnitt **Füllung** die folgende Formatierung vor: **Einfarbige Füllung** und Farbe **Schwarz**.
9. Im nächsten Schritt definieren Sie die **Abstandsbreite** im Abschnitt **Reihenoptionen** auf **0**.
10. Betätigen Sie die Schaltfläche **Schließen**. Hiermit haben Sie die X-Achse im Diagramm erzeugt, die Liniendicke kann über den Eingabewert Dicke gesteuert werden.

Die neue Achse wird jedoch bei Veränderung der Dicke nach oben dicker, was zur Folge hat, dass kleine Säulen durch die X-Achse überdeckt werden. Da in unserem Beispiel nur positive Werte dargestellt werden, bietet es sich an, die X-Achse besser ab der Nulllinie nach unten zu erweitern. Das geht, wenn Sie die Werte der Achsendicke mit einem negativen Vorzeichen versehen. Hierzu wird die Formel in Zelle **C32** auf **=-$R$9** geändert und in den Zellbereich **D32** bis **N32** kopiert. Hierzu markieren Sie den Bereich **C32** bis **N32** mit der Tastenkombination **Strg** + **Umschalt** + **Pfeiltaste rechts** und füllen den markierten Bereich mit der Tastenkombination **Strg** + **R** nach rechts aus.

Die Achsendicke ist jetzt in derselben Skala angegeben wie die Eingabewerte. Wenn man also die Eingabewerte beispielsweise vertausendfacht, ist eine Achsendicke von 20 im Verhältnis so klein, dass die Achse nicht mehr zu sehen ist. Im nächsten Schritt wird die Achsendicke in

[GESTAPELTES SÄULENDIAGRAMM MIT EXCEL 2007 UND 2010 REALISIEREN]

Prozent von der Diagrammhöhe (in der Skala der Eingabewerte) eingegeben. Da die Diagrammskala (noch) standardmäßig von *Excel* automatisch am größten Eingabewert angepasst wird, kann die Y-Achsenlänge nur näherungsweise als größte Summe ermittelt werden.

Führen Sie dazu bitte die folgenden Arbeitsschritte durch:

1. Fügen Sie in Zeile 7 eine neu zu erstellende Datenreihe ein, welche die Monatswerte der einzelnen Fahrzeugsparten summiert, indem Sie in Zelle C7 die Formel =SUMME(C4:C6) eintragen und diese anschließend in den Zellbereich D7 bis N7 kopieren.
2. Legen Sie dann in Zelle Q34 den Objektnamen MAX an und formatieren Sie diesen über die Zellenformatvorlage als Objektname.
3. Unterhalb des Objektnamens legen Sie in Zelle Q35 die Objekteigenschaft Y. Formatieren Sie diese Zelle mit der Zellenformatvorlage Eigenschaft.
4. Errechnen Sie in der Zelle R35 über die Formel =MAX(C7:N7) den Maximalwert aus den Summen, der dazu dient, die ungefähre Skalenhöhe Y des Diagramms zu ermitteln. Das funktioniert deshalb, weil sich der Anfangs- (Min) und Endwert (Max) von Diagrammachsen in *Excel* am kleinsten und größten darzustellenden Wert orientiert. Die Zelle wird mit der Zellenformatvorlage Berechneter Wert formatiert.
5. Tragen Sie in Zelle R9 3 % ein.
6. Hinterlegen Sie dann in Zelle S9 die Formel =R9*$R$35 und formatieren Sie diese Zelle mit der Zellenformatvorlage Berechneter Wert. Diese Formel errechnet jetzt die Achsendicke als prozentualen Anteil der Diagrammskala.
7. In der Zelle C32 wird die neue Formel =-$S$9 erfasst und auf den Zellbereich D32 bis N32 kopiert.

Mit diesen Arbeitsschritten ist die X-Achsen-Dicke (nahezu) unabhängig von der Skala der Eingabewerte. Abbildung 3.35 zeigt das Ergebnis.

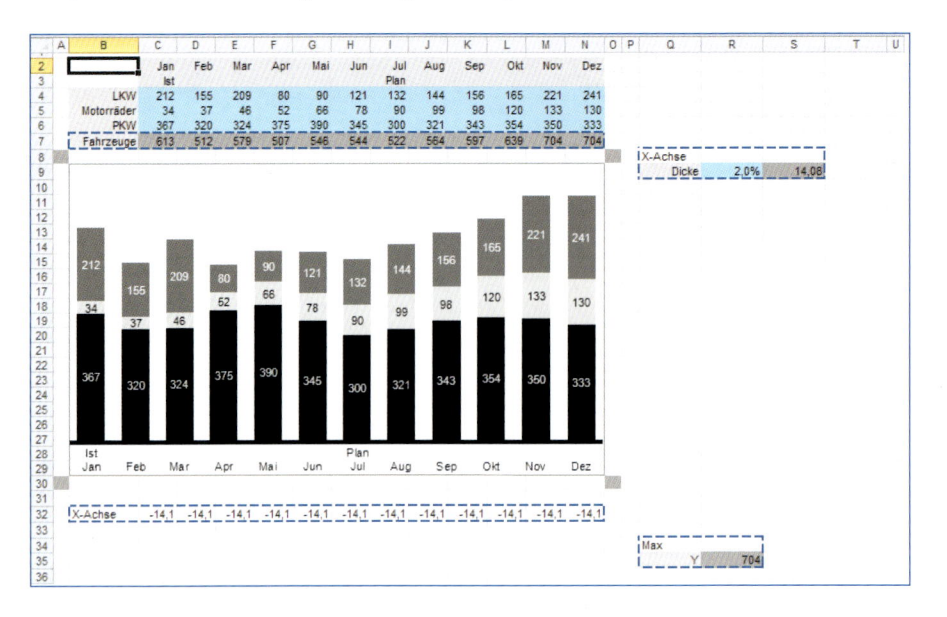

Abbildung 3.35: *Die X-Achse mit variabler Dicke ist fertig*

[GESTAPELTES SÄULENDIAGRAMM MIT EXCEL 2007 UND 2010 REALISIEREN]   **167**

3.14   SUMMEN ÜBER DEN SÄULEN ANZEIGEN

Übungsbeispiel
Bearbeiten in Blatt
11.3 X-Achse Säulen
Ergebnis in Blatt
12.1 Summen Punkt bis
12.3 Summen Punkt

Hier erfahren Sie, wie Sie über gestapelten Säulen eine Summenbeschriftung anbringen, deren Position frei steuerbar ist.

Die Beschriftung fügen Sie als Punktediagramm ein. Dieser Diagrammtyp hat den Vorteil, dass eine freie Positionierung in X-Richtung möglich ist. Mit passenden X- und Y-Koordinaten werden an den Positionen über den Säulen Punkte angebracht. Die Punktsymbole selbst werden dabei unsichtbar formatiert, nur deren Beschriftung bleibt sichtbar.

Die Position der insgesamt 12 Punkte orientiert sich an der Oberkante eines jeden Säulenstapels. Die Lage der Beschriftung muss horizontal und vertikal auf dem Punkt zentriert werden. Damit die Summen dann über den Säulenstapeln positioniert sind, müssen diese nach oben in Y-Richtung verschoben werden. **Abbildung 3.36** zeigt links die Summen-Beschriftungen genau auf der Höhe der Summen und rechts nach oben verschoben.

Hierfür sind zunächst die folgenden Schritte notwendig:

1. Sie tragen in Zelle Q13 den Objektnamen Summen ein und formatieren diesen mit der Zellenformatvorlage Objektname.

2. Darunter in Zelle Q14 legen Sie die Objekteigenschaft DY an, diese steht für Delta Y. Anschließend formatieren Sie die Zelle mit der Zellenformatvorlage Eigenschaft. Gemeint ist hiermit der Abstand der Summenbeschriftungen über den Säulen.

3. Neben der Objekteigenschaft wird in Zelle R14 der Eingabewert eingetragen. Im vorliegenden Diagrammbeispiel bietet es sich an, diesen Wert, wie bei der X-Achse, in Prozent zu formulieren. Formatieren Sie die Zelle mit der Zellenformatvorlage Dateneingabe und tragen in die Zelle 3 % ein.

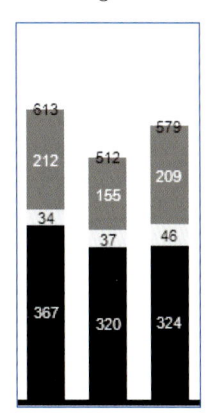

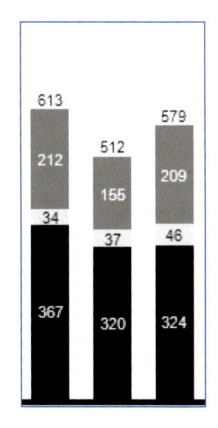

Abbildung 3.36:
Steuerung des Summenabstandes: Links ist der Abstand 0, rechts 3 %

4. Der Absolutwert soll auch hier wieder in Abhängigkeit des MAX-Wertes berechnet werden, hierzu tragen Sie in die Zelle S14 die Formel =R14*$R$35 ein und formatieren die Zelle mit der Zellenformatvorlage Berechneter Wert. Dieser Wert beschreibt den Summenabstand über den Säulen in der Diagrammskala (**Abbildung 3.37**).

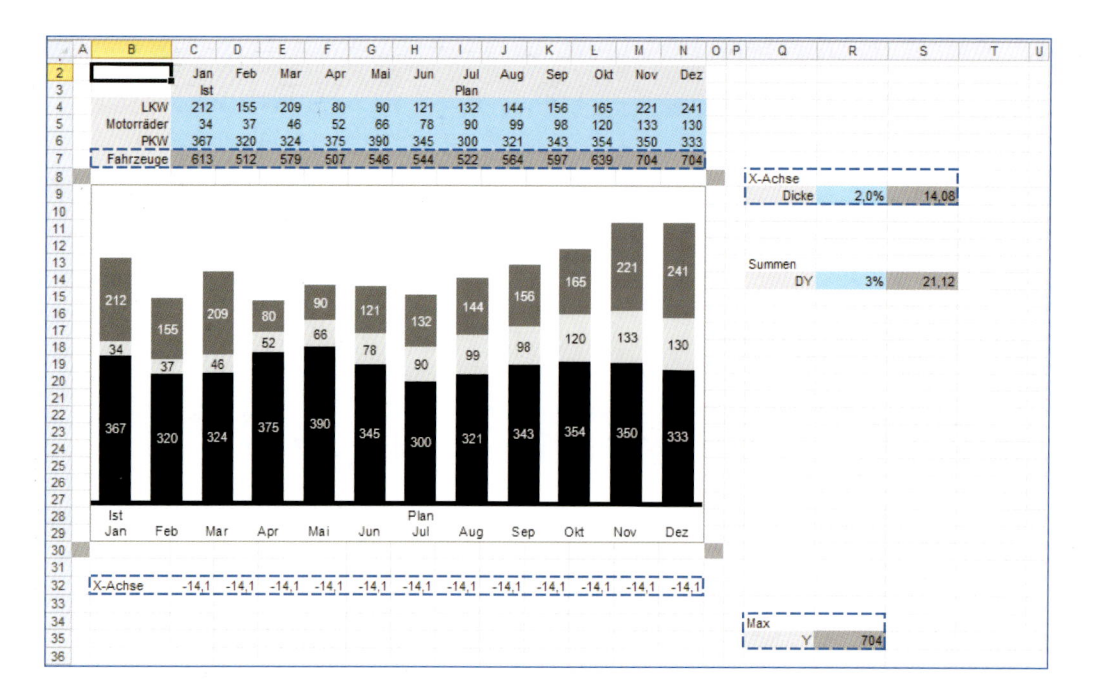

[GESTAPELTES SÄULENDIAGRAMM MIT EXCEL 2007 UND 2010 REALISIEREN]

Abbildung 3.37: *Der Parameter zur Positionierung der Summen-Beschriftung ist angelegt*

Im nächsten Arbeitsschritt legen wir im Zellbereich B35 bis N37 den Datenbereich für die Summenbeschriftung an:

1. In Zelle **B34** erfassen Sie zunächst die Überschrift (Summen) des Datenbereichs. Diese dient auch als Quelle des Datenreihennamens. Da es sich bei der Summenbeschriftung um Punkte handelt, müssen wir in den nächsten Schritten eine X- und eine Y-Datenquelle berechnen.
2. Schreiben Sie in die Zelle **B35** ‚X', in die Zelle **B36** ‚Y' und in Zelle **B37** ‚Y+DY'.
3. Tragen Sie dann im Zellbereich **C31** bis **N31** die Ziffern **1** bis **12** stellvertretend für die zwölf Monate ein. Diese dienen für die folgenden Datenreihen als X-Koordinate. Beschriften Sie den Zellbereich in Zelle **B31** mit dem Text **123…**.
4. Tragen Sie in Zelle **C35** die Formel **=C31** ein und kopieren Sie diese in den Zellbereich **C35** bis **N35**. Hiermit haben Sie die X-Koordinate für die zu erstellende Punktdatenreihe erzeugt. Die Verknüpfung, die auf den ersten Blick unnötig wirkt, hat den Sinn, dass Sie später die Möglichkeit haben, die Formel zu erweitern und Berechnungen durchzuführen. So können Sie beispielsweise Werte addieren und hierdurch die Beschriftung in X-Richtung verschieben.
5. In Zeile 36 wird die Summe aus Zeile 7 verlinkt. Tragen Sie in **C36** die Formel **=C7** ein und kopieren diese in den Bereich **C36** bis **N36**. Dieses Zwischenergebnis wird in **Abschnitt 3.15** benötigt.
6. In Zeile 37 wird die Y-Koordinate des Punktediagramms berechnet. Hierzu fügen Sie in Zelle **C37** die Formel **=C36+$S$14** ein. Hier wird jeder Summenwert mit dem vorher definierten Wert **DY** addiert. Kopieren Sie die Formel in den Zellbereich **D37** bis **N37**, siehe **Abbildung 3.38**.

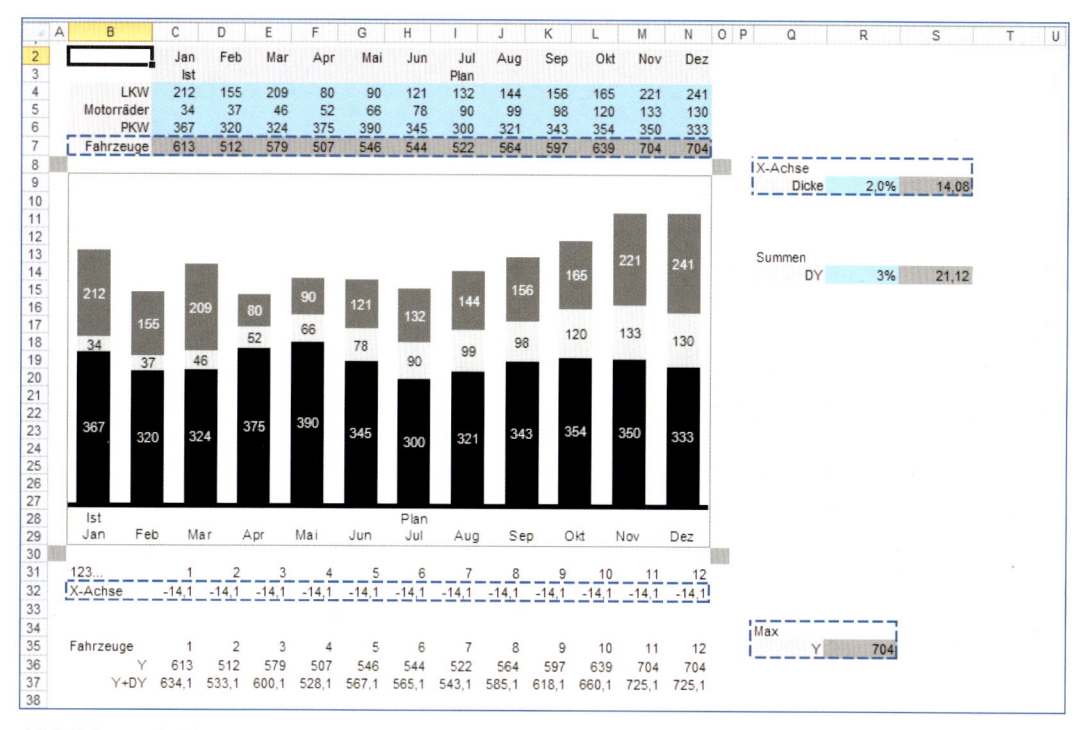

[GESTAPELTES SÄULENDIAGRAMM MIT EXCEL 2007 UND 2010 REALISIEREN]

Abbildung 3.38: *Die Datenreihen für die Summenbeschriftung sind angelegt*

Sie haben nun den Datenbereich für die Punktdatenreihe erzeugt. In den nächsten Schritten wird dieser als Datenreihe ins Diagramm eingefügt:

1. Klicken Sie mir der rechten Maustaste ins Diagramm und rufen im Kontextmenü die Funktion Daten auswählen... auf.

2. Im Abschnitt Legendeneinträge (Reihen) klicken Sie mit der linken Maustaste auf die Schaltfläche Hinzufügen.

3. Im folgenden Dialog fügen Sie die neue Datenreihe hinzu, wie in **Abbildung 3.39** dargestellt.

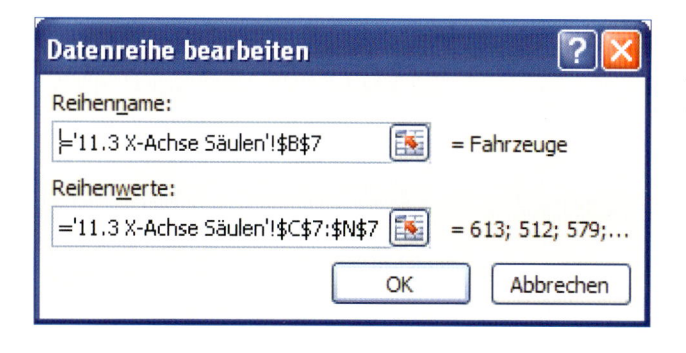

Abbildung 3.39:
Datenreihe für die Summenbeschriftung einfügen

[GESTAPELTES SÄULENDIAGRAMM MIT EXCEL 2007 UND 2010 REALISIEREN]

Bitte tragen Sie die Bezüge für Reihenname und Reihenwerte ein, indem Sie in die Box klicken und dann den Zellbereich mit der Maus markieren. Die Tastatureingabe dauert zu lange und ist zu fehleranfällig.

Reihenname = $B$35

Reihenwerte = $C$37:$N$37

Die Reihenwerte sind hier die um DY verschobenen Y-Werte. Hier entsteht zunächst ein weiteres Säulendiagramm, da in dem Dialog noch nicht abgefragt wird, welcher Diagrammtyp eingefügt werden soll.

4. Abschließend bestätigen Sie beide Dialoge mit **OK**.

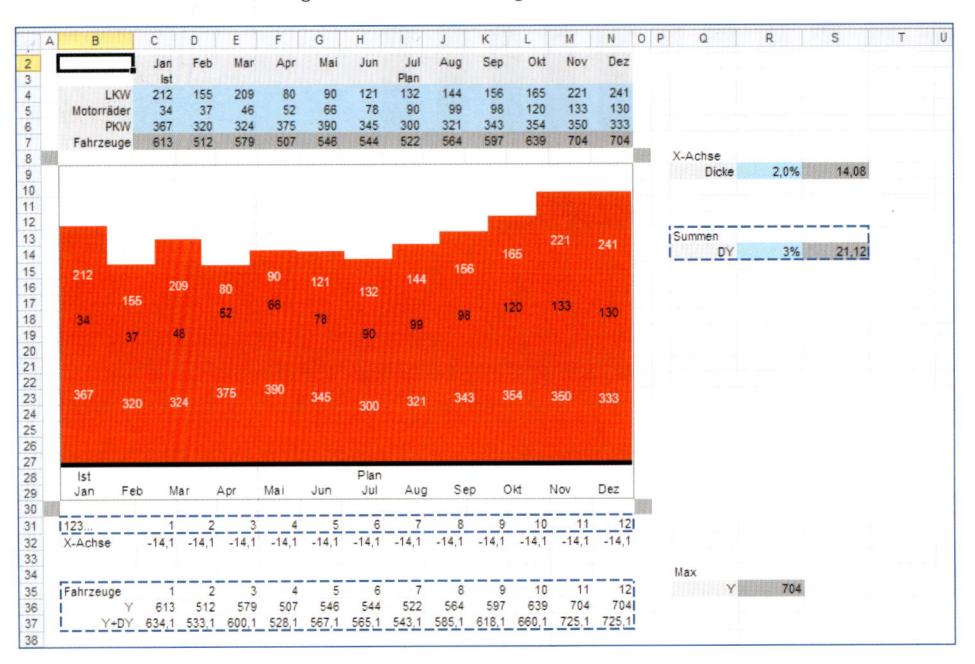

Abbildung 3.40: *Die Datenreihe für die Summenbeschriftung ist eingefügt*

Dem Diagramm wurde so eine neue Säulendatenreihe hinzugefügt. **Abbildung 3.40** zeigt, dass es sich in diesem konkreten Beispiel um eine Säulendatenreihe handelt. Diese muss nun in den Diagrammtyp Punkt umgewandelt werden. Hierzu gehen Sie wie folgt vor:

1. Markieren Sie zunächst die Datenreihe. Dies ist relativ einfach, da diese im Moment im Vordergrund liegt. Alternativ können Sie diese aber auch über das Menü **Diagrammtool – Layout – Aktuelle Auswahl** anwählen, indem Sie in dem *Drop-down*-Menü **Reihen „Summen"** anklicken.

2. Öffnen Sie mit der Kontextmenü-Taste das Kontextmenü und rufen die Funktion **Datenreihen-Diagrammtyp…** auf.

[GESTAPELTES SÄULENDIAGRAMM MIT EXCEL 2007 UND 2010 REALISIEREN]

3. Wählen Sie die Diagrammart **Punkt** und hier den Typ **Punkte nur mit Datenpunkten** aus und bestätigen Sie Ihre Auswahl über **OK**.
4. Anschließend klicken Sie mit der rechten Maustaste auf das Diagramm und rufen im Kontextmenü die Funktion **Daten auswählen...** auf.
5. Markieren Sie **Summe** im Abschnitt **Legendeneinträge (Reihen)** und klicken auf die Schaltfläche **Bearbeiten**.
6. Ergänzen Sie im Fenster **Datenreihe bearbeiten** die **Werte der Reihe X** mit **$C$35** bis **$N$35** und bestätigen dies mit **OK**.
7. Verlassen Sie den Dialog über die Schaltfläche **OK**.

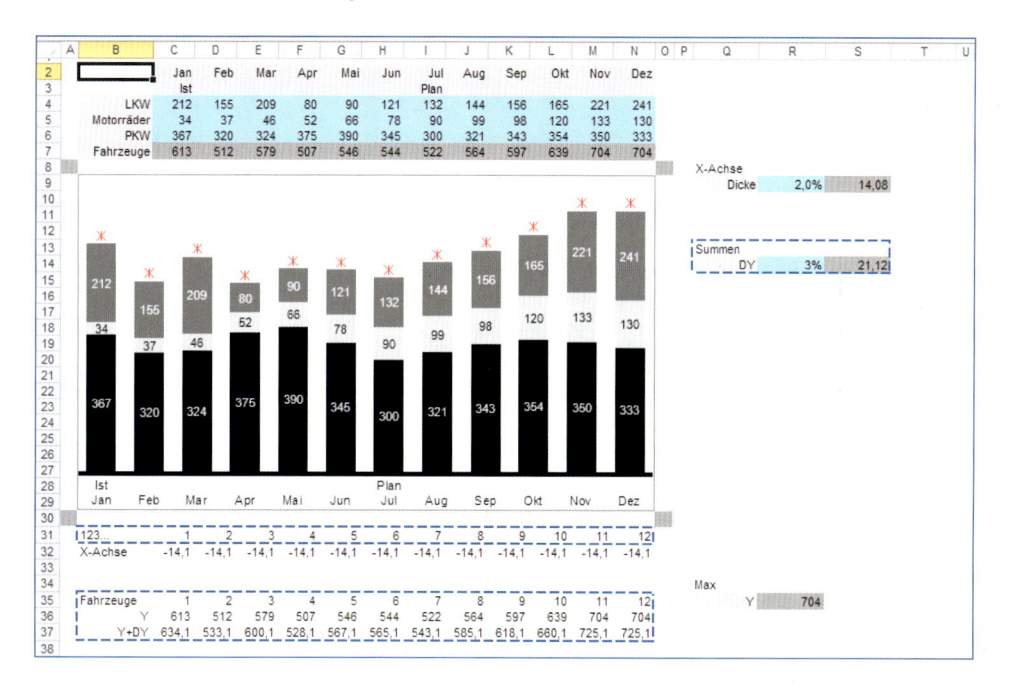

Abbildung 3.41: *Das Punktediagramm für die Summenbeschriftung ist eingefügt*

Abschließend müssen die in **Abbildung 3.41** sichtbaren Punktsymbole der Datenreihe unsichtbar gemacht und eine Datenbeschriftung eingefügt werden:

1. Markieren Sie mit der linken Maustaste die Datenreihe **Summe** und rufen mit der rechten Maustaste das Kontextmenü auf und öffnen den Dialog **Datenreihen formatieren** ...
2. Setzen Sie im Abschnitt **Markierungsoptionen** den **Markertyp** auf **Keine** und bestätigen Ihre Eingabe über die Schaltfläche **Schließen**. Hiermit sind die Punktmarkierungen verschwunden.
3. Anschließend rufen Sie über das Kontextmenü die Funktion **Datenbeschriftung hinzufügen** auf.

[GESTAPELTES SÄULENDIAGRAMM MIT EXCEL 2007 UND 2010 REALISIEREN]

4. Nun muss die Beschriftung noch zentriert werden. Hierzu markieren Sie die Beschriftungsreihe und rufen mit der rechten Maustaste das Kontextmenü auf und öffnen hier die Funktion **Datenbeschriftung formatieren...**
5. Im Abschnitt **Beschriftungsoption – Beschriftungsposition** wählen Sie die Option **Zentriert** und bestätigen Ihre Eingabe über die Schaltfläche **Schließen**.
6. Jetzt haben Sie eine Beschriftung, die zwar an der richtigen Position ist, aber die falschen (um DY verschobenen) Werte anzeigt. Verknüpfen Sie jetzt die Beschriftungen mit den Zellen **C7** bis **N7**, welche die richtigen Werte enthalten. Markieren Sie hierzu die Beschriftungsreihe (nicht Datenreihe!) **Reihen „Summen" Datenbeschriftung**.
7. Markieren Sie dann mit der Taste **Pfeil nach rechts** das erste Beschriftungsobjekt und drücken Sie anschließend die Taste **=**. Klicken Sie jetzt auf die Zelle **C7** und bestätigen Sie anschließend mit der Taste **Enter**. Die Beschriftung ist jetzt mit der Zelle verknüpft.
8. Mit der Taste **Pfeil nach rechts** gelangen Sie jeweils zur nächsten Beschriftung. Wiederholen Sie den vorigen Schritt für jede der 12 Beschriftungen mit den entsprechenden Zellen **D7**, **E7**, **F7** usw. bis zur Zelle **N7**.

Abbildung 3.42 zeigt das Ergebnis.

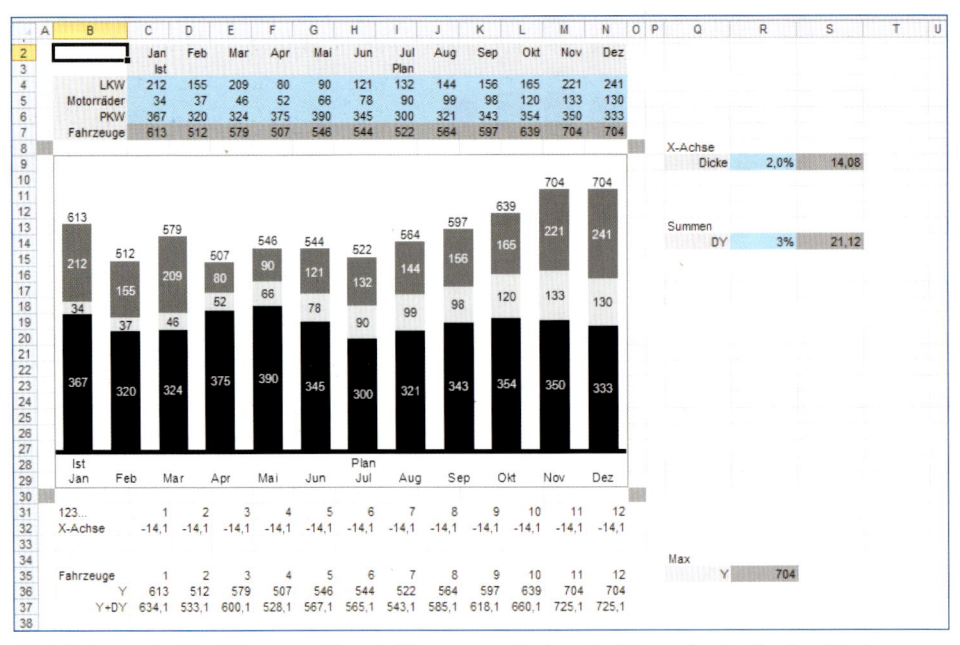

Abbildung 3.42: *Die neue Beschriftung erscheint als Wert oberhalb der Säulen*

Wenn Sie nun den Prozentsatz in Zelle **R14** verändern, verändern Sie damit den Abstand der Summen zu den Säulen.

Generell gilt: Sie können über die Tastenkombination **Strg + Z** die letzten Schritte widerrufen.

3.15 PLATZ LINKS UND RECHTS DES DIAGRAMMS SCHAFFEN

Übungsbeispiel
Bearbeiten in Blatt
12.3 Summen Punkt
Ergebnis in Blatt
13 X-Platzhalter

Hier erfahren Sie, wie Sie das Diagramm durch Zelleingaben in X-Richtung positionieren. Dafür wird durch eine variable Anzahl von Leerspalten ein Rand links und rechts des Diagramms eingefügt. Das ist wichtig, um Platz für Pfeile oder die Legende auf der rechten oder linken Diagrammseite zu schaffen.

Wie bereits erwähnt, soll das Diagramm in X-Richtung variabel verschiebbar sein. In unserem Beispiel soll das Diagramm um maximal vier Säulenbreiten nach links bzw. rechts verschoben werden können. Hierzu müssen wir zunächst ein neues Konfigurationsobjekt anlegen:

1. Legen Sie in Zelle **Q15** einen Konfigurationsbereich für das Objekt **Rand** an und formatieren Sie diese Zelle mit der Zellenformatvorlage **Objektname**.
2. In Zelle **Q16** tragen Sie die Objekteigenschaft **links** ein und formatieren diese mit der Zellenformatvorlage **Eigenschaft**.
3. Abschließend müssen Sie noch die Dateneingabe anlegen, hierzu formatieren Sie die Zelle **R16** mit der Zellenformatvorlage **Dateneingabe** und tragen den Wert **2** ein. Über diese Dateneingabe definieren Sie, wie groß der Rand auf der linken Seite sein soll.
4. Begrenzen Sie nun die Eingabe in Zelle **R16**, indem Sie über das Menü **Daten** und in der Multifunktionsleiste im Abschnitt **Datentools** die Funktion **Datenüberprüfung** aufrufen und die Datenüberprüfung, wie in **Abbildung 3.43** gezeigt, für die Zelle festlegen.

Abbildung 3.43:
Datenüberprüfung für den linken Rand

Die Zelle **R16** soll die Größe des linken Randes steuern. Die Eingabe bestimmt die Anzahl an Leerrubriken links neben dem Diagramm. Der rechte Rand wird dann entsprechend vier minus Rand links. Bei Eingabe einer **0** wird das Diagramm ganz links, bei Eingabe einer **2** zentriert und bei Eingabe einer **4** ganz rechts ausgerichtet.

[GESTAPELTES SÄULENDIAGRAMM MIT EXCEL 2007 UND 2010 REALISIEREN]

Als Vorbereitung für die Funktion, die im nächsten Schritt umgesetzt wird, müssen Leerspalten in die Datentabelle eingefügt werden. Fügen Sie je 6 Spalten links von Januar und rechts von Dezember ein, wie **Abbildung 3.44** zeigt.

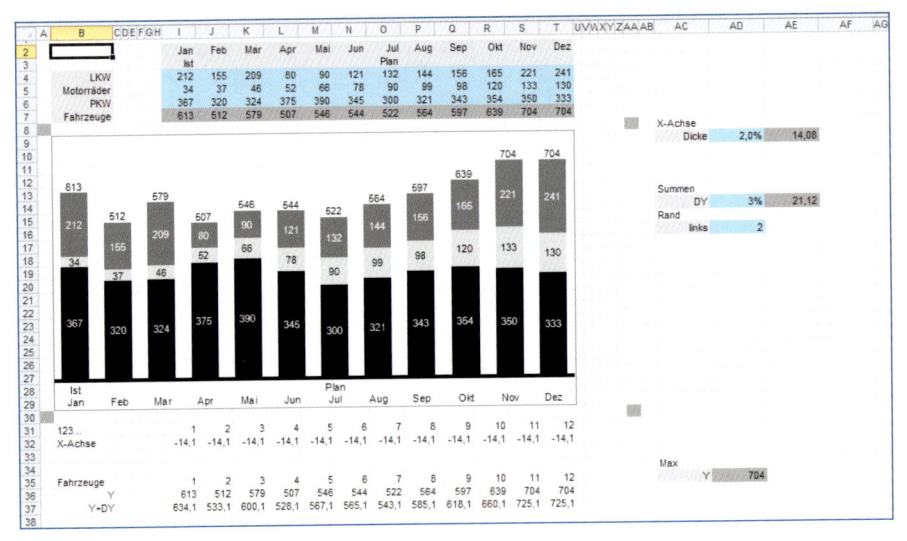

Abbildung 3.44: *Einfügen der Leerspalten*

Mit der Tastenkombination **Strg** + **Leer** können Sie eine oder mehrere Spalten markieren und mit **Strg** + **+** können Sie neue Spalten einfügen. Analog geht das bei Zeilen mit **Umschalt** + **Leer**. Markieren Sie einige Zellen innerhalb der neu eingefügten Spalten und blenden diese mit **Strg** + **8** aus.

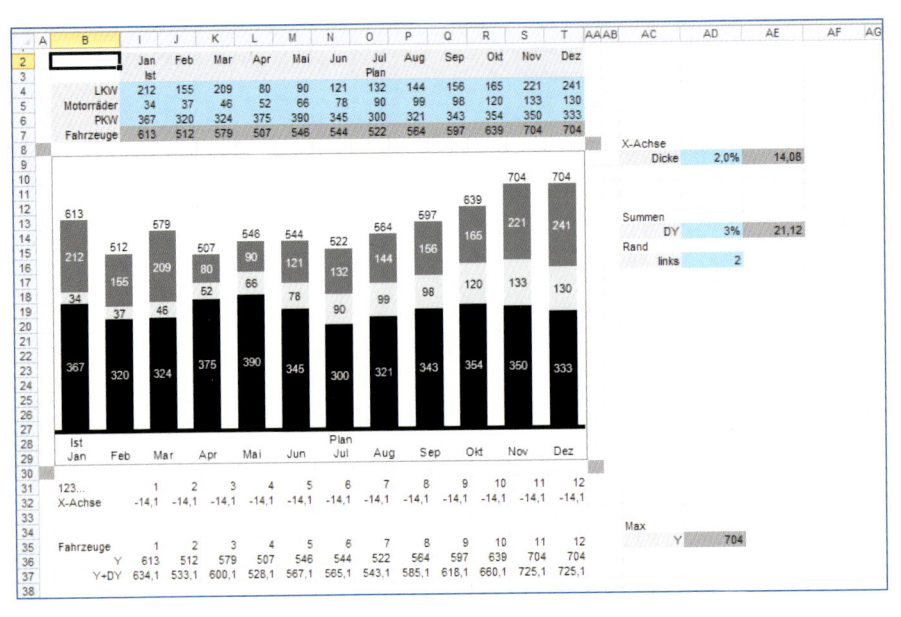

Abbildung 3.45: *Ausblenden der Leerspalten*

[GESTAPELTES SÄULENDIAGRAMM MIT EXCEL 2007 UND 2010 REALISIEREN]

Es wird ein Zellbereich als neue Reihen-Datenquelle angelegt, der die Eingabewerte variabel nach rechts verschoben anzeigt. Die Spaltenverschiebung steht in der Zelle **AD16** (Rand links).

Der Rand soll hier als ganze Zahl von 0 bis 4 eingegeben werden können.

Daher muss der neue Zellbereich eine Breite von 12 (Eingabebereich) PLUS maximalem Rand (4) = 16 Spalten haben. Dieser wird in den Spalten **AH** bis **AW** eingetragen.

Um diese neue Datenquelle zu erzeugen, setzen Sie die Aufgabe wie folgt fort:

1. Erfassen Sie zunächst in der Zelle **AH2** die Formel =BEREICH.VERSCHIEBEN(I2;0;-$AD$16) und kopieren die Formel in den gesamten Zellbereich bis **AW6**. Über die Funktion **BEREICH.VERSCHIEBEN()** können Sie sich einen Bezug zurückgeben lassen, der gegenüber dem angegebenen Bezug verschoben ist. Hierbei kann der zurückgegebene Bezug eine einzelne Zelle oder ein Bereich aus mehreren Zellen sein. Das bedeutet, bezogen auf das Beispiel, dass, wenn Sie in Zelle **AD16** den Wert **0** eingeben, sich im Zellbereich **AH2** bis **AW6** zunächst nichts „bewegt", weil der Bereich um 0 Spalten, also überhaupt nicht verschoben wird. Tragen Sie in der Zelle **AD16** den Wert **1** ein, dann verschieben sich die angezeigten Daten im Zellbereich **AH2** bis **AW6** um genau eine Spalte nach rechts. Diese Bewegung wird auch im Diagramm sichtbar, wenn die verschobenen Daten die Datenquelle des Diagramms werden.

2. Die Formatierung des Bereichs **AH4:AW6** ist nur zur besseren Übersicht an das Aussehen der Dateneingabe angelehnt und in Hellblau gehalten.

	AG	AH	AI	AJ	AK	AL	AM	AN	AO	AP	AQ	AR	AS	AT	AU	AV	AW	AX
2				Jan	Feb	Mar	Apr	Mai	Jun	Jul	Aug	Sep	Okt	Nov	Dez			
3				Ist						Plan								
4				212	155	209	80	90	121	132	144	156	165	221	241			
5				34	37	46	52	66	78	90	99	98	120	133	130			
6				367	320	324	375	390	345	300	321	343	354	350	333			
7																		

Abbildung 3.46: *In diesem Bereich werden die Daten für die Säulenreihen „verschoben"*

3. Damit die Nullen im Zellbereich (**Abbildung 3.46**), die später im Diagramm zu sehen wären, ausgeblendet werden, markieren Sie den Bereich **AH2:AW6**, öffnen mit der rechten Maustaste das Kontextmenü und dann das Dialogfenster **Zellen formatieren…** und dort die Registerkarte **Zahlen**. In der Liste wählen Sie den Eintrag **Benutzerdefiniert** und tragen in Typ das Format **0;-0;" "** ein.

[GESTAPELTES SÄULENDIAGRAMM MIT EXCEL 2007 UND 2010 REALISIEREN]

Dann werden die neuen verschiebbaren Daten in das Diagramm integriert:

1. Markieren Sie die Datenreihe **LKW**.

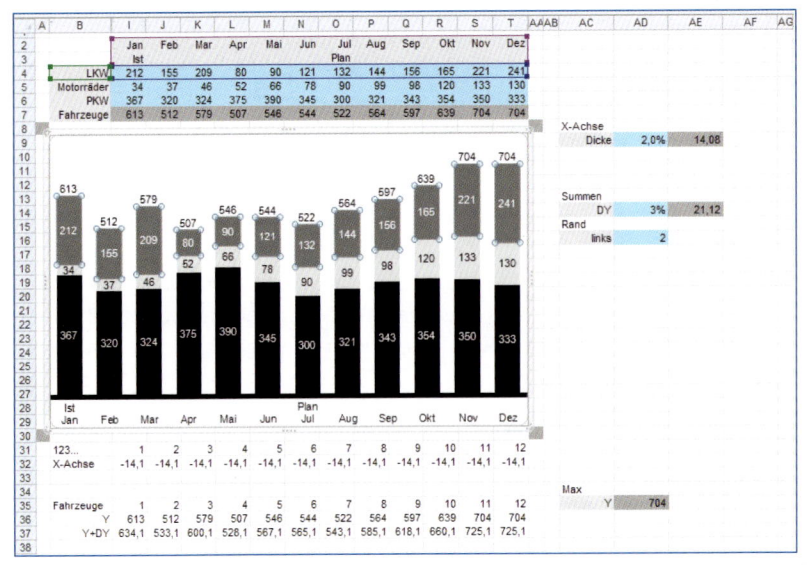

Abbildung 3.47: *Datenreihe **LKW** markieren: Der Reihenname ist in der Tabelle grün umrahmt, die Reihenwerte blau und die Achsenbeschriftung violett*

Der Reihenname ist in der Tabelle grün umrandet. Die Achsenbeschriftung, die Sie im vorangegangen Schritt bereits zentral für alle Datenreihen neu zugeordnet haben, ist lila umrandet. Im nächsten Schritt müssen Sie die blau umrandeten Reihenwerte auf den neuen Datenbereich anpassen.

2. Hierzu klicken Sie den blauen Rahmen mit der linken Maustaste an und halten diese gedrückt. Sie können nun den blauen Rahmen für die Reihenwerte mit der linken oberen Ecke über die Zelle **AH4** ziehen (**Abbildung 3.48**).

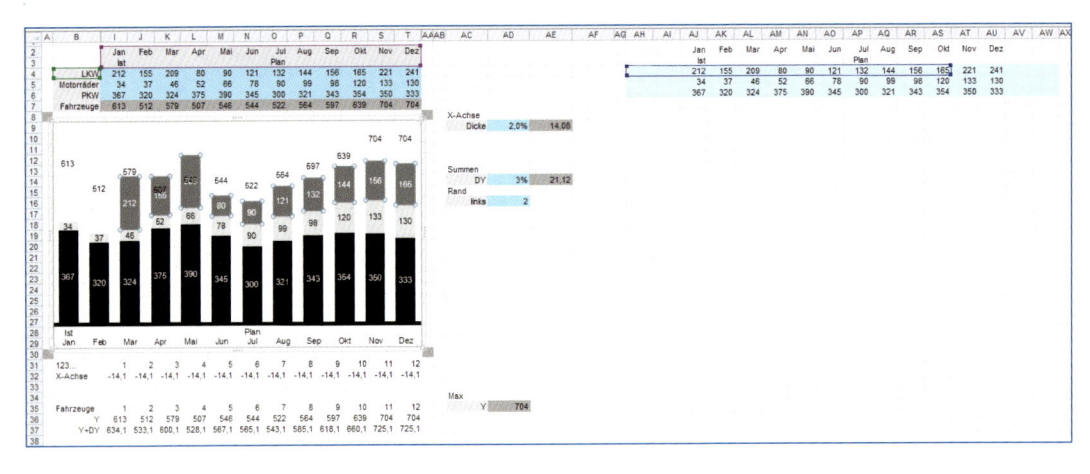

Abbildung 3.48: *Die blaue Markierung der **LKW**-Datenquelle im Zellbereich nach rechts verschieben*

[GESTAPELTES SÄULENDIAGRAMM MIT EXCEL 2007 UND 2010 REALISIEREN]

3. Dann wird der blaue Rahmen an einer der rechten Ecken auf 16 Spalten erweitert (**Abbildung 3.49**).

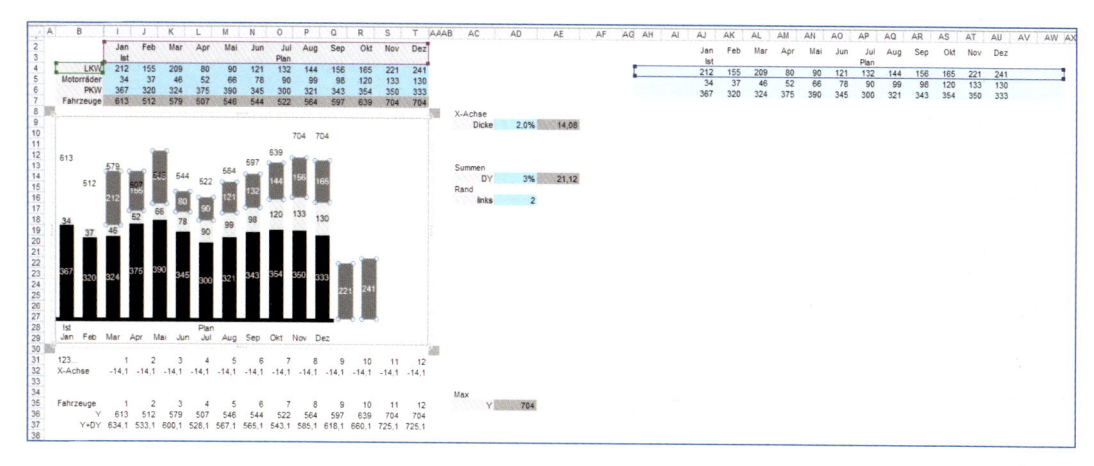

Abbildung 3.49: *Die blaue Markierung der **LKW**-Datenquelle auf 16 Spalten erweitern*

4. Dann den violetten Rahmen für die X-Achsen-Beschriftungswerte mit der linken oberen Ecke über die Zelle **AH2** schieben (**Abbildung 3.50**).

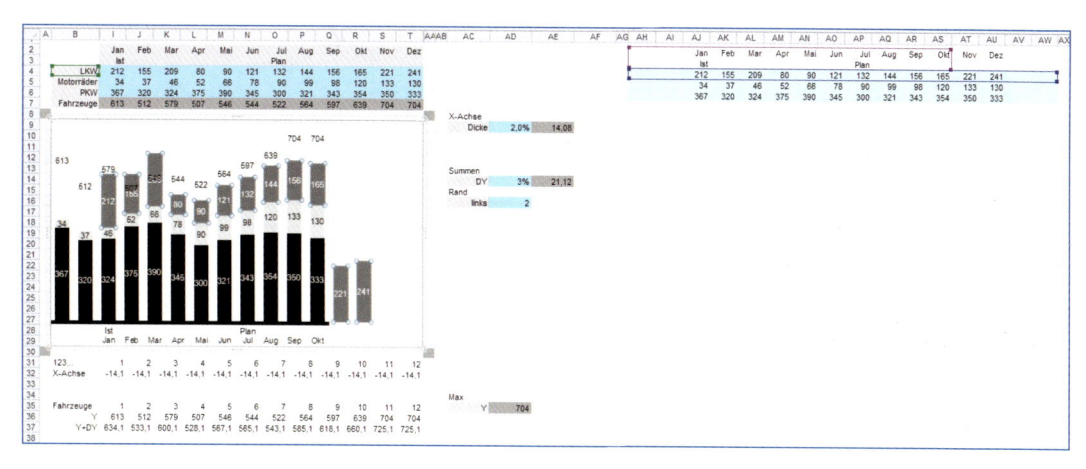

Abbildung 3.50: *Dann die violette Markierung der X-Achsen-Datenquelle nach rechts verschieben*

[GESTAPELTES SÄULENDIAGRAMM MIT EXCEL 2007 UND 2010 REALISIEREN]

5. Anschließend wird der violette Rahmen für die X-Achsen-Beschriftungswerte auf 16 Spalten erweitert (**Abbildung 3.51**).

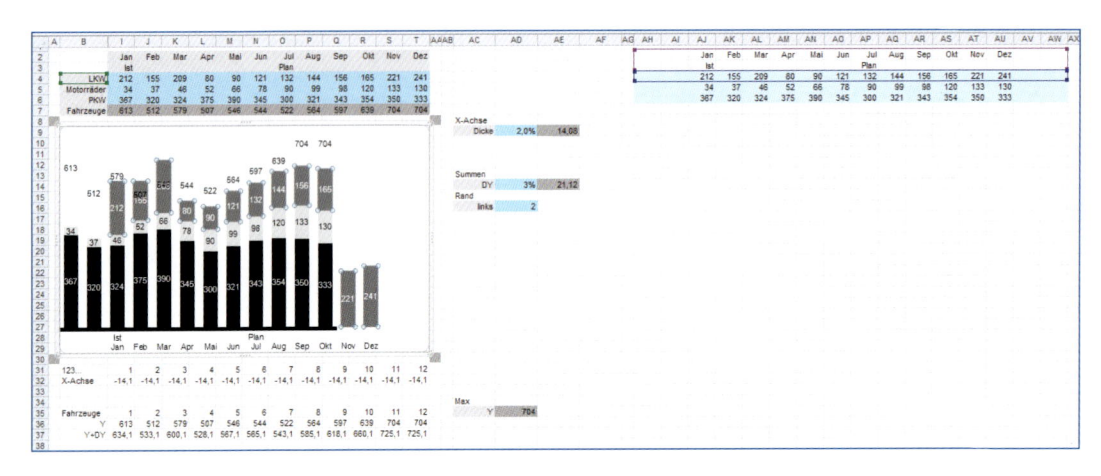

Abbildung 3.51: Die X-Achsen-Datenquelle auf 16 Spalten erweitern

6. Wiederholen Sie die Punkte 2 bis 5 für die Datenreihen **Motorräder** und **PKW**. Achten Sie beim Verschieben darauf, dass Sie nicht mit dem Markierungsrahmen in der Zeile verrutschen.

7. Es müssen nicht nur die Datenquellen der Säulenreihen, sondern auch die Daten für die X-Achse verschoben werden können. Kopieren Sie dazu den Zellbereich **AH2:AW2** nach **AH32 bis AW32** (**Abbildung 3.52**).

Abbildung 3.52: Der verschiebbare Bereich für die X-Achse wurde durch Kopieren erstellt

[GESTAPELTES SÄULENDIAGRAMM MIT EXCEL 2007 UND 2010 REALISIEREN] **179**

8. Markieren Sie die Datenreihe X-Achse (**Abbildung 3.53**).

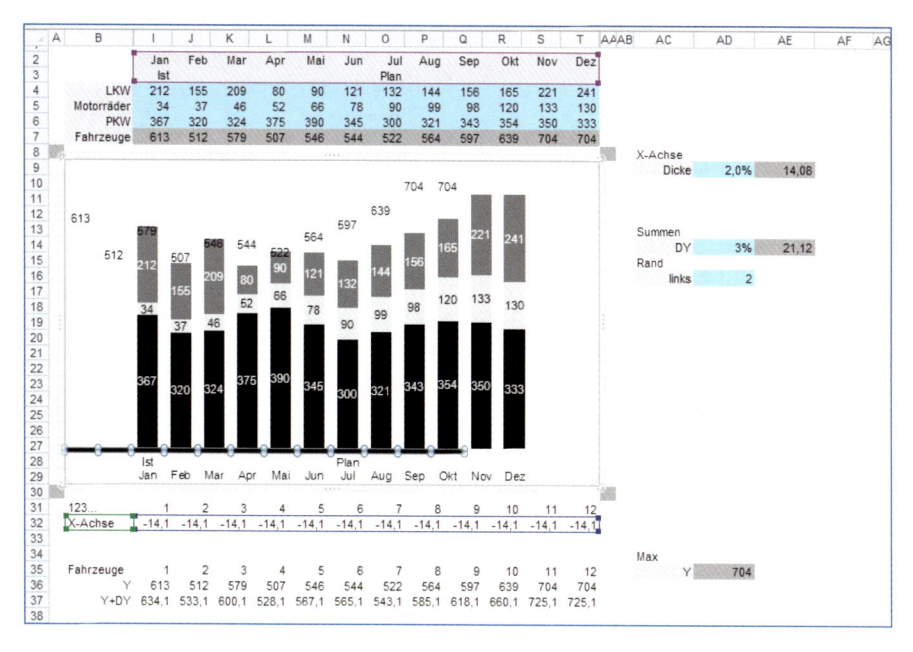

Abbildung 3.53: *Die Datenreihe **X-Achse** ist markiert*

9. Der blaue Markierungsrahmen wird mit der linken Ecke über die Zelle **AH32** verschoben (**Abbildung 3.54**).

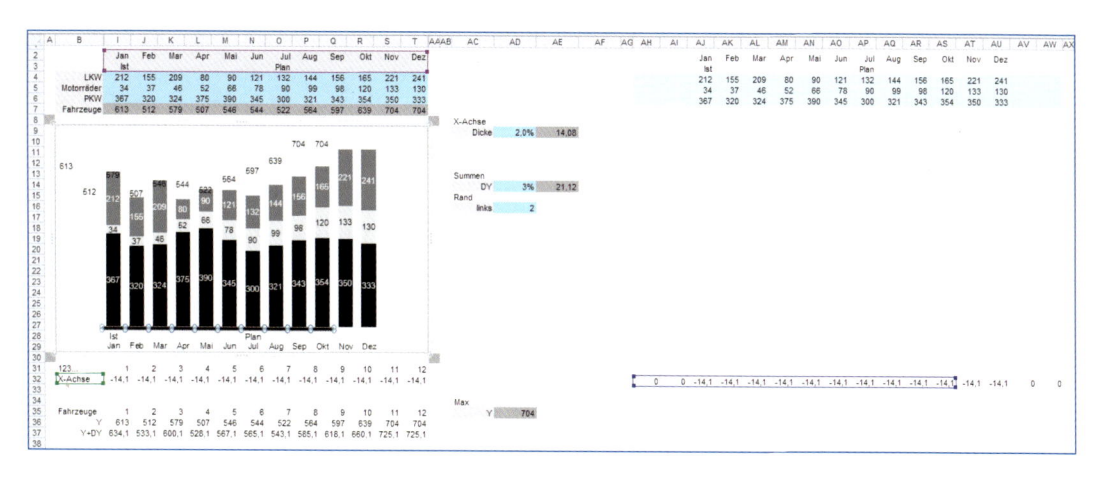

Abbildung 3.54: *Der blaue Markierungsrahmen wird nach rechts verschoben*

10. Jetzt wird der blaue Markierungsrahmen der X-Achse auf 16 Spalten erweitert, indem er an einer der rechten Ecken mit der Maus gezogen wird, bis der Rahmen die Spalte AW überdeckt (**Abbildung 3.55**).

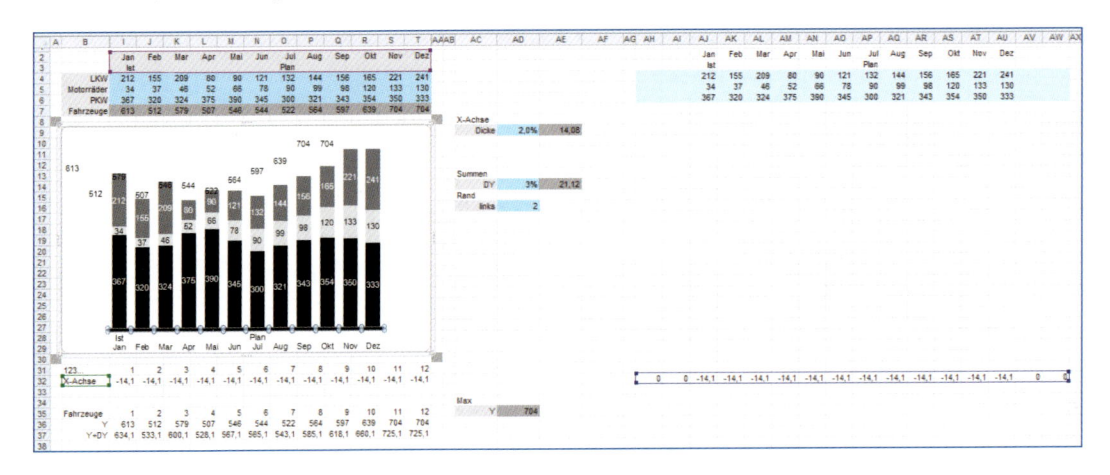

Abbildung 3.55: *Der blaue Markierungsrahmen wird auf 16 Spalten erweitert*

Die Summenbeschriftung ist ein Punktediagramm und wird über X- und Y-Koordinaten gesteuert. Damit die Summen die richtige Position einnehmen (in **Abbildung 3.55** ist zu sehen, dass das noch nicht der Fall ist), muss **Rand links** zu den Summen-X-Koordinaten addiert werden. Ändern Sie in Zelle I35 die Formel =I31+$AD$16 und kopieren diese Formel in den Zellbereich **J35** bis **T35** (siehe **Abbildung 3.56**).

	A	B	I	J	K	L	M	N	O	P	Q	R	S	T	AA
34															
35		Fahrzeuge	1	2	3	4	5	6	7	8	9	10	11	12	
36		Y	613	512	579	507	546	544	522	564	597	639	704	704	
37		Y+DY	634,1	533,1	600,1	528,1	567,1	565,1	543,1	585,1	618,1	660,1	725,1	725,1	
38															

Abbildung 3.56: *Hier wird in Zeile 35 Rand links zu den X-Koordinaten der Summen addiert*

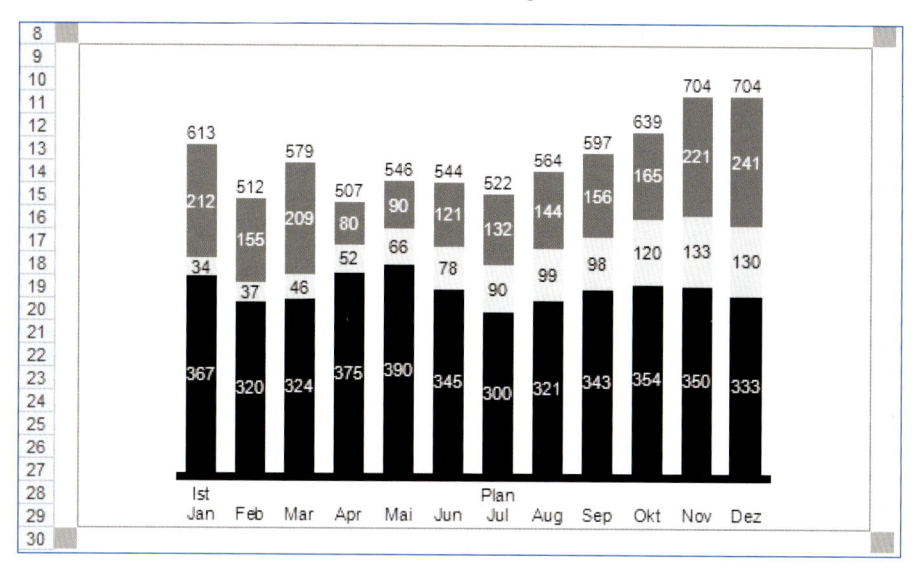

[GESTAPELTES SÄULENDIAGRAMM MIT EXCEL 2007 UND 2010 REALISIEREN] 181

Abbildung 3.57 zeigt die Summen mit richtiger X-Position.

Abbildung 3.57: *Das Diagramm lässt sich nach links oder rechts verschieben*

Nun haben Sie das Diagramm so erweitert, dass es über die Konfigurationszelle **Rand links**, d. h. über die Zelle **AD16**, horizontal verschoben werden kann (**Abbildung 3.58**).

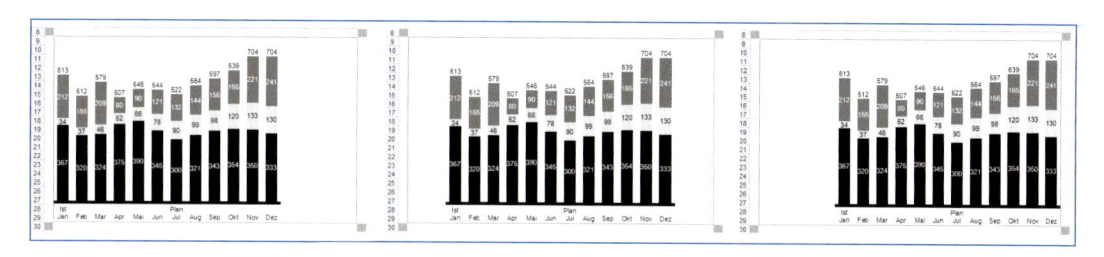

Abbildung 3.58: *Das Diagramm ist durch Eingaben in der Konfigurationszelle* **Rand links** *horizontal verschiebbar. Die Abbildungen zeigen von links nach rechts:* **Rand links** *= 0,* **Rand links** *= 2,* **Rand links** *= 4*

3.16 FREI STEUERBARE Y-SKALIERUNG ERMÖGLICHEN

Übungsbeispiel
Bearbeiten in Blatt
13 X-Platzhalter
Ergebnis in Blatt
14.1 Y-Skalierung bis
14.3 Y-Skalierung

Hier lernen Sie, wie Sie die Y-Skalierung durch externe Zelleingabe festlegen – entweder manuell oder per Formel berechnet. Das ist von Interesse, wenn man für mehrere Diagramme die gleiche Skalierung einstellen will.

So kann außerdem die *Excel*-Automatik umgangen werden, die immer den größten Wert auf die maximale Höhe hochzieht. Die Skalierung soll zwar in jedem Diagramm konfigurierbar sein, zusätzlich aber auch nachvollziehbar und von außen einstellbar.

Zuerst machen Sie die primäre und sekundäre Größenachse wieder sichtbar, die einige Schritte zuvor ausgeblendet wurden. Dies machen Sie nur, um die Achse konfigurieren zu können. Gehen Sie hierzu folgendermaßen vor:

1. Klicken Sie mit der linken Maustaste in das Diagramm.
2. Wechseln Sie in das Menü **Diagrammtools – Layout**. Hier können Sie im Abschnitt **Achsen** die vertikale Primär- und Sekundärachse einblenden. Wählen Sie hier jeweils die Option **Standardachse anzeigen** (siehe **Abbildung 3.59**).

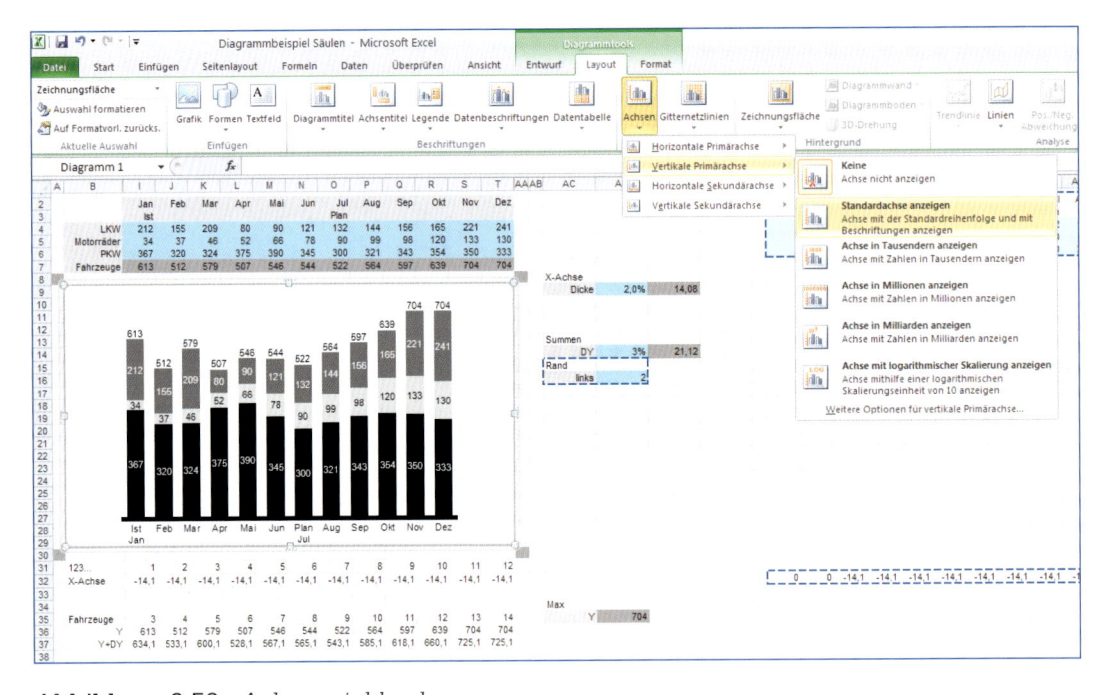

Abbildung 3.59: Achsen einblenden

Wenn man die Primär- und Sekundärachsen einblendet, dann skalieren sich diese jeweils nach denen auf ihnen vorhandenen Datenreihen. Wenn man nun die Sekundärachse ausblendet, synchronisieren sich Primär- und Sekundärachse und suchen sich das Minimum und Maximum von allen Datenreihen beider Achsen. Dies bedeutet für die weiteren Schritte, dass es reicht, die Änderungen auf der Primärachse vorzunehmen. Da die Sekundärachse ausgeblendet ist, werden die Änderungen automatisch durch die Synchronisation der Achsen übertragen.

3. Blenden Sie die vertikale Sekundärachse wieder aus. Hierzu markieren Sie die vertikale Sekundärachse mit der linken Maustaste und über die Taste Entf können Sie diese im Diagramm ausblenden.

4. Anschließend markieren Sie die vertikale Primärachse mit der linken Maustaste und öffnen das Kontextmenü und hier das Dialogfenster Achse formatieren...

5. Nehmen Sie im Abschnitt Achsenposition (**Abbildung 3.60**) die folgenden Einstellungen vor:

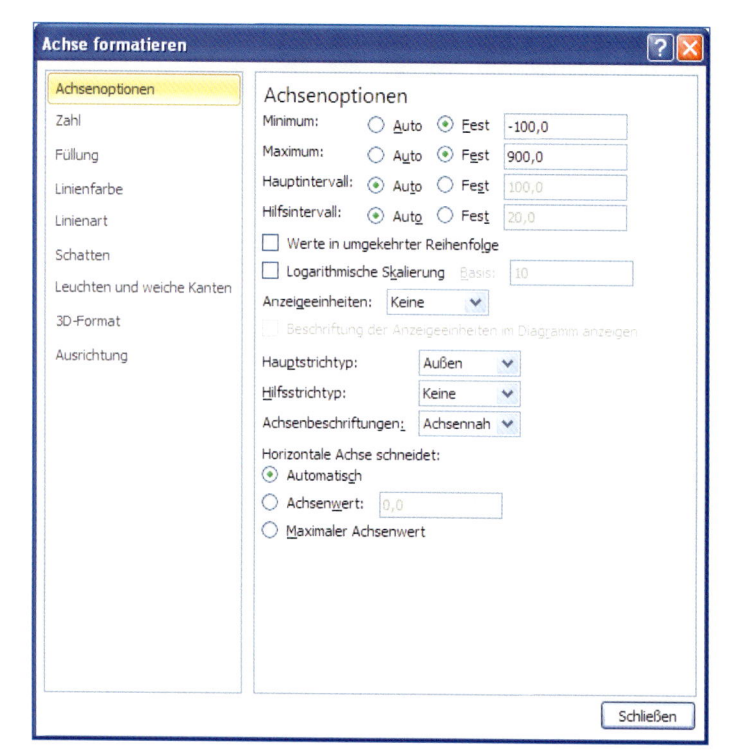

Abbildung 3.60:
Die Skalierung für die Größenachse wird manuell eingestellt

Um die Werte Minimum und Maximum verändern zu können, müssen diese auf Fest eingestellt sein. In unserem Beispiel definieren wir Minimum und Maximum zunächst auf -100 und 900. Jetzt würde ein Wert, der über dem Maximum von 900 liegt, oben aus dem Diagramm hinausragen und abgeschnitten werden. Um die Säulen so zu verkleinern, dass sie vollständig in die Fläche des Diagramms passen, wird im nächsten Schritt ein Skalierungsfaktor eingeführt, mit dem alle Diagrammdatenbereiche multipliziert werden. Bestätigen Sie aber zunächst Ihre Eingabe über die Schaltfläche Schließen. **Abbildung 3.61** zeigt die angepasste Achse im Diagramm.

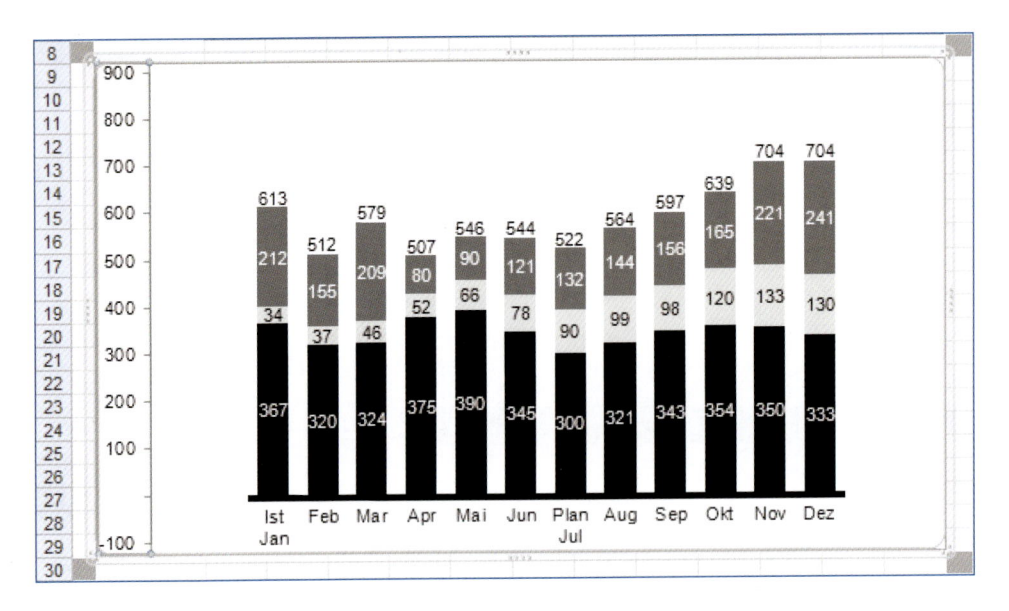

Abbildung 3.61: *Die Skalierung für die Größenachse ist manuell eingestellt*

6. Zum Schluss können Sie auch die vertikale Primärachse wieder ausblenden. Markieren Sie die vertikale Primärachse und blenden diese mit der Taste **Entf** aus.

Im nächsten Schritt muss zur variablen Skalierung der Y-Achse zunächst wieder ein Konfigurationsbereich geschaffen werden, über den der Skalierungsfaktor erfasst werden kann. Zuerst muss der Datenbereich für die Skalierung modifiziert werden:

1. Legen Sie den Konfigurationsbereich im Zellbereich **AC18** bis **AD19**, wie in **Abbildung 3.62** dargestellt, an.

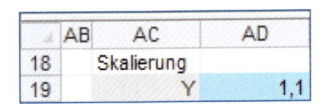

	AB	AC	AD
18		Skalierung	
19		Y	1,1

Abbildung 3.62: *Der Konfigurationsbereich für die Skalierung der Daten wird angelegt*

2. Erstellen Sie einen neuen Wertebereich, in dem der Bereich **AH4:AW6** mit dem Skalierungsfaktor multipliziert wird. Erstellen Sie den Datenbereich, indem Sie in Zelle **AH9** die Formel **=AH4*$AD$19** erfassen und in den gesamten Zellbereich bis **AW11** kopieren. Dieser neu geschaffene Datenbereich weist nun die ursprünglichen Daten der Datenreihen **LKW**, **Motorräder** und **PKW** multipliziert mit dem Skalierungsfaktor aus (**Abbildung 3.63**).

[GESTAPELTES SÄULENDIAGRAMM MIT EXCEL 2007 UND 2010 REALISIEREN]

	AG	AH	AI	AJ	AK	AL	AM	AN	AO	AP	AQ	AR	AS	AT	AU	AV	AW	AX	AY
2				Jan	Feb	Mar	Apr	Mai	Jun	Jul	Aug	Sep	Okt	Nov	Dez				
3				Ist						Plan									
4				212	155	209	80	90	121	132	144	156	165	221	241				
5				34	37	46	52	66	78	90	99	98	120	133	130				
6				367	320	324	375	390	345	300	321	343	354	350	333				
7																			
8																			
9		0	0	233,2	170,5	229,9	88	99	133,1	145,2	158,4	171,6	181,5	243,1	265,1	0	0	Skalierter Bereich
10		0	0	37,4	40,7	50,6	57,2	72,6	85,8	99	108,9	107,8	132	146,3	143	0	0		
11		0	0	403,7	352	356,4	412,5	429	379,5	330	353,1	377,3	389,4	385	366,3	0	0		
12																			

Abbildung 3.63: *Der modifizierte Datenbereich*

3. Da Sie wissen, wie groß die Y-Achse des Diagramms ist: **MIN=-100** und **MAX=900**, dazwischen ist die Achse **1000** Einheiten groß. Diesen exakten Wert können Sie in Zukunft für die Berechnung von Prozent- und Absolutwerten benutzen. Tragen Sie dazu in die Zelle **AD35** den konstanten Wert **1000** ein.

4. Der modifizierte Datenbereich muss nun dem Diagramm noch zugewiesen werden. Hierzu markieren Sie zunächst die Datenreihe **PKW** und ziehen den blauen Rahmen, der die Reihenwerte definiert, in den Bereich **AH11** bis **AW11**. Wiederholen Sie diesen Arbeitsschritt für **Motorräder** (**AH10** bis **AW10**) und **LKW** (**AH9** bis **AW9**).

5. Als Nächstes muss dafür gesorgt werden, dass die Beschriftung nicht den skalierten Wert, sondern den originalen Datenwert anzeigt. Hierzu müssen die ursprünglichen Datenwerte (LKW – **AH4** bis **AW4**, Motorräder – **AH5** bis **AW5**, PKW – **AH6** bis **AW6**) mit den Beschriftungsreihen verknüpft werden.
Markieren Sie dazu bei jeder der drei Beschriftungsreihen mit der Taste **Pfeil nach rechts** das erste Beschriftungsobjekt und drücken Sie anschließend die Taste **=**. Klicken Sie jetzt auf die Zelle **AH4** (für **LKW**) und bestätigen Sie anschließend mit der Taste **Enter**. Mit der Taste **Pfeil nach rechts** gelangen Sie zum zweiten Beschriftungsobjekt. Wiederholen Sie das für alle Beschriftungsobjekte.
Die Säulen sind somit variabel in der Höhe, die Beschriftungswerte zeigen weiterhin den Eingabewert an.

6. Die Y-Höhen der Summen müssen jetzt ebenfalls noch skaliert werden. Hierzu erfassen Sie in Zelle **I36** die Formel **=I7*$AD$19** und kopieren diese in den Zellbereich **J36** bis **T36**.

7. Da wir die Achse auf 1000 Einheiten fest definiert haben, tragen Sie bitte noch in Zelle **AD35** den Wert 1000 ein. Jetzt werden auch die Prozentwerte in Abhängigkeit der Achse berechnet. Die Zelle **AC34** kann zum besseren Identifizierung von **MAX** auf **Skala** umbenannt werden.

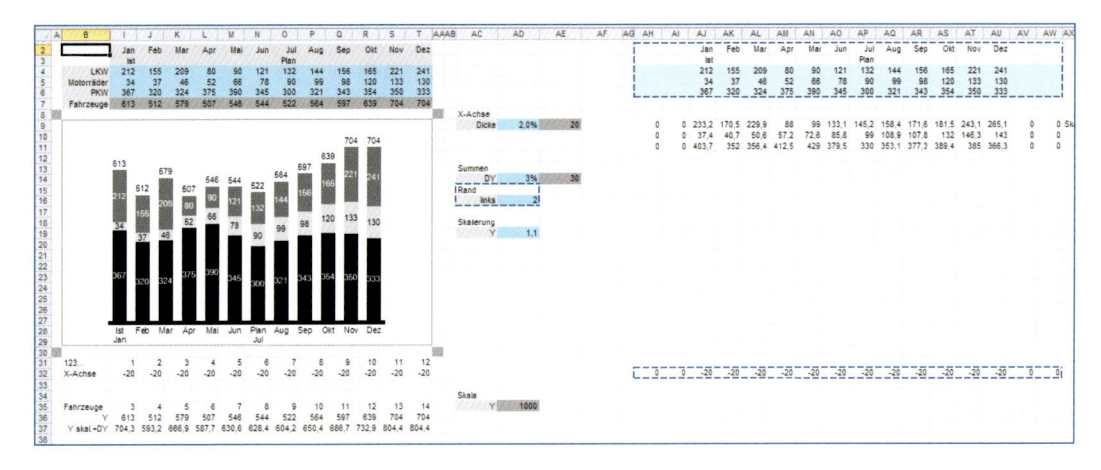

Abbildung 3.64: *Das Diagramm ist skalierbar*

3.17 Y-POSITIONIERUNG STEUERN

Übungsbeispiel

Bearbeiten in Blatt

14.3 Y-Skalierung

Ergebnis in Blatt

14.4 Y-Skalierung bis
14.6 Y-Skalierung

Hier erfahren Sie, wie Sie die Y-Position des Diagramms durch externe Zelleingabe festlegen. Das ist wichtig, wenn das Diagramm-Template auch negative Werte anzeigen können soll. Hiermit kann die X-Achse auf beliebiger Höhe positioniert werden.

Mit der Festlegung von Minimum (-100) und Maximum (+900) der Größenachse ist die Lage der X-Achse auf einer Höhe von 10 % festgelegt. Um die Lage der X-Achse variieren zu können, kommt hier ein Trick zur Anwendung: Um Säulen auf einer variablen Position auf der Y-Achse beginnen zu lassen, wird eine transparente Säulenreihe unter die sichtbaren Säulenreihen gestapelt. Diese neuen transparenten Datenreihen nennen wir Platzhalter.

Als Platzhalter werden zwei Datenreihen benötigt, eine für die Säulen auf der Primärachsengruppe und eine für die Säulen auf der Sekundärachsengruppe. Das klappt nur, wenn alle beteiligten Säulendatenreihen vom Typ gestapelte Säule sind. Dazu bedarf es der folgenden Vorbereitungen:

1. Blenden Sie zunächst die vertikale Primär- und Sekundärachse des Diagramms ein.
2. In beiden Achsen definieren Sie das Minimum fest auf 0 und das Maximum auf 1000. ierzu klicken Sie mit der linken Maustaste ins Diagramm und blenden über Diagrammtool – Layout – Achsen, die vertikale Primär- und Sekundärachse ein. Markieren Sie die vertikale Primärachse und rufen Sie über das Kontextmenü das Dialogfenster Achse formatieren... auf. Definieren Sie im Abschnitt Achsenoptionen das Minimum auf 0 und das Maximum auf 1000. Um die vertikale Sekundärachse zu definieren, brauchen Sie ab Excel 2007 den Dialog nicht zu schließen. Sie können direkt mit der Maus die vertikale Sekundärachse markieren und in dem geöffneten Dialog Minimum und Maximum für die vertikale Sekundärachse definieren. Anschließend betätigen Sie die Schaltfläche Schließen.

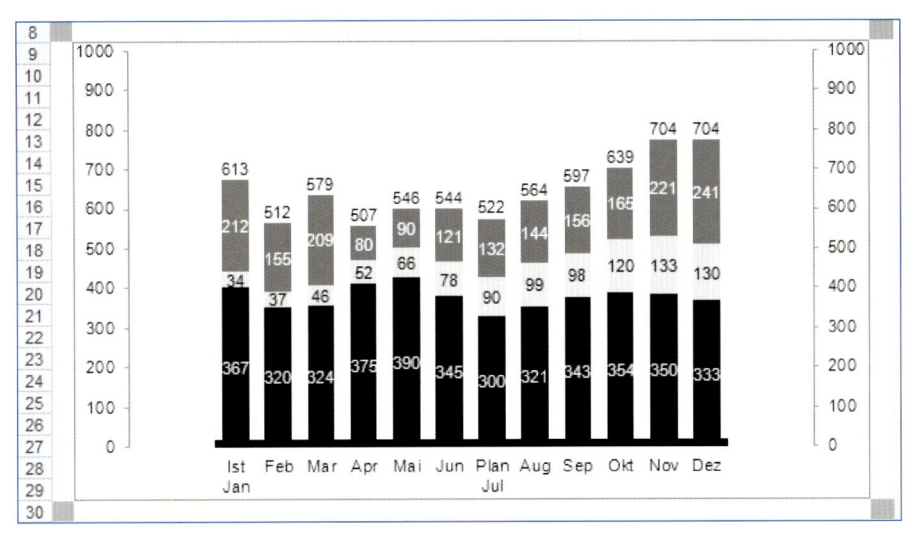

[GESTAPELTES SÄULENDIAGRAMM MIT EXCEL 2007 UND 2010 REALISIEREN]

Abbildung 3.65: *Die vertikalen Primär- und Sekundärachsen haben den festen Bereich 0 . . . 1000*

3. Wenn Sie die Achsen mit identischen Einstellungen konfiguriert haben (**Abbildung 3.65**), können Sie diese wieder ausblenden. Hierzu markieren Sie jeweils die Achsen und blenden diese über die Taste **Entf** aus.

Ab jetzt dürfen keine Datenreihen mehr negative Werte enthalten, da die Achsen von 0 bis 1000 nur im positiven Bereich definiert sind und negative Werte aus diesem herausfallen würden.

Derzeit wird die Datenreihe der X-Achse mit negativen Werten dargestellt. Hier nehmen Sie zunächst in der Zelle **I32** das Minuszeichen in der Formel heraus. Die neue Formel lautet =$AE$9. Kopieren Sie die Formel in den Zellbereich **J32** bis **T32**. Sie haben nun die X-Achsen-Datenreihe auf den neuen Diagrammbereich angepasst, allerdings überdeckt die Achsenlinie in diesem Zustand die unteren Säulenbereiche.

Im nächsten Arbeitsschritt legen Sie eine neue Objekteigenschaft an, über die die vertikale X-Achsen-Lage gesteuert werden soll.

1. Legen Sie in Zelle **AC17** die Objekteigenschaft **UNTEN** an und formatieren diese mit der Zellenformatvorlage **Eigenschaft**.

2. Die Zelle **AD17** wird als Dateneingabe definiert. Formatieren Sie hierzu die Zelle mit der Zellenformatvorlage **Dateneingabe**. An dieser Stelle wird die Dateneingabe als Prozentsatz vorgenommen, analog zu den vorhergehenden Eingabewerten. Tragen Sie hier zunächst **12 %** ein.

3. Der in Zelle **AD17** erfasste Prozentsatz wird in Zelle **AE17** in einen Wert im Bereich der Diagrammskala (0...1000) umgewandelt. Hierzu wird der Prozentsatz mit der Achsengröße multipliziert, erfassen Sie in Zelle **AE17** die Formel =AD17*$AD$35. Formatieren Sie die Zelle mit der Zellenformatvorlage **Berechneter Wert** (**Abbildung 3.66**).

[GESTAPELTES SÄULENDIAGRAMM MIT EXCEL 2007 UND 2010 REALISIEREN]

	AB	AC	AD	AE
15	Rand			
16		links	2	
17		unten	12%	120

Abbildung 3.66:
Der Konfigurationsbereich für die Y-Lage der X-Achse

4. Die Platzhalter-Säulen sollen so hoch werden, wie bei **RAND UNTEN** definiert wurde. Hierzu müssen zunächst zwei neue Datenbereiche als Datenquelle für die Platzhalter angelegt werden. Erfassen Sie in der Zelle **I39** die Formel **=$AE$17** als Platzhalter für die Primärachse. Kopieren Sie die Formel in den Zellbereich **J39** bis **T39**. In Zelle **I40** erfassen Sie die Formel **=$AE$17-$AE$9** als Platzhalter für die Sekundärachse und kopieren diese in den Zellbereich **J40** bis **T40**. Beim Sekundär-Platzhalter ziehen Sie noch die Dicke der X-Achse ab, damit die X-Achse unter der PKW-Säule ist und diese nicht überdeckt wird.

5. Im nächsten Schritt blenden Sie die X-Achsen-Beschriftung aus, da diese sich nicht mit dem Diagramm in Y-Richtung verschieben lässt. Im nächsten Abschnitt werden Sie die X-Achsen-Beschriftung aus einer Punktdatenreihe nachbauen, so dass diese auch in Y-Richtung positionierbar sein wird. Um die X-Achsen-Beschriftung auszublenden, markieren Sie diese und drücken die Taste **Entf**.

6. Auch der Datenbereich für die beiden Platzhalter muss über die Funktion **BEREICH.VERSCHIEBEN** nach links und rechts verschoben werden können. Hierzu können Sie den Zellbereich **AH32** bis **AW32** mit der Tastenkombination **Strg** + **C** kopieren und fügen diesen mit der Tastenkombination **Strg** + **V** im Zellbereich **AH39** bis **AW40** ein.

	AG	AH	AI	AJ	AK	AL	AM	AN	AO	AP	AQ	AR	AS	AT	AU	AV	AW	AX
38																		
39		0	0	120	120	120	120	120	120	120	120	120	120	120	120	0	0	
40		0	0	100	100	100	100	100	100	100	100	100	100	100	100	0	0	
41																		

Abbildung 3.67: *In diesem Bereich werden Daten für die X-Achsen-Beschriftung verschoben*

Fügen Sie nun die beiden Datenreihen der Platzhalter für die Primär- und Sekundärachse in das Diagramm ein:

1. Klicken Sie in das Diagramm, öffnen Sie über die rechte Maustaste das Kontextmenü und wechseln in den Dialog **Daten auswählen...**

2. Wählen Sie im Abschnitt **Legendeneinträge (Reihen)** die Schaltfläche **Hinzufügen**. In dem Dialogfenster, das sich zunächst öffnet, besteht die Möglichkeit X- und Y-Koordinaten zu erfassen. Nehmen Sie zunächst im Feld **Reihenname** Bezug auf die Zelle **$B$39** und im Feld **Werte der Y-Reihe** Bezug auf den Zellbereich **$AH$39** bis **$AW$39**.

3. Wiederholen Sie den letzten Arbeitsschritt auch für die Datenreihe **Platzhalter sek** mit den entsprechenden Zellbezügen.

4. Bestätigen Sie Ihre Eingabe über die Schaltfläche **OK** und verlassen das Dialogfenster.

[GESTAPELTES SÄULENDIAGRAMM MIT EXCEL 2007 UND 2010 REALISIEREN]

Stellen Sie im Folgenden sicher, dass die neu eingefügten Datenreihen
- vom Typ gestapelte Säule sind,
- Platzhalter pri auf der Primärachsengruppe und Platzhalter sek auf der Sekundärachsengruppe ist,
- jeweils als unterste Reihe in der Stapelreihenfolge sortiert ist und
- transparent formatiert ist, ohne Rahmen und ohne Fläche.

5. Klicken Sie in das Diagramm und markieren mit der Taste Pfeil nach unten die Punktreihe, öffnen Sie das Kontextmenü und das Dialogfenster Datenreihen-Diagrammtyp ändern… Wählen Sie hier den Diagrammtyp Säulen – gestapelte Säulen. Wiederholen Sie diese Vorgehensweise für die andere Datenreihe.

6. Verlagern Sie dann die Datenreihe Platzhalter sek auf die Sekundärachse, indem Sie die Datenreihe über das Menü Diagrammtools – Layout im Abschnitt Aktuelle Auswahl über das *Drop-down*-Menü die Datenreihe Reihen „Platzhalter sek" auswählen. Rufen Sie das Kontextmenü und das Dialogfenster Datenreihen formatieren… auf. Im Abschnitt Reihenoptionen schieben Sie die Datenreihe über die Auswahl Datenreihen zeichnen auf auf die Sekundärachse.

Sie haben nun die Platzhalter in das Diagramm eingefügt und den Platzhalter sek auf die Sekundärachsengruppe verschoben.

1. Klicken Sie in das Diagramm, öffnen Sie das Kontextmenü und das Dialogfenster Daten auswählen…

2. Im Abschnitt Legendeneinträge (Reihen) (**Abbildung 3.68**) schieben Sie die Datenreihen Platzhalter pri und Platzhalter sek über die Schaltfläche ⬆ nach ganz oben. Die Datenreihen sind dann im Diagramm ganz unten angeordnet.

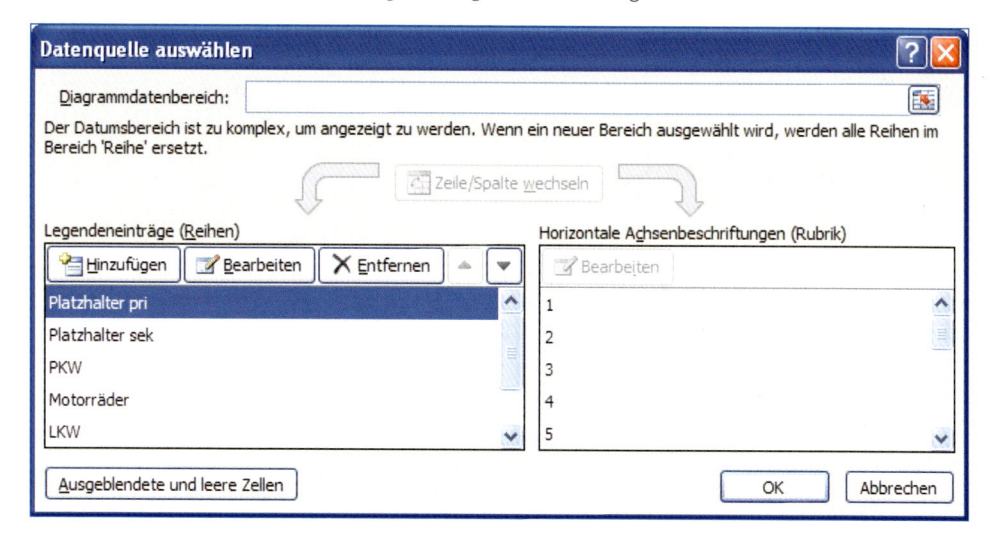

Abbildung 3.68: *Die Platzhalter wurden im Diagramm nach unten sortiert*

3. Markieren Sie den Platzhalter sek und öffnen über das Kontextmenü das Dialogfenster **Datenreihen formatieren...** Im Abschnitt **Füllung** wählen Sie die Option **keine Füllung**. Lassen Sie das Dialogfenster geöffnet und wechseln über das Menü **Diagrammtools – Layout** in den Abschnitt **Aktuelle Auswahl** und wählen im *Drop-down*-Menü die Datenreihe **Reihen „Platzhalter pri"**. Über das Dialogfenster **Datenreihen formatieren** können Sie direkt in den Abschnitt **Füllung** wechseln und hier die Option **keine Füllung** wählen. Bestätigen Sie Ihre Änderungen über die Schaltfläche **Schließen**.

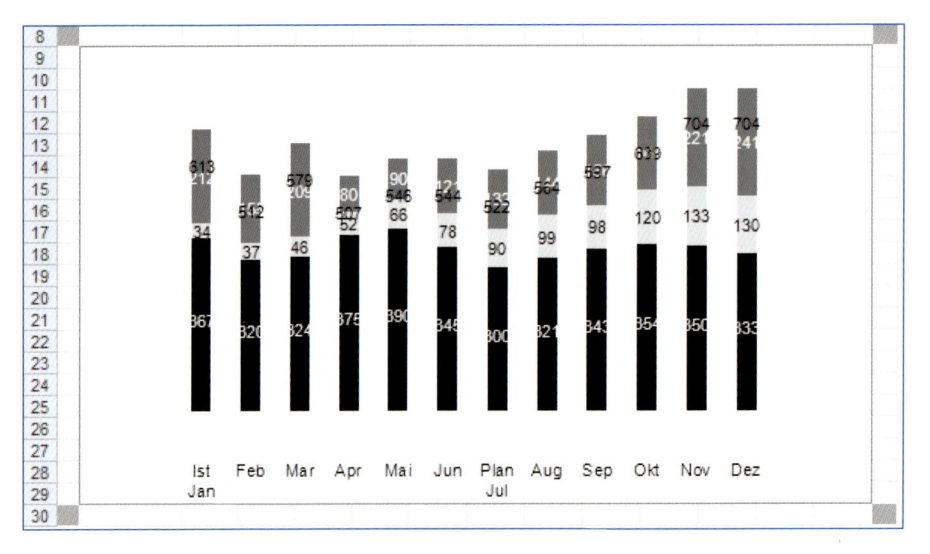

Abbildung 3.69: *Die Platzhalter sind eingefügt*

Sie haben nun die Platzhalter hinzugefügt. Das Diagramm kann hiermit vertikal positioniert werden. Wie man in **Abbildung 3.69** sieht, muss noch die ursprüngliche Breite der Säulen wiederhergestellt werden und die Summen-Beschriftungen müssen noch an die Y-Positionierung angepasst werden. Hierzu führen Sie bitte die folgenden Arbeitsschritte aus:

1. Markieren Sie eine Datenreihe der Primärachsengruppe und öffnen über das Kontextmenü das Dialogfenster **Datenreihe formatieren...** Im Abschnitt **Reihenoptionen** stellen Sie die Abstandsbreite auf **60 %** ein und betätigen die Schaltfläche **Schließen**.
2. Wiederholen Sie den vorangegangenen Arbeitsschritt auch für eine Datenreihe der Sekundärachsengruppe und definieren die Abstandsbreite auf **0 %**.
3. Jetzt müssen Sie nur noch die Y-Position der Summen-Beschriftung an die Verschiebung anpassen. Hierzu addieren Sie in der Zelle **I37** zusätzlich den **RAND UNTEN**. Die Formel lautet **=(I36*$AD$19)+$AE$14+$AE$17**, kopieren Sie diese in den Zellbereich **J37** bis **T37**.

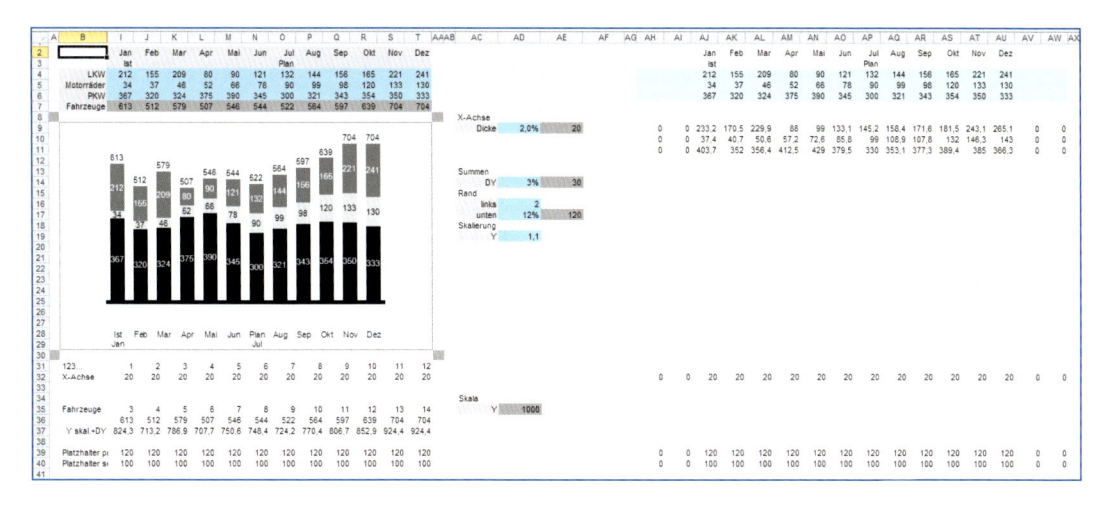

[GESTAPELTES SÄULENDIAGRAMM MIT EXCEL 2007 UND 2010 REALISIEREN]

Abbildung 3.70: *Das Diagramm ist in Y-Richtung positionierbar*

Mit dieser Methode wurde gezeigt, wie man mit Unterstapeln von transparenten Platzhaltersäulen die Y-Position eines Diagramms verändern kann. **Abbildung 3.70** zeigt das Ergebnis.

3.18 EIGENE X-ACHSEN-BESCHRIFTUNG FREI POSITIONIEREN

Übungsbeispiel

Bearbeiten in Blatt

14.6 Y-Skalierung

Ergebnis in Blatt

15 X-Achse Text

Hier lernen Sie, wie Sie eine frei positionierbare zweizeilige Achsenbeschriftung anbringen.

Im vorangegangenen Abschnitt musste wegen der steuerbaren Y-Positionierung zwangsläufig die Standard-X-Achsen-Beschriftung entfernt werden, da diese durch die verwendete Methode nicht positionierbar ist. In diesem Abschnitt erfahren Sie nun, wie Sie eine eigene frei steuerbare Beschriftung für die X-Achse ins Diagramm einbauen können. Diese Beschriftung wird analog zu den Summen in **Abschnitt 3.14** in Form von Punktdatenreihen erstellt. Hierfür werden zwei Punktdatenreihen eingefügt, je eine pro Beschriftungszeile.

Zunächst wird der Konfigurationsbereich angelegt:

1. Erstellen Sie die Konfigurationszellen, wie in der nachfolgenden **Abbildung 3.71** gezeigt wird.

Abbildung 3.71:
Der Konfigurationsbereich für die X-Achsen-Beschriftung wird angelegt

	AB	AC	AD	AE
7				
8		X-Achse		
9		Dicke	2,0%	20
10		Text Y1	-4,5%	-45
11		Text Y2	-8,0%	-80
12		DX		0

2. In den Zellen **AD10** und **AD11** wird der prozentuale Abstand für jede der beiden Beschriftungszeilen zur X-Achse erfasst. In den Zellen **AE10** und **AE11** wird der absolute Wert errechnet, der aus Prozentwert * Diagrammhöhe, die in **$AD$35** (**=1000**) notiert ist, ermittelt wird.

3. Die Objekteigenschaft **DX** in Zelle **AD12** steuert die horizontale Positionierung der Beschriftung.

Nun werden die Datenquellen für die X-Achsen-Beschriftung erstellt. Diese werden auf Basis bestehender Daten und der Konfigurationswerte wie folgt ermittelt:

1. Erfassen Sie in Zelle **I43** die Formel **=I31+$AD$16+$AD$12**, mit deren Hilfe die horizontale Positionierung der X-Achsen-Beschriftung erfolgt. Die Formel bedeutet: **Spaltennummer** plus **Rand links** plus **horizontale Justierung DX**. Kopieren Sie diese Formel in den Zellbereich **J43:T43**. Diese Formeln errechnen die horizontalen (X-)Positionen der ersten Punktdatenreihe.

2. In Zelle **I44** wird die Formel **=$AE$17+$AE$10** (**Rand unten** plus **Textposition Y1**) eingetragen und in den Zellbereich **J44** bis **T44** kopiert. Diese Formeln errechnen die vertikalen (Y-)Positionen der ersten Punktdatenreihe.

3. In Zelle **I45** wird die Formel für die zweite Punktdatenreihe angelegt. Diese lautet **=$AE$17+$AE$11** und wird in den Zellbereich **J45** bis **T45** kopiert. Diese Formeln errechnen die vertikalen (Y-)Positionen der zweiten Punktdatenreihe.

	A	B	I	J	K	L	M	N	O	P	Q	R	S	T	AA
41															
42		X-Achse Text													
43		X	3	4	5	6	7	8	9	10	11	12	13	14	
44		XATXT_Y1	75	75	75	75	75	75	75	75	75	75	75	75	
45		XATXT_Y2	40	40	40	40	40	40	40	40	40	40	40	40	
46															

Abbildung 3.72: *In diesem Bereich werden Daten für die X-Achsen-Beschriftung ermittelt*

Diese neu geschaffenen Datenquellen für die X-Achsen-Beschriftung werden als Punktdatenreihen zum Diagramm hinzugefügt. Hierzu gehen Sie wie folgt vor:

1. Klicken Sie mit der linken Maustaste in das Diagramm.
2. Rufen Sie mit der rechten Maustaste das Kontextmenü auf und öffnen das Dialogfenster **Daten auswählen...**
3. Klicken Sie im Abschnitt **Legendeneinträgen (Reihen)** auf die Schaltfläche **Hinzufügen**.
4. Stellen Sie die Bezüge für die erste Beschriftungsreihe wie in der folgenden **Abbildung 3.73** her.

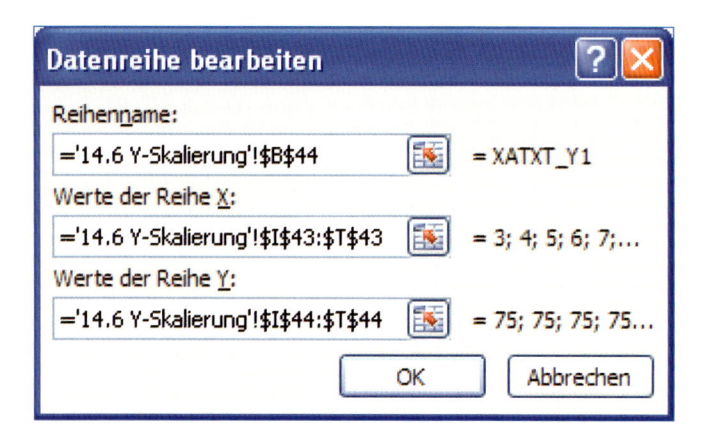

[GESTAPELTES SÄULENDIAGRAMM MIT EXCEL 2007 UND 2010 REALISIEREN]

Abbildung 3.73:
Bezüge der ersten Beschriftungsreihe

5. Wiederholen Sie den vorangegangenen Arbeitsschritt auch für die zweite Beschriftungsreihe. Stellen Sie die Bezüge wie folgt her:

Reihenname =$B$45

Werte der Reihe X =$I$43:$T$43

Werte der Reihe Y =$I$45:$T$45

Bestätigen Sie Ihre Eingabe über die Schaltfläche Schließen.

Sie haben nun die Punktdatenreihen in das Diagramm eingefügt. Möglicherweise sind diese im Diagramm nicht sichtbar. Das liegt daran, dass die Formatierung der Datenreihen weder Punkte noch Verbindungslinien anzeigt. Die Formatierung der Datenreihen richtet sich direkt nach dem Einfügen ins Diagramm nach der Formatierung der Datenreihe desselben Typs, die zuletzt formatiert wurde. Wurde zuletzt eine Punktdatenreihe transparent formatiert (Datenreihen formatieren – Markierungsoptionen – Markertyp – Keine), dann wird die nächste Punktdatenreihe zunächst auch transparent sein.

Im Menü Diagrammtools – Layout und in der Multifunktionsleiste im Abschnitt Aktuelle Auswahl können Sie die Punktdatenreihen über das *Drop-down*-Auswahlfeld markieren. Sollten die Datenpunkte eingeblendet sein, so machen Sie diese transparent. **Abbildung 3.74** zeigt die Markierungen einer der neu eingefügten Datenreihen.

Bei anderen Anwendungen ist es ungewiss, ob die neu eingefügten Datenreihen gleich den passenden (Punkt-)Datentyp haben. Falls nicht, müssen diese Datenreihen nach dem Einfügen in den Diagrammtyp Punkt umgewandelt werden und erst danach kann die Datenquelle der X-Koordinate mit Daten auswählen... zugewiesen werden.

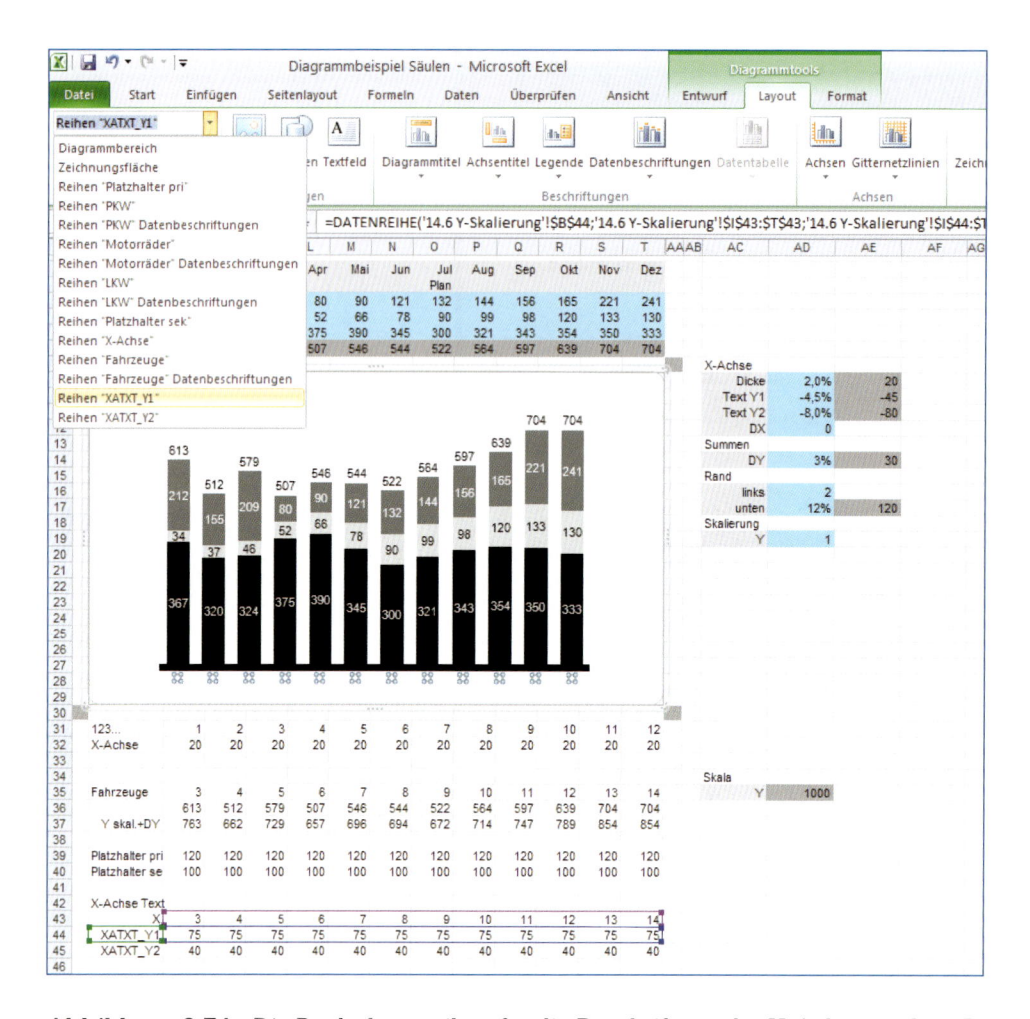

[GESTAPELTES SÄULENDIAGRAMM MIT EXCEL 2007 UND 2010 REALISIEREN]

Abbildung 3.74: *Die Punktdatenreihen für die Beschriftung der X-Achse sind ins Diagramm eingefügt worden*

Anschließend erhalten die beiden Datenreihen eine Beschriftung. Hierzu gehen Sie bitte wie folgt vor:

1. Markieren Sie die **XATXT_Y1**-Datenreihe und rufen das Kontextmenü auf. Führen Sie die Funktion **Datenbeschriftung hinzufügen** aus. Wiederholen Sie diesen Schritt auch für die **XATXT_Y2**-Datenreihe.

2. Richten Sie nun die Beschriftung zentriert aus. Hierzu markieren Sie die Datenbeschriftung der Datenreihe **XATXT_Y1** und richten diese über das Dialogfenster **Datenbeschriftungen formatieren...** im Abschnitt **Beschriftungsoptionen – Beschriftungsposition – zentriert** aus. Markieren Sie nun, ohne das Dialogfenster zu schließen, die Datenbeschriftung der Datenreihe **XATXT_Y2** und richten diese auch zentriert aus. Verlassen Sie nun das Dialogfenster über die Schaltfläche **Schließen**. **Abbildung 3.75** zeigt das Ergebnis.

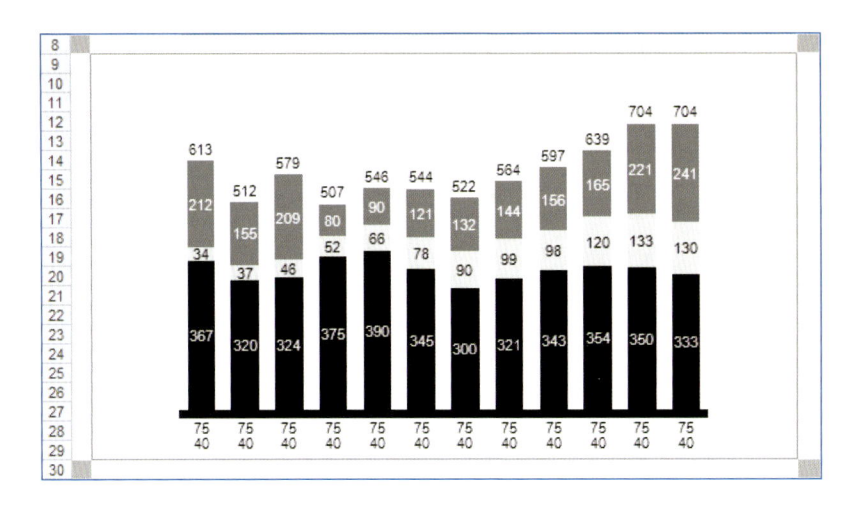

[GESTAPELTES SÄULENDIAGRAMM MIT EXCEL 2007 UND 2010 REALISIEREN]

Abbildung 3.75: *Die X-Achsen-Datenbeschriftung wurde zentriert ausgerichtet*

3. Jetzt werden die Datenbeschriftungen verknüpft.
   Die Beschriftungen der Datenreihe XATXT_Y1 werden mit den Zellen I2 bis T2 verknüpft und die der Datenreihe XATXT_Y2 mit I3 bis T3.
   Markieren Sie dazu jede der beiden Beschriftungsreihen und navigieren dann mit der Taste Pfeil nach rechts zum ersten Beschriftungsobjekt und drücken anschließend die Taste =. Klicken Sie jetzt auf die erste Zelle I2 (bei XATXT_Y1) und bestätigen Sie anschließend mit der Taste Enter. Mit der Taste Pfeil nach rechts gelangen Sie zum zweiten Beschriftungsobjekt. Wiederholen Sie das für alle Beschriftungsobjekte.
   Wiederholen Sie diesen Arbeitsschritt für die Datenbeschriftung der Datenreihe XATXT_Y2. Verlinken Sie diese mit dem Zellbereich I3 bis T3. Abbildung 3.76 zeigt die fertig verknüpften Achsenbeschriftungen.

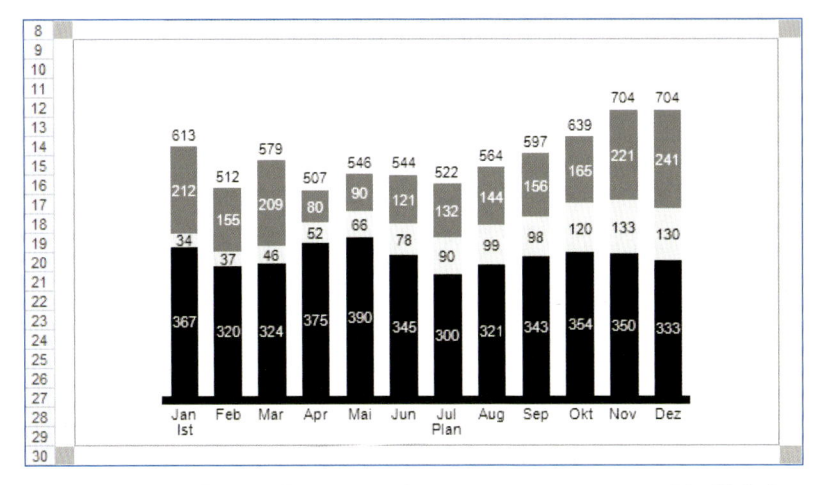

Abbildung 3.76: *Das Diagramm hat nun eine neue, variable X-Achsen-Beschriftung erhalten*

3.19 LEGENDE AM RECHTEN DIAGRAMMRAND ERSTELLEN

Übungsbeispiel
Bearbeiten in Blatt
`15 X-Achse Text`
Ergebnis in Blatt
`16.1 Legende R`

Hier lernen Sie, wie Sie eine Legende für die Datenreihe rechts oder links vom Diagramm anbringen, die automatisch in der Mitte der jeweils benachbarten Säule positioniert wird.

In **Abschnitt 3.5** wurde die Standard-*Excel*-Legende als unnötiges Element entfernt. Im folgenden Abschnitt wird eine neue Legende erstellt, die sich automatisch an der Höhe der rechten Säulensegmente ausrichtet.

Die neue Legende wird über zusätzliche Datenreihen realisiert, die rechts neben den Diagrammsäulen positioniert werden können. Die X-Feinjustierung der Legende erfolgt über eine Konfigurationszelle DX. Hier folgen die Arbeitsschritte im Detail:

Legen Sie zunächst im Zellbereich **AE3** bis **AF6** den Datenbereich für die **Legende rechts** an:

1. Erfassen Sie in Zelle **AF3** den Text **Legende rechts** und richten diesen **linksbündig** aus.
2. Formatieren Sie den Zellbereich **AE3** bis **AF3** mit der Zellenformatvorlage **Beschriftung**.
3. Den Zellbereich **AE4** bis **AF6** formatieren Sie mit der Zellenformatvorlage **Berechneter Wert**. Die Zellen **AE4** bis **AE6** werden die **X-Koordinaten** und die Zellen **AF4** bis **AF6** die **Y-Koordinaten** der **Legende rechts** enthalten. Die Y-Koordinate soll in der Mitte jedes Säulenabschnitts positioniert sein.

Sie haben nun den Datenbereich für die Legende rechts vorbereitet, welchen Sie gleich mit Formeln füllen werden. Vorher wird noch ein Konfigurationsbereich für die X-Feinpositionierung der Legende angelegt. Hierzu legen Sie den Konfigurationsbereich, wie in der folgenden **Abbildung 3.77** gezeigt, an.

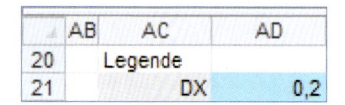

	AB	AC	AD
20		Legende	
21		DX	0,2

Abbildung 3.77:
X-Position der Legende

Jetzt können Sie die Formeln für die X- und Y-Koordinaten der Legende rechts definieren. Hier gehen Sie wie folgt vor:

1. Berechnen Sie zunächst die **X-Koordinate**. Erfassen Sie in Zelle **AE4** die Formel **=12+$AD$16+$AD$21**. Die Formel bedeutet: **12** plus **Rand links** plus **X-Feinjustierung**. Kopieren Sie nun die Formel in den Zellbereich **AE5** bis **AE6**.
2. Jetzt folgen die Y-Koordinaten. Jede Beschriftung soll mittig neben jeder der drei Dezembersäulen stehen. Die unterste, d. h. die **PKW**-Beschriftung, steht also in **Höhe des halben PKW-Dezember-Wertes =T6/2**. Da das Diagramm mit dem Y-Skalierungsfaktor skaliert werden kann, muss auch diese Legende skaliert werden können: **=(T6/2)*$AD$19**. Um die Legende mit der **Rand unten**-Konfiguration verschieben zu können, muss dieser Wert noch hinzuaddiert werden: **=(T6/2)*$AD$19+$AE$17**
3. Für die Legende der **Motorräder** gilt die gleiche Berechnungslogik bis zur **Höhe des halben Motorräder-Dezemberwertes**. Es wird nun jedoch noch der **PKW-Dezemberwert** hinzuaddiert. Das bedeutet, **PKW + die Hälfte von Motorräder: =T6+(T5/2)**. Nun wird analog der Legenden für **PKW** mit dem **Y-Skalierungsfaktor** multipliziert und

[GESTAPELTES SÄULENDIAGRAMM MIT EXCEL 2007 UND 2010 REALISIEREN]

der **Rand unten** hinzuaddiert. Es ergibt sich in **AF5** die folgenden Formel: =(T6+(T5/2))*$AD$19+$AE$17.

4. Die Positionierung der **LKW**-Legende funktioniert in der gleichen Weise. Alle unterhalb der **LKW-Säule** gestapelten Werte werden summiert und der aktuelle **LKW-Wert wird zur Hälfte** hinzuaddiert, anschließend mit dem **Y-Skalierungsfaktor** multipliziert und um den **Rand unten** erhöht. Die Formel in Zelle **AF4** lautet: =(SUMME(T5:T6)+(T4/2))*$AD$19 +$AE$17.

Abbildung 3.78:
Datenquelle für die Legende an der rechten Diagrammseite

	AE	AF
2		
3		Legende rechts
4	14,2	703,5
5	14,2	518
6	14,2	286,5

Jetzt muss diese neue Datenreihe in das Diagramm eingefügt werden, was Sie anhand der folgenden Schritte nachvollziehen können:

1. Markieren Sie den Zellbereich **AE3** bis **AF6**.
2. Kopieren Sie diesen Bereich mit der Tastenkombination **Strg + C**.
3. Klicken Sie in das Diagramm und fügen diese über das Menü **Start – Zwischenablage – Einfügen – Inhalte einfügen** ein. Das erscheinende Dialogfenster können Sie über die Schaltfläche **OK** bestätigen. Alternativ können Sie den Zellbereich auch über die Tastenkombination **Strg + V** in das Diagramm einfügen.
4. Klicken Sie in das Diagramm und betätigen zweimal die Taste **Pfeil nach unten**. Damit ist die Datenreihe markiert, die Sie soeben eingefügt haben.
Stellen Sie sicher, dass die neu eingefügte Datenreihe vom Diagrammtyp **Punkt** ist. **Abbildung 3.79** zeigt das Ergebnis.

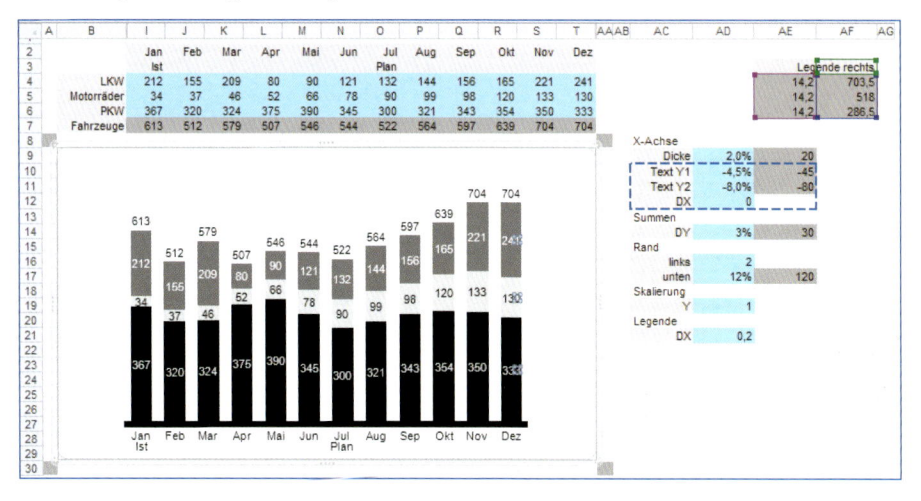

Abbildung 3.79: *Die neue Datenreihe wurde als Punktdiagramm eingefügt*

5. Fügen Sie über das Kontextmenü die Datenbeschriftungen hinzu.
6. Verlinken Sie die drei Datenbeschriftungspunkte mit dem Zellbereich B4 bis B6. Markieren Sie die Beschriftungsreihe Legende rechts und dann durch Drücken der Taste Pfeil nach rechts das erste Beschriftungsobjekt. Drücken Sie dann die Taste = und klicken dann in der Tabelle in Zelle B4, welche den Legendentext LKW enthält. Abschließend bestätigen Sie mit der Taste Enter.
7. Wiederholen Sie den vorigen Schritt auch für die beiden noch fehlenden Beschriftungspunkte Motorräder und PKW, indem Sie mit der Taste Pfeil nach rechts jeweils zum nächsten Beschriftungsobjekt navigieren und mit = verknüpfen. Abbildung 3.80 zeigt das Ergebnis.

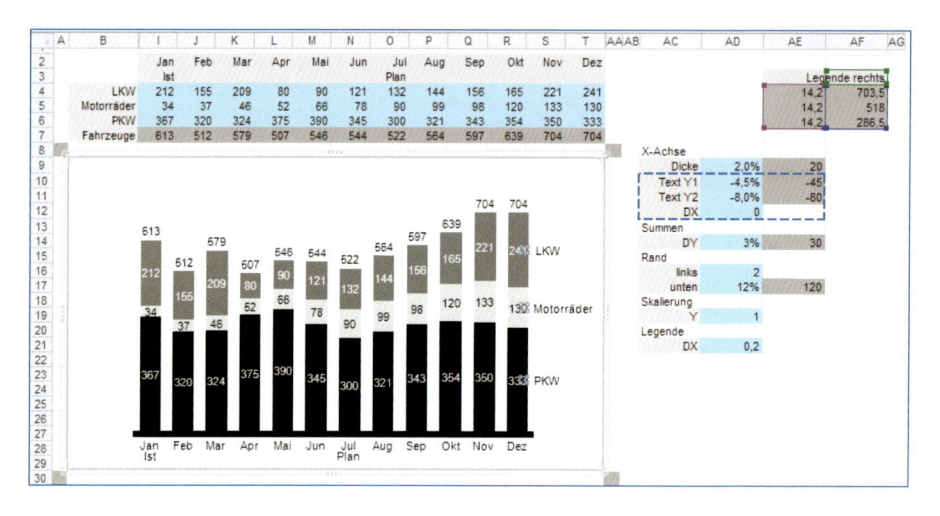

Abbildung 3.80: *Die Legende ist jetzt richtig verknüpft*

Ändern Sie AD21 in Zehntelschritten, um zu sehen, wie sich die horizontale Position der Legende verschiebt.

3.20 LEGENDE AUTOMATISCH AM LETZTEN GEFÜLLTEN MONAT AUSRICHTEN

Übungsbeispiel

Bearbeiten in Blatt
16.1 Legende R

Ergebnis in Blatt
16.2 Legende R

Die Legende funktioniert nun korrekt, wenn das Diagramm bis in den Dezember Werte anzeigt. Es ist aber möglich, dass das Diagramm unterjährig erstellt wird und deshalb noch nicht für alle Monate Werte vorhanden sind. In diesem Fall soll die Legende rechts von der Säule bzw. dem Monat angezeigt werden, der als Letzter Werte enthält. Diese Anforderung können Sie umsetzen, indem Sie zuerst die Position der letzten gefüllten Spalte ermitteln und dann die Koordinaten der rechten Legende daraus dynamisch aus dieser Spalte berechnen. Gehen Sie folgendermaßen vor:

1. In den Zellen I47 bis T47 wird zunächst ein Hilfsbereich angelegt, der für jede nicht leere Eingabespalte die Spaltennummer wiedergibt. Erfassen Sie dazu in Zelle I47 die Formel =WENN(UND(ISTLEER(I4);ISTLEER(I5);ISTLEER(I6));0;I31), die prüft, ob im Datenbereich I4 bis I6 Werte für den Monat Jan vorhanden sind. Kopieren Sie diese Formel dann in den Zellbereich I47 bis T47, um auch die übrigen Monate zu überprüfen. Falls in diesen Monaten Werte vorhanden sind, wird die jeweilige Monatszahl aus dem Zellbereich I31 bis T31 wiedergegeben, andernfalls eine 0.

2. Wenn Sie aus dem Bereich I47 bis T47 den größten Wert ermitteln, kennen Sie die letzte gefüllte Spalte. Schreiben Sie dazu in Zelle AD37 die Formel =MAX(I47:T47) (Abbildung 3.81).

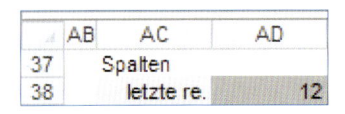

	AB	AC	AD
37		Spalten	
38		letzte re.	12

Abbildung 3.81:
Hier wird geprüft, welcher der letzte Monat mit Werten ist

3. Ein weiterer Hilfsbereich (AY4:AY6) gibt die Werte der letzten gefüllten Spalte wieder. Die Formel in AY4: =BEREICH.VERSCHIEBEN(I4;0;$AD$37-1) gibt den letzten LKW-Wert wieder, indem der Bezug ausgehend vom Januar-LKW-Bereich bis zur letzten gefüllten Spalte nach rechts verschoben wird. Kopieren Sie nun diese Formel in die darunterliegenden Zellen AY5 und AY6.

4. Jetzt passen Sie die X-Koordinaten der Legende so an, dass nicht fest die 12. Spalte verwendet wird, sondern die letzte gefüllte. In AE4 steht die Formel =12+$AD$16+$AD$21. Ändern Sie die 12 in $AD$37. Die Formel lautet dann =$AD$37+$AD$16+$AD$21. Kopieren Sie diese Formel in AE5 und AE6.

5. Abschließend passen Sie noch die Y-Koordinaten (AF4:AF6) an. Diese sollen die Werte nicht mehr statisch aus dem Dezember (Spalte T) beziehen, sondern aus der letzten Spalte, also dem Bereich AY4:AY6. Markieren Sie die Zelle AF4, drücken Sie nun die Taste F2, um die Zellbearbeitung zu aktivieren. Sie sehen jetzt zwei Markierungsrahmen in Zelle T4 und im Zellbereich T5:T6. Schieben Sie diese Rahmen von Spalte T in Spalte AY. Achten Sie hierbei darauf, nicht in der Zeile zu verrutschen! Drücken Sie die Taste Enter zum Abschließen der Zellbearbeitung. Wiederholen Sie das für AF5 und AF6. Die Y-Koordinaten sehen jetzt folgendermaßen aus:
AF4=(SUMME(AY5:$AY$6)+(AY4/2))*$AD$19+$AE$17
AF5=(AY6+(AY5/2))*$AD$19+$AE$17
AF6=(AY6/2)*$AD$19+$AE$17

Abbildung 3.82 bis Abbildung 3.84 zeigen die einzelnen Schritte:

Abbildung 3.82: Die Y-Koordinaten des LKW-Legendenpunkts werden auf den Hilfsbereich verschoben, der die Werte der letzten gefüllten Spalte enthält

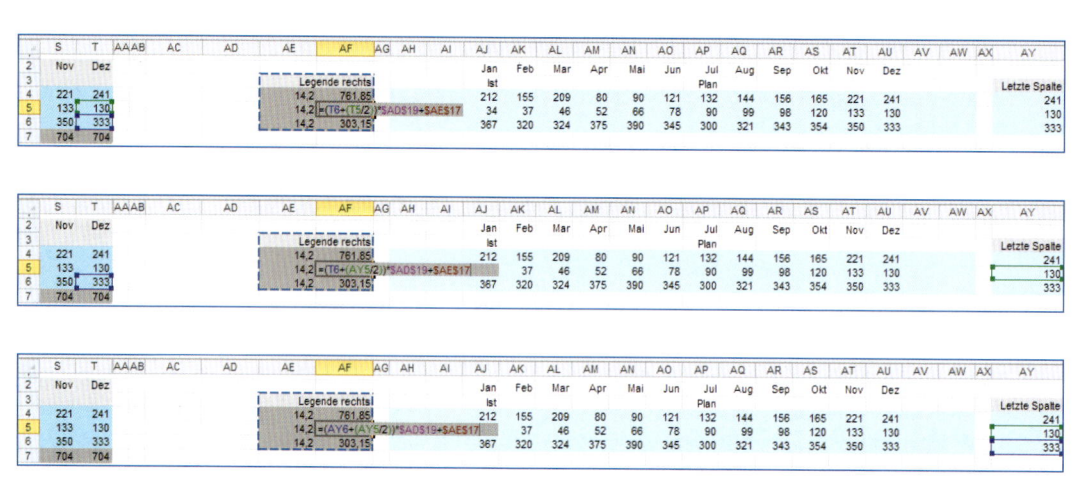

Abbildung 3.83: Die Y-Koordinaten des Motorräder-Legendenpunkts werden verschoben

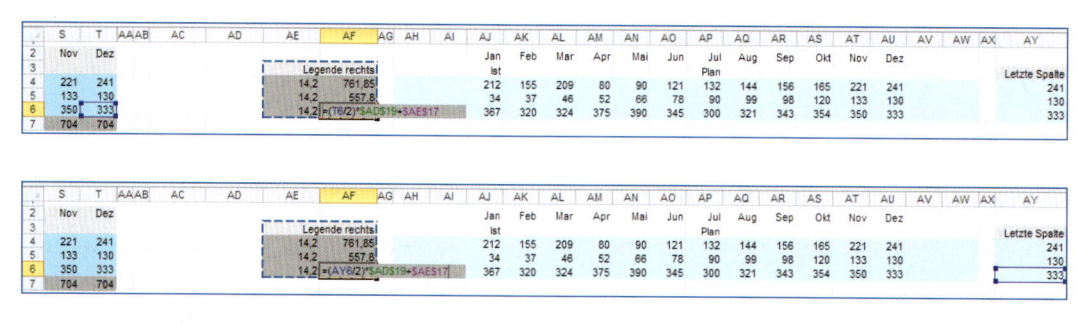

Abbildung 3.84: Die Y-Koordinaten des PKW-Legendenpunkts werden verschoben

[GESTAPELTES SÄULENDIAGRAMM MIT EXCEL 2007 UND 2010 REALISIEREN]

Wenn Sie zum Test die Daten im Zellbereich T4 bis T6 löschen, so sollte die Legende jetzt an der Nov-Säule ausgerichtet sein.

Jetzt sorgen Sie noch dafür, dass die Achsenlinie für nicht gefüllte Monate ausgeblendet wird. Bauen Sie hierfür in I32:T32 eine Bedingung ein, die in der Zeile darüber (Monatsnummern) prüft, ob der aktuelle Monat nicht den Wert Spalten letzte re. in AD37 übersteigt. Ändern Sie die Formel in I32 ab in =WENN(I$31<=$AD$37;$AE$9;0) und füllen Sie damit den Bereich I32:T32 aus. Formatieren Sie den Zellbereich I7 bis T7 mit dem Zahlenformat 0;-0;"". Abbildung 3.85 zeigt das Ergebnis.

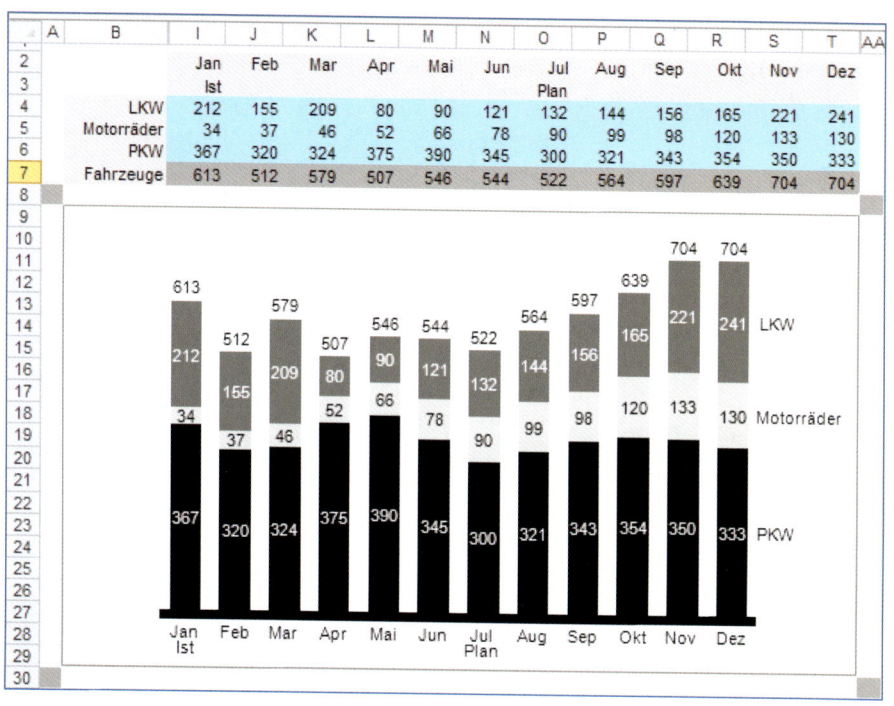

*Abbildung 3.85: Die Datenreihe **Legende rechts** ist variabel am letzten gefüllten Monat positioniert*

3.21 LEGENDE VON LINKS NACH RECHTS UMSCHALTEN

Übungsbeispiel

Bearbeiten in Blatt
16.2 Legende R

Ergebnis in Blatt
16.3 Legende L+R

Um die Legende von rechts nach links umschaltbar zu machen, könnte man dazu die X- und Y-Koordinaten variabel aus der Januar-Spalte beziehen. Dies würde die Position der Punkte zwar korrekt steuern, aber die Beschriftung bliebe immer noch rechts vom Punkt, also linksbündig stehen. Da die Beschriftungsposition nicht extern gesteuert werden kann, muss hier eine zweite Legende erstellt werden, deren Koordinaten aus dem Januar bezogen werden. Anschließend wird – je nach Einstellung – entweder die linke oder die rechte Legende mit einer Wenn-Formel ausgeblendet. Die Umsetzung wird im Folgenden gezeigt:

1. Richten Sie zuerst die Zelle AD22 so ein, dass über diese Zelle ein Konfigurationswert, der entweder die Auswahl L (Legende links) oder R (Legende rechts) enthält, ausgewählt werden kann. Dies geschieht über eine *Drop-down*-Liste, aus der die Einträge L und R ausgewählt werden können. Zum Einrichten einer solchen *Drop-down*-Liste markieren Sie zunächst die Zelle AD22.

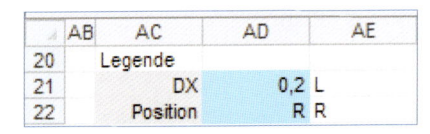

	AB	AC	AD	AE
20		Legende		
21		DX	0,2	L
22		Position	R	R

Abbildung 3.86:
Hier wird gesteuert, ob die Legende rechts oder links vom Diagramm angezeigt werden soll

2. Rufen Sie nun aus dem Menü Daten – Datentools den Befehl Gültigkeitsprüfung auf.

3. Markieren Sie im *Drop-down*-Feld Zulassen den Eintrag Liste und geben unter Quelle die Formel =$AE$21:$AE$22 ein, so in **Abbildung 3.87** abgebildet. Bestätigen Sie die getroffenen Einstellungen mit der Schaltfläche OK.

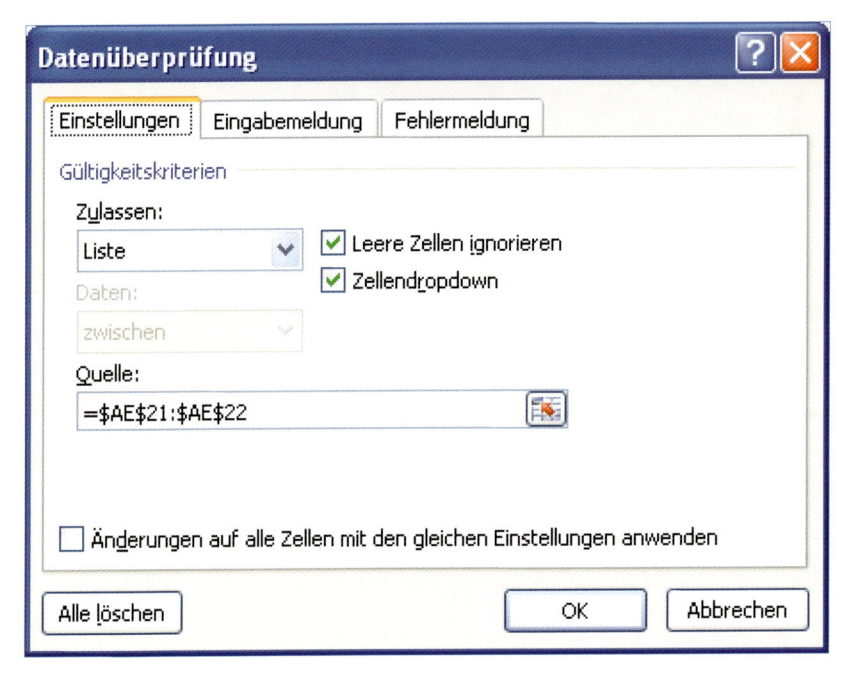

Abbildung 3.87:
Auswählen von Eingabewerten über eine Gültigkeitsliste

4. Tragen Sie nun in Zelle AE21 bzw. AE22 die *Drop-down*-Listeneinträge L und R ein.

5. Sie können nun die vorhandene rechte Legende ausblenden, und zwar immer dann, wenn die Position der Legende über die Zelle AD22 auf L eingestellt wird. Sollten Sie eine der Koordinaten X oder Y löschen, dann wird der entsprechende Punkt mit der dazugehörenden Beschriftung ausgeblendet. Die Formel für diese Funktionalität arbeitet folgendermaßen: Über eine Wenn-Bedingung wird immer dann das Symbol #NV zurückgegeben, wenn die Prüfung des ersten Arguments in der Bedingung den Wert FALSCH ergeben hat. Erweitern Sie also die X-Koordinaten der Legende, indem Sie in der Zelle AE4 folgende Formel erfassen: =WENN($AD$22=$AE$22;$AD$37+$AD$16+$AD$21;#NV). Kopieren Sie diese Formel in den Zellbereich AE5 bis AE6.

[GESTAPELTES SÄULENDIAGRAMM MIT EXCEL 2007 UND 2010 REALISIEREN]

6. Erstellen Sie dann – in der gleichen Logik wie bei der rechten Legende – eine linke Legende, indem Sie die folgenden drei (identischen) X-Koordinaten benutzen:
   AC4=WENN($AD$22=$AE$21;$AD$16+1-$AD$21;#NV)
   AC5=WENN($AD$22=$AE$21;$AD$16+1-$AD$21;#NV)
   AC6=WENN($AD$22=$AE$21;$AD$16+1-$AD$21;#NV)

7. Ergänzen Sie nun die fehlenden Y-Koordinaten in den folgenden Zellen:
   AD4=(SUMME(I5:$I$6)+(I4/2))*$AD$19+$AE$17
   AD5=(I6+(I5/2))*$AD$19+$AE$17
   AD6=(I6/2)*$AD$19+$AE$17

8. Für die neue Datenquelle vergeben Sie in Zelle AD3 den Text Legende links (Abbildung 3.88).

Abbildung 3.88:
Jetzt ist der Datenbereich zur Anzeige im linken Diagrammbereich erweitert

9. Markieren Sie den neuen Zellbereich AC3 bis AD6 und kopieren diesen mit der Tastenkombination Strg + C in die Zwischenablage.

10. Klicken Sie in das Diagramm und rufen über das Menü Start – Zwischenablage – Einfügen den Befehl Inhalte einfügen auf. Bestätigen Sie den in Abbildung 3.89 abgebildeten Dialog mit der Schaltfläche OK.

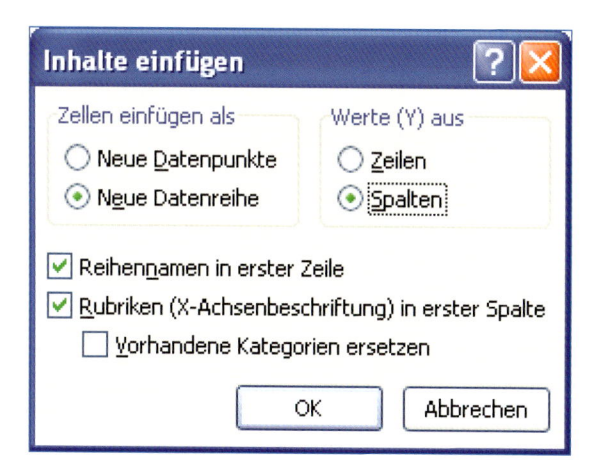

Abbildung 3.89:
Die neue Datenreihe wird jetzt in das Diagramm eingefügt

11. Klicken Sie in das Diagramm und rufen im Menü Diagrammtools – Layout – Aktuelle Auswahl über das *Drop-down*-Menü den Eintrag Reihen „Legende links" auf.

12. Öffnen Sie das Kontextmenü und führen den Befehl Datenbeschriftung hinzufügen aus. Abbildung 3.90 zeigt das Ergebnis.

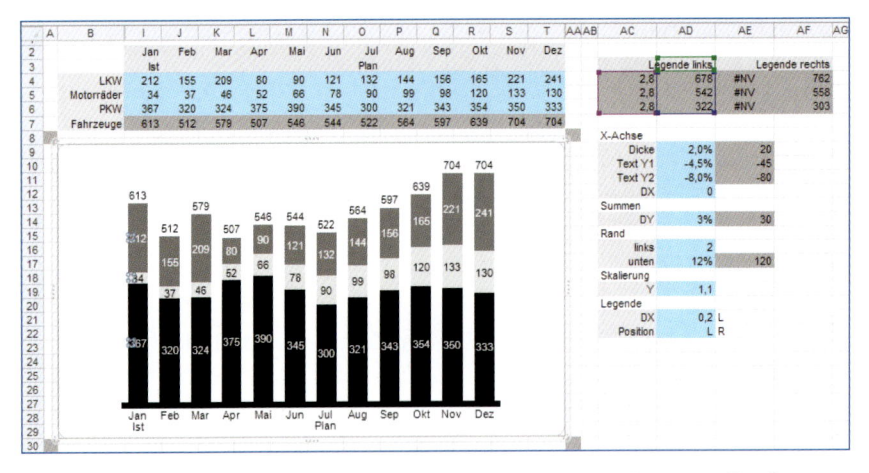

Abbildung 3.90: *Die Beschriftung der Legende ist rechts vom Punkt ausgerichtet*

13. Markieren Sie die Datenbeschriftungsreihe „Legende links" und rufen über das Kontextmenü das Dialogfenster Datenbeschriftungen formatieren auf. Ändern Sie im Abschnitt Datenbeschriftungsoptionen die Beschriftungsposition auf Links und verlassen das Dialogfenster über die Schaltfläche Schließen.

14. Verknüpfen Sie die drei Datenbeschriftungspunkte mit dem Zellbereich B4 bis B6. Markieren Sie die Beschriftungsreihe Legende rechts und dann durch Drücken der Taste Pfeil nach rechts das erste Beschriftungsobjekt. Drücken Sie dann die Taste = und klicken in der Tabelle in Zelle B4, welche den Legendentext LKW enthält. Abschließend bestätigen Sie mit der Taste Enter.

15. Wiederholen Sie den vorigen Schritt auch für die beiden noch fehlenden Beschriftungspunkte Motorräder und PKW, indem Sie mit der Taste Pfeil nach rechts jeweils zum nächsten Beschriftungsobjekt navigieren.

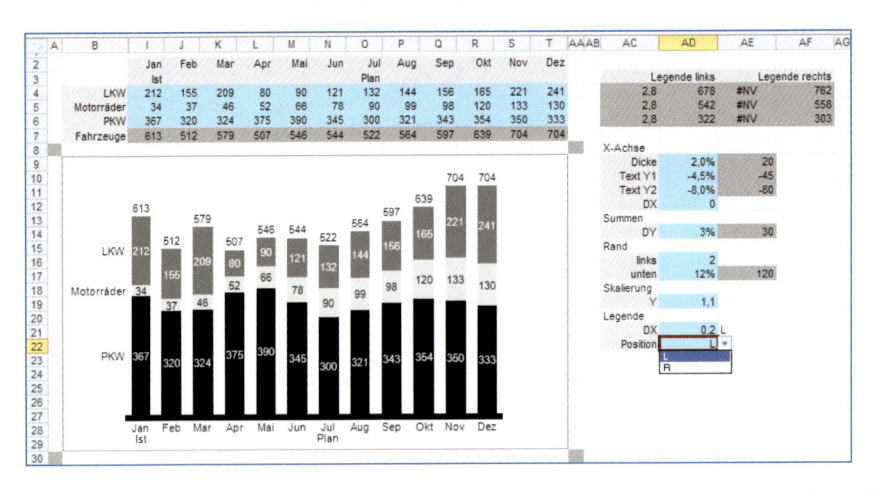

Abbildung 3.91: *Sie haben nun erfolgreich eine umschaltbare Legende in das Diagramm integriert*

[GESTAPELTES SÄULENDIAGRAMM MIT EXCEL 2007 UND 2010 REALISIEREN]

3.22 VERTIKALE LINIE EINFÜGEN

Übungsbeispiel
Bearbeiten in Blatt
16.3 Legende L+R
Ergebnis in Blatt
17 V-Linie

Hier erfahren Sie, wie Sie eine vertikale Linie als Trennzeichen zwischen zwei beliebigen Säulen platzieren.

Die vertikale Linie soll den Wechsel von Ist- zu Planwerten hervorheben. Über Konfigurationszellen werden die X-Position sowie die Länge der Linie eingestellt. Um eine solche Trennlinie in das Diagramm einzufügen, müssen Sie zunächst einen Konfigurationsbereich sowie eine Datenquelle für die neu zu erstellende Datenreihe schaffen. Die nächsten Arbeitsschritte zeigen Ihnen, wie es geht:

Zuerst wird in Zelle AD24 die Eingabezelle geschaffen, über die ein Monatswert erfasst werden kann. Über diese Zelle wird gesteuert, vor welchem Monat eine Trennlinie zur Abgrenzung von Ist- und Planwerten angezeigt werden soll (**Abbildung 3.92**).

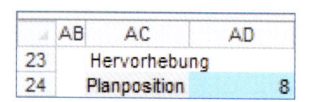

	AB	AC	AD
23		Hervorhebung	
24		Planposition	8

Abbildung 3.92:
Hier wird eingestellt, vor welchem Monat die Trennlinie angezeigt wird

Dann wird die Datenquelle erstellt. Die Zelle AD38 enthält den Reihennamen und die Zellen AE39 und AE40 enthalten die Y-Anfangs- und Endposition der Trennlinie als Prozentwerte. In unserem Beispiel verläuft die Trennlinie von 0 % bis 30 % (**Abbildung 3.94**).

	AB	AC	AD	AE
38			Vertikale Linie	
39		9,5	0	
40		9,5	370	25%

Abbildung 3.93:
Hier wird die Höhe der Trennlinie über der X-Achse eingestellt

Der Zellbereich AC39 bis AC40 enthält die X-Koordinaten, der Zellbereich AD39 bis AD40 die Y-Koordinaten.

1. Die X-Koordinate in Zelle AC39 wird aus Planposition minus 0,5 berechnet, da der Strich zwischen dem ersten Planwert und dem Vorgänger stehen soll. Damit die Linie mit dem veränderten Rand links (+$AD$16) korrekt verschoben wird, wird dieser addiert. Die Formel in Zelle AC39 lautet =$AD$24+$AD$16-0,5. Kopieren Sie jetzt diese Formel in die Zelle AC40.

2. Die Y-Koordinate in Zelle AD40 berechnet sich aus dem eingegebenen Prozentwert in Zelle AE40 mal der Diagramm-Achsenhöhe in Zelle AD35. Die Formel in Zelle AD40 lautet: =(AE40*$AD$35)+$AE$17. Dies ist die Y-Koordinate des oberen Linienendes. Der untere Linienanfang wird in Zelle AD40 einfach als 0 eingegeben. Die Darstellung im Beispiel ist eine von mehreren möglichen Varianten. Die Linie kann selbstverständlich auch nach einer anderen Logik errechnet und dargestellt werden.

Fügen Sie jetzt den neu angelegten Zellbereich als neue Datenreihe ins Diagramm ein. Dazu befolgen Sie die nächsten Arbeitsschritte:

1. Markieren Sie den Zellbereich AC38 bis AD40.
2. Kopieren Sie diesen Bereich über die Tastenkombination **Strg** + **C**.
3. Klicken Sie mit der linken Maustaste in das Diagramm und drücken die Tastenkombination **Strg** + **V**.

206 〔 GESTAPELTES SÄULENDIAGRAMM MIT EXCEL 2007 UND 2010 REALISIEREN 〕

Im Beispiel erhalten Sie anschließend eine Punktdatenreihe. Es kann sein, dass Sie diese Punktdatenreihe zunächst nicht sehen. Markieren Sie hierzu die Punktdatenreihe über das Menü **Diagrammtools – Layout – Aktuelle Auswahl** (Abbildung 3.94). Auch ist es möglich, dass keine Datenreihe vom Typ Punkt entsteht. In diesem Fall muss der **Datenreihen-Diagrammtyp** in **Punkt** umgewandelt werden.

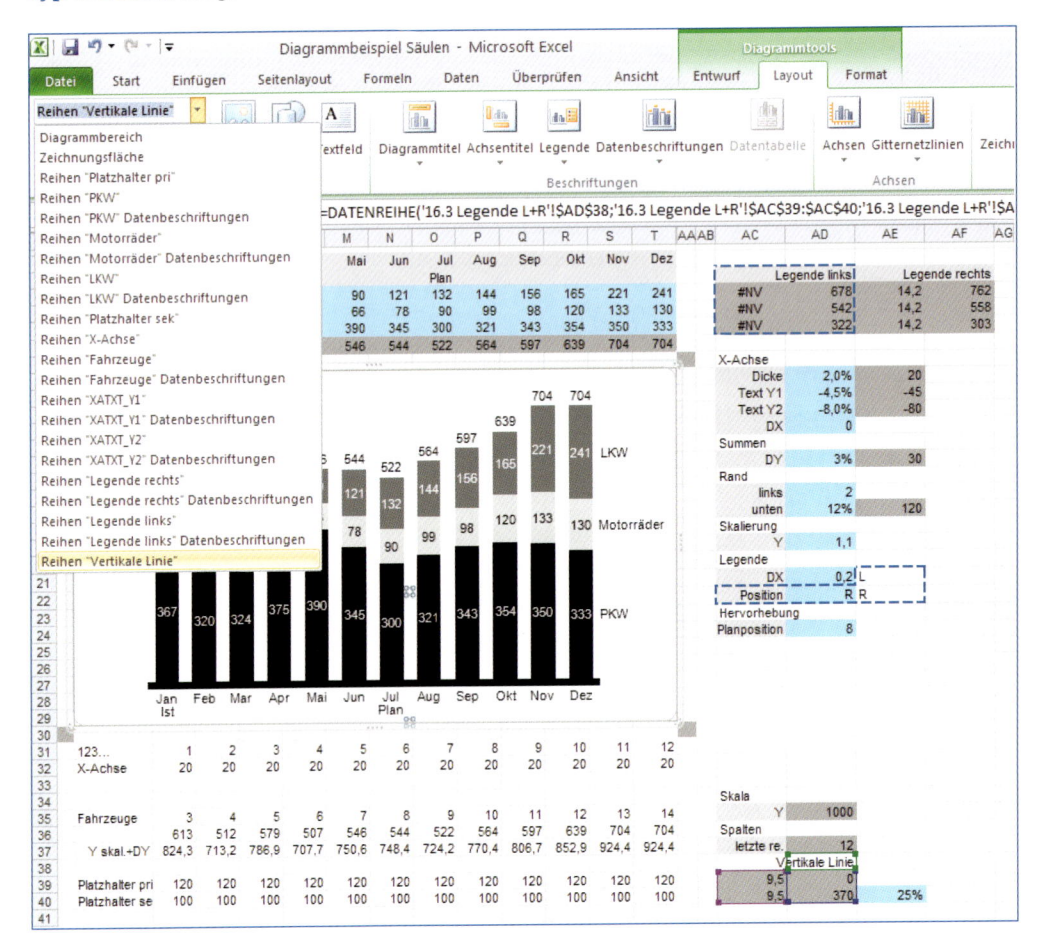

Abbildung 3.94: *Die Trennlinie ist eingefügt. Sie besteht aus zwei Punkten mit einer Verbindungslinie und ist hier noch nicht formatiert. Das Bild zeigt die Markierungspunkte zwischen Juli und August*

1. Öffnen Sie das Kontextmenü und damit den Dialog **Datenreihen formatieren…**, wie in **Abbildung 3.94** gezeigt
2. Legen Sie im Abschnitt **Markierungsoptionen** den **Markertyp** auf **Keinen** fest.
3. Im Abschnitt **Linienfarbe** definieren Sie diese auf **einfarbige Linie schwarz**.
4. Die **Linienbreite** wird im Abschnitt **Linienart** auf **2 pt** festgelegt.
5. Bestätigen Sie Ihre Eingaben über die Schaltfläche **Schließen**.

[GESTAPELTES SÄULENDIAGRAMM MIT EXCEL 2007 UND 2010 REALISIEREN]

Sie haben nun eine vertikale Linie in das Diagramm eingefügt. Im Folgenden wird das Wort Plan auf die Position der vertikalen Linie verschoben. Im vorliegenden Beispiel gehen wir davon aus, dass es sich bei dem ersten Wert immer um einen Istwert handelt. Ab dem zweiten Datenwert kann es sich um Planwerte handelt.

Im nächsten Schritt wird zur Datenbeschriftung ab Zelle J3 eine Prüfung hinzugefügt. Hierzu erfassen Sie in Zelle J3 die Formel =WENN(J31=$AD$24;"Plan";""). Kopieren Sie diese Formel in den Zellbereich K3 bis T3. Die Position des Textes „Plan" wird damit zusammen mit der vertikalen Linie verschoben und durch den Konfigurationswert Planposition in Zelle AD24 bestimmt. **Abbildung 3.95** zeigt das Ergebnis.

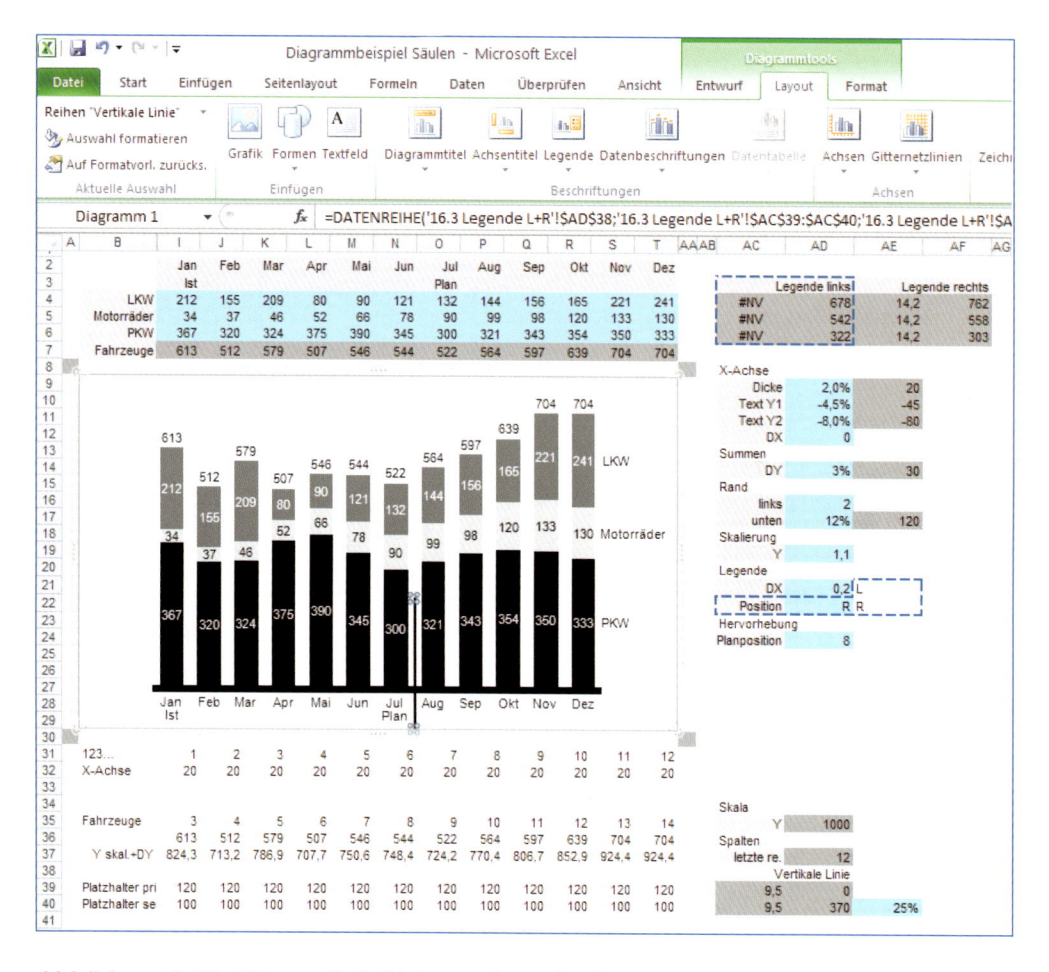

Abbildung 3.95: *Die vertikale Linie wurde in das Diagramm integriert. Der X-Achsen-Text „Plan" richtet sich dynamisch an der Position aus, die durch den Konfigurationswert Planposition eingestellt wurde*

3.23 DATENGESTEUERTEN FARBWECHSEL IN DER X-ACHSE REALISIEREN

Übungsbeispiel
Bearbeiten in Blatt
17 V-Linie
Ergebnis in Blatt
18 2 Farb X-Achse Säulen

Die X-Achse ist ein wichtiges Element für Hervorhebungen. Im Übungsbeispiel hat die X-Achse im Istbereich eine andere Farbe als im Planbereich.

Da man die Farbe eines Datenpunkts automatisiert nicht ohne VBA- oder ähnliche Programmierung ändern kann, arbeitet man mit demselben Trick wie beim Umschalten der Legende von links nach rechts. Wenn also bestimmte Säulen der X-Achse andersfarbig dargestellt werden sollen, dann muss eine weitere Säulendatenreihe hinzugefügt werden. Diese neue Datenreihe wird mit einer anderen Farbe formatiert. Mit einer Wenn-Abfrage wird in jeder Rubrik festgelegt, welcher Säulenabschnitt angezeigt werden soll. Dies erweckt den Eindruck, als ob sich die Farbe der X-Achsen-Abschnitte ändern würde.

Sie erreichen dies, indem Sie den Zellbereich B32 bis T32 für die Reihe X1 so modifizieren, dass nur dann Werte in diesem Bereich für die Dicke der X-Achse sichtbar sind, wenn es sich bei dem Wert um einen Istwert handelt (X1). Im Zellbereich B33 bis T33 für X2 hingegen werden über eine neue Datenreihe nur noch Werte für die Dicke der X-Achse angezeigt, wenn hier Planwerte angezeigt werden (X2). Bereiten Sie die Modifikationen am Datenbereich wie folgt vor:

1. Benennen Sie zunächst die Datenreihe X-ACHSE in Zelle B32 um in X1. Darunter folgt eine zweite Zeile, in der in Zelle B33 die zweite Datenreihe mit X2 benannt wird.

2. Ersetzen Sie zuerst die bestehende Formel in Zelle I32 durch den Eintrag =WENN(I$31<$AD$24;WENN(I$31<=$AD$37;$AE$9;0);0). Diese Formel prüft, ob der Monatswert des jeweiligen Monats (I$31) kleiner ist als die Planposition in AD24. Wenn ja, dann wird die Achsendicke $AE$9 wiedergegeben, ansonsten wird 0 zurückgegeben. Kopieren Sie die Formel in den Zellbereich J32 bis T32.

3. Sie haben nun die Achse so gesteuert, dass sie nur links der vertikalen Trennlinie sichtbar ist. Ändern Sie jetzt noch die Farbe der Achse. Hierzu markieren Sie die Datenreihe X1 im Diagramm und rufen über das Kontextmenü das Dialogfenster Datenreihen formatieren... auf. Alternativ können Sie den Dialog auch über die Tastenkombination Strg + 1 aufrufen. Im Abschnitt Füllung verändern Sie die Füllfarbe unter den Standardfarben auf blau. Bestätigen Sie Ihre Änderung über die Schaltfläche Schließen.

4. Die zweite Reihe X2 macht genau das Gegenteil der ersten Reihe X1. Immer wenn der aktuelle Monat nicht kleiner ist (also größer oder gleich) als die Planposition, wird die Achsendicke wiedergegeben. Erfassen Sie jetzt in Zelle I33 die Formel =WENN(I$31>=$AD$24;WENN(I$31<=$AD$37;$AE$9;0);0). Kopieren Sie diese in den Zellbereich J33 bis T33.

Sie erhalten durch diese Arbeitsschritte das in **Abbildung 3.96** gezeigte Diagramm. Die vorhandene X-Achsen-Datenreihe ist durch die neuen Formeln nur noch links von der Planposition sichtbar und bereits blau eingefärbt.

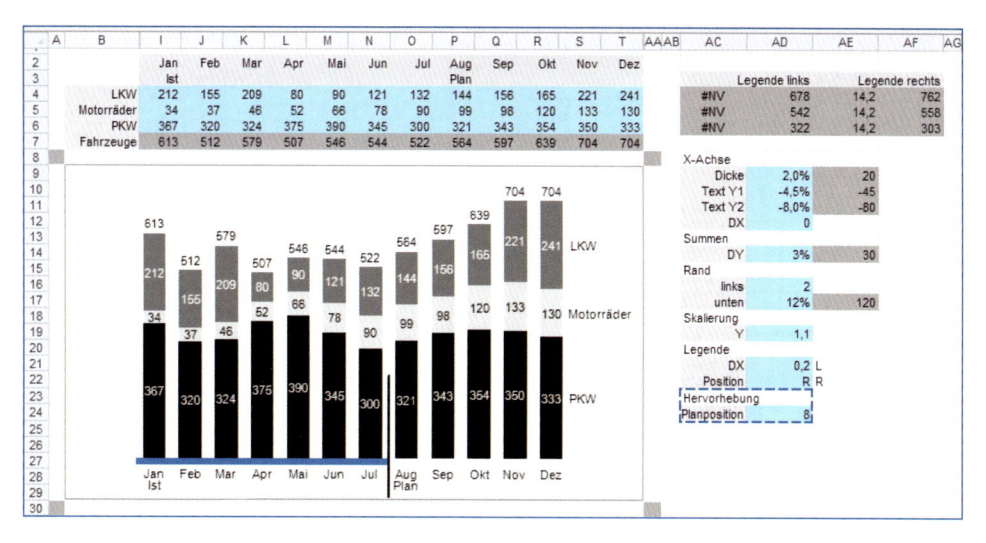

[GESTAPELTES SÄULENDIAGRAMM MIT EXCEL 2007 UND 2010 REALISIEREN]

Abbildung 3.96: *Die X-Achse X1 geht bis zur Planposition und ist blau eingefärbt und die beiden Datenreihen zum datengesteuerten Farbwechsel der X-Achse sind vorbereitet*

Da die X-Achse, wie die anderen Säulen auch, über die Funktion BEREICH.VERSCHIEBEN horizontal positioniert wird, muss auch dieser Bereich rechts neben dem nicht verschobenen Zellbereich (I33 bis T33) in dem Zellbereich AH33 bis AW33 erstellt werden. Kopieren Sie hierzu einfach den bereits vorhandenen Zellbereich AH32 bis AW32 und fügen ihn beginnend in Zelle AH33 ein (**Abbildung 3.97**).

Abbildung 3.97: *Die beiden Datenreihen X1 und X2 werden in einem separaten Bereich für die Y-Skalierung aufbereitet*

Jetzt ist auch die Datenreihe X2 vorbereitet und kann in das Diagramm übernommen werden. Dies geschieht folgendermaßen:

1. Klicken Sie in das Diagramm und öffnen über das Kontextmenü das Dialogfenster Daten auswählen...

2. Im Abschnitt Legendeneinträge (Reihen) wählen Sie die Schaltfläche Hinzufügen.

3. Stellen Sie die Bezüge wie in der folgenden **Abbildung 3.98** gezeigt her:

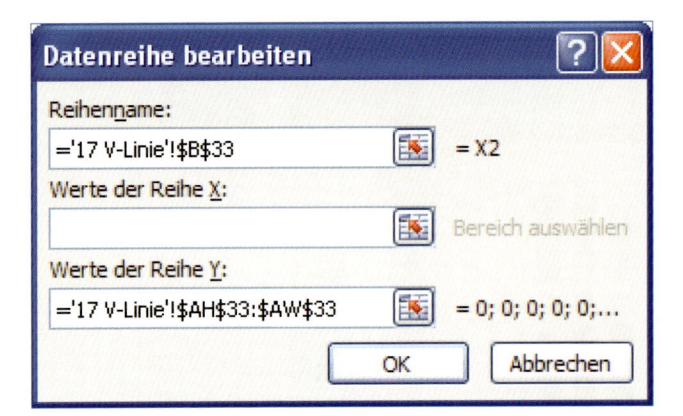

Abbildung 3.98:
Bezüge für die neue X-Achsen-Datenreihe. Am Feld Werte der Reihe X ist zu sehen, dass hier zunächst eine Punktdatenreihe entsteht, die anschließend in den Diagrammtyp Säule geändert werden muss

4. Die neue Datenreihe **X2** ist nun zunächst als Punktdiagramm in das Diagramm integriert worden. Markieren Sie die Datenreihe über das Menü **Diagrammtools – Layout – Aktuelle Auswahl** und wählen über das *Drop-down*-Menü **Reihen „X2"**.

5. Wechseln Sie in das Menü **Diagrammtools – Entwurf – Typ**. Über die Schaltfläche **Diagrammtyp ändern** ändern Sie den Diagrammtyp der Datenreihe auf **Säule – Gestapelte Säulen** und bestätigen Ihre Auswahl über die Schaltfläche **OK**. **Abbildung 3.99** zeigt das Ergebnis.

[GESTAPELTES SÄULENDIAGRAMM MIT EXCEL 2007 UND 2010 REALISIEREN]

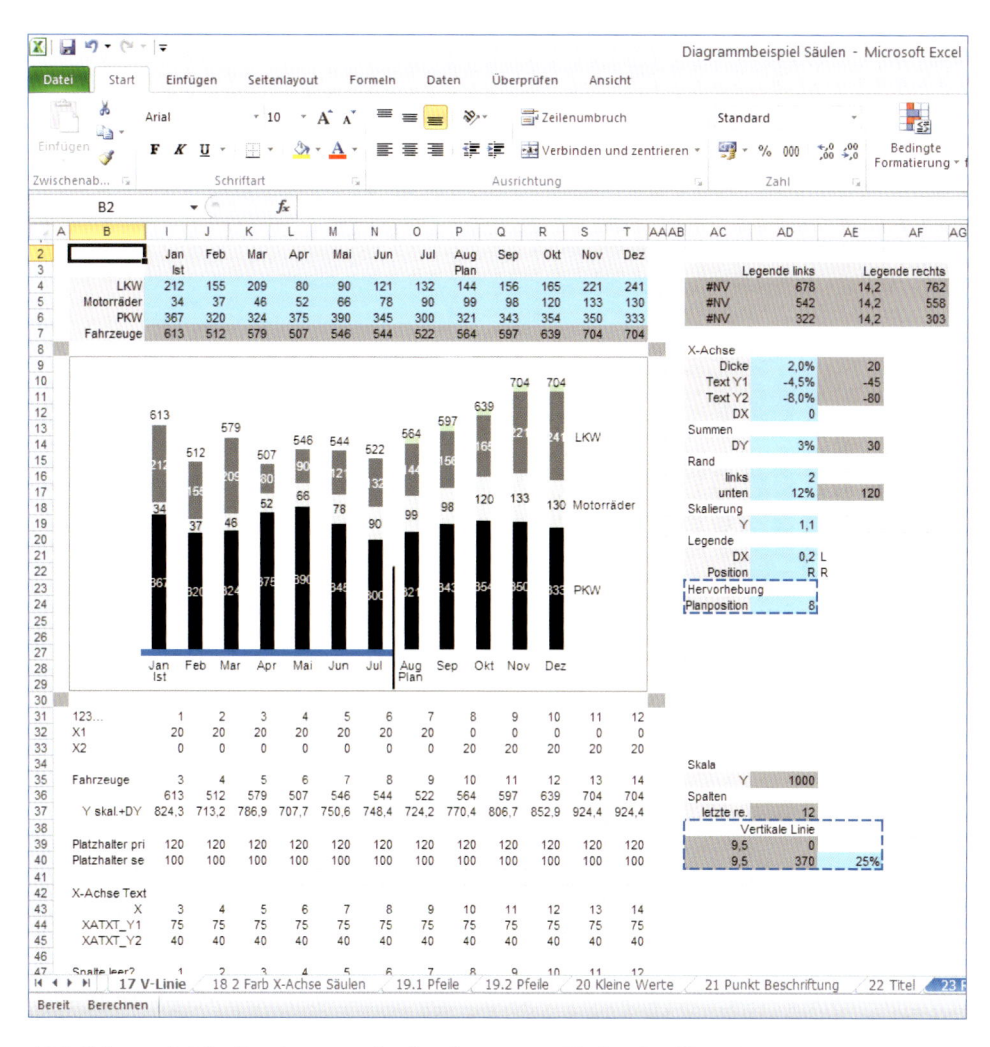

Abbildung 3.99: *Die Datenreihe für die zweite Farbe der X-Achse wurde in das Diagramm eingefügt. Sie ist im Bild zunächst auf die Säulen August bis Dezember gestapelt*

6. Die neue Datenreihe wurde jetzt zunächst auf die Primärachsengruppe des Diagramms eingefügt. Verschieben Sie diese nun auf die Sekundärachsengruppe. Markieren Sie hierzu die Datenreihe X2 und öffnen über das Kontextmenü das Dialogfenster Datenreihen formatieren… Im Abschnitt Reihenoptionen stellen Sie das Auswahlfeld Datenreihe zeichnen auf Sekundärachse.

7. Da Sie sich gerade im Dialogfenster Datenreihen formatieren… befinden, ändern Sie die Abstandsbreite auf 0 %. Im Abschnitt Füllung farben Sie die Datenreihe noch neu ein. Hierzu markieren Sie die Option Einfarbige Füllung und wählen in der Farbpalette den in der folgenden Abbildung 3.100 gezeigten Farbton aus.

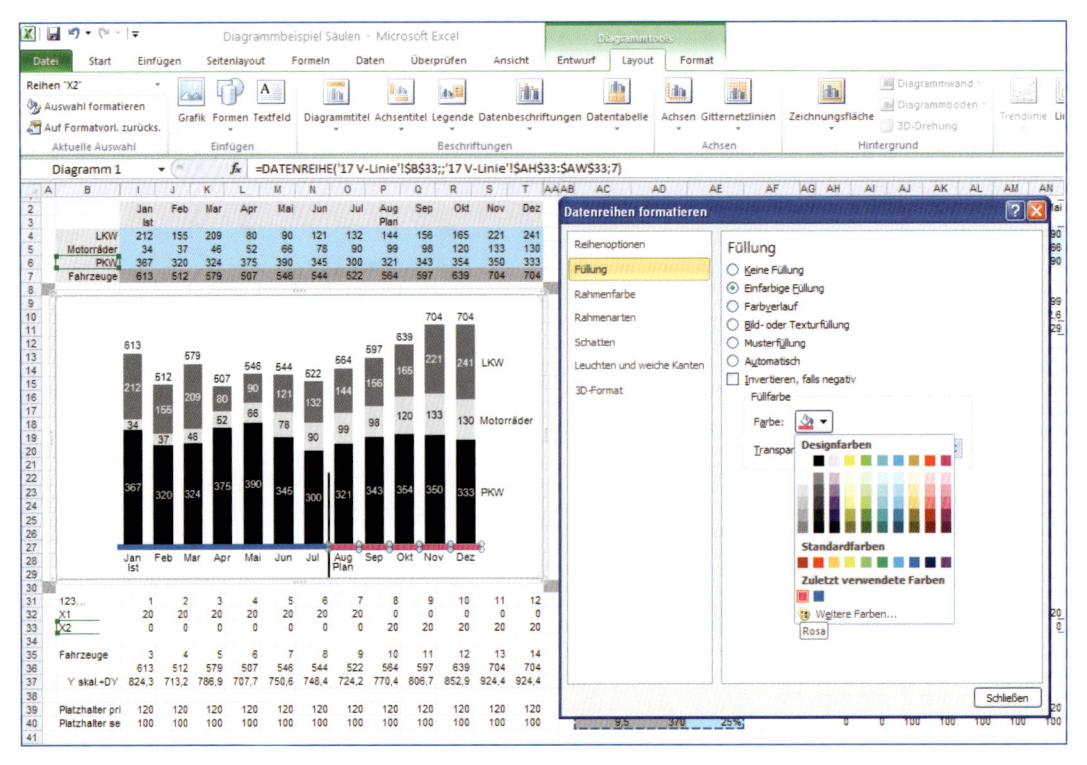

Abbildung 3.100: *Die zweite X-Achse ist neu eingefärbt*

8. Zum Abschluss wird noch die **Abstandsbreite** der Primärachsengruppen-Säulen wiederhergestellt. Markieren Sie eine Säule auf der **Primärachsengruppe**, beispielsweise **LKW**, und ändern im Abschnitt **Reihenoptionen** die **Abstandsbreite** auf **60 %**. Beenden Sie den Dialog mit der Schaltfläche **Schließen**.

Sie haben nun einen datengesteuerten Farbwechsel in der X-Achse realisiert. Das fertige Ergebnis dieses Schrittes zeigt **Abbildung 3.101**.

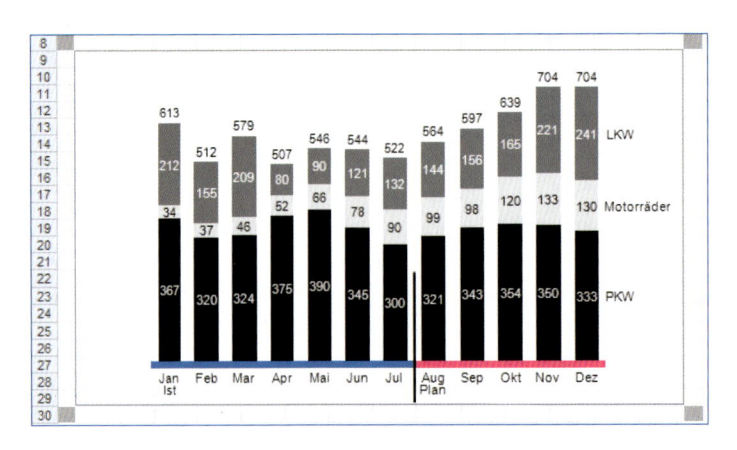

Abbildung 3.101:

Der Farbwechsel der X-Achse wurde durch eine zweite Säulendatenreihe ermöglicht, die eine andere Füllfarbe hat als die erste

3.24 FREI POSITIONIERBARE PFEILE ALS GRAFIK EINFÜGEN

Übungsbeispiel

Bearbeiten in Blatt

18.2 Farb X-Achse Säulen

Ergebnis in Blatt

19 Pfeile

Dieser Abschnitt zeigt, wie Pfeile und andere Grafikobjekte zur Hervorhebung in das Diagramm eingefügt und frei positioniert werden können. Im konkreten Beispiel werden die Summenwerte zweier beliebiger Monate miteinander verglichen und deren Differenz zwischen zwei Pfeilen angezeigt, siehe **Abbildung 3.102**.

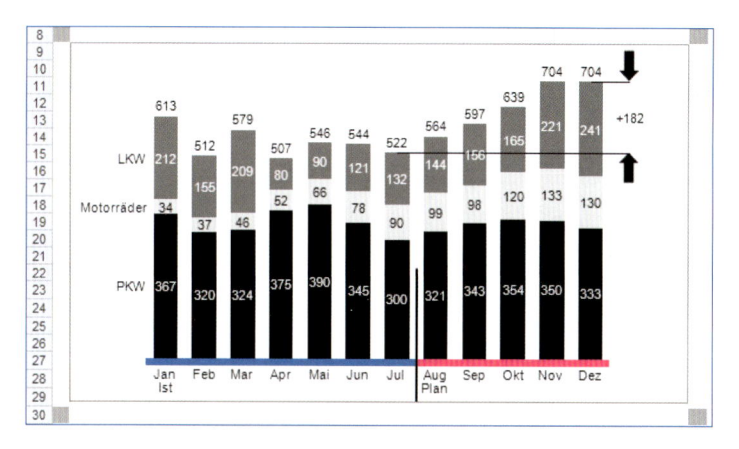

Abbildung 3.102:
In diesem Abschnitt wird das Erstellen der beiden Pfeile zusammen mit den waagerechten Hilfslinien und der Beschriftung erläutert

Erstellen Sie zuerst den Eingabebereich:

1. Benennen Sie den Eingabebereich in Zelle **AC25** mit dem Text **Differenz** und formatieren diesen mit der Zellenformatvorlage **Objektname**.
2. Legen Sie darunter den Eingabebereich wie in **Abbildung 3.103** dargestellt an:

	AB	AC	AD
25		Differenz	
26		X-Von	7
27		X-Bis	12
28		X-Pos.	13
29		Min DY Text	4%
30		DX Text	0,5

Abbildung 3.103:
*Der Eingabebereich enthält die beiden zu vergleichenden Monate **X-Von** und **X-Bis**, die horizontale Pfeilposition **X-Pos.**, die minimale Differenz **Min DY Text**, unterhalb der die Beschriftung nach rechts verschoben wird, und zwar um den Wert, der in **DX Text** steht*

Im Folgenden werden die Summen ermittelt, die zu den beiden Monaten **X-Von** und **X-Bis** gehören. Diese brauchen Sie als Y-Höhe für die Pfeile und Hilfslinien.

1. Die Formel **=WVERWEIS(AD26;$I$31:$T$36;6;0)** in Zelle **AE26** bewirkt, dass in der ersten Zeile des Bereiches $I$31:$T$36 nach der Eingabe X-Von in Zelle AD26 gesucht wird. In der Spalte, in der ein übereinstimmender Wert gefunden wird, wird der Wert aus der Zeile 6 des Bereiches zurückgegeben. Dies ist die Summe der jeweiligen Spalte. Multiplizieren Sie mit dem **Skalierungsfaktor** und addieren den **Rand unten**, damit aus den Summen die Positionen im Diagramm werden: **=WVERWEIS(AD26;$I$31:$T$36;6;0)*$AD$19+$AE$17**.

2. Kopieren Sie die soeben erstellte Formel in die Zelle **AE27**. Die Formel macht das Gleiche wie die Formel in Zelle **AE26**, nur sucht sie nach der Summe für **X-Bis**.
3. Formatieren Sie die Zellen **AE26** und **AE27** mit der Zellenformatvorlage **Berechneter Wert**. **Abbildung 3.104** zeigt die Bereiche in Spalte **AE**.

AB	AC	AD	AE
25	Differenz		skal.
26	X-Von	7	694,2
27	X-Bis	12	894,4
28	X-Pos.	13	
29	Min DY Text	4%	40
30	DX Text	0,5	

Abbildung 3.104:
In Spalte AE werden zu den eingegebenen Monaten in X-Von und X-Bis die Summen ermittelt

Im folgenden Schritt werden die Datenreihen **Waagerechte Linie 1** und **Waagerechte Linie 2** ins Diagramm eingefügt:

1. Erstellen Sie im Bereich **AC42:AD47** zwei neue Datenquellen für die waagerechten Linien.
2. Die **Waagerechte Linie 1** soll horizontal beim eingegebenen Wert **X-Von** + **Rand links** starten. Dies wird in Zelle **AC42** festgelegt: =$AD$26+$AD$16.
3. Die **Waagerechte Linie 1** soll an der X-Position enden, die in **X-Pos.** in $AD$28 + **Rand links** festgelegt ist. Die Formel in Zelle **AC43** lautet: =$AD$28+$AD$16.
4. Da es sich um eine waagerechte Linie handelt, sind die beiden Y-Koordinaten gleich. Dieser Wert wurde bereits in Zelle **AE26** ermittelt: AD42=$AE$26 und AD43=$AE$26. Das ist der skalierte Y-Summenwert, der zum eingegebenen **X-Von** ermittelt wurde.
5. Im Zellbereich **AC45:AD46** werden die gleichen Schritte, wie soeben in Schritt 1 bis 3 beschrieben, vollzogen, hier aber für die **Waagerechte Linie 2**:
   X-Start=**X-Bis + Rand links**: AC45=$AD$27+$AD$16
   X-Ende=**X-Pos + Rand links**: AC45=$AD$27+$AD$16
   Y=**Skalierter Y-Wert** an der Position **X-Bis**: AD45=$AE$27, AD46=$AE$27

AB	AC	AD
41	Waagerechte Linie 1	
42	9	694,2
43	15	694,2
44	Waagerechte Linie 2	
45	14	894,4
46	15	894,4

Abbildung 3.105:
Der Datenbereich für die beiden waagerechten Linien besteht aus jeweils zwei Punkten: Die X-Koordinate steht links und die Y-Koordinate rechts

Fügen Sie die Datenbereiche in das Diagramm ein:

1. Markieren Sie den Bereich **AC41:AD43** und kopieren diesen mit **Strg + C**.
2. Klicken Sie in das Diagramm und fügen den Datenbereich mit **Strg + V** ins Diagramm ein (siehe **Abbildung 3.106**).

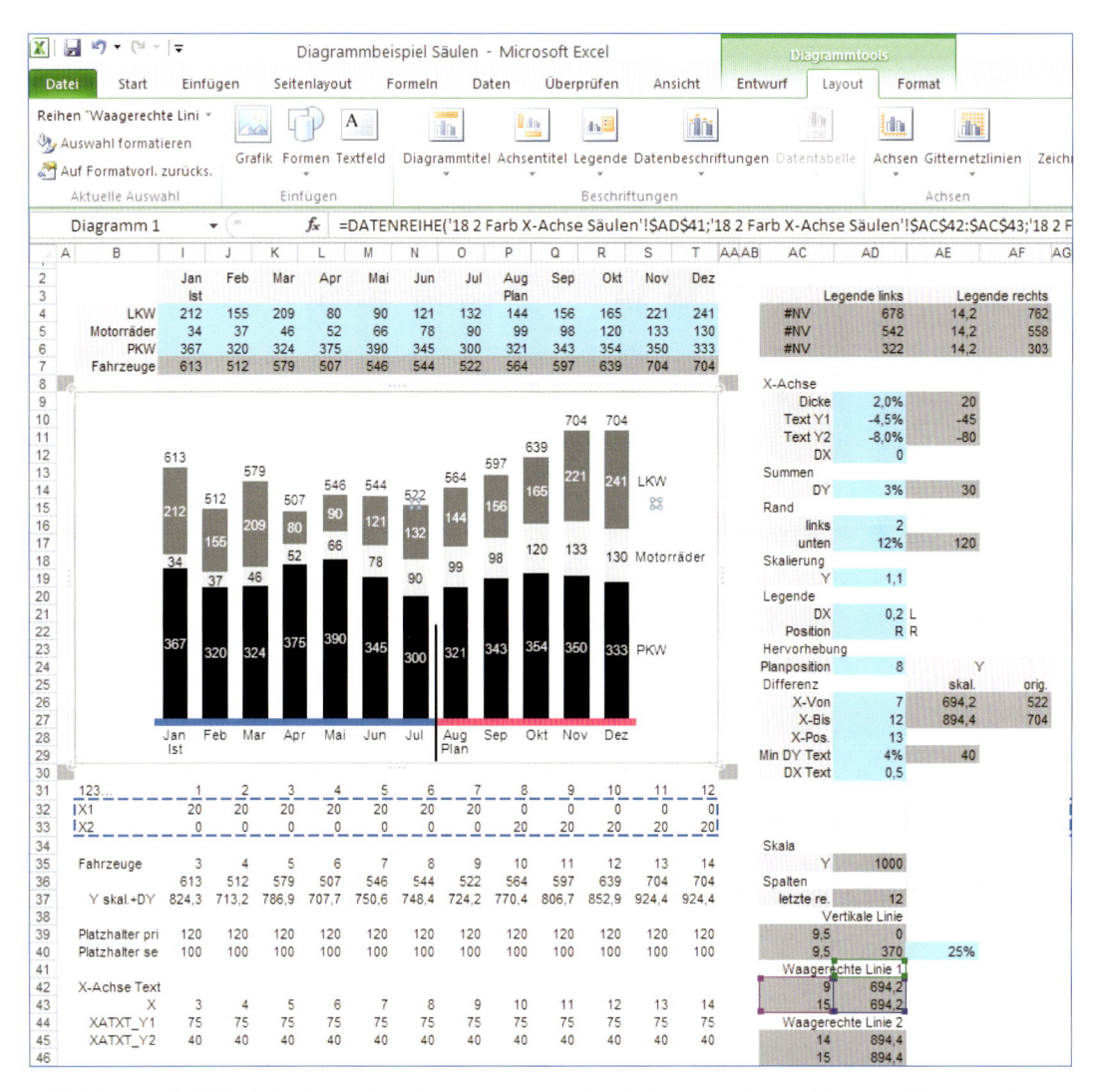

[GESTAPELTES SÄULENDIAGRAMM MIT EXCEL 2007 UND 2010 REALISIEREN]

Abbildung 3.106: *Die eben eingefügte waagerechte Linie wurde markiert und ist zunächst nur durch die Markierungspunkte gekennzeichnet*

3. Fügen Sie analog dazu den Datenbereich der zweiten waagerechten Linie ins Diagramm ein.

4. Markieren Sie die Datenreihe Waagerechte Linie 1 und öffnen mit Strg + 1 das Dialogfenster Datenreihen formatieren und formatieren die Linienfarbe in Einfarbige Linie – schwarz.

5. Formatieren Sie auch die Datenreihe Waagerechte Linie 2 analog zur Datenreihe Waagerechte Linie 1. Hierzu markieren Sie die Datenreihe und betätigen die Funktionstaste F4. Das Ergebnis sollte aussehen wie Abbildung 3.107.

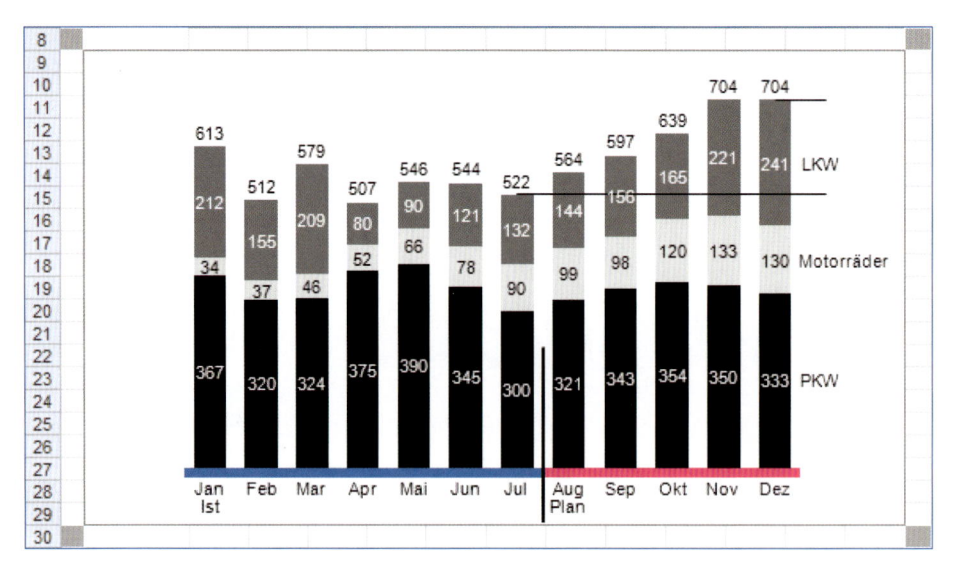

Abbildung 3.107: *Die waagerechten Linien sind formatiert*

Als Nächstes wird die Beschriftung zwischen beide waagerechte Linien platziert. Die Beschriftung wird durch einen Beschriftungspunkt ins Diagramm eingefügt.

1. Legen Sie hierzu zunächst eine neue Datenquelle im Bereich AC48:AD49 an. Die neue Datenreihe heißt Pfeil Beschriftung.
2. In Zelle AC49 wird die X-Koordinate des Beschriftungspunkts ermittelt: =$AD$28+$AD$16.
3. Zelle AD49 beinhaltet die Y-Koordinate des Beschriftungspunkts: =($AD$42+$AD$45)/2. Hier wird der Mittelwert aus der Y-Koordinate Waagerechte Linie 1 und 2 ermittelt.
4. Kopieren Sie die Datenreihe mit Strg + C und fügen diesen über Start – Zwischenablage – Einfügen – Inhalte einfügen ins Diagramm ein. In dem sich öffnenden Dialogfenster nehmen Sie die Einstellungen, wie in Abbildung 3.108 gezeigt, vor:

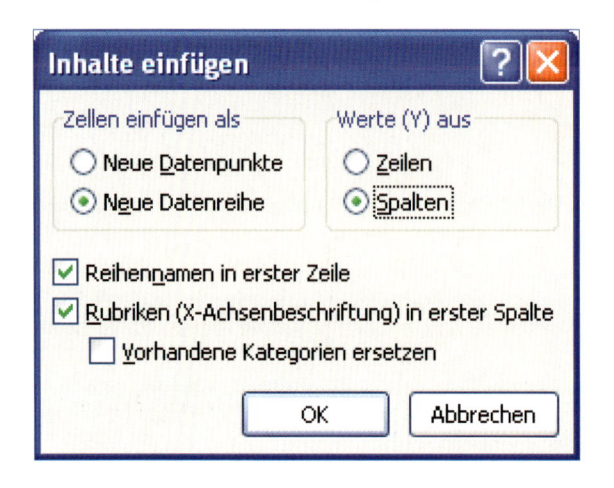

Abbildung 3.108:
Beschriftungspunkt einfügen

[GESTAPELTES SÄULENDIAGRAMM MIT EXCEL 2007 UND 2010 REALISIEREN]   217

Bestätigen Sie Ihre Einstellungen über die Schaltfläche OK.

5. Markieren Sie den Beschriftungspunkt und öffnen das Kontextmenü und führen die Funktion Datenbeschriftung einfügen aus. **Abbildung 3.109** zeigt den Punkt mit einer Beschriftung.

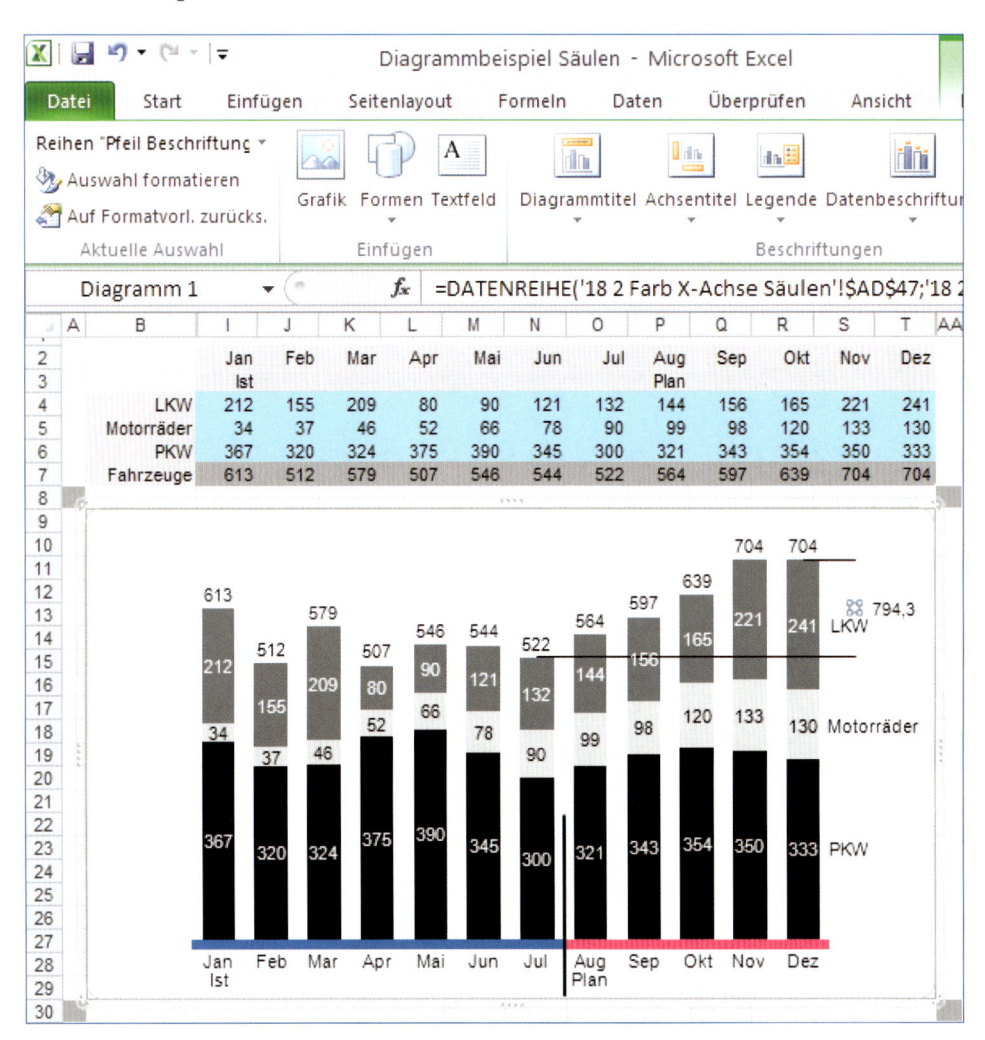

Abbildung 3.109: *Der Beschriftungspunkt ist ins Diagramm eingefügt*

Die Beschriftung muss nun noch die Differenz als Text anzeigen. Gemeint ist die Differenz der beiden Summenwerte der Monate 7 und 12. Das ist, wie **Abbildung 3.109** zeigt, die Differenz der Summen Dezember und Juli, also 704 – 597 = 182. Hierzu nehmen Sie die folgenden Schritte vor:

1. Fügen Sie in Zelle AF26 die Formel =WVERWEIS(AD26;$I$31:$T$36;6;0) ein. Formatieren Sie die Zelle mit der Zellenformatvorlage Berechneter Wert.

2. Zelle **AF27** beinhaltet die Formel **=WVERWEIS(AD27;$I$31:$T$36;6;0)**. Auch hier wird die Zellenformatvorlage **Berechneter Wert** ausgewählt.

	AB	AC	AD	AE	AF
25		Differenz		skal.	orig.
26		X-Von	7	694,2	522
27		X-Bis	12	894,4	704
28		X-Pos.	13		
29		Min DY Text	4%	40	
30		DX Text	0,5		

Abbildung 3.110:
*Für die beiden Eingaben **X-Von** und **X-Bis** wird zusätzlich die unskalierte und unverschobene Y-Summe ermittelt. Diese Werte werden als Differenz für die Beschriftung gebraucht*

Die Formeln haben schon in den Zellen **AE26** und **AE27** Anwendung gefunden. Die Formel bewirkt, dass in der ersten Zeile des Bereiches **$I$31:$T$36** nach dem Suchkriterium (**X-Von** bzw. **X-Bis**) gesucht wird. In der Spalte, in der ein übereinstimmender Wert gefunden wird, wird der Wert aus der Zeile **6** des Bereiches zurückgegeben. Dies ist die Summe der jeweiligen Spalte.

3. Legen Sie in **AD49:AD50** einen neuen Bereich an, der den Pfeiltext beinhaltet. Zelle **AD50** enthält die Formel **=AF27-AF26**.

4. Markieren Sie die Zelle **AD50** und öffnen mit der rechten Maustaste das Kontextmenü und öffnen den Dialog **Zellen formatieren**. Formatieren Sie die Zelle mit dem benutzerdefinierten Zahlenformat **+0;0;**.

5. Markieren Sie die Beschriftungsreihe im Diagramm und drücken einmal die Taste **Pfeil nach rechts**, um das Beschriftungslabel zu markieren. Geben Sie unter Funktion einfügen **='18 2 Farb X-Achse Säulen'!$AD$50** ein. Der Datenpunkt ist, wie **Abbildung 3.111** zeigt, jetzt mit dem Text verknüpft.

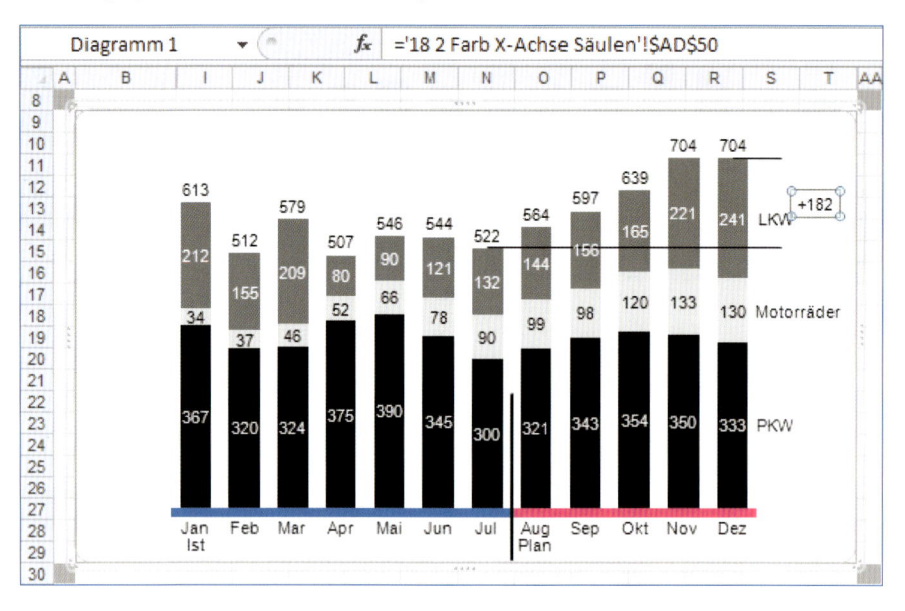

Abbildung 3.111: *Der Datenpunkt ist mit dem Text verknüpft*

6. Markieren Sie die Datenbeschriftung und öffnen über das Kontextmenü das Dialogfenster Datenbeschriftung formatieren. Ändern Sie unter Beschriftungsoptionen die Beschriftungsposition auf Zentriert.

Die Beschriftung der Differenz ist erfolgreich im Diagramm integriert.

Im nächsten Schritt werden die Pfeile an den waagerechten Linien eingefügt. Hierzu soll ein Punkt jeweils das Linienende und der zweite Punkt soll um Pfeillänge versetzt sein. Der Prozentwert in Zelle AD31 muss zunächst in einen Absolutwert umgerechnet werden. Erfassen Sie in Zelle AE31 die Formel =AD31*$AD$35.

Als Nächstes müssen Sie im Bereich AC51:AD56 zwei neue Datenreihen erstellen, Pfeil oben und Pfeil unten.

Wir beginnen zunächst mit dem Datenbereich Pfeil oben:

1. Fügen Sie in Zelle AD51 den Objektnamen Pfeil oben ein und formatieren diesen mit der Zellenformatvorlage Objektname.
2. Formatieren Sie den Zellbereich AC52:AD53 mit der Zellenformatvorlage Berechneter Wert.
3. Erfassen Sie in Zelle AC52 die Formel =$AD$28+$AD$16. Kopieren Sie diese Formel in die Zelle AC53. AC52 und AC53 beinhalten nun die X-Koordinaten von Pfeil oben.
4. Zelle AD52 enthält die erste Y-Koordinate von Pfeil oben. Die Y-Koordinate für den Pfeil oben wird in Zelle AD52 mit der Formel =MAX($AE$26:$AE$27) ermittelt. Für Pfeil oben wird die größere Position benötigt.
5. Die zweite Y-Koordinate in Zelle AD53 ermittelt sich aus der Formel =AD52+$AE$31, was bedeutet, Pfeilende ist gleich Pfeilanfang plus Pfeillänge.

Sie haben nun die Datenreihen für Pfeil oben angelegt. Es fehlen jetzt noch die Datenreihen für Pfeil unten, die folgendermaßen angelegt werden:

1. Fügen Sie in Zelle AD54 den Objektnamen Pfeil unten ein und formatieren diesen mit der Zellenformatvorlage Objektname.
2. Formatieren Sie den Zellbereich AC55:AD56 mit der Zellenformatvorlage Berechneter Wert.
3. Erfassen Sie in Zelle AC55 die Formel =$AD$28+$AD$16. Kopieren Sie diese Formel in die Zelle AC56. AC55 und AC55 beinhalten nun die X-Koordinaten von Pfeil oben.
4. Zelle AD55 enthält die erste Y-Koordinate von Pfeil oben. Die Y-Koordinate für den Pfeil unten, wird in Zelle AD55 mit der Formel =MIN($AE$26:$AE$27) ermittelt. Für Pfeil unten wird die kleinere Position benötigt.
5. Die zweite Y-Koordinate in Zelle AD56 ermittelt sich aus der Formel =AD55-$AE$31, was bedeutet, Pfeilende ist gleich Pfeilanfang minus Pfeillänge.

Fügen Sie nun die Datenreihe Pfeil oben in das Diagramm ein:

1. Markieren Sie den Zellbereich AC51:AD53 und kopieren diesen mit Strg + C.
2. Fügen Sie den kopierten Zellbereich mit Strg + V im Diagramm ein.

Gehen Sie für die Datenreihe **Pfeil unten** analog vor.

Markieren Sie die Datenreihe **Pfeil oben** und öffnen über das Kontextmenü das Dialogfenster **Datenreihen formatieren**. Nehmen Sie die folgenden Einstellungen vor:

1. Linienfarbe – Einfarbige Linie = **Schwarz**
2. Linienart – Breite = **6 pt**
3. Linienart – Endetyp = **Flach**
4. Linienart – Anfangstyp = **Pfeil**
5. Linienart – Anfangsgröße = **Pfeil L Größe 1**

Schließen Sie den Dialog nicht. Markieren Sie die Datenreihe **Pfeil unten** und nehmen Sie für diese Datenreihe dieselben Einstellungen vor. Beenden Sie den Dialog über die Schaltfläche **Schließen**.

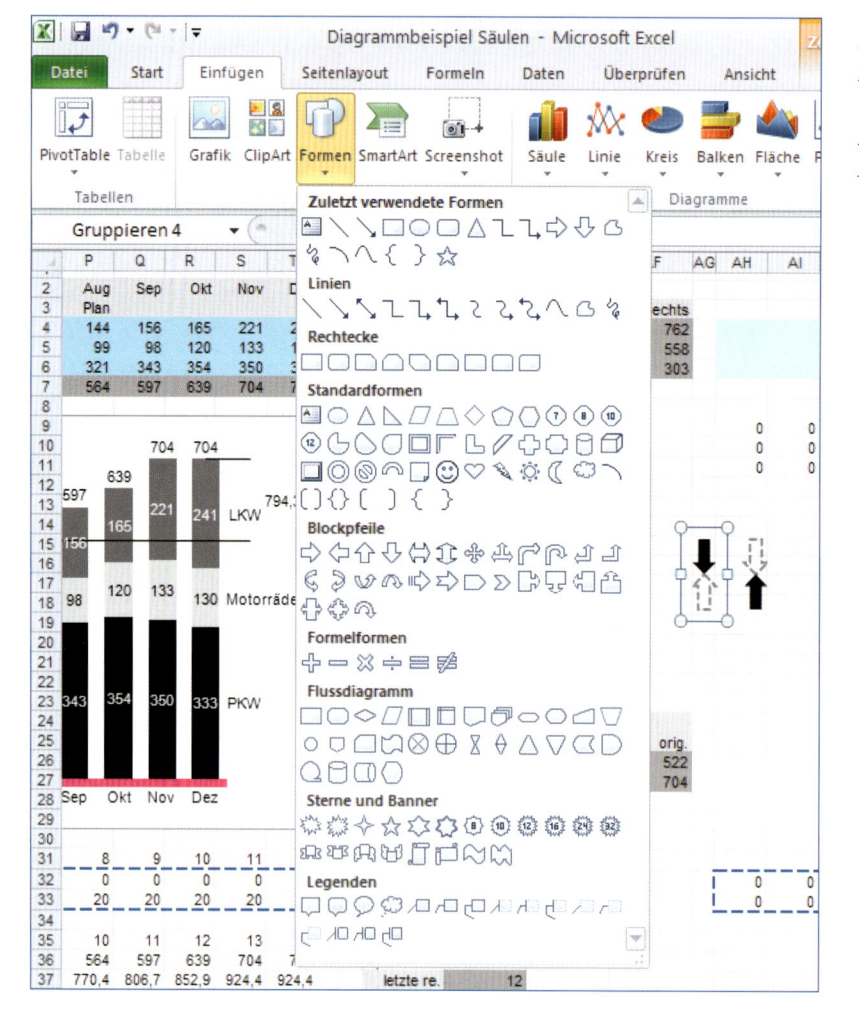

Abbildung 3.112: Die Pfeile sind erfolgreich im Diagramm integriert

Es folgt eine Funktion, die die Beschriftung nach rechts verschiebt, wenn der Abstand zwischen den beiden Pfeilen zu klein wird. Gehe Sie hierzu wie folgt vor:

1. Der Prozentwert Min DY Text in Zelle AD29 muss zunächst in einen Absolutwert umgerechnet werden. Erfassen Sie in Zelle AE29 die Formel =AD29*$AD$35 und formatieren diese mit der Zellenformatvorlage Berechneter Wert. Die Formel errechnet, ab wann der Text nach rechts verschoben werden soll.
2. Die Beschriftung hat in Zelle AC48 eine X-Koordinate, die über die Formel =$AD$28+$AD$16 ermittelt wird. Verändern Sie die Formel wie folgt: =$AD$28+$AD$16+WENN(ABS(AE26-AE27)<AE29;AD30;0). Abbildung 3.113 zeigt die verschobene Beschriftung.

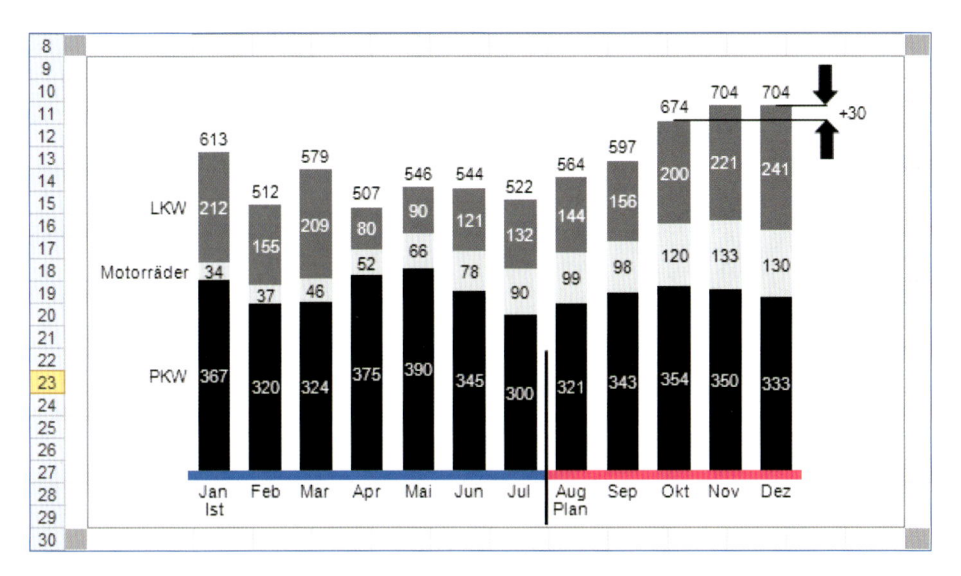

Abbildung 3.113: Die Pfeile sind eingefügt, der Text wird bei zu kleinem Abstand automatisch nach rechts verschoben. Zum Testen wurden hier die Daten im Oktober so verändert, dass der Abstand der Pfeile klein wird.

3.25 FREI POSITIONIERBARE PFEILE ALS PUNKTEDIAGRAMM MIT VERBINDUNGSLINIE EINFÜGEN

Übungsbeispiel

Bearbeiten in Blatt

19.1 Pfeile

Ergebnis in Blatt

19.2 Pfeile

Hier lernen Sie eine weitere Methode kennen, Pfeile einzufügen. Mit *Excel 2007* wurde ein neues Feature eingeführt. Dieses Feature ermöglicht es, bei Verbindungslinien zwischen Punkten am Anfang und am Ende Symbole hinzuzufügen. Diese Symbole können Pfeilspitzen sein.

Eine weitere Neuerung in *Excel* ab Version 2007 ist die Möglichkeit, Verbindungslinien nahezu beliebig dick zu konfigurieren.

Im Folgenden werden die beiden Pfeile in Blatt 19.1 Pfeile herausgelöscht und als jeweils zwei Punkte mit Verbindungslinie neu eingefügt. Gehen Sie folgendermaßen vor:

Markieren Sie im Diagramm die Datenreihe Pfeil oben durch Anklicken des oberen Pfeils mit der Maus (Abbildung 3.114) und löschen diese durch Drücken der Entf-Taste.

Markieren Sie im Diagramm die Datenreihe Pfeil unten durch Anklicken des unteren Pfeils mit der Maus und löschen diese durch Drücken der Entf-Taste.

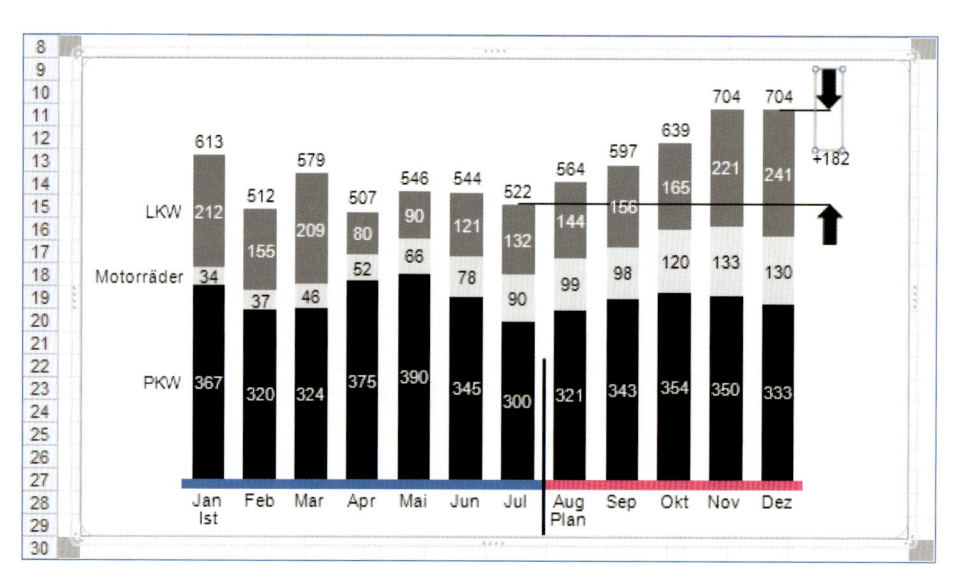

Abbildung 3.114: *Die Datenreihe Pfeil oben ist markiert. Bei eingefügter Pfeilgrafik sieht die Markierung ungewöhnlich aus*

1. Fügen Sie einen neuen Konfigurationswert hinzu, mit dem die Pfeillänge konfiguriert wird (Abbildung 3.115):
   Tragen Sie in AC31 den Text Pfeil-Länge ein und konfigurieren die Zelle mit der Zellenformatvorlage Eigenschaft.
   Tragen Sie in Zelle AD31 den Wert 9 % ein und konfigurieren die Zelle mit der Zellenformatvorlage Dateneingabe.
   Tragen Sie in Zelle AE31 die Formel =AD31*$AD$35 ein, die die Prozentangabe in die Diagrammskala umrechnet, und konfigurieren Sie die Zelle mit der Zellenformatvorlage Berechneter Wert.

Abbildung 3.115:
Der Konfigurationswert Pfeil-Länge

[GESTAPELTES SÄULENDIAGRAMM MIT EXCEL 2007 UND 2010 REALISIEREN]

2. Verschieben Sie den Bereich AC53:AD54 für **Pfeil unten** eine Zeile nach unten (**Abbildung 3.116**), damit Platz entsteht, um den darüber liegenden Bereich **Pfeil oben** um eine Zeile erweitern zu können.

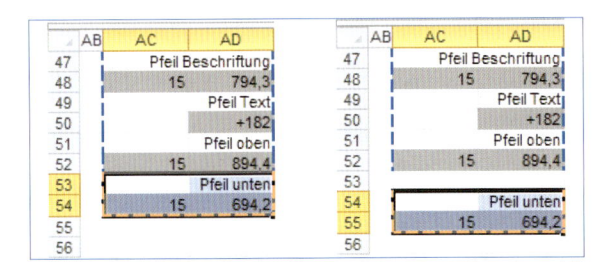

Abbildung 3.116:
*Der Bereich für **Pfeil unten** wird eine Zeile nach unten verschoben, um Platz für die Erweiterung von **Pfeil oben** zu schaffen*

3. Jetzt wird die Datenreihe **Pfeil oben** erweitert, so dass diese statt einem Punkt zwei Punkte besitzt. Die Datenquelle wird um eine weitere Zeile erweitert:
Kopieren Sie die X-Koordinate aus Zelle AC52 in die darunterliegende Zelle AC53. Die Y-Koordinate in Zelle AD54 wird berechnet aus der bestehenden Y-Koordinate in AD53 plus der Pfeillänge in AE31: AD54=AD53+$AE$31.
4. Jetzt wird die Datenreihe **Pfeil unten** erweitert, so dass diese statt einem Punkt zwei Punkte besitzt. Die Datenquelle wird um eine weitere Zeile erweitert: Kopieren Sie die X-Koordinate aus Zelle AC56 in die darunterliegende Zelle AC57. Die Y-Koordinate in Zelle AD57 wird berechnet aus der bestehenden Y-Koordinate in AD56 MINUS Pfeillänge in AE31: AD57=AD56-$AE$31.
5. Fügen Sie die Datenreihe **Pfeil oben** ins Diagramm ein, indem Sie den Bereich AC51:AD53 markieren und mit der Tastenkombination Strg + C kopieren. Dann klicken Sie mit der Maus ins Diagramm und fügen die Datenreihe mit der Tastenkombination Strg + V ein.
6. Fügen Sie die Datenreihe **Pfeil unten** ins Diagramm ein, indem Sie den Bereich AC54:AD56 markieren und mit der Tastenkombination Strg + C kopieren. Dann klicken Sie mit der Maus ins Diagramm und fügen die Datenreihe mit der Tastenkombination Strg + V ein.
7. Markieren Sie die Datenreihe **Pfeil oben**, indem Sie in die weiße Zeichnungsfläche klicken und mit der Taste **Pfeil nach unten** navigieren, bis die Markierung, wie in **Abbildung 3.117** dargestellt, zu sehen ist.

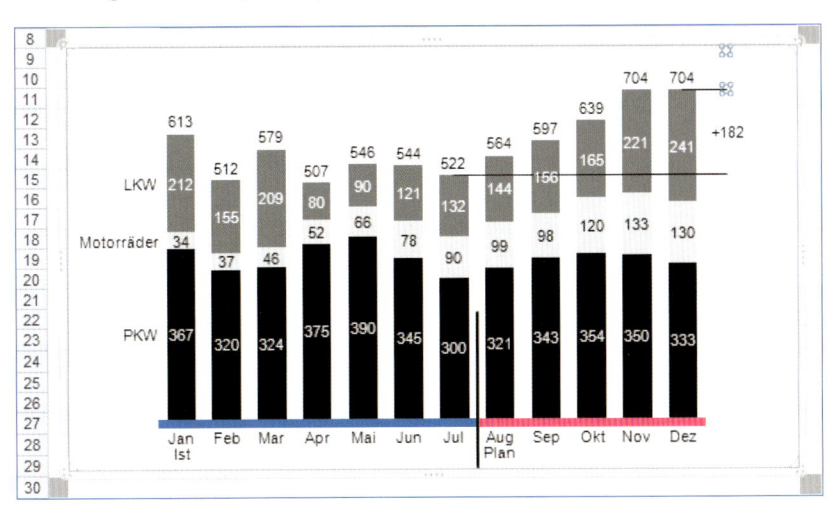

Abbildung 3.117:
*Die Datenreihe **Pfeil oben** ist eingefügt. An der Markierung ist leicht zu erkennen, dass die Datenreihe aus zwei Punkten besteht*

8. Durch Drücken der Tastenkombination Strg + 1 öffnen Sie den Dialog Datenreihen formatieren.
9. Wechseln Sie in den Abschnitt Linienfarbe und wählen Einfarbige Linie und die Farbe Schwarz (Abbildung 3.118).

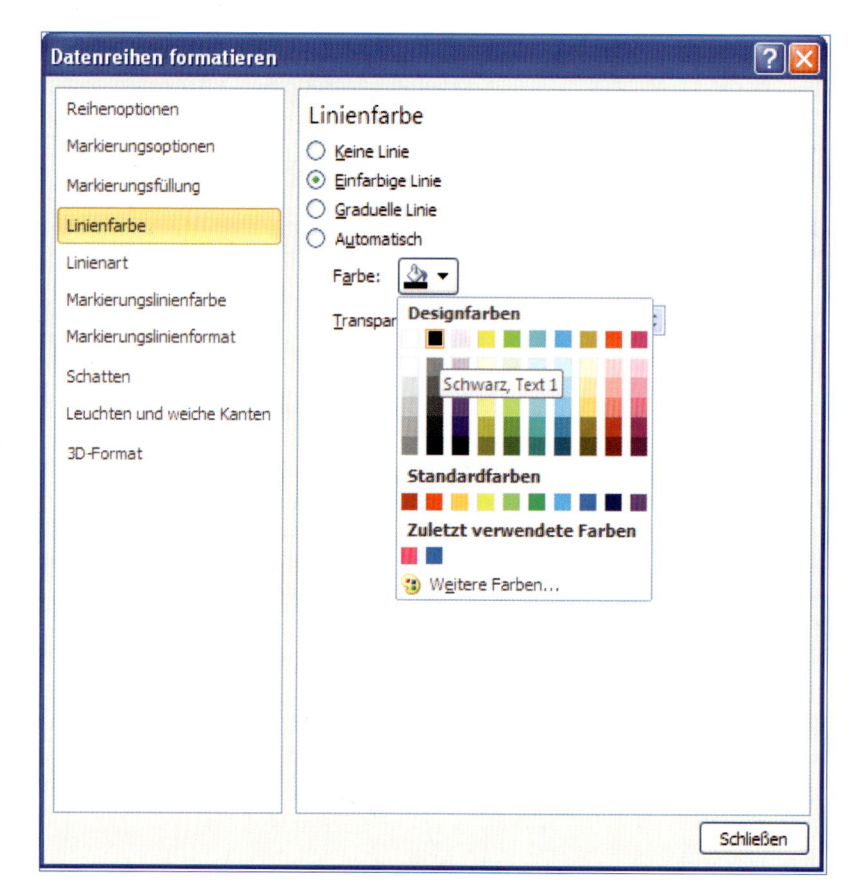

Abbildung 3.118: *Der zukünftige Pfeil wird mit schwarzer Linienfarbe formatiert*

[GESTAPELTES SÄULENDIAGRAMM MIT EXCEL 2007 UND 2010 REALISIEREN]

10. Wechseln Sie dann in den Abschnitt Linienart und tragen in Breite den Wert 6 ein und wählen in Pfeileinstellungen bei Anfangstyp den Pfeil aus, der in **Abbildung 3.119** markiert ist.

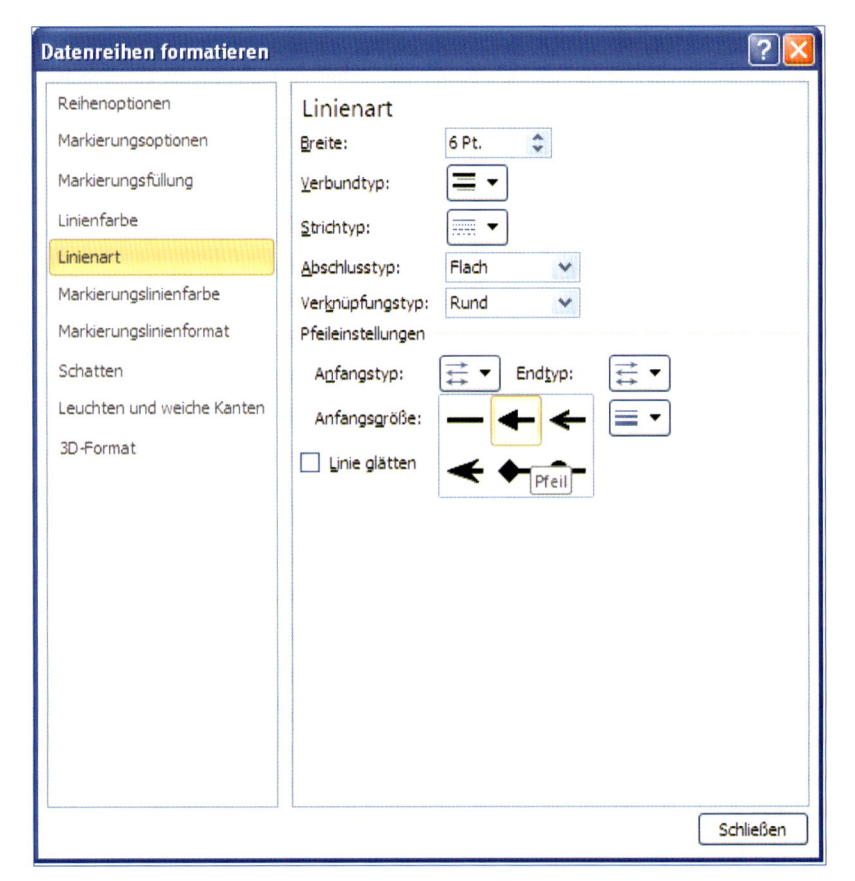

Abbildung 3.119:
Hier wird die Linie zum Pfeil.
Breite 6 pt *erzeugt einen breiten Schaft und der Anfangstyp als Pfeil fügt die Pfeilspitze hinzu*

Wählen Sie in Anfangsgröße eine Pfeilspitzengröße aus, wie **Abbildung 3.120** zeigt. Die Pfeilspitzengröße ist keine absolute Größe, sondern immer in Abhängigkeit zur Liniendicke. Je dicker die Linie eingestellt wird, umso größer wird die Pfeilspitze.

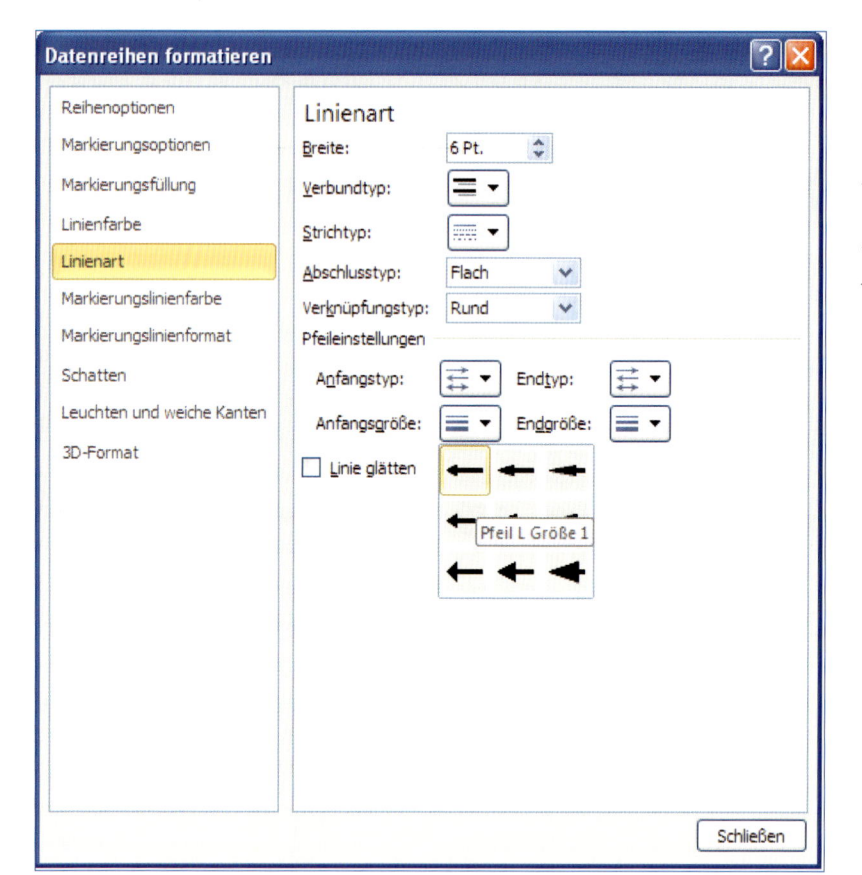

[GESTAPELTES SÄULENDIAGRAMM MIT EXCEL 2007 UND 2010 REALISIEREN]

Abbildung 3.120:
Mit der Einstellung „Anfangsgröße" wird die Pfeilspitze in einer Größe angezeigt, die zur Diagrammgröße passt

11. Lassen Sie den Dialog **Datenreihen formatieren** geöffnet, klicken Sie ins Diagramm und navigieren mit der Taste **Pfeil nach unten** zur Datenreihe **Pfeil unten**.

12. Wiederholen Sie die Schritte 11 bis 13, um auch die zweite Datenreihe als Pfeil zu formatieren. Beenden Sie den Dialog mit **Schließen**. **Abbildung 3.121** zeigt die Pfeile, die auf diese Weise entstehen.

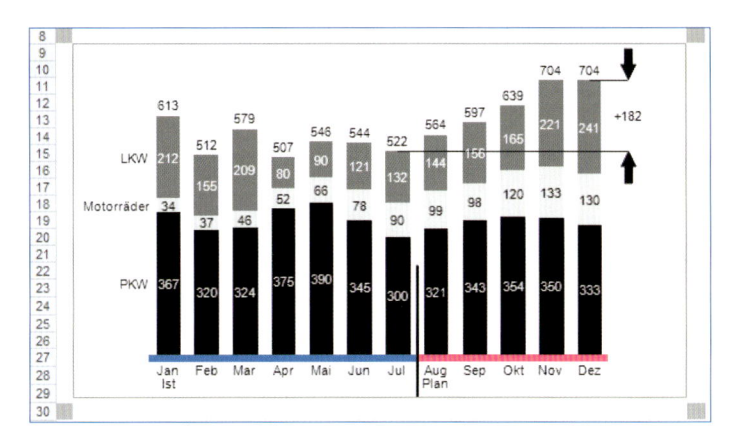

Abbildung 3.121: *Die Pfeile sind mit der speziellen Methode, die nur ab Excel 2007 zur Verfügung steht, aus jeweils zwei Punkten mit Verbindungslinie eingefügt. Das Ergebnis sieht nahezu genauso aus wie das in* **Abbildung 3.113**, *wo die Pfeile als Grafik eingefügt wurden.*

Der Vorteil der hier vorgestellten zweiten Methode liegt nicht nur darin, dass die Pfeillänge konfiguriert werden kann. Auch können Pfeile, die aus zwei Punkten erstellt sind, durch ihre Koordinaten beliebige Drehwinkel erhalten und die Pfeilspitzen zeigen immer in die Richtung der Linie. Weiterhin ist die grafische Qualität der Pfeile beim späteren Verknüpfen mit der *Excel*-Kamera oder per *OLE* nach *PowerPoint* mit der zweiten Methode besser als bei eingefügten Grafiken. Das kann sich nach Drucklegung dieses Buchs natürlich durch zukünftige *Excel*-Updates noch ändern.

3.26 BESCHRIFTUNGEN VON ZU KLEINEN DIAGRAMMWERTEN AUSBLENDEN

Übungsbeispiel

Bearbeiten in Blatt

19.2 Pfeile

Ergebnis in Blatt

20 Kleine Werte

Hier lernen Sie, wie Sie einzelne Beschriftungen ein- und ausblenden. In diesem Beispiel werden die Wertebeschriftungen nur gezeigt, wenn sie größer als ein vorgegebener Wert sind.

Diagramme sind kein Ersatz für Tabellen. Es muss nicht jeder Datenpunkt mit einem Wert beschriftet werden, sondern nur, was für die Übermittlung der Botschaft nötig ist. In diesem Abschnitt lernen Sie, wie man eine Logik in das Diagramm einbaut und die Beschriftungen abhängig von der prozentualen Säulenhöhe anzeigt. Werte unterhalb einer definierbaren Grenze werden ausgeblendet. Diese Aufgabe lösen Sie auf die im Folgenden beschriebene Art und Weise.

Erweitern Sie zunächst den Konfigurationsbereich um eine weitere Option:

1. Legen Sie in Zelle **AC32** den Text **Werte-Beschriftung** an und formatieren diesen mit der Zellenformatvorlage **Objektname**.

2. In Zelle **AC33** tragen Sie die Objekteigenschaft **Min.sichtbar** ein, diese erhält die Zellenformatvorlage **Eigenschaft**.

3. Die Zelle **AD33** wird als Eingabezelle vorgesehen, in der ein Prozentwert erfasst werden kann, der wiederum regelt, ab welchem Grenzwert die Säulenbeschriftung angezeigt werden soll. Dieser soll zunächst **8 %** betragen. Formatieren Sie die Zelle **AD33** mit der Zellenformatvorlage **Dateneingabe**.

4. In der Zelle **AE33** wird über die Formel **=AD33*$AD$36** der Schwellenwert als Absolutwert aus der in Zelle **AD36** hinterlegten Diagrammhöhe errechnet.

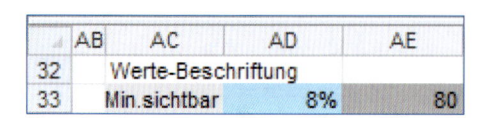

	AB	AC	AD	AE
32		Werte-Beschriftung		
33		Min.sichtbar	8%	80

Abbildung 3.122:
In diesem Bereich wird der Grenzwert zur Anzeige der Säulenbeschriftung ermittelt

Erstellen Sie nun einen Zellbereich, der per Wenn-Formel die zu kleinen Werte ausblendet, und verknüpfen Sie anschließend die Diagrammbeschriftungen mit diesen Zellen. Die folgenden Schritte erklären Ihnen, wie Sie hierfür vorzugehen haben:

1. Markieren Sie den Zellbereich **AH14** bis **AW16** und erfassen die Formel **=WENN(AH4>=$AE$33;AH4;" ")**.

2. Schließen Sie diese Aktion über die Tastenkombination **Strg + Enter** ab. Nur wenn das jeweilige Formelergebnis größer ist als die Bezugszelle **$AD$36**, wird der Wert aus den Zeilen **4–6** in die Zielzeilen **14–16** übertragen.

3. Übertragen Sie das Format des Zellbereichs **AH4** bis **AW6** auf den Zellbereich **AH14** bis **AW16**. In Zelle **AX14** erfassen Sie noch den Text **Kleine Werte ausgeblendet**. **Abbildung 3.123** zeigt den Zellbereich, der Beschriftungen unterhalb eines Schwellwertes ausblendet

	AG	AH	AI	AJ	AK	AL	AM	AN	AO	AP	AQ	AR	AS	AT	AU	AV	AW	AX	AY	AZ
13																				
14				212	155	209	80	90	121	132	144	156	165	221	241			Kleine Werte ausgeblendet		
15										90	99	98	120	133	130					
16				367	320	324	375	390	345	300	321	343	354	350	333					
17																				

Abbildung 3.123: *In diesem Bereich werden Werte, die unter dem konfigurierten Grenzwert liegen, ausgeblendet*

Momentan sehen Sie noch keine Änderungen im Diagramm, denn Sie müssen jetzt noch die Datenbeschriftungen mit dem neu erstellten Zellbereich **AH4** bis **AW6** verknüpfen.

1. Markieren Sie im Diagramm die Beschriftungsreihe (nicht die Datenreihe!) **Reihen „LKW" Datenbeschriftung**.

2. Markieren Sie dann mit der Taste **Pfeil nach rechts** das erste Beschriftungsobjekt und drücken Sie anschließend die Taste **=**. Klicken Sie jetzt auf die Zelle **AH14** und bestätigen Sie anschließend mit der Taste **Enter**.

[GESTAPELTES SÄULENDIAGRAMM MIT EXCEL 2007 UND 2010 REALISIEREN]   **229**

3. Mit der Taste Pfeil nach rechts gelangen Sie jeweils zur nächsten Beschriftung. Wiederholen Sie den vorigen Schritt für jede der 16 Beschriftungen mit den entsprechenden Zellen AI14, AJ14, AK14 usw. bis zur Zelle AW14.

4. Verknüpfen Sie analog dazu die Beschriftungsreihe Reihen „Motorräder" Datenbeschriftung mit dem Zellbereich AH15:AW15 und die Beschriftungsreihe Reihen „PKW" Datenbeschriftung mit dem Zellbereich AH16:AW16.

Abbildung 3.124 zeigt, wie Werte unterhalb einer konfigurierbaren Grenze ausgeblendet werden.

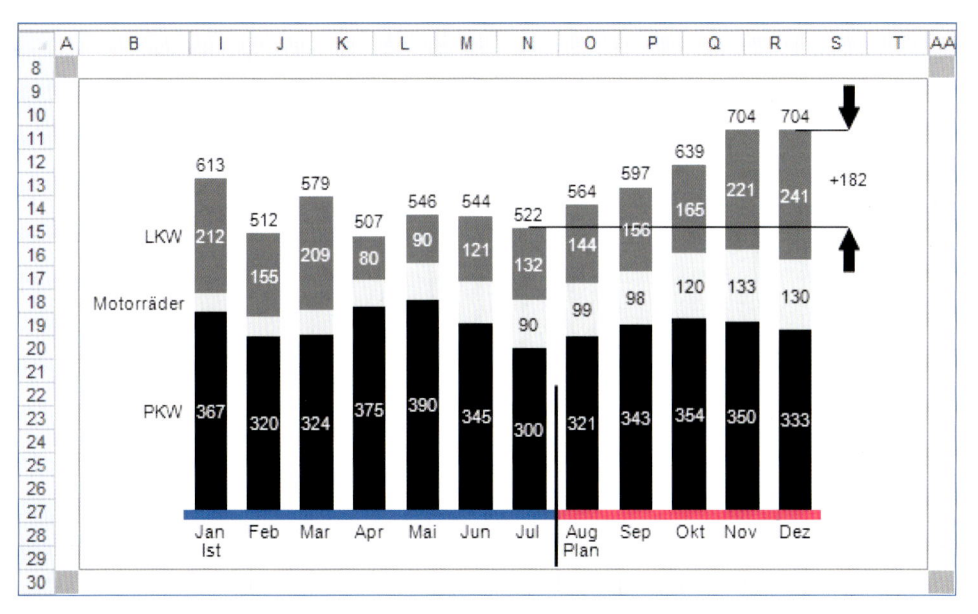

Abbildung 3.124: *Die Datenbeschriftungen wurden mit dem Zellbereich verknüpft, der die Logik zum Ausblenden kleiner Werte beinhaltet*

3.27   FREI POSITIONIERBARE SÄULENBESCHRIFTUNGEN EINFÜGEN

Übungsbeispiel

Bearbeiten in Blatt

20 Kleine Werte

Ergebnis in Blatt

21 Punkt Beschriftung

Hier lernen Sie, wie Sie eine Säulenbeschriftung als Punktediagramm erstellen, um sie frei zu positionieren. Standard-Säulenbeschriftungen sind nur in zentrierter Ausrichtung möglich.

Dies kann dann erforderlich sein, wenn die Säulen sehr schmal sind und die Säulenbeschriftung beispielsweise neben den Säulen angezeigt werden soll.

Machen Sie die Säulen folgendermaßen so schmal wie möglich:

[GESTAPELTES SÄULENDIAGRAMM MIT EXCEL 2007 UND 2010 REALISIEREN]

1. Klicken Sie auf eine Datenreihe der Primärachsengruppe im Diagramm, zum Beispiel auf die Reihe „LKW".
2. Öffnen Sie mit der rechten Maustaste das Kontextmenü und dann den Dialog Datenreihen formatieren.
3. Ändern Sie unter Reihenoptionen die Abstandsbreite auf 500 %. Sie sehen in **Abbildung 3.125** die schmalen Säulen mit einer zentrierten Säulenbeschriftung, die bei dieser Art der Positionierung zum Teil kaum lesbar ist.

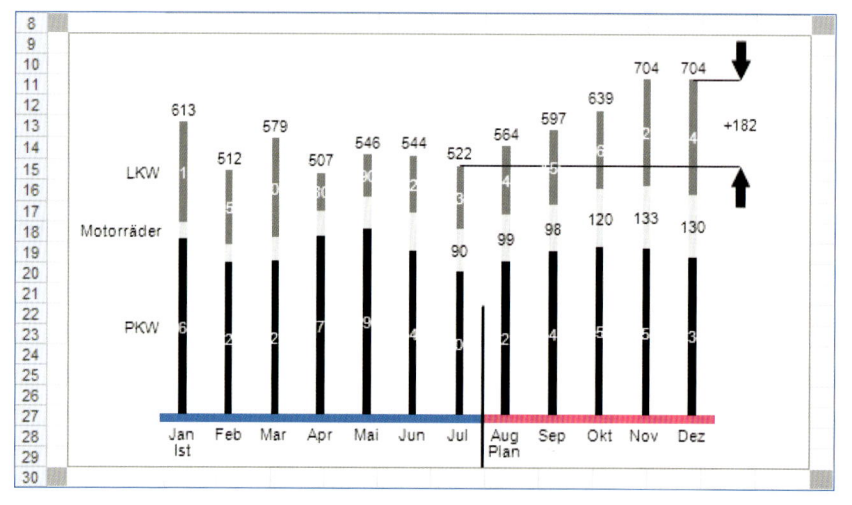

Abbildung 3.125: Eine zentrierte Säulenbeschriftung ist bei geringer Säulenbreite nur schwer lesbar

4. Entfernen Sie die Säulenbeschriftungen der Reihe „LKW", „Motorräder" und „PKW". Hierzu markieren Sie jeweils die Säulenbeschriftungen und drücken die Entf-Taste. **Abbildung 3.126** zeigt das Diagramm ohne Wertebeschriftungen.

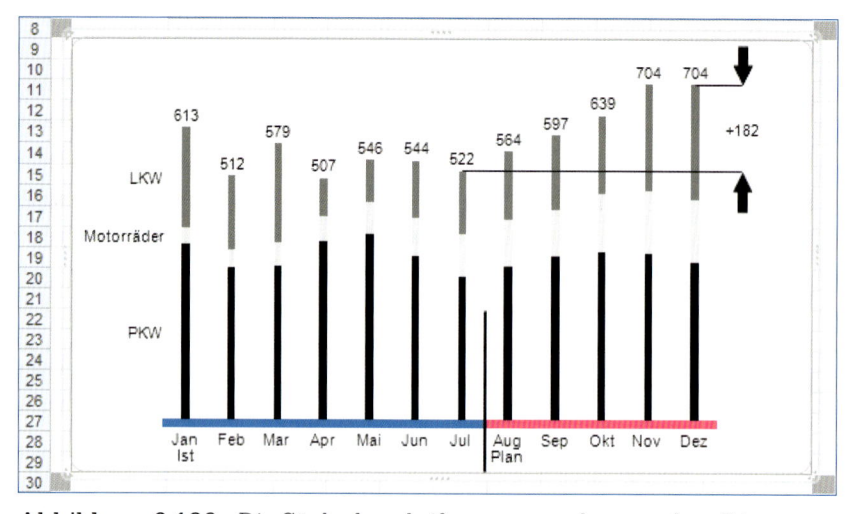

Abbildung 3.126: Die Säulenbeschriftungen wurden aus dem Diagramm entfernt

[GESTAPELTES SÄULENDIAGRAMM MIT EXCEL 2007 UND 2010 REALISIEREN]

Jetzt wird die Beschriftung als Punktediagramm neu ins Diagramm eingefügt. Zunächst wird ein Konfigurationsbereich erstellt (**Abbildung 3.127**). Die Zelle AD34 wird als Eingabezelle für einen Wert DX vorgesehen, der die Position der Säulenbeschriftung in X-Achsen-Richtung verändert. Die Einheiten dieses Konfigurationswertes sind die X-Rubriken (1 entspricht 1 Monat).

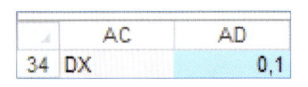

	AC	AD
34	DX	0,1

Abbildung 3.127:
Konfigurationsbereich für die Position der Säulenbeschriftung in X-Achsen-Richtung

Mit den nächsten Schritten wird der Datenbereich für die Punkte-Datenreihen erstellt. Ziel ist es hierbei, Punkte über die Säulen zu platzieren, die transparent formatiert werden und die neue Beschriftung für die Säulen tragen. Gehen Sie wie folgt vor:

1. Erfassen Sie in Zelle B49 den Text „Punkt Beschriftung".
2. Erfassen Sie in Zelle B50 den Text „X". Hier werden die X-Koordinaten berechnet. Erfassen Sie in Zelle I50 die Formel =I31+$AD$16+$AD$34. Das bedeutet: Spaltennummer + Rand links + Verschiebung.
3. Kopieren Sie diese Formel in den angrenzenden Zellbereich J50:T50.
4. Die folgenden Y-Koordinaten sollen die Punkte vertikal in der Mitte jedes Datenpunkts positionieren. Das ist die gleiche Logik wie bei den Y-Koordinaten der Legende. Alle darunterliegenden Datenpunkte werden addiert und der aktuelle, zu beschriftende Datenpunkt, wird zur Hälfte addiert, um die Mitte zu erreichen.

   Die Formeln lauten wie folgt:
   PKW in I53=(I6/2)*$AD$19+$AE$17
   Motorräder in I52=(I6+(I5/2))*$AD$19+$AE$17
   LKW in I51=(SUMME(I5:I6)+(I4/2))*$AD$19+$AE$17

   Alle Koordinaten werden mit der Y-Skalierung ($AD$19) multipliziert und der Rand unten ($AE$17) wird addiert.

   Kopieren Sie die drei Zellen in den Bereich nach rechts bis Spalte T, indem Sie den Zellbereich I51:T53 markieren und mit der Tastenkombination Strg + R den Zellbereich nach rechts ausfüllen.

Fügen Sie nun die Datenreihen in das Diagramm ein:

1. Klicken Sie mit der linken Maustaste in das Diagramm.
2. Öffnen Sie mit der rechten Maustaste das Kontextmenü und rufen den Dialog Daten auswählen auf.
3. Betätigen Sie im Abschnitt Legendeneinträge (Reihen) die Schaltfläche Hinzufügen, um eine neue Datenreihe in das Diagramm einzufügen.
4. Fügen Sie die neue Datenreihe Y_LKW, wie in **Abbildung 3.128** gezeigt, ein.

[GESTAPELTES SÄULENDIAGRAMM MIT EXCEL 2007 UND 2010 REALISIEREN]

Abbildung 3.128:
Einfügen der neuen Datenreihe Y-LKW

Fügen Sie analog die Datenreihen **Y_Motorräder** und **Y_PKW** in das Diagramm ein.

5. Markieren Sie die Datenreihe **Y_PKW** und fügen über das Kontextmenü die Datenbeschriftung ein (**Datenbeschriftungen hinzufügen**).

6. Wiederholen Sie den letzten Schritt auch für die Datenreihen **Y_Motorräder** und **Y_LKW**.

7. Markieren Sie die Datenbeschriftung **Y_PKW** und richten diese über das Dialogfenster **Datenbeschriftungen formatieren – Beschriftungsoptionen – Beschriftungsposition links** aus. Für die anderen beiden Datenreihen ist diese Einstellung entsprechend auszuwählen. Hierzu muss das Dialogfenster nicht geschlossen werden. Sie können die Datenreihe anwählen und die Einstellung im geöffneten Dialogfenster vornehmen. Wenn Sie die Einstellungen für die drei Datenreihen vorgenommen haben, können Sie den Dialog über die Schaltfläche **Schließen** verlassen. **Abbildung 3.129** zeigt das Ergebnis.

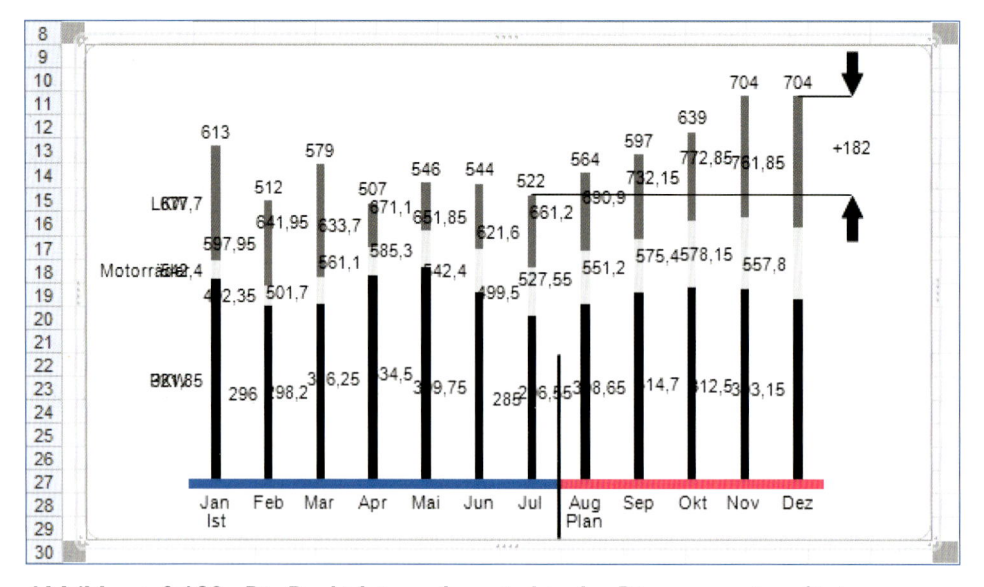

Abbildung 3.129: *Die Punktdatenreihen sind in das Diagramm eingefügt*

Um die Überschneidungen der Beschriftungen mit der Legende und den Pfeilen zu vermeiden, positionieren Sie die Pfeile nach links und die Legende nach rechts.
Tragen Sie dazu in **Legende – Position** in AD22 ein **R** ein und in **Differenz – X-Pos.** in AD28 eine **0**. **Abbildung 3.130** zeigt das Diagramm mit diesen Änderungen.

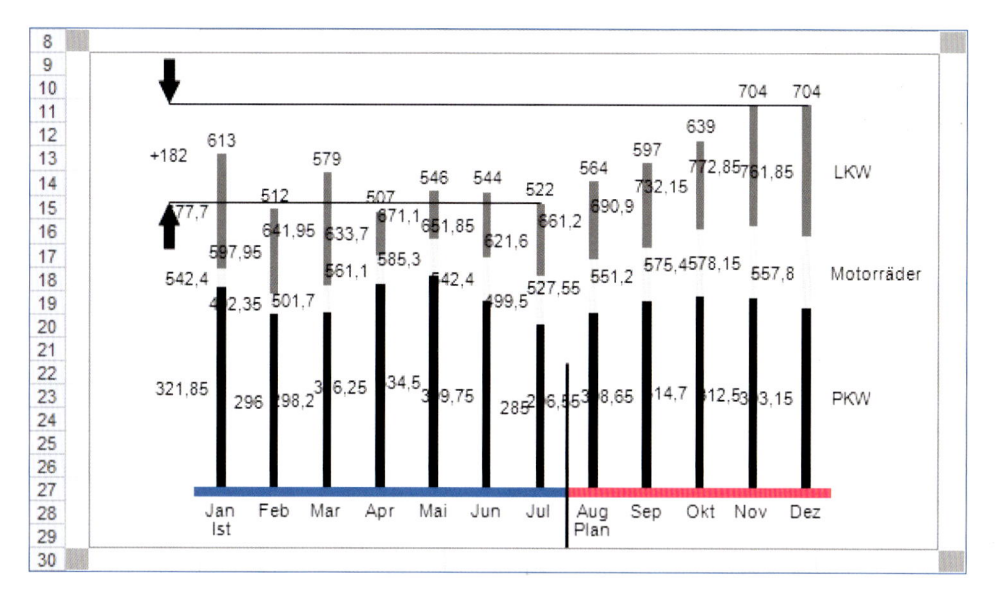

Abbildung 3.130: *Hier sind die Legende und die Pfeile so positioniert, dass keine Überschneidungen mit der Wertebeschriftung entstehen. Dies zeigt anschaulich den Sinn der umfangreichen Konfigurationsmöglichkeiten*

Jetzt muss die Datenbeschriftung noch mit den entsprechenden Werten verknüpft werden. Hierbei handelt es sich um die Eingabewerte. Zum Verknüpfen der Säulenbeschriftungen diente bislang der 16 Spalten breite Zellbereich **AH14:AW16**. Das hier neu erstellte Raster aus Punkten ist 12 Spalten breit, da es nicht mit BEREICH.VERSCHIEBEN seine Rand-links-abhängige Position verschiebt, sondern durch Änderung der X-Koordinaten. Daher wird ein neuer Beschriftungszellbereich erstellt, der ebenfalls 12 Spalten breit ist. In Zelle **I55** wird geprüft, ob der Eingabewert kleiner als der konfigurierte Mindestwert ist, und wird in diesem Fall ausgeblendet.

I55=WENN(I4*$AD$19>=$AE$33;I4;"")

Kopieren Sie diese Formel in den Bereich **I55:T57**. Markieren Sie hierzu den Bereich mit **Umschalt + Pfeil-rechts-Taste** und **Umschalt + Pfeil-unten-Taste** und fügen die Formel über die Tastenkombination **Strg + R + U** ein.

	A	B	I	J	K	L	M	N	O	P	Q	R	S	T	AA
49		Punkt-Beschriftung													
50		X	3,1	4,1	5,1	6,1	7,1	8,1	9,1	10,1	11,1	12,1	13,1	14,1	
51		Y_LKW	677,7	598	642	633,7	671,1	651,9	621,6	661,2	690,9	732,2	772,9	761,9	
52		Y_Motorräder	542,4	492,4	501,7	561,1	585,3	542,4	499,5	527,6	551,2	575,4	578,2	557,8	
53		Y_PKW	321,9	296	298,2	326,3	334,5	309,8	285	296,6	308,7	314,7	312,5	303,2	
54															
55		Kleine Werte	212	155	209	80	90	121	132	144	156	165	221	241	
56								78	90	99	98	120	133	130	
57			367	320	324	375	390	345	300	321	343	354	350	333	
58															

Abbildung 3.131: *Koordinaten und Beschriftung für die Datenbeschriftung als Punktdiagramm*

Verlinken Sie nun, wie Sie es bereits gelernt haben, die Beschriftungen der drei neuen Datenreihen Y_LKW, Y_Motorrad und Y_PKW mit dem Zellbereich I55:T57. Gehen Sie analog zu Abschnitt 3.25 vor. Abbildung 3.132 zeigt die verknüpften Beschriftungen.

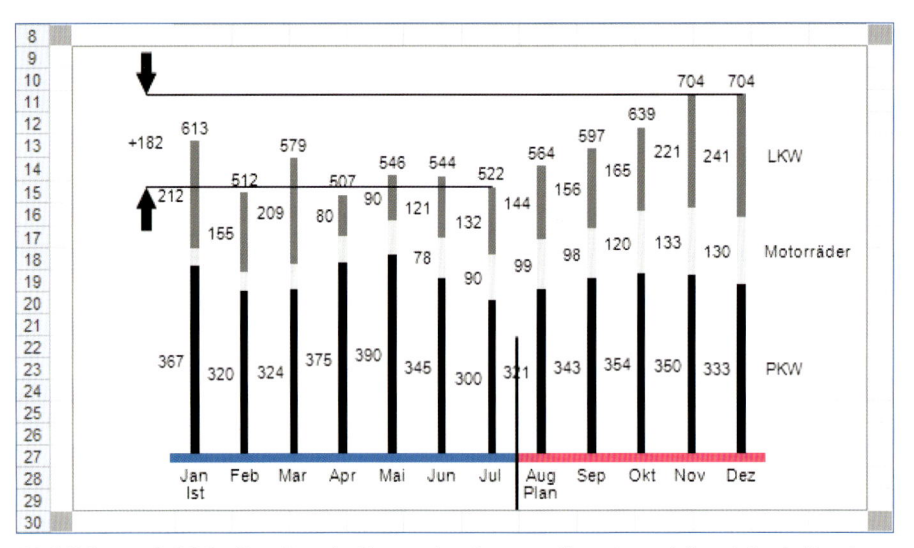

Abbildung 3.132: *Die Beschriftung der Datenreihen ist erfolgreich als Punktbeschriftung in das Diagramm eingefügt worden*

3.28 DIAGRAMMTITEL INTEGRIEREN

Übungsbeispiel

Bearbeiten in Blatt
21 Punkt Beschriftung

Ergebnis in Blatt
22 Titel

Hier lernen Sie, wie Sie Beschriftungen mit fester Position wie Botschaft, Titel und Fußnote im Zellbereich hinter dem Diagramm erstellen. Diese für den Betrachter wichtigen und zusätzlichen Informationen werden mit Dateneingabezellen rechts neben dem Diagramm verknüpft, da es für den Nutzer ansonsten schwierig wäre, Werte in Zellen hinter dem Diagramm einzutragen. Der Diagrammbereich wird transparent formatiert, damit auch die im Hintergrund eingefügte Beschriftung sichtbar ist.

[GESTAPELTES SÄULENDIAGRAMM MIT EXCEL 2007 UND 2010 REALISIEREN]

In **Abschnitt 3.27** haben Sie die Punktbeschriftung in das Diagramm integriert. Um in diesem Abschnitt weiterarbeiten zu können, nehmen wir zunächst einige Einstellungen in dem Diagramm vor:

1. Ändern Sie die Abstandsbreite der Datenreihen LKW, Motorräder und PKW auf 60 %. Hierzu markieren Sie eine Datenreihe und rufen über das Kontextmenü das Dialogfenster Datenreihen formatieren auf. Ändern Sie die Abstandbreite im Abschnitt Reihenoptionen auf 60 % und bestätigen Sie Ihre Eingabe über die Schaltfläche Schließen.
2. Setzen Sie in Zelle AD34 den Parameter DX=0,55. Hierdurch wird die Punktbeschriftung an eine korrekte horizontale Position verschoben.
3. Markieren Sie die Beschriftungsreihe Y-PKW Datenbeschriftung und ändern Sie die Schriftfarbe auf Weiß.
4. Wiederholen Sie Schritt 3 auch für die Reihe Y-LKW Datenbeschriftung.
5. Abschließend verschieben Sie die Pfeile noch nach rechts. Hierzu geben Sie in Zelle AD28 den Wert 13 ein, was bedeutet, dass die Pfeile auf der horizontalen Position des Monats 13 angezeigt werden.

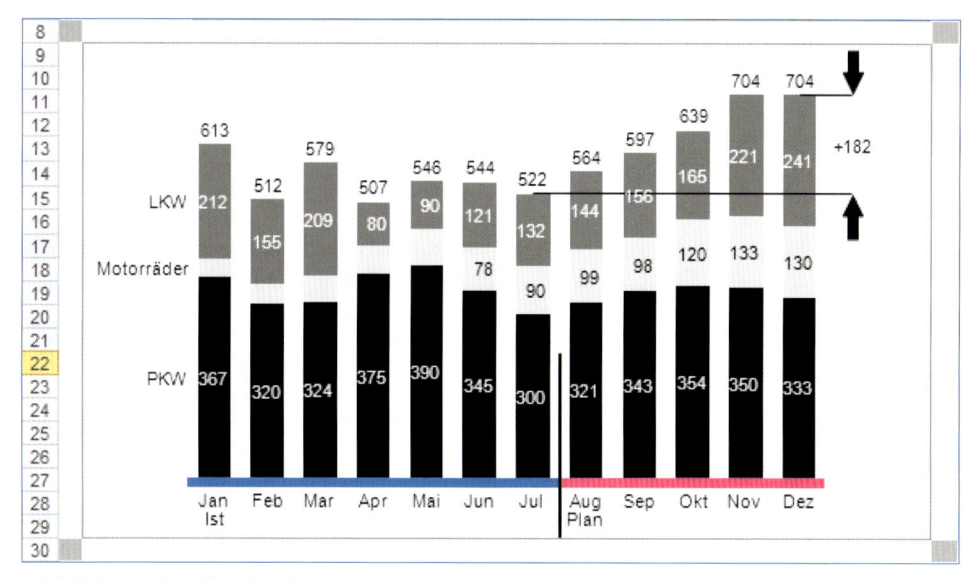

Abbildung 3.133: *Die Säulen sind wieder 60 % breit und die Positionen der Wertebeschriftung, der Legenden und der Pfeile wurden darauf angepasst*

Um die Beschriftung hinter dem Diagramm einzufügen und sichtbar zu machen, muss zunächst das Diagramm transparent formatiert werden. Gehen Sie dabei wie folgt vor:

1. Markieren Sie die Zeichnungsfläche und drücken dann die Entf-Taste. Hierdurch wird die Zeichnungsfläche transparent formatiert (und nicht gelöscht).
2. Zusätzlich zur Zeichnungsfläche muss auch der äußere Diagrammbereich transparent gemacht werden. Hierzu markieren Sie den äußeren Diagrammbereich und rufen über das Kontextmenü das Dialogfenster Diagrammbereich formatieren auf.

236   [GESTAPELTES SÄULENDIAGRAMM MIT EXCEL 2007 UND 2010 REALISIEREN]

3. Unter **Füllung** wählen Sie die Option **Keine Füllung** aus. **Abbildung 3.134** zeigt das Ergebnis.

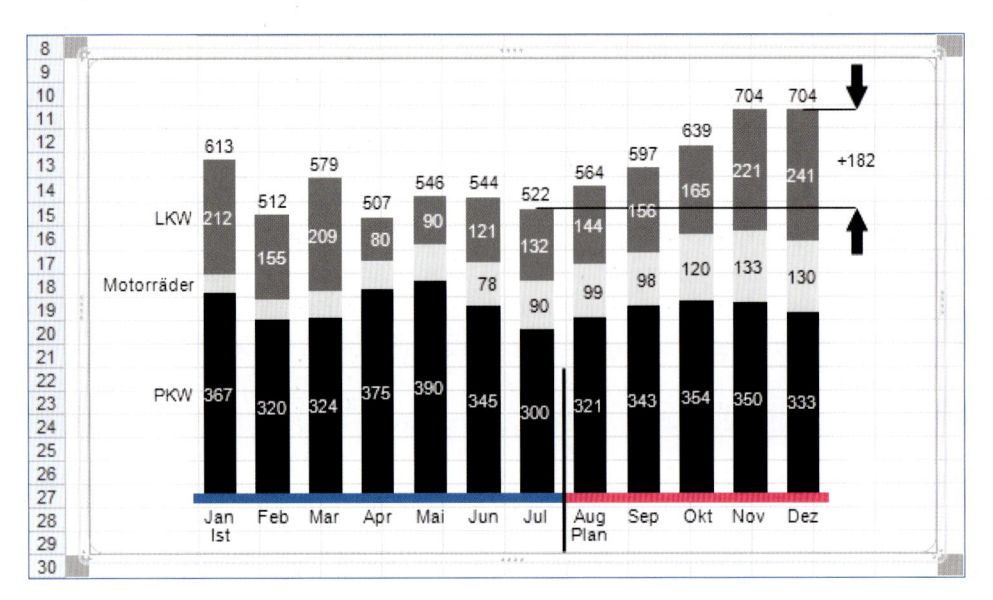

Abbildung 3.134: *Der Diagrammhintergrund ist jetzt transparent*

Nun können Sie beginnen, die verschiedenen Beschriftungen in das Diagramm zu integrieren. Definieren Sie hierfür, wie nachfolgend abgebildet, einen Zellbereich für die Erfassung der Botschaft, des Titels (**Titel1** bis **Titel3**) und der Fußnote (**Abbildung 3.135**).

Abbildung 3.135: *Hier werden die Botschaft, der Titel und die Fußnote verwaltet*

Die Botschaft in Zeile **18** wird aus einer Kombination von Texteingabe und Formeln gebildet und ist eine Verkettung von Eingabefeldern (grün eingefärbte Zellen) und automatisch generierten variablen Monatsnamen (siehe Zelle **AM18** und **AO18**). Die beiden Monate in den Zellen **AM18** und **AO18** werden über eine Formel in die Botschaft eingebunden. Es handelt sich hierbei um die beiden Monate, aus deren Werte die Differenz ermittelt wird, die über die beiden Pfeile besonders hervorgehoben werden soll. Die beiden Monate werden über eine WVERWEIS-Formel aus dem Zellbereich **I59:T59** berechnet (siehe nachfolgende **Abbildung 3.136**).

[GESTAPELTES SÄULENDIAGRAMM MIT EXCEL 2007 UND 2010 REALISIEREN]

	A	B	I	J	K	L	M	N	O	P	Q	R	S	T	AA
31		123...	1	2	3	4	5	6	7	8	9	10	11	12	
32		X1	20	20	20	20	20	20	20	0	0	0	0	0	
33		X2	0	0	0	0	0	0	0	20	20	20	20	20	
34															
35		Fahrzeuge	3	4	5	6	7	8	9	10	11	12	13	14	
36			613	512	579	507	546	544	522	564	597	639	704	704	
37		Y skal.+DY	844,3	733,2	806,9	727,7	770,6	768,4	744,2	790,4	826,7	872,9	944,4	944,4	
38															
39		Platzhalter pri	140	140	140	140	140	140	140	140	140	140	140	140	
40		Platzhalter se	120	120	120	120	120	120	120	120	120	120	120	120	
41															
42		X-Achse Text													
43		X	3	4	5	6	7	8	9	10	11	12	13	14	
44		XATXT_Y1	95	95	95	95	95	95	95	95	95	95	95	95	
45		XATXT_Y2	60	60	60	60	60	60	60	60	60	60	60	60	
46															
47		Spalte leer?	1	2	3	4	5	6	7	8	9	10	11	12	
48															
49		Punkt-Beschriftung													
50		X	3,55	4,55	5,55	6,55	7,55	8,55	9,55	10,55	11,55	12,55	13,55	14,55	
51		Y_LKW	697,7	618	662	653,7	691,1	671,9	641,6	681,2	710,9	752,2	792,9	781,9	
52		Y_Motorräder	562,4	512,4	521,7	581,1	605,3	562,4	519,5	547,6	571,2	595,4	598,2	577,8	
53		Y_PKW	341,9	316	318,2	346,3	354,5	329,8	305	316,6	328,7	334,7	332,5	323,2	
54															
55		Kleine Werte	212	155	209	80	90	121	132	144	156	165	221	241	
56									78	90	99	98	120	133	130
57			367	320	324	375	390	345	300	321	343	354	350	333	
58															
59			Januar	Februar	März	April	Mai	Juni	Juli	August	·ptember	Oktober	ovember	ezember	
60															

Abbildung 3.136: *Hier werden die Monate hinterlegt, auf die in der Message per Verweis zugegriffen wird*

Im Detail gehen Sie wie folgt vor:

1. Um die beiden Monatsnamen variabel in den Botschaftstext einzubinden, müssen Sie in Zelle AM18 die Formel =WVERWEIS(AD26;$I$31:$T$59;29;0) erfassen und in Zelle AO18 die Formel =WVERWEIS(AD27;$I$31:$T$59;29;0). Die zuerst genannte Formel greift auf den ersten der beiden Monate für die Pfeile in Zelle AD26 zu und holt sich über die Funktion WVERWEIS den entsprechenden Monatsnamen aus dem Zellbereich I63:T63. Die zuletzt genannte Formel arbeitet analog, greift jedoch auf den zweiten der beiden Differenzmonate in Zelle AD27 zu. Gesucht wird jeweils in Zeile 31 nach der Monatsnummer und das Ergebnis, der Monatsname, kommt aus Zeile 59.

2. In der Zelle AT18 wird ein benutzerdefiniertes Zahlenformat hinterlegt: +0;-0;"". In AU18 wird der Differenz-Zahlenwert aus AD51 mit der Text-Formel in ein Format gewandelt, das positive und negative Zahlen jeweils mit Vorzeichen anzeigt: AU18 =TEXT(AD51;AT18).

3. Markieren Sie nun die Zelle B8 und drücken Sie dann die Taste Pfeil nach unten, um in die darunterliegende Zelle B9 zu gelangen, die hinter dem Diagramm liegt.

4. Erfassen Sie dort die Formel =AH18&" "&AM18&" "&AN18&" "&AO18&" "&AP18&" "&AU18&" "&AV18, die eine Verkettung verschiedener Zellen aus dem Zellbereich AH18:AV18 vornimmt. Beenden Sie die Erfassung der Formel mit der Taste Enter und gehen Sie ggf. mit der Taste Pfeil nach oben wieder zurück zur Zelle B9.

5. Rufen Sie jetzt über das Menü Start – Ausrichtung den Befehl Zellen formatieren auf. Nehmen Sie dann im gleichnamigen Dialogfenster in der Registerkarte Ausrichtung im Feld Einzug den Eintrag 1 vor, um den Text in der Zelle eine Stelle nach rechts einzurücken. Bestätigen Sie mit OK (Abbildung 3.137).

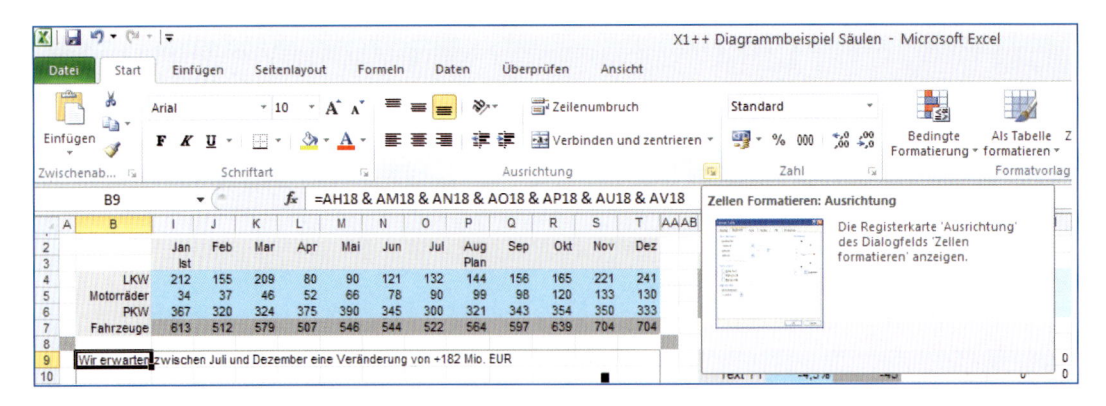

[GESTAPELTES SÄULENDIAGRAMM MIT EXCEL 2007 UND 2010 REALISIEREN]

Abbildung 3.137: *Das Dialogfenster Zellen formatieren wird geöffnet*

6. Markieren Sie den Zellbereich **B9:T9** und formatieren Sie diesen markierten Zellbereich über das Symbol **Rahmenlinie** in der Symbolleiste **Start – Schriftart** mit der Auswahl **Rahmenlinie unten** (Abbildung 3.138).

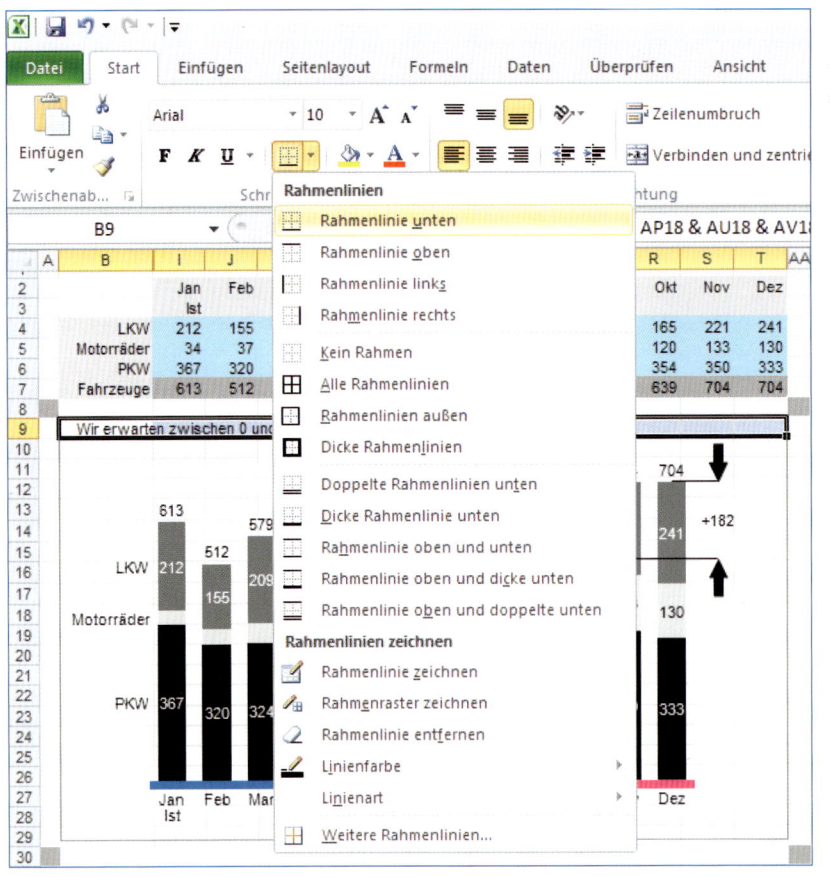

Abbildung 3.138: *Einfügen einer Rahmenlinie unten*

[GESTAPELTES SÄULENDIAGRAMM MIT EXCEL 2007 UND 2010 REALISIEREN]

7. Gehen Sie dann über die Taste Pfeil nach unten zu der Zelle B11 und erfassen Sie dort den Bezug =AH19. Das ist die Eingabe von Titel1. Nehmen Sie ebenfalls einen Einzug von 1 vor.

8. Verfahren Sie analog mit der Zelle B12, die einen Bezug =AH20 erhält, und mit der Zelle B13, die den Formeleintrag =AH21 bekommt. Vergessen Sie auch hier nicht, die Beschriftung einzurücken.

9. Navigieren Sie dann über die Taste Pfeil nach unten zu der Zelle B32 und erfassen Sie dort den Bezug =AH22 (die Fußzeile). Nehmen Sie erneut einen Einzug vor und ändern Sie die Schriftgröße, d. h. den Schriftgrad, auf 8.

Sie haben nun die Beschriftung des Diagramms abgeschlossen. Das fertige Diagramm zeigt **Abbildung 3.139**.

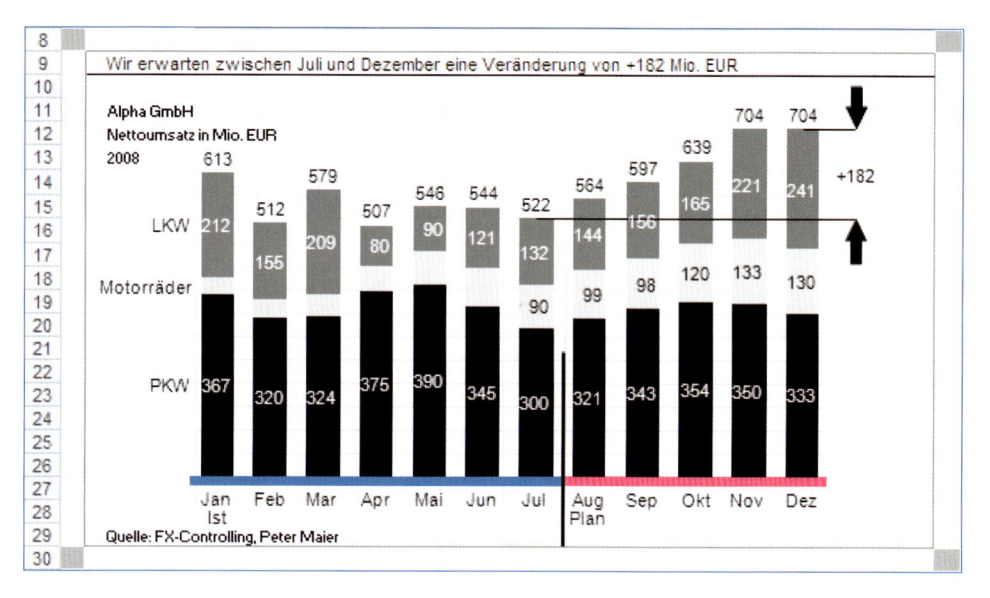

Abbildung 3.139: *Botschaft, Titel und Fußnote befinden sich jetzt im Diagramm*

Blenden Sie jetzt noch die Gitternetzlinien aus, indem Sie in der Multifunktionsleiste in das Menü Ansicht wechseln und über Einblenden/Ausblenden die Gitternetzlinien ausblenden. Hierzu muss der Haken bei Gitternetzlinien entfernt werden (**Abbildung 3.140**).

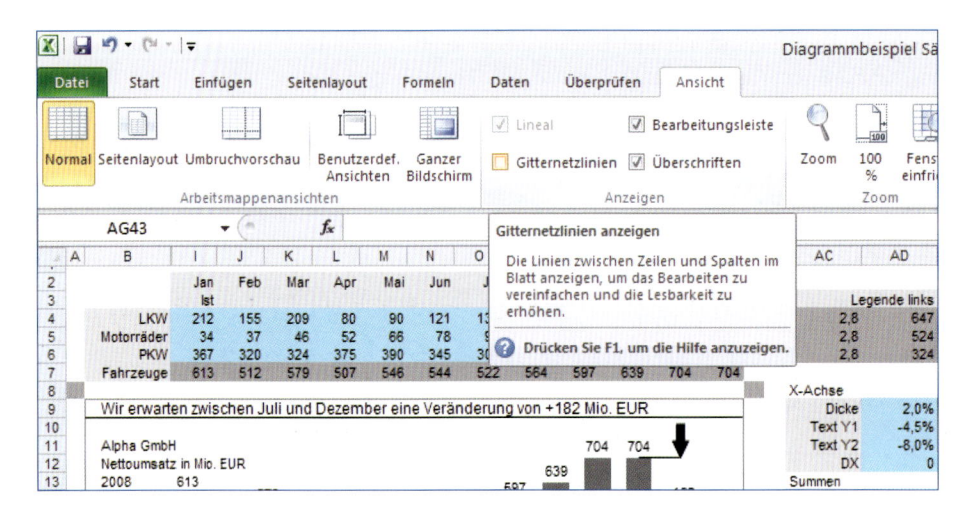

[GESTAPELTES SÄULENDIAGRAMM MIT EXCEL 2007 UND 2010 REALISIEREN]

Abbildung 3.140: *Gitternetzlinien einblenden/ausblenden*

Um exakt die gleiche Darstellung wie im fertiggestellten Diagramm zu erzielen, müssen die Konfigurationswerte wie in der nachfolgenden **Abbildung 3.141** gesetzt werden.

Abbildung 3.141: *Die Konfigurationseinstellungen für das fertige Diagramm*

3.29 SEITENRASTER ERSTELLEN

Hier lernen Sie, wie Sie das Diagramm in ein Seitenraster kopieren oder damit verknüpfen.

Im vorliegenden Beispiel wird das Diagramm im Arbeitsblatt 24 a Diagramm 1 für Raster in das in **Abbildung 3.142** gezeigte Raster eingefügt.

Abschnitt 4.2 „*Excel* mit *PowerPoint* verknüpfen" zeigt, wie Sie das Raster in der für *PowerPoint* richtigen Größe erstellen können.

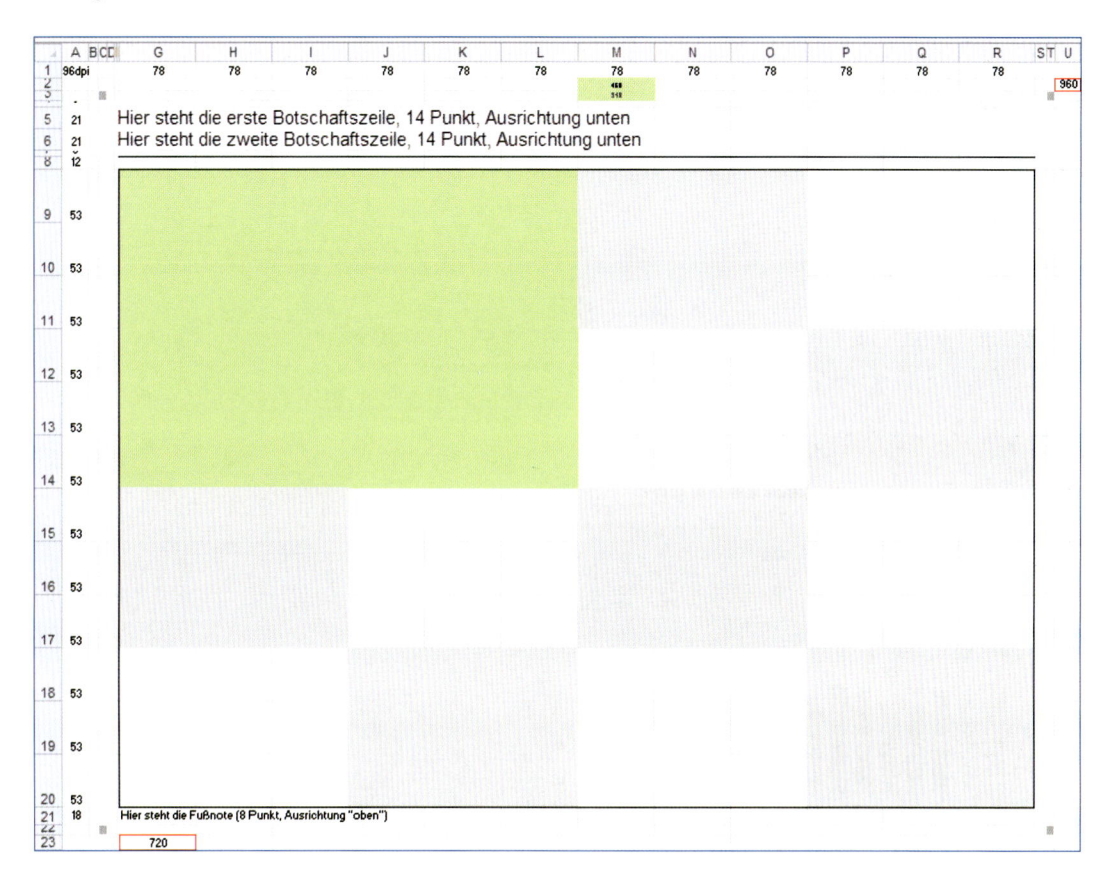

Abbildung 3.142: *Raster, in das das Diagramm eingefügt werden soll*

Hierfür gibt es zwei unterschiedliche Einfügemöglichkeiten, kopieren oder verknüpfen, die im Folgenden erläutert werden.

3.29.1 KOPIEREN

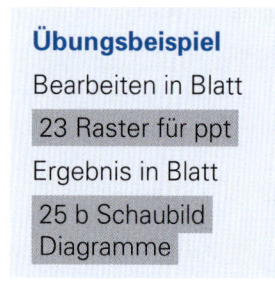

Übungsbeispiel
Bearbeiten in Blatt
23 Raster für ppt
Ergebnis in Blatt
25 b Schaubild Diagramme

Die erste Möglichkeit besteht darin, das Diagramm zu kopieren und auf dem neuen Arbeitsblatt einzufügen. Hierzu gehen Sie wie folgt vor:

1. Markieren Sie den **Diagrammbereich** im Arbeitsblatt 24 a Diagramm 1 für Raster und kopieren das Diagramm mit der Tastenkombination Strg + C.

2. Im Arbeitsblatt 23 Raster für ppt markieren Sie die Zelle G9 und fügen das Diagramm über die Tastenkombination Strg + V ein.

3. Anschließend markieren Sie den Zellbereich G9:L14 und wählen als Füllfarbe Keine Füllung aus.

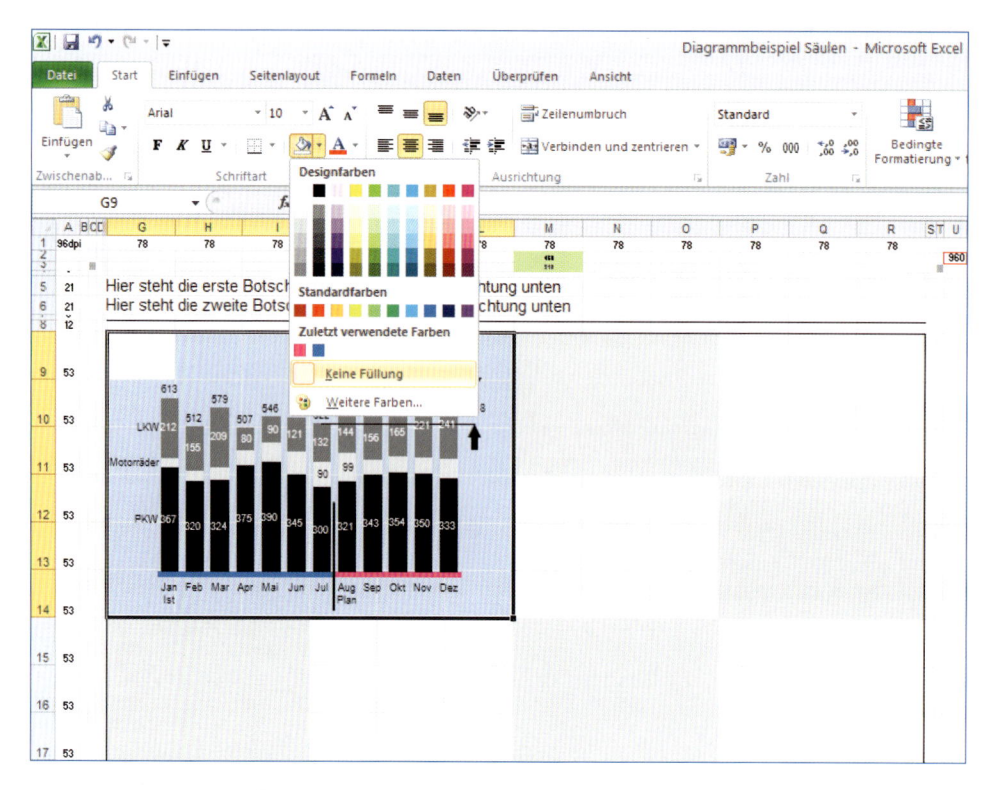

Abbildung 3.143: Ändern der Füllfarbe des Rasters

4. Blenden Sie die Gitternetzlinien aus mit Ansicht – Einblenden/Ausblenden – Gitternetzlinien.

[GESTAPELTES SÄULENDIAGRAMM MIT EXCEL 2007 UND 2010 REALISIEREN] **243**

Das Diagramm ist in das Raster eingefügt, jedoch ist die Beschriftung nicht mitkopiert worden, da diese sich in den Zellen hinter dem Diagramm befindet und damit nicht Teil des Diagramms ist. Die Diagrammbeschriftung muss daher noch in das Diagrammraster eingefügt werden.

3.29.2 VERKNÜPFEN (EXCEL-KAMERA)

Übungsbeispiel
Bearbeiten in Blatt
23 Raster für ppt
Ergebnis in Blatt
25 a Schaubild Kameras

Bei der *Excel*-Kamera-Funktion wird das Diagramm nicht kopiert, sondern der Zellbereich hinter dem Diagramm wird als Bild in das Raster verknüpft. Gehen Sie hierfür wie folgt vor:

1. Markieren Sie hierzu im Arbeitsblatt 24 a Diagramm 1 für Raster den Zellbereich J9:S26 (Umschalt + Pfeil nach unten / Pfeil nach oben / Pfeil nach links / Pfeil nach rechts).
2. Kopieren Sie den Bereich mit der Tastenkombination Strg + C.
3. Wechseln Sie in das Arbeitsblatt 23 Raster für ppt und markieren die Zelle G9.
4. Fügen Sie den Bereich, wie in **Abbildung 3.144** und **Abbildung 3.145** gezeigt, über Start – Zwischenablage – Einfügen – Als Bild – Verknüpfte Grafik einfügen in das Raster ein.

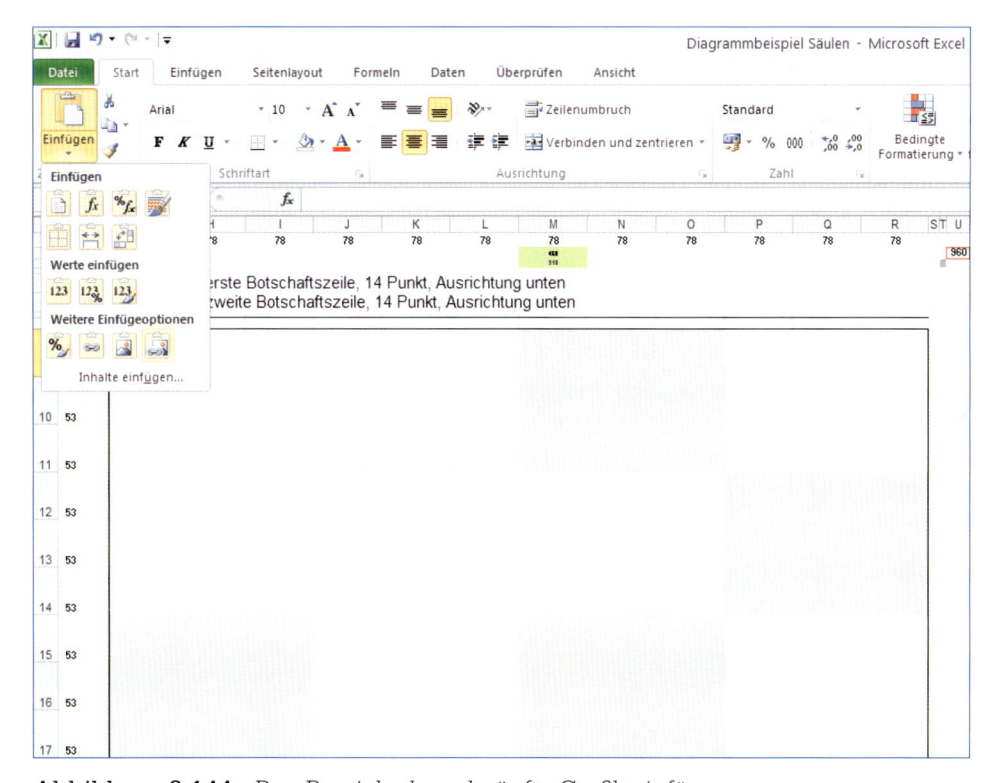

Abbildung 3.144: *Den Bereich als verknüpfte Grafik einfügen*

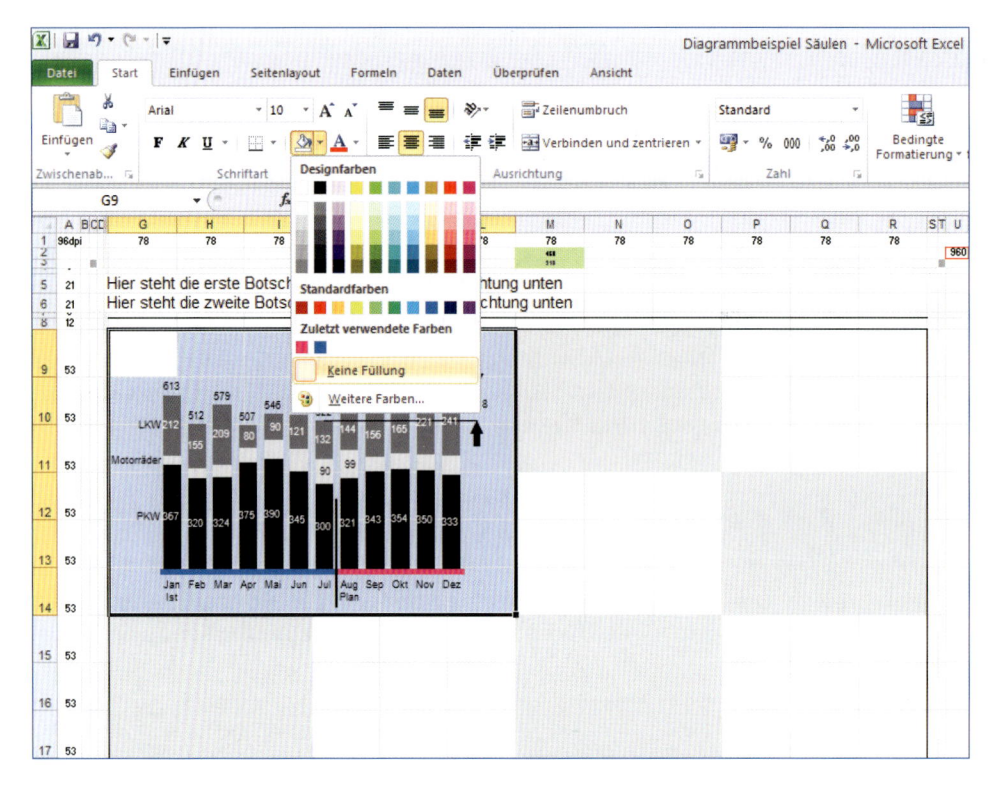

Abbildung 3.145: *Das Diagramm ist mit Hilfe der Excel-Kamera mit dem Raster verknüpft worden*

In *Excel 2007* und *2010* hat die *Excel*-Kamera dennoch kleine Schwächen, so werden z. B. Linien immer etwas dicker als im Original dargestellt. Wenn dieser Fehler akzeptabel ist, dann ist die *Excel*-Kamera eine gute Lösung, weil das Diagramm nicht kopiert wird. Daher sind Änderungen am Original-Diagramm an allen verknüpften Positionen zu sehen. Wenn es auf beste Darstellungsqualität ankommt, sollten die Diagramme kopiert werden.

Die Raster müssen so vorbereitet werden, dass das Diagramm in das Ziel-Seitenraster passt. Hintergrund hierfür ist, dass Verlinkungen mit der Kamera immer auf Größe (Skalierung) 100 % eingestellt bleiben sollten. Andernfalls würden beispielsweise Schriften eine unnachvollziehbare Größe erhalten.

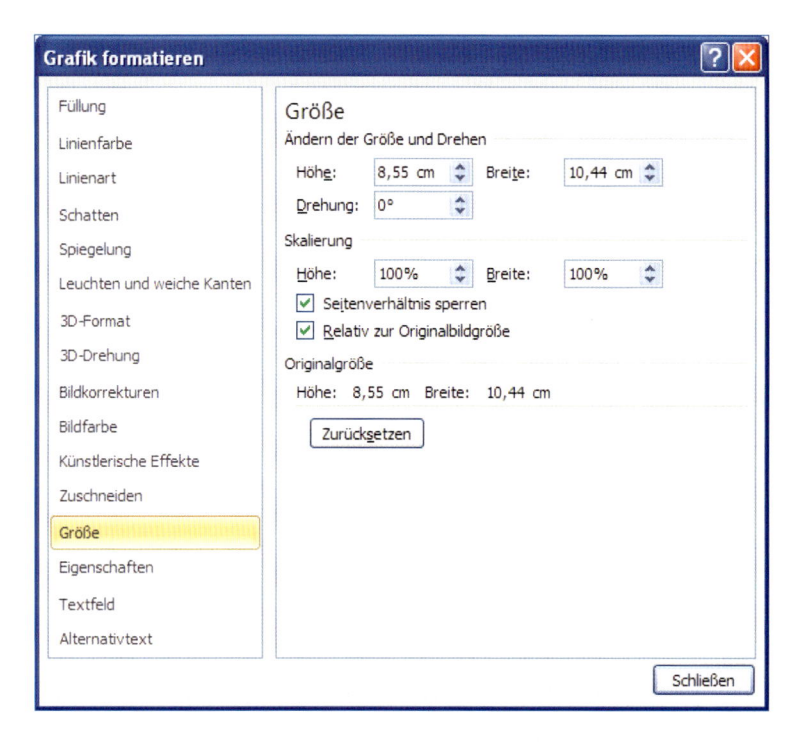

Abbildung 3.146: Skalierung des verknüpften Excel-Kamera-Bildes auf 100 % einstellen

4 ANHANG

In diesem Anhang werden einige Themen von allgemeiner Bedeutung ergänzt.

4.1	In Diagrammen navigieren	Seite 246
4.2	Excel mit PowerPoint verknüpfen	Seite 248
4.3	Tastenkombinationen	Seite 254
4.4	Tipps und Tricks	Seite 256
4.5	Häufig gestellte Fragen	Seite 259
4.6	Schriftgröße zur Bestimmung der Diagrammabmessungen	Seite 270
4.7	Einheitliche Farben, Formen und Symbole	Seite 277
4.8	Diagramme der vierten Generation	Seite 281

4.1 IN DIAGRAMMEN NAVIGIEREN

Hier erfahren Sie, wie Sie mit der Tastatur oder mit der Maus gezielt Objekte im Diagramm markieren und bearbeiten. Wenn viele Elemente im Diagramm übereinanderliegen, ist es meist nicht möglich, mit der Maus eine bestimmte Datenreihe, Beschriftungsreihe oder ein anderes Element im Diagramm zu markieren.

Diagramme bestehen aus einer Hierarchie von unterschiedlichen Objekten, die nicht nur logisch miteinander verknüpft sind, sondern auch räumlich übereinanderliegen. Bereits in einfachen Diagrammen ist es nicht immer leicht, Elemente wie einzelne Datenpunkte oder Datenreihen per Mausklick zu selektieren. In komplexeren Diagrammen wird dieses Unterfangen äußerst schwierig, wenn nicht gar unmöglich. Oftmals aktiviert man das gewünschte Objekt, landet aber nachdem rechten Mausklick auf einem nicht gewünschten darüberliegenden Element. Abhilfe schafft hier die Tastatur. Selektieren Sie durch einen Mausklick ein beliebiges Element in einem Diagramm und verändern Sie die Auswahl mit Hilfe der vier Tasten Pfeil nach rechts, Pfeil nach links, Pfeil nach oben und Pfeil nach unten. Pfeil nach oben und Pfeil nach unten navigiert durch Diagramm-Unterelemente, wie Datenreihen, Beschriftungsreihen, Achsen, Zeichnungsfläche und Diagrammfläche. Pfeil nach rechts und Pfeil nach links navigiert durch Unterelemente von Datenreihen und Beschriftungsreihen. Das sind Datenpunkte und Beschriftungsobjekte. Wenn Sie das gewünschte Element ausgewählt haben, öffnen Sie das Kontextmenü mit Hilfe der Taste Kontextmenü der *Windows*-Tastatur (siehe **Abbildung 4.1**).

Abbildung 4.1:
Die Kontextmenü-Taste auf der Windows-Tastatur (oben rechts)

[ANHANG]   **247**

Falls die Taste Kontextmenü auf Ihrer Tastatur nicht vorhanden ist, geht auch Umschalt + F10.

Sie können den Dialog Formatieren der markierten Auswahl am schnellsten mit Strg + 1 öffnen.

In allen *Excel*-Versionen, bis auf *2007*, kann man außerdem durch Doppelklick auf ein Diagrammelement den Dialog Formatieren öffnen.

4.1.1. IN DIAGRAMMEN MIT EXCEL BIS VERSION 2003 NAVIGIEREN

Häufig ist es nicht eindeutig zu sehen, welches Diagrammelement selektiert ist. Im Namensfeld von *Excel* bis Version 2003, das sich links neben der Bearbeitungsleiste befindet, wird der Name des momentan ausgewählten Objekts angezeigt.

Alternativ dazu können Sie auch alle Objekte über die Symbolleiste Diagramm (Abbildung 4.2) markieren oder daran ablesen, welches Element markiert ist. Diese Symbolleiste muss gegebenenfalls über Extras – Anpassen – Symbolleisten eingeblendet werden.

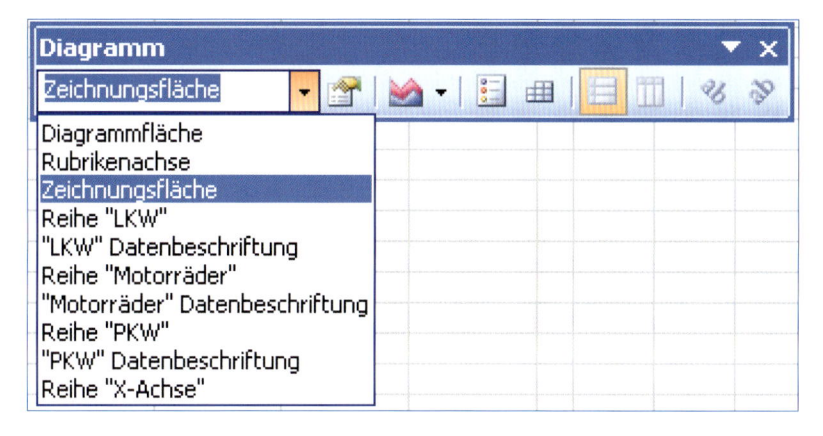

Abbildung 4.2:
Über die Symbolleiste **Diagramm** *können alle Objekte ausgewählt werden*

In der in **Abbildung 4.2** gezeigten *Drop-down*-Liste können alle Diagrammelemente markiert werden, nicht aber deren Unterelemente.

4.1.2. IN DIAGRAMMEN MIT EXCEL AB VERSION 2007 NAVIGIEREN

In *Excel* ab Version 2007 gibt es einen Ersatz für die Symbolleiste Diagramm. Wenn ein Diagramm markiert ist, gehen Sie in das Menü Diagrammtools und hier auf das Untermenü Layout. In der Multifunktionsleiste im Abschnitt Aktuelle Auswahl können Sie nun über das *Drop-down*-Auswahlfeld (siehe **Abbildung 4.3**) die einzelnen Diagrammelemente markieren oder einfach nur ablesen, welches Element momentan markiert ist. Mit der Schaltfläche Auswahl formatieren öffnet man den Dialog Formatieren.

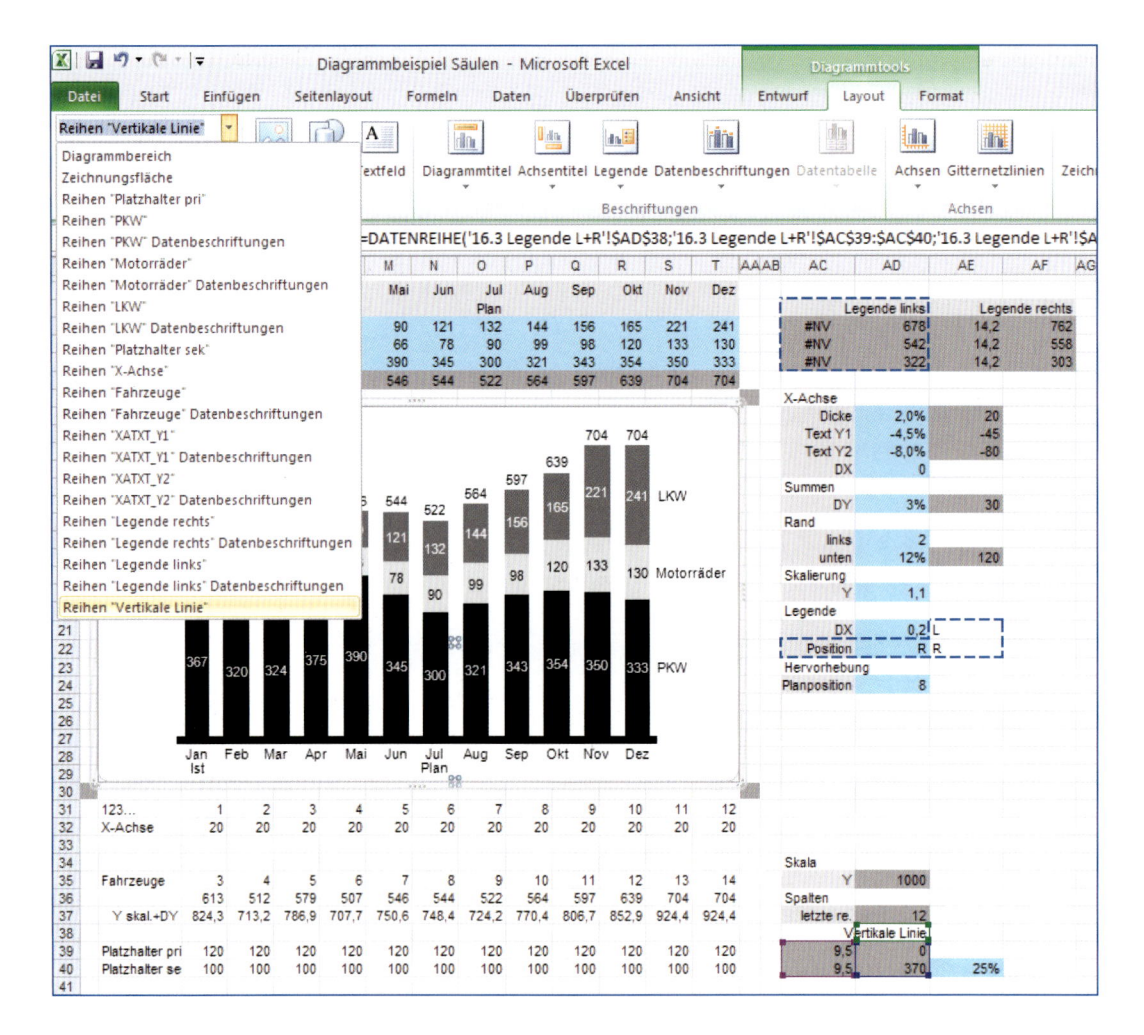

Abbildung 4.3: *Excel-Auswahlbox für Diagrammelemente*

4.2 EXCEL MIT POWERPOINT VERKNÜPFEN

Hier wird erläutert, wie ein *Excel*-Zellbereich die passende Größe erhält, um exakt in eine *PowerPoint*-Folie eingefügt zu werden. Bei der Verknüpfung mit *PowerPoint* müssen einige Regeln beachtet werden, damit die Darstellung in *PowerPoint* bei Änderungen im verknüpften *Excel*-Blatt einfach aktualisiert wird.

Nicht selten werden bei *PowerPoint*-Präsentationen auch Tabellen und Diagramme eingesetzt, die zuvor mit *Excel* erstellt wurden. Das *Excel*-Diagramm kann hierbei auf unterschiedliche Art und Weise in den *PowerPoint*-Folien angezeigt werden. Falls Sie Inhalte von *Excel* in *PowerPoint* darstellen wollen, die sich ändern können, dann sollten Sie unbedingt eine sogenannte *OLE*-Verknüpfung verwenden. *OLE* (Object Linking and Embedding) steht für eine Programmintegrations-Technologie, die Sie zur gemeinsamen Nutzung von Informationen zwischen den verschiedenen *MS-Office*-Programmen verwenden können. *MS-Office*-Programme und einige andere unterstützen *OLE* und ermöglichen den Datenaustausch zwischen Anwendungen unterschiedlicher Dokumenttypen. Wie das Verknüpfen des erstellten Geschäftsdiagramms im Einzelnen funktioniert, wird nachfolgend gezeigt.

PowerPoint-Folien haben standardmäßig das Format 4:3 und eine Größe von 25,4 x 19,05 cm. Das kann man folgendermaßen ermitteln, siehe **Abbildung 4.4**:

- In *PowerPoint* bis Version 2003: über das Menü Datei – Seite einrichten
- In *PowerPoint* ab Version 2007: über das Menüband Entwurf – Seite einrichten

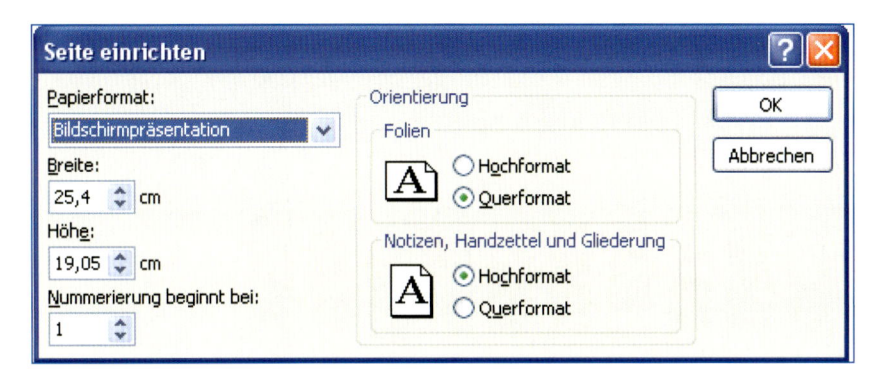

Abbildung 4.4: *PowerPoint-Seite einrichten*

Diese Maße kann man mit dem Faktor 1 / 2,54 von Zentimeter in Zoll umrechnen:

25,4 cm / 2,54 = 10 Zoll
19,05 cm / 2,54 = 7,5 Zoll

Spaltenbreiten und Zeilenhöhen können in *Excel* exakt in Pixeln bemessen werden.

Um Zoll in Pixel umzurechnen, ermittelt man aus den Grafikeinstellungen des Rechners die DPI-Einstellung (DPI = Dots per inch = Pixel pro Zoll). Diese ist standardmäßig eingestellt auf 96 DPI. Hiermit kann die Größe in Pixeln errechnet werden:

10 Zoll * 96 DPI = 960 Pixel

7,5 Zoll * 96 DPI = 720 Pixel

In *Excel* kann man die Spaltenbreite und Zeilenhöhe anzeigen und verändern, indem man mit der Maus in den Zwischenraum zwischen zwei Spalten oder Zeilen klickt und diesen verschiebt (**Abbildung 4.5**).

Abbildung 4.5: *Excel-Spaltenbreite in Pixeln anzeigen*

Auf diese Weise kann man ein *Excel*-Raster erzeugen, das genau die Größe einer *PowerPoint*-Folie hat.

[ANHANG]

Das Verlinken von einer *Office*-Anwendung in eine andere (hier *Excel* nach *PowerPoint*) mit *OLE* ähnelt dem Verlinken mit der *Excel*-Kamera.

Zuerst wird der Zellbereich in *Excel* (hier innerhalb der Begrenzungsecken, **Abbildung 4.6**) markiert und kopiert.

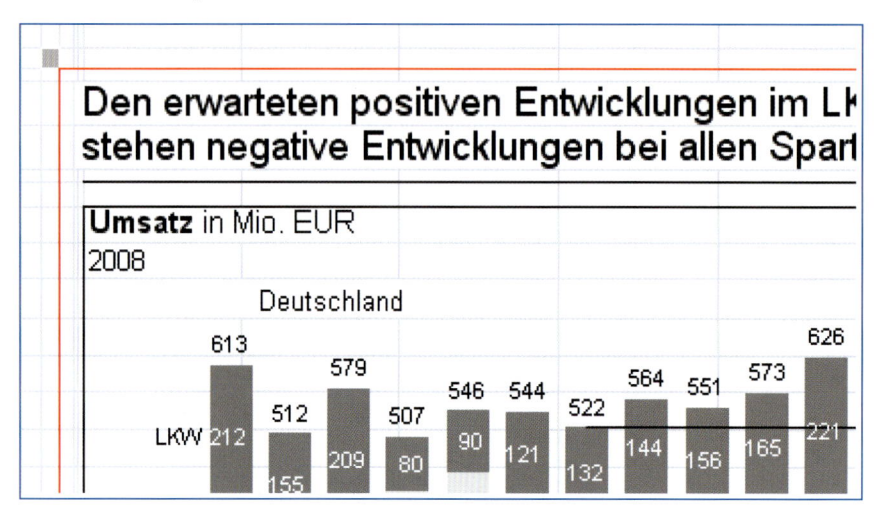

Abbildung 4.6: *Bereich innerhalb der Begrenzung markieren und kopieren*

Dann wird *PowerPoint* geöffnet, die eventuell vorhandenen und nicht mehr benötigten Platzhalter der leeren Folie werden gelöscht und im Menü wird gewählt:

- in *PowerPoint* bis Version 2003: Bearbeiten – Inhalte einfügen
- in *PowerPoint* ab Version 2007: Start – Einfügen – Inhalte einfügen

Im Dialog **Inhalte einfügen** wird **Verknüpfung einfügen** gewählt und in der Liste *MS-Office-Excel*-Arbeitsmappe-Objekt – **OK** (siehe **Abbildung 4.7**).

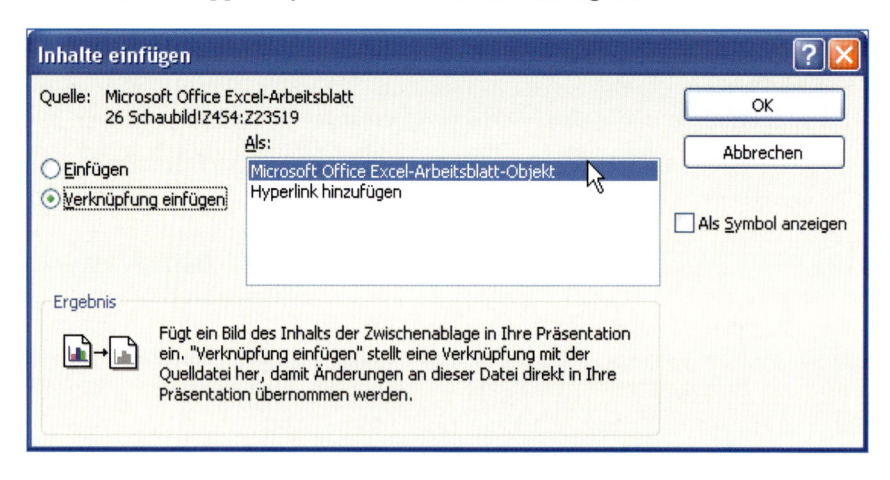

Abbildung 4.7: *Inhalte-Einfügen-Dialog in PowerPoint*

Der markierte Bereich ist als Verknüpfung eingefügt (siehe **Abbildung 4.8**), hat aber möglicherweise noch keine definierte Größe. Nach dem Einfügen einer Verknüpfung muss immer bei alten Excel Versionen (bis 2003) mit rechts auf die Verknüpfung geklickt werden und im Kontextmenü Verknüpfung aktualisieren ausgeführt werden.

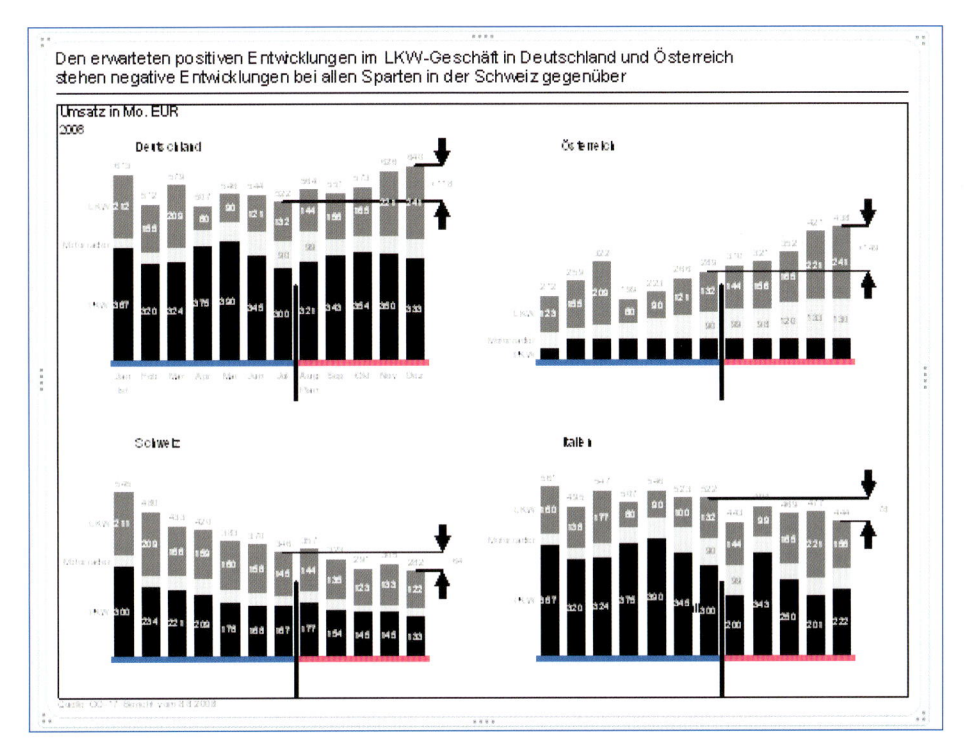

Abbildung 4.8: *In PowerPoint eingefügte Verknüpfung*

Dann kann in *PowerPoint* durch erneutes Rechtsklicken auf die Verknüpfung Objekt formatieren aufgerufen werden. Im Register Größe wird die Größe durch Klicken von Zurücksetzen auf 100 % gesetzt.

Bei *PowerPoint 2010* ist zum Zeitpunkt der Drucklegung die Zurücksetzen-Schaltfläche aus unbekannten Gründen deaktiviert. Hier wird stattdessen direkt die Skalierung eingetragen von 100%.

252 [ANHANG]

Abbildung 4.9 zeigt den Dialog **Objekt formatieren**.

Abbildung 4.9:
In PowerPoint Objektgröße auf 100 % konfigurieren

Dann wird die Verknüpfung mit der Maus oben links eingerastet und passt mit allen vier Ecken genau in die *PowerPoint*-Folie, wie in **Abbildung 4.10** gezeigt.

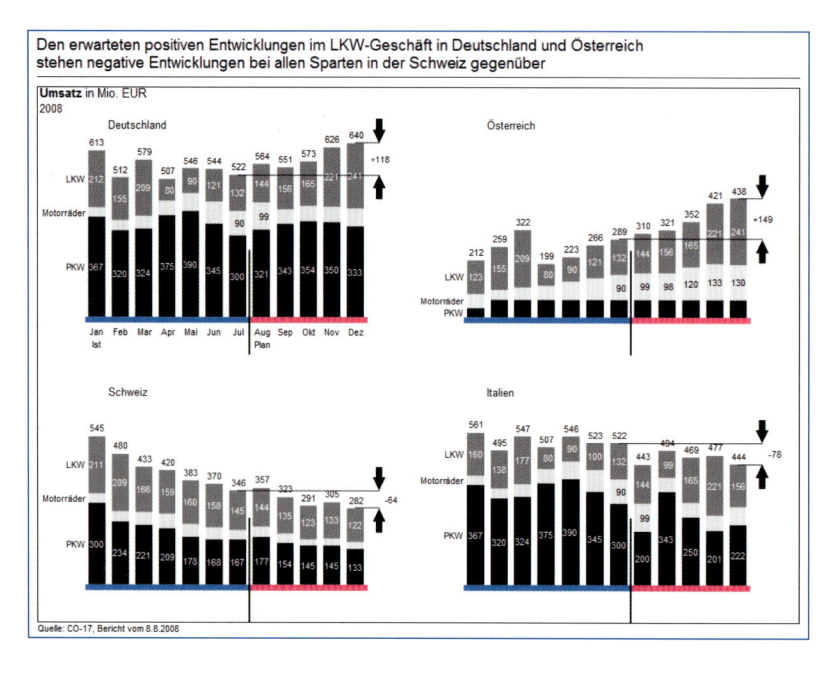

Abbildung 4.10:
Excel-Verlinkung in PowerPoint

Qualitativ gibt es leider zwischen den verschiedenen *Excel*-Versionen große Unterschiede im Ergebnis, das in *PowerPoint* entsteht.

In *PowerPoint 2010* entsteht ein qualitativ gutes Bild, wie in **Abbildung 4.10** gezeigt. Hierbei fällt lediglich auf, dass Linien dicker dargestellt werden als im Original in *Excel*.

In *PowerPoint 2007* können die Unterschiede zwischen dem verlinkten Bild und dem Original in *Excel* so groß sein, dass eine praktische Nutzung fraglich erscheint. **Abbildung 4.11** zeigt die Verlinkung in *PowerPoint 2007* mit starken Verzerrungen in den Beschriftungen, die sich direkt im Zellbereich befinden.

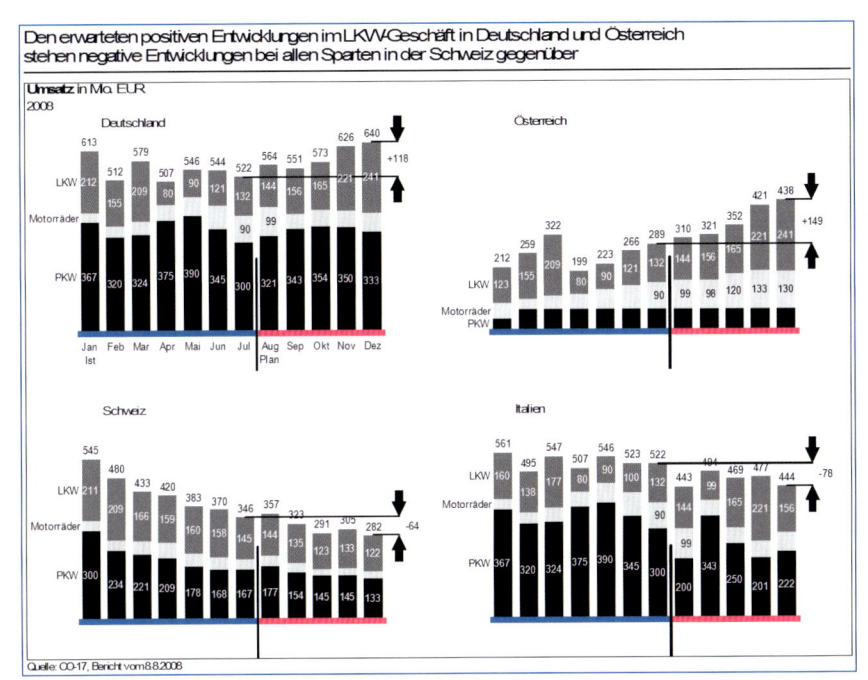

Abbildung 4.11: *Excel-Verlinkung in PowerPoint 2007 mit Zellbeschriftungen*

In *Office 2007* kann hierbei eine deutliche Verbesserung erzielt werden, wenn man in Excel die Beschriftungen nicht im Zellbereich hinter dem Diagramm anbringt, sondern diese stattdessen als Textfelder einfügt. **Abbildung 4.12** zeigt eine Darstellung in *PowerPoint 2007*, bei der die Botschaft und die Titel in *Excel* mit Textfeldern umgesetzt wurden.

Abbildung 4.11 und **Abbildung 4.12** finden Sie im Übungsbeispiel in den letzten beiden Blättern „25 b Schaubild Diagramme" und „25 c Schaubild Diagramme 2007".

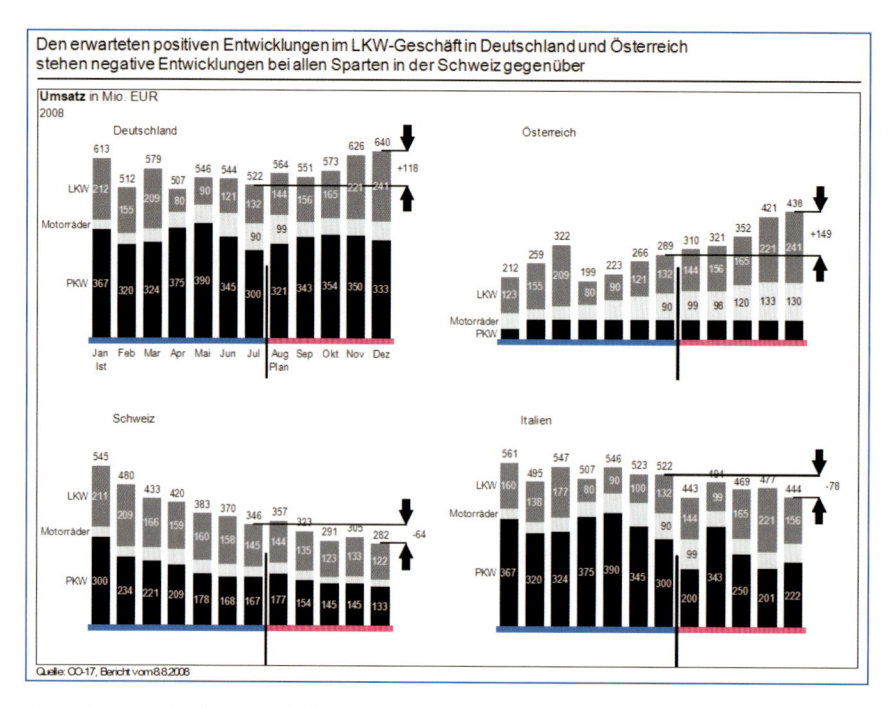

Abbildung 4.12: *Excel-Verlinkung in PowerPoint 2007 mit Textfelden als Beschriftung*

4.3 TASTENKOMBINATIONEN

In diesem Abschnitt folgt eine Übersicht über die in diesem Buch verwendeten Tastenkombinationen sowie weitere, die in diesem Zusammenhang interessant sein können.

4.3.1. TASTENKOMBINATIONEN IN EXCEL

Diese Gruppe der Tastenkombinationen betrifft Excel.

Umschalt + F11	Neues Arbeitsblatt einfügen
Strg + Umschalt + (+)	Ganzen Bereich markieren
Umschalt + Space	Ganze Zeile markieren
Strg + Space	Ganze Spalte markieren
F2	Zelle bearbeiten
F4 oder Strg + Y	Letzte Formatierung wiederholen
F12	Öffnet das Dialogfenster „Speichern unter"
Strg + PageUp	Voriges Arbeitsblatt auswählen
Strg + PageDown	Nächstes Arbeitsblatt auswählen

[ANHANG]

Strg + ;	Aktuelle Zeit einfügen
Strg + :	Aktuelles Datum einfügen
Alt + =	Summe einfügen
Strg + 1	Dialog „Zellen formatieren" aufrufen
Strg + D	Verwendet den Befehl „Unten ausfüllen", um den Inhalt und das Format der obersten Zeile eines markierten Bereichs in die darunterliegen Zellen zu kopieren
Strg + N	Neue, leere Arbeitsmappe erstellen
Strg + R	Verwendet den Befehl „Rechts ausfüllen", um den Inhalt und das Format der Zelle ganz links in einen markierten Bereich in die Zellen rechts daneben zu kopieren
Strg + S	Datei unter dem aktuellen Dateinamen speichern, im gleichen Dateiformat und am selben Speicherort
Strg + Y	Letzten Befehl bzw. Aktion wiederholen, sofern möglich
Strg + Z	Datei unter dem aktuellen Dateinamen speichern, im gleichen Dateiformat und am selben Speicherort
Strg + F1	Multifunktionsleiste ein- bzw. ausblenden
Strg + F3	Dialogfenster „Namens-Manager" öffnen
Strg + 9	Markierte Zeilen ausblenden
Strg + Umschalt + 9	In Markierung enthaltene Zeilen wieder einblenden
Strg + 0	Markierte Spalten ausblenden (bis *Excel 2003*)
Strg + 8	Markierte Spalten ausblenden (ab *Excel 2007*)
Strg + Umschalt + 0	In Markierung enthaltene Spalten wieder einblenden (bis *Excel 2003*)
Strg + Umschalt + 8	In Markierung enthaltene Spalten wieder einblenden (ab *Excel 2007*)
Strg + Umschalt + 4	Zellformat in Währung umwandeln
Strg + Umschalt + 5	Zellformat in Prozent umwandeln
Strg + Umschalt + 6	Zellformat in Standard umwandeln
Strg + Umschalt + Pfeiltaste	Zellauswahl auf die letzte, nicht leere Zelle in Pfeilrichtung erweitern
Umschalt + Pfeiltaste	Markierten Zellbereich in Richtung der Pfeiltaste erweitern
Umschalt + Bild nach oben	Tabellenblätter von rechts nach links wechseln
Umschalt + Bild nach unten	Tabellenblättern von links nach rechts wechseln

4.3.2. TASTENKOMBINATIONEN BEI WINDOWS

Diese Gruppe der Tastenkombinationen betrifft Windows.

Windows + E	*Explorer* starten
Windows + R	Dialogbox „Ausführen" aufrufen
Windows + F	Dialogbox „Suchen" aufrufen
Windows + Pause	Dialogbox „System-Eigenschaften" aufrufen
Windows + M	Alle Fenster minimieren
Windows + Umschalt + M	Alle Fenster wiederherstellen
Windows + L	Arbeitsstation sperren
Umschalt + F10	Kontextmenü anzeigen

4.4 TIPPS UND TRICKS

Hier werden alle verwendeten Tipps und Tricks für die Erstellung anspruchsvoller Diagramme nach den SUCCESS-Regeln mit *Excel* aufgelistet.

Tipps sind die bestimmungsgemäße Verwendung von *Excel*-Funktionen, Tricks sind die Verwendung von einzelnen Funktionen oder Kombinationen aus mehreren Funktionen, die für die spezielle Verwendung nicht gedacht sind.

1. Diagrammfläche mit **Alt** einrasten
2. Zeichnungsfläche mit **Alt** einrasten (*2007*)
3. F4 oder Strg + Y zum Wiederholen verwenden
4. Farbpalette in andere Mappe übertragen (*2003*)
5. *Excel*-Mustervorlagen nutzen
6. *Excel* Mustervorlagen Mappe.xlt[x] automatisch nutzen
7. *Excel*-Formatvorlagen nutzen
8. Textformat-Voreinstellung an Diagrammfläche vornehmen
9. „Automatisch –skalieren" ausschalten (*2003*)
10. Säulenbreite berechnen
11. Y-Reihenfolge im Diagramm umkehren
12. X-Achsen-Linie aus Säulen oder Balken realisieren
13. (X-Achsen-)Linie aus 2 Punkten mit Verbindungslinie realisieren
14. (X-Achsen-)Linie aus mehreren Punkten erstellen und variable Breite mit Y-Versatz realisieren

15. Beschriftungen als Punkt realisieren
16. Beschriftung mit Zellen verknüpfen
17. Summen als transparente Säulen oder Balken auf Sekundärachse platzieren
18. X-Verschiebung mit BEREICH.VERSCHIEBEN realisieren
19. X-Verschiebung mit Namen und BEREICH.VERSCHIEBEN realisieren
20. X-Skalierung mit Namen und BEREICH.VERSCHIEBEN realisieren
21. X-Verschiebung mit vielen Datenpunkten und Abstandsbreite 0 realisieren
22. X-Skalierung mit vielen Datenpunkten und Abstandsbreite 0 realisieren
23. Variable Breiten mit vielen Datenpunkten und Abstandsbreite 0 realisieren
24. Variable Abstandsbreite mit Säulen Abstandsbreite=0 und Abstände als Punkte mit weißen Verbindungslinien realisieren
25. X-Verschiebung mit Zeitachse realisieren
26. X-Skalierung mit Zeitachse realisieren
27. X-Verschiebung mit Flächendiagramm und Zeitachse realisieren
28. X-Skalierung mit Flächendiagramm und Zeitachse realisieren
29. Y-Skalierung mit fixer Achsenskala und Skalierungsfaktor realisieren
30. Y-Verschiebung bei Säulen und Balken mit daruntergestapelter Platzhalter-Datenreihe realisieren
31. Negative Werte bei Verwendung eines Platzhalters realisieren, mit Absolutwert und Platzhalter um Absolutwert kürzen
32. Datenreihen-Format umschalten durch Verwendung mehrerer Datenreihen, eine je Format
33. Punktdatenpunkte mit #NV ausblenden
34. Punktdatenpunkte zum Ausblenden außerhalb des Diagramms positionieren
35. Datenreihen hinzufügen mit „Zellen kopieren" und ins Diagramm einfügen
36. Datenreihen hinzufügen mit „Zellen kopieren" und ins Diagramm mit „Inhalte einfügen" (Paste Special)
37. Datenreihen mit „Drag and Drop" hinzufügen
38. Linie als Punktediagramm mit Verbindungslinien realisieren
39. Grafiken im Diagramm als Punktediagramm mit Pixelbild positionieren
40. Grafiken im Diagramm als Punktediagramm mit Vektorbild positionieren
41. Grafiken im Diagramm drehen, indem pro Drehwinkel eine separate Grafik auf je einen Datenpunkt eingefügt wird
42. Pfeile variabler Länge und Position als Punktediagramm mit integrierten Pfeilspitzen realisieren
43. Formen als Umriss mit Punktediagramm zeichnen

44. Säulen und Balken fein X-verschiebbar als Punkte mit dicken Verbindungslinien realisieren
45. Säulen und Balken fein X-verschiebbar als Punkte mit vielen Verbindungslinien realisieren
46. Abstände zwischen Säulen und Balken mit weißen Linien realisieren
47. Werte im Diagramm ausblenden durch Verknüpfung mit einem Zellbereich, in dem per Formel ausgeblendet wird
48. Werte mit Zahlenformat ausblenden
49. Säulen und Balken außermittig mit separatem Punkteraster beschriften
50. Botschaft, Titel und Fußnote in Zellbereich hinter transparentem Diagramm platzieren
51. Umbruch im Diagramm mit breiterer Diagrammfläche und skalierten Datenreihen vermeiden
52. Umbruch im Diagramm mit breiterer Diagrammfläche und auf Originalgröße eingerastete Zeichnungsfläche vermeiden
53. Zusätzliche Achsengruppen durch Stapeln mehrerer transparenter Diagramme bereitstellen
54. Punkte in Balkendiagramme mit vertauschten X- und Y-Koordinaten einfügen
55. Balkendiagramm als Säulen mit gedrehter Kamera realisieren
56. Zweifarbige Säulen und Balken mit „Invertieren falls negativ"-Trick realisieren
57. Absturzlinie bei Liniendiagramm mit #NV-Koordinaten vermeiden
58. Unterschiedliche Säulenbreiten mit Flächendiagramm und Zeitachse realisieren
59. Unterbrochene Linie aus einer Datenreihe mit drittem Leerpunkt in einem unzusammenhängenden Bereich realisieren
60. Unterbrochene Linie aus einer Datenreihe mit drittem Leerpunkt in einem zusammenhängenden Bereich realisieren
61. Säulen und Balken mit Achsendurchgang mit Y-Verschiebung aller Datenreihen in den positiven Bereich realisieren
62. Zeitliche Animation mit Einzelbildern und BEREICH.VERSCHIEBEN realisieren
63. Zeitliche Animation mit „in animated gif"-eingefügten Einzelbildern realisieren
64. Blasen mit Diagrammtyp Punkt darstellen, indem eine Datenreihe pro Durchmesser verwendet wird
65. Blasen mit weißem Rand formatieren, um Überschneidungen besser zu sehen
66. Einzelne Datenreihen in X-Richtung verschieben durch Stapelung und Verschiebung eines weiteren Diagramms
67. Einzelne Datenreihen in X-Richtung verschieben durch Einfügen von Grafiken mit transparentem Bereich
68. Duplikate mit ZÄHLENWENN und SVERWEIS entfernen
69. Duplikate mit Teilstringzerlegung, RANG und SVERWEIS entfernen

70. Sortierung mit **RANG** und **SVERWEIS** realisieren
71. Texte durch Auslagerung in zentralen Bereich vereinheitlichen
72. Texte durch Auslagerung in zentralen Bereich mit **WVERWEIS** übersetzen
73. Balken in Tabellen mit **WIEDERHOLEN** und Symbolzeichen realisieren
74. Zahlenformat in Teilstrings durch externe Eingabe mit **TEXT** steuern
75. Variable Grafiken in Tabellen mit Kamera und Namen mit **BEREICH.VERSCHIEBEN** realisieren

4.5 HÄUFIG GESTELLTE FRAGEN (FAQ)

Die hier folgende Zusammenstellung besteht aus Fragen von Seminarteilnehmern oder aus E-Mail-Anfragen. Diese Liste wird bei www.faq.hichert.com laufend erweitert und korrigiert.

4.5.1. FAQ ZU EXCEL-DIAGRAMMEN

Diese erste Gruppe von häufig gestellten Fragen betrifft Excel-Diagramme.

(1) Säulenbeschriftung nur innerhalb möglich

Ich kann die Ausrichtung der Beschriftung meines Säulendiagramms nicht außerhalb einstellen, es wird nur angeboten: Ende innerhalb, zentriert, Basis innerhalb. Woran liegt das?

Die gewünschte zusätzliche Option „Ende außerhalb" ist nur bei gestapelten Säulen und Balken-Diagrammtypen möglich, nicht bei den gruppierten Typen.

(2) Automatisiertes Diagramm-„Säubern"

Warum gibt es kein Makro, das die ersten Schritte des Diagramme-Säuberns erledigt? Dieses könnte sicherlich gut in das vorhandene Add-in integriert werden.

Da Diagramme selten komplett neu angelegt werden und bessermit Templates gearbeitet werden sollte, fällt diese Aufgabe verhältnismäßig selten an und ist deswegen bisher nicht automatisiert.

(3) Diagramm-Voreinstellungen

Kann man bei Excel standardmäßig festlegen, dass bei Diagrammen nicht sichtbare Zellen immer gezeichnet werden sollen? Oder muss man das für jedes Diagramm immer einzeln definieren?

Man muss es für jedes Diagramm einzeln definieren. Ausnahmen sind hier benutzerdefinierte Diagrammtypen oder besser die von uns bevorzugten Diagramm-Template-Blätter bzw. -Mappen.

(4) Kleine negative Säulenbeschriftungen werden auf der positiven Seite angezeigt

Wenn ich ein Diagramm mit positiven und negativen Säulen habe, passiert es nach der Verknüpfung mit PowerPoint, dass die Beschriftungen von kleinen negativen Werten oft auf der positiven Seite angezeigt werden. Im Excel wird es jedoch richtig dargestellt.

Dieses Problem tritt nicht nur bei einer *PowerPoint*-Verknüpfung auf. Sie lösen es am besten, indem Sie die Beschriftung mit einer extra Punkte-Datenreihe erstellen.

(5) Variable Diagramm-Datenquellen

Wie kann ich die Größe des Zellbereichs, auf den das Diagramm zurückgreift, variabel gestalten, beispielsweise, um die Breite eines Säulendiagramms von extern zu verändern?

Die *Excel*-Formel **BEREICH.VERSCHIEBEN** ist hier Teil der Lösung. Statt eines festen Bereichs (wie **M1:T1**, also [Bereich-Start]:[Bereich-Ende]) wird dieser dynamisch gestaltet: **=M1:BEREICH.VERSCHIEBEN(L1; 0; [Bereich-Breite])**. Diese Formel wird als *Excel*-Name erstellt. Der Name wird als Datenquelle im Diagramm verwendet.

(6) **Excel** stürzt beim Navigieren im Diagramm ab (bis **Excel 2003**)

Wenn ich mit den Pfeiltasten (Cursor hoch, Cursor runter) im Diagramm navigiere, stürzt Excel an einer bestimmten Stelle ab.

Der Grund kann hier eine Datenreihe mit verknüpfter Beschriftung sein. Blenden Sie hier alle Datenpunkte aus, indem Sie die X- oder die Y-Koordinaten auf **#NV** setzen, dann ist die Datenreihe nicht mehr wählbar. Versuchen Sie, per Pfeiltasten an die Position dieser Datenreihe zu navigieren, stürzt *Excel* ab. Als Lösung fügen Sie der Reihe einen unsichtbaren, aber Nicht-NV-Dummy-Punkt hinzu oder blenden Sie aus, indem Sie nicht **#NV** verwenden, sondern einen Wert außerhalb des sichtbaren Diagrammbereichs. Bei Säulendiagramm setzen Sie beispielsweise die X-Koordinate nicht auf **#NV**, sondern auf 0. Der Punkt verschwindet, weil ein Säulendiagramm erst bei +0,5 beginnt. Das funktioniert nur, wenn die Achse sich in dieser Richtung nicht automatisch vergrößert.

(7) Erweitern von Templates

Ich habe eines Ihrer Seminarbeispiele auf eine größere Spaltenanzahl erweitert. Jetzt stehen in den Beschriftungen der neuen Spalten im Diagramm falsche Werte.

Es handelt sich wahrscheinlich um verknüpfte Beschriftungen im Diagramm. Die nach der Erweiterung neu entstandenen Beschriftungen müssen ebenfalls mit externen Zellen verknüpft werden.

(8) Diagrammbeschriftungen mit Zellen verknüpfen

Wie kann ich erreichen, dass Beschriftungen von Diagramm-Datenreihen nicht die eingestellten Datenreihen-Größen (X, Y, ...) anzeigen, sondern einen extern von mir berechneten Wert?

Sie können die einzelnen Beschriftungen mit Zellen verknüpfen, deren Wert und Zahlenformat von der Beschriftung wiedergegeben wird. Markieren Sie dazu jeweils das einzelne Beschriftungsobjekt, drücken Sie die =-Taste, klicken auf die zu verknüpfende Zelle und schließen mit der Enter-Taste ab.

Einzelne Beschriftungen markieren Sie am besten, indem Sie zuerst die Beschriftungsreihe markieren und dann mit der Pfeil-nach-rechts-Taste (→) zum entsprechenden Beschriftungsobjekt navigieren.

Das wird mit dem Chart-Me *Add-in* mit der Funktion LINK vereinfacht. Hier markieren Sie die Beschriftungsreihe, rufen LINK→START-LINK auf und wählen dann alle zu verknüpfenden Zellen.

(9) Ungewollte Umbrüche in **Excel**-Diagramm-Beschriftungen

Beschriftungen in Diagrammen werden ab einer bestimmten Länge umgebrochen. Ich finde keine Option, mittels derer ein Umbruch vermieden werden kann. Was kann ich hier tun?

Der Umbruch kann durch Formatieren nicht vermieden werden. Wenn die Beschriftungsbreite etwa 19 % der Diagrammbreite überschreitet, gibt es zwangsläufig einen Umbruch. Hier kann man Abhilfe schaffen, indem man das ganze Diagramm auf ein Mehrfaches verbreitert und die sichtbaren Datenreihen anschließend wieder auf die ursprüngliche Breite skaliert. Bei einer Rubrikenachse geht das am besten durch Hinzufügen von Leerspalten und bei Punktediagrammen führt man einen X-Skalierungsfaktor ein.

Bei *Excel 2007* reicht es aus, nur die Diagrammfläche zu verbreitern und die Zeichnungsfläche wieder in die ursprüngliche Größe einzurasten. Weitere Skalierungsmaßnahmen sind nicht erforderlich.

(10) Blätter kopieren mit Diagrammen und Namen als Datenquelle

Wenn ich in Excel-Diagrammen Namen als Datenquelle einsetze, werden diese Namen beim Kopieren des betreffenden Blattes in eine andere Mappe oder beim Duplizieren in derselben Mappe in die Basis Zahlenwerte aufgelöst. Wie kann ich das verhindern?

Das ist ein bekannter *Excel*-Fehler. Ein Blatt mit Namen als *Excel*-Diagramm-Datenquelle muss folgendermaßen kopiert werden (innerhalb einer Mappe A oder in eine zweite Mappe B):

1. Mappe A speichern
2. Mappe A mit „speichern unter" als Mappe B speichern
3. Blatt in Mappe B umbenennen
4. Blatt in Mappe A oder eine andere Ziel-Mappe VERSCHIEBEN
5. Nur bei *Excel 2007* und *2010*: Ziel-Mappe speichern, schließen und neu öffnen

Achtung: Bei *Excel 2007* und *2010* MUSS das **XLSX-**, **XLSM-** oder **XLSB**-Dateiformat verwendet werden, nicht **XLS**!

(11) Achsengruppen und mehrere Diagramme

Ich habe die Primär- und die Sekundärachsengruppe belegt und bräuchte eine dritte Achsengruppe. Was tun?

Stapeln Sie ein weiteres Diagramm mit transparentem Hintergrund über das vorhandene und sorgen Sie dafür, dass die Achsen (X und Y) genau gleich groß sind. Beim Markieren eines Diagramms <= *Excel 2003* wird der transparente Hintergrund weiß und undurchsichtig.

(12) Balkendiagramme

Balkendiagramme sind durch das gegenüber Säulen gedrehte Koordinatensystem (X-senkrecht, Y-waagerecht) komplizierter zu handhaben als Säulendiagramme. Das liegt daran, dass Punkte in Balkendiagrammen kein gedrehtes Koordinatensystem haben und sich somit keine Achsengruppe mit Balken teilen können. Damit wird schnell notwendig, ein zweites Punktediagramm über das Balkendiagramm zu legen. Geht das auch einfacher?

Mit *Excel 2002* oder *Excel 2003* geht das einfacher. Hier kann das Diagramm als Säulendiagramm erstellt werden, mit allen Beschriftungen und um 90 Grad nach links gedreht. Dann wird es mit der *Excel*-Kamera „fotografiert" und das Kamera-Objekt um 90 Grad nach rechts gedreht.

Bei Versionen, die älter sind als *Excel 2002*, kann die Kamera nicht gedreht werden und bei *Excel 2007* funktioniert die Kamera im Zusammenhang mit Diagrammen nur stark eingeschränkt.

(13) Kreuzdiagramme

Kann ich Kreuzdiagramme in Excel erstellen?

Unter Kreuzdiagrammen versteht man Diagramme, die mehrere Größenachsen (meist 2) haben und Punkte oder Blasen auf der Kreuzung der Koordinaten X, Y, ... darstellen. Die häufig verwendeten Säulen- oder Balkendiagramme haben nur eine Größenachse und eine Rubrikenachse mit diskreten Kategorien, die keinen Zahlenstrahl darstellt.

In *Excel* verwendet man hier (in der 2-D-Fläche) den Diagrammtyp Punkt mit zwei Dimensionen oder den Diagrammtyp Blase mit dem Durchmesser als dritte Dimension.

(14) Kamera verändert Diagramme

Ich habe eine Kamera erstellt, die ein Diagramm anzeigt. Jedes Mal, wenn ich die Seitenansicht öffne oder drucke, wird die Zeichnungsfläche des mit der Kamera gezeigten Diagramms etwas niedriger. Was ist das für ein Effekt und wie vermeide ich ihn?

Dies ist ein bekannter Fehler, der auftritt, wenn man ein Diagramm mit einer Kamera anzeigt und das Diagramm eine kritische Größe unterschreitet. Welche kritische Größe das ist, hängt vom eingestellten Standard-Druckertreiber ab und variiert von Rechner zu Rechner. Sie vermeiden den Effekt, indem Sie das Diagramm n-fach vergrößern. Meistens reicht verdoppeln aus, man muss das testen. Die Schriftgröße wird auch n-fach vergrößert. Dann erzeugt man die Kamera auf den entsprechend größeren Bereich und verkleinert diese anschließend wieder auf die Vorher-Größe auf 1/n.

(15) Rot-Grün-Abweichungen seitlich versetzt anzeigen

Wie bekomme ich es hin, die Abweichungssäulen oder -balken seitlich versetzt darzustellen?

Erstellen Sie hierfür ein zweites Diagramm, das die gleiche Größe und die gleiche Achsenskalierung hat wie das erste Diagramm. Machen Sie die Zeichnungs- und die Diagrammfläche transparent und legen das zweite Diagramm entsprechend verschoben über das erste Diagramm.

Das geht besonders gut, wenn Sie das zweite Diagramm erst mit der Alt-Taste genau über dem ersten Diagramm einrasten und dann das Diagramm erneut mit gedrückter Shift-Taste anklicken und es mit einer der Pfeil-Tasten pixelweise in die passende Position verschieben.

(16) Verzerrte Grafiken in Diagrammen bei **PowerPoint**-Verknüpfung

Wenn ich in Diagrammen in Excel 2007 Grafiken wie Pfeile oder Ellipsen an Punktediagramme einfüge, werden diese bei der Verknüpfung mit PowerPoint stark verzerrt dargestellt.

Das ist ein grundsätzlich ungelöstes Problem in *Office 2007*. Pfeile werden in *2007* stattdessen aus 2 Punkten (Anfangs- und Endpunkt) und Verbindungslinie mit Pfeilspitze (neu in *2007*) erstellt. Ellipsen werden aus vielen Punkten mit Verbindungslinien nachgezeichnet.

(17) Punkte sind in **2003** ausgeblendet und in **2007** sichtbar

Ich habe Diagramme mit Excel 2003 erstellt, in denen ich Beschriftungen und Grafiken mit Punktediagrammen umgesetzt habe. Um den Excel-Absturz mit #NV zu vermeiden, habe ich die X-Koordinaten zum Ausblenden statt auf #NV auf -1 gesetzt. In Excel 2007 ist jetzt der Diagrammrand links breiter als vorher und die ausgeblendeten Punkte sind am linken Rand sichtbar.

In *2007* ist das Minimum der X-Achse als Textachse links nicht fest, sondern automatisch verkleinerbar. Da es in XL2007 den #NV-Absturz nicht mehr gibt, arbeitet man hier entsprechend zum Ausblenden von Punkten mit #NV.

(18) Speicherort der Farbdesigns in **Excel 2007**

Wo finde ich im Dateisystem die Farbdesigns von Office 2007?

Das sind XML-Dateien, die standardmäßig in C:\Users\\AppData\Roaming\Microsoft\Templates\Document Themes\Theme Colors zu finden sind.

(19) Extrem lange Berechnungszeit bei Verwendung der Zeitachse in **Excel 2007**

Ich habe ein Diagramm mit einer Zeitachse erstellt und die Zeit der Neuberechnung ist sehr lang (mehrere Minuten). Woran liegt das?

Bei Verwendung der Zeitachse ist zu beachten, dass Punktediagramme nicht durch Ausblenden (mit **#NV**) der X-Koordinate unsichtbar gemacht werden dürfen, sondern nur mit der Y-Koordinate. Sonst kann man nach Beenden der sehr langen Rechenzeit beobachten, dass das Maximum der Achse auf 32000 steht.

(20) Verwendung der Zeitachse in **Excel 2007**

Warum wird in den Seminarbeispielen nach Sommer 2008 fast vollständig auf die Zeitachse verzichtet? Was ist der Ersatz?

Die Skalierung entlang der Rubrikenachse wird jetzt mit BEREICH.VERSCHIEBEN vorgenommen. In den aktuellen Beispielen wird die Zeitachse nur noch verwendet, um aus einem Flächendiagramm ein Säulendiagramm mit Säulen unterschiedlicher und variabler Breite zu erstellen.

Der Grund ist ein Fehler bei *Excel 2007*. Verwendet man hier die Zeitachse, können Punkte im selben Diagramm nur noch genau auf die Zeitintervallgrenzen platziert werden, nicht mehr dazwischen.

(21) Verknüpfte Beschriftungen in **Excel 2007**

Ich habe ein Excel-Blatt mit einem Diagramm, das verknüpfte Beschriftungen enthält, innerhalb der Arbeitsmappe dupliziert. Im neuen Blatt verweisen die verknüpften Beschriftungen immer noch auf das alte Herkunftsblatt.

Das ist ein bekannter *Excel*-2007-Fehler. Kopieren Sie das Blatt stattdessen in eine andere Mappe, benennen es dort um und kopieren es dann wieder in die Ausgangsmappe.

(22) **Excel**-Kamera bei **Excel 2007**

Ich erstelle eine Excel-Kamera in Excel 2007, die ein Diagramm anzeigt, indem ich die Zellen hinter dem Diagramm markiere, kopiere und am Ziel mit Start – Einfügen – Als Bild – Verknüpfte Grafik einfügen als sogenannte Excel-Kamera einfüge. Beim Neuberechnen oder erneutem Öffnen der Arbeitsmappe ist die Kamera weiß. Woran liegt das?

Das ist ein bekannter *Excel*-2007-Fehler. Kameras auf Diagramme werden (meistens) leer, wenn die Diagramme zum Zeitpunkt des Berechnens nicht sichtbar sind. Aus diesem Grund muss in *2007* bis auf Weiteres auf die Kamera verzichtet werden, sobald diese ein Diagramm anzeigen soll.

Neuer Workaround!

Wenn das Diagramm außerhalb des sichtbaren Bereichs ist, dann vergrößern Sie einfach die äußere Diagrammfläche, so dass diese bis in den sichtbaren Bereich hineingeht. Verkleinern Sie dann die innere Zeichnungsfläche wieder auf die ursprüngliche Größe.

Tipp: Hier kann (seit *Excel 2007*) auch mit der Alt-Taste das Einrasten aktiviert werden.

(23) Rot-Grün-Diagramme in **Excel 2007**

Funktioniert der Trick mit dem Invertieren falls negativ für Rot-Grün-Diagramme in Excel 2007 noch?

Nein, dieser Trick funktioniert in *Excel 2007* nicht mehr. Mehrfarbige Datenreihen erstellen Sie am besten, indem Sie pro darzustellende Farbe eine separat gesteuerte Datenreihe verwenden.

(24) Schraffuren in **Excel 2007**

Wie kann ich in Excel 2007 Flächen wie Diagrammsäulen schraffieren?

Schraffuren sind in *Office-2007*-Diagrammen weggelassen worden. Wahrscheinlich zugunsten von Flächenfüllungen. Man kann Schraffuren entweder über VBA hinzufügen oder das *Excel*-Add-in von Andy Pope herunterladen unter http://www.andypope.info/charts/patternfills.htm und verwenden.

(25) Höhere Darstellungsqualität in **PowerPoint**

Wie kann ich die Darstellungsqualität bei der OLE-Verknüpfung von Excel nach PowerPoint – vor allem bei Schriften – verbessern?

Viele *Office*-Nutzer kennen das Problem: Von *Excel* nach *PowerPoint* verknüpfte Schriften sehen in *PowerPoint* etwas „holprig" aus – die Buchstaben laufen nicht mehr so gut, wie sie in *Excel* gelaufen sind.

Hier die Lösung:

Zuerst wird in *Excel* die Diagrammgröße verdoppelt, ebenso wird in *Excel* die Schriftgröße verdoppelt.

Dann wird der Zellbereich hinter dem Diagramm per *OLE* nach *PowerPoint* verknüpft.

Die Verlinkung wird anschließend auf 50 % verkleinert, um in *PowerPoint* wieder die Originalgröße zu erhalten. Damit werden die Verzerrungen, die vor allem bei der Beschriftung auftreten, stark verringert.

Das kann man weiter verbessern, indem man mit vierfacher oder achtfacher Diagrammgröße arbeitet.

(26) Höhere Darstellungsqualität bei der **Excel**-Kamera

Wie kann ich die Darstellungsqualität – vor allem Verzerrungen und „Holprigkeiten" bei der Schrift – bei Verwendung der Excel-Kamera (innerhalb von Excel) verbessern?

Viele Kamera-Nutzer kennen das Problem: Unsauberkeiten bei der Positionierung und schlecht laufende Schriften.

Die Lösung des Problems ist die gleiche wie bei der Verknüpfung mit *PowerPoint*: Zunächst das Diagrammoriginal und die dazu gehörenden Schriften vergrößern (beispielsweise 200 %) und dann das Kamerabild in entsprechender Verkleinerung (in diesem Beispiel 50 %) verwenden.

(27) Größere Symbole und dickere Striche bei **Excel 2007** und **2010**

Bei Excel 2007 und 2010 gibt es ein seltsames Diagramm-Darstellungsproblem: Punktsymbole sehen beim Zoom von etwa 100 % deutlich größer aus als bei Excel 2003.

Erst bei großen Zooms gleicht sich die Symbolgröße an die Darstellung in *Excel 2003* an.

Dieses Phänomen ist besonders deutlich ausgeprägt, wenn die Symbole außen einen Rahmen haben. Das ist bei *Excel 2003* die Vordergrundfarbe und bei *Excel 2007* und *2010* die Markierungslinienfarbe.

Setzt man diese Rahmenfarbe auf „keine Farbe", dann ist dieser Effekt vernachlässigbar.

(28) Navigieren durch mehrere übereinanderliegende Diagramme

Ich habe für ein umfangreiches Diagramm 12 Einzeldiagramme übereinandergelegt und mit ALT entsprechend einheitlich positioniert.

Gibt es eine Tastenkombination, wie ich einfach zwischen den einzelnen Diagrammen hin- und herspringen kann, ohne immer wieder alle manuell auseinanderzuschieben?

Die Lösung:

Zuerst in eine Zelle klicken, so dass kein Diagramm markiert ist.

Dann:

– Bis *Excel 2003* das obere Diagramm mit gedrückter **Shift**-Taste anklicken

– Ab *Excel 2007* das obere Diagramm mit gedrückter **Strg**-Taste anklicken

Mit der **Tab**-Taste kann zwischen den Diagrammen gewechselt werden (**Shift** + **Tab** geht rückwärts).

Im *Excel*-Namensfeld wird der Diagramm-Name angezeigt. Ist noch kein eigener Diagramm-Name vorhanden, sollte er hier zur besseren Navigation zugewiesen werden.

– Bis *Excel 2003* muss man das zu bearbeitende Diagramm zum Bearbeiten verschieben.

Das geht am besten mit den Pfeiltasten und eingeschalteter Funktion „Am Raster ausrichten".

Diese kann (beim deutschen *Excel*) mit **Alt** + **Z** + **U** + **R** ein- und ausgeschaltet werden.

Nach dem Bearbeiten einfach wieder mit den Pfeiltasten zurückschieben.

Achtung: Hierbei rastet immer nur die Diagrammkante ein, die in Fahrtrichtung zeigt.

– Ab *Excel 2007*: Alle Diagramme außer dem zuerst angeklickten sind beim Aktivieren mit TAB im Bearbeiten-Modus.

Es kann gleich beim Erreichen des richtigen Diagramms mit den Pfeiltasten durch die Diagrammelemente navigiert werden.

Will man das ausgewählte Diagramm verschieben, muss man es am dicken Außenrand mit der Maus verschieben oder erneut mit gedrückter STRG-Taste anklicken und dann mit den Pfeiltasten verschieben.

4.5.2. FAQ ZU EXCEL ALLGEMEIN

Diese zweite Gruppe von häufig gestellten Fragen betrifft Excel allgemein.

(1) AutoFilter

Kann man bei einem AutoFilter das Selektionskriterium in ein Feld schreiben?

Sie können in *Excel* einen AutoFilter mit externen Werten versehen, und zwar mit Daten-Filter-Spezialfilter.

(2) Dezimaltrennzeichen

Ich kann aus Werten in Zellen mit einer Formel kein Ergebnis berechnen. Die Rechenformel zeigt immer #WERT an.

Möglicherweise haben Sie in einer Zelle, die in der Berechnung verwendet wird, ein falsches Dezimaltrennzeichen eingegeben, etwa einen Punkt statt eines Kommas. Die Zelle wird dann als Text interpretiert.

(3) Zahlenformat Text

Ich kann aus Werten in Zellen mit einer Formel kein Ergebnis berechnen. Die Rechenzelle zeigt immer die Formel statt des Ergebnisses an.

Die Rechenzelle hat möglicherweise das Zahlenformat Text. Ändern Sie das Zahlenformat in ein anderes Format, etwa in Standard. Anschließend müssen Sie noch die Formel bearbeiten (F2) und mit Enter abschließen.

(4) **Excel**-Kamera

Was ist die Excel-Kamera?

Eine Grafik, die einen Zellbereich als Abbild anzeigt und Änderungen beim Neuberechnen aktualisiert.

Die Kamera kann nur aus kopierten Zellen erstellt werden, nicht aus Diagrammen. Die Kamera zeigt jedoch Grafiken und Diagramme an, die auf dem kopierten Zellbereich liegen.

Die Kamera funktioniert nur innerhalb von *Excel*.

(5) **Excel**-Kamera erstellen

Wie erstelle ich eine Excel-Kamera?

Markieren Sie den Zellbereich, der fotografiert werden soll, und kopieren ihn in die Zwischenablage.

In *Excel 2003*: Markieren Sie eine Zelle im Ziel-Bereich, klicken bei gedrückter Shift-Taste auf das Bearbeiten-Menü und wählen „Verknüpftes Bild einfügen".

In *Excel 2007*: Markieren Sie eine Zelle im Ziel-Bereich und wählen Sie im Menü Start – Einfügen – Als Bild – Verknüpfte Grafik einfügen.

Die Kamera-Objekte sollten immer auf 100 % skaliert sein, da sonst eine undefinierte Schriftgröße entsteht. Wenn Breite und Höhe unterschiedlich skaliert werden, werden das ganze Bild und besonders die Schrift verzerrt.

(6) **Excel** mit **PowerPoint** verknüpfen

Wie kann ich in Excel erstellte Tabellen, Diagramme oder ganze Schaubilder in PowerPoint präsentieren?

Indem Sie den entsprechenden Zellbereich aus *Excel* in *PowerPoint* als Verknüpfung einfügen. Gehen Sie dabei folgendermaßen vor:

Verknüpfen Sie hier – wie bei der *Excel*-Kamera – nur Zellbereiche. Wichtig ist, dass Sie die Bereiche in *PowerPoint* in 100 %-Größe anzeigen. Sonst wird vor allem die Schriftgröße in *PowerPoint* undefiniert und möglicherweise auf jeder Folie unterschiedlich sein.

Um das zu erreichen, müssen Sie den *Excel*-Bereich genauso groß machen wie die zur Verfügung stehende *PowerPoint*-Fläche. Als Beispiel wird die *PowerPoint*-Standard-Bildschirmpräsentation im 4:3 Format betrachtet. In *PowerPoint* kann die Foliengröße nachgeschlagen werden unter (*2003*: Datei – Seite einrichten, *2007*: Entwurf – Seite einrichten).

Hier steht standardmäßig 25,4 cm mal 19,05 cm – das entspricht 10 Zoll mal 7,5 Zoll.

Ausgabegeräte wie Bildschirme und Drucker haben ein Verhältnis, wie viele Pixel in einen Zoll passen, nämlich Dots Per Inches (= DPI). In den Grafikeinstellungen kann man diese Einstellung nachlesen. Die meisten Systeme haben hier 96 DPI. Hiermit kann man die Zoll-Maße multiplizieren und damit in Pixel umrechnen: Bei 96 DPI und 10 mal 7,5 Zoll sind dies 960 x 720 Pixel.

Um ein *Excel*-Bild für *PowerPoint* in dieser Größe zu dimensionieren, erstellt man ein Zeilen- und Spaltenraster, das in der Summe 960 Pixel breit und 720 Pixel hoch ist. Zeilen und Spalten kann man in Pixel einstellen, indem man die Höhe oder Breite in den Zeilen- und Spaltenköpfen mit der Maus verändert. Ein Tooltip zeigt beim Ziehen die aktuelle Pixel-Größe an. Um diese Aufgabe zu erleichtern, gibt es die SIZE-Funktion im von uns entwickelten *Chart-Me Add-in*. Sie können eine Testversion von http://itbuero.gerths.de/download/chart-me/ herunterladen.

Wenn Sie einen Zellbereich in *Excel* von der Größe 960 mal 720 Pixel erstellt haben, verknüpfen Sie ihn folgendermaßen mit *PowerPoint*:

1. Markieren Sie dem Zellbereich in *Excel* und kopieren diese in die Zwischenablage.
2. Öffnen Sie in *PowerPoint* die entsprechende Präsentation oder legen Sie eine neue Seite an.
3. Fügen Sie den kopierten Bereich aus *Excel* folgendermaßen in diese Seite ein:

2003: Bearbeiten – Inhalte einfügen – Verknüpfung einfügen – Microsoft Excel-Arbeitsblatt-Objekt

2007: Start – Einfügen – Inhalte einfügen – Verknüpfung einfügen – Microsoft Excel-Arbeitsblatt-Objekt

4. Direkt nach dem Einfügen des verknüpften *Excel*-Bildes müssen Sie in *PowerPoint* mit der rechten Maustaste auf dieses Bild klicken und „Verknüpfung aktualisieren" ausführen. Dies

wird häufig vergessen, aber erst dann lässt sich die Größe der Verknüpfung einstellen, ohne sich beim nächsten Aktualisieren wieder zu ändern.

5. Danach nochmals auf die Verknüpfung in *PowerPoint* rechtsklicken, Objekt formatieren – Größe – Zurücksetzen (also auf 100 %) einstellen.
6. Wenn alles richtig gemacht wurde, kann das *Excel*-Bild pixelgenau auf die Ecken des *PowerPoint*-Bildes eingerastet werden.

Hinweis: Wenn Corporate-Design-Elemente in *PowerPoint* berücksichtigt werden sollen, so muss *Excel* natürlich an diesen Stellen transparente Flächen aufweisen.

Hinweis 2: Wenn *PowerPoint*-Bilder andere Formate als das oben genannte haben sollen – beispielsweise A4 – so gelten natürlich andere Pixelwerte.

(7) Gitternetzlinien

Wie kann ich in Excel Gitternetzlinien ein- und ausblenden?

In *Excel <=2003* entweder mit Gitternetzlinien oder über den entsprechenden Button in der Symbolleiste.

In *Excel 2007* gibt es Ansicht – Einblenden/Ausblenden – Gitternetzlinien.

(8) **Chart-Me Add-in** unter **Excel 2007**

Ich habe die aktuelle Chart-Me-Version unter 2007 eingebunden, es passiert aber rein gar nichts. Ist es mit 2007 überhaupt kompatibel?

Das *Add-in* funktioniert schon in *2007*. Er erscheint in *Excel 2007* in der Menüleiste unter Add-ins als Werkzeugleiste.

(9) Rahmen bei Kamera und **PowerPoint**-Verknüpfung sind versetzt

Wenn ich ein Diagramm mit einer Excel-Kamera darstelle oder es nach PowerPoint verlinke, ist der Diagrammrahmen einige Pixel nach innen versetzt und es wird außen ein Rand angezeigt, der eigentlich nicht zu sehen sein dürfte.

Hier darf man keine Diagrammrahmen verwenden, sondern Zellrahmen. Diese passen genau und werden nicht versetzt.

(10) Benutzerdefinierte Zahlenformate

Was bedeutet das von Ihnen verwendete benutzerdefinierte Zahlenformat [>80]0;-0;»« ?

Benutzerdefinierte Zahlenformate können aus maximal vier durch Semikolons getrennten Segmenten bestehen. Das erste Segment (hier [>80]0) ist zuständig für positive Zahlen, das zweite (hier -0) für negative, das dritte (hier „") für Nullwerte und das vierte (hier nicht verwendet) für Texte. [>80] ist hier eine Bedingung, die positive nur Zahlen größer als 80 anzeigt und alle anderen positiven Zahlen ausblendet. „" im dritten Segment zeigt Nullwerte generell als leere Zeichenfolge an – also gar nicht.

(11) **Excel**-Vorlagen als Standard – wie Normal.dot in **Word**

Kann ich in Excel eine Vorlage definieren, die automatisch als Basis für jede neu erstellte Arbeitsmappe dient, analog zur Normal.dot in Word?

Ja, das geht. Erstellen Sie eine Arbeitsmappe mit den gewünschten Inhalten und speichern Sie sie als Dateityp.xlt (*Excel 2003*) bzw. .xltx (*Excel 2007*, ohne Makros) oder .xltm (*Excel 2007* mit Makros).Der Dateiname muss Mappe lauten (engl. Version Book), in *Excel 2003* also Mappe.xlt und in *Excel 2007* Mappe.xltx oder Mappe.xltm.

Es gibt zwei verschiedene Speicherorte für diese Vorlage, einen benutzerspezifischen und einen für alle Benutzer:

Windows XP:

Alle Benutzer: C:\Programme\Microsoft Office\Office12\XLSTART

Bestimmter Benutzer: C:\Dokumente und Einstellungen\[Benutzername]\Anwendungsdaten\Microsoft\Excel\XLSTART

Windows Vista:

Alle Benutzer: C:\Programme\Microsoft Office\Office12\XLSTART

Bestimmter Benutzer: C:\Users\[Benutzername]\AppData\Roaming\Microsoft\Excel\XLSTART

Die *Office*[n]-Verzeichnisse haben die Versionsnummer der *Office*-Version angefügt. Dies hat folgende Bedeutung:

Office10: *Office 2002* = *Office* XP

Office11: *Office 2003*

Office12: *Office 2007*

Office14: *Office 2010*

4.6 SCHRIFTGRÖSSE ZUR BESTIMMUNG DER DIAGRAMMABMESSUNGEN VERWENDEN

Schon seit einigen Jahren beschäftigt uns die Frage, wie man unterschiedlich große Diagramme – beispielsweise für *PowerPoint*-Schaubilder, für gedruckte Berichte, für Werbebroschüren und für hochverdichtete *Dashboards* – so gestalten kann, dass sie ihre Proportionen beibehalten. Dies gilt vor allem auch für das „richtige" bzw. einheitliche Verhältnis von grafischen Diagrammelementen wie Säulen, Balken und Achsen und deren Beschriftung.

Bei *Excel* verfolgt man das Konzept, dass sich – sofern man die Einstellungen für „automatisch" wählt – die Schriftgröße an die Diagrammgröße anpasst: Wenn man ein Diagramm vergrößert oder verkleinert, so vergrößern oder verkleinern sich die Diagramm-Schriftgrößen. Der dahinter stehende Algorithmus ist nicht ganz leicht zu durchschauen, und er entspricht auch nicht unseren Vorstellungen zur Diagrammgestaltung. Wir sind nämlich der Meinung, dass die Schriftgröße *die* zentrale Größe ist, nach der sich alle anderen Abmessungen richten sollten: Die Schriftgröße bestimmt die erforderlichen Abmessungen im Diagramm und – zusammen mit den zu verarbeitenden Daten – bestimmt sie auch die benötigte Diagrammgröße. Das klingt wenig praktisch und fast revolutionär, ist es aber nicht. Hierbei sprechen wir übrigens nicht für ein isoliertes Diagramm, das für eine Ad-hoc-Analyse „mal schnell" benötigt wird, sondern für professionell gestaltete Geschäftsberichte oder wichtige Präsentationen. Immer dann, wenn die Zuhörenden oder Lesenden die Berichtsinhalte verstehen sollen, bietet die Berücksichtigung einheitlicher Gestaltungsregeln viele Vorteile (die man sich allerdings mit einem recht hohen Konzeptions- und Realisierungsaufwand erkaufen muss). Wir beziehen uns hier auf die Gestaltungsregeln von HI-NOTATION®, das ist das Regelwerk von **U**NIFY, also die Bedeutungsaspekte im Rahmen von S**U**CCESS.

So wird bei HI-NOTATION® gefordert, dass bei Diagrammen mit gleichen Einheiten wie Millionen Euro oder Personalstand jeweils die gleiche Skalierung gegeben ist. Wenn nun ein Wert so groß wird, dass er nicht in die dafür vorgesehene Diagrammfläche passt, so kann man entweder alle Diagramme mit dieser Messgröße kleiner skalieren – oder aber man macht das eine Diagramm mit dem zu großen Wert größer als die anderen Diagramme[2] (es soll hier noch einmal darauf hingewiesen werden, dass das „Abschneiden" von Achsen oder Diagrammobjekten keine zulässige Lösung ist, siehe **Abbildungen 1.25 und 1.26**[3]).

Bei HI-NOTATION® ist darüber hinaus vorgesehen, bei horizontalen Rubrikenachsen ein einheitliches Raster zu verwenden, beispielsweise für Monate im Druck genau 7 mm. Wenn das Raster bei Monaten 2 x Schriftgröße breit ist (siehe **Abbildungen 4.17** und **4.18**), so ergibt sich bei 10 pt eine Breite von 2 x 10 x 0,35 = 7 mm (sofern man mit einer Schriftgröße von 10 pt arbeitet). Dieses einheitliche Raster erleichtert einerseits die Vergleiche zwischen unterschiedlichen Analysen mit Monatsraster und erlaubt andererseits die schnelle Unterscheidung von Jahres-, Quartals- und Monatsanalysen, siehe **Abbildungen 4.13** und **4.17**.

Abbildung 4.13:
Unterschiedliche Perioden erhalten unterschiedliche Notationen für das Säulenraster und für die Gestaltung von Achsen und Rahmen

Das Prinzip dieser über die Schriftgröße (*Fontsize fs*) gesteuerten Diagrammgestaltung wird nachfolgend beispielhaft erläutert.

Da die Schriftgröße üblicherweise in „Punkten" gemessen wird, legen wir hier diese etwas antiquiert anmutende Einheit zugrunde: Ein Punkt entspricht 1/72 Zoll, also rund 0,353 mm. Wenn wir von „Schriftgröße 10 Punkt" sprechen, so ist diese Schrift im Druck rund 3,5 mm hoch[4]. Am Bildschirm muss natürlich die Auflösung berücksichtigt werden. Hier gilt bei der bei Microsoft gewählten Standardeinstellung „96 dpi" für einen Punkt die Größe 96/72 = 1,33 Pixel. Wir müs-

---

2   Siehe das Diagramm rechts oben in Abbildung 1.17.
3   Beispiele zu den auch als Lügendiagramme bezeichneten Darstellungen finden sich bei www.luegendiagramme.hichert.com.
4   Genauer gesagt: Die Zahlen und Großbuchstaben sind etwa 2,5 mm hoch (0,7 fs), da die Schriftgröße auch Oberlängen und Unterlängen berücksichtigt.

sen beachten, dass die Schriftgröße nicht mit der Höhe der Versalien bzw. Ziffern übereinstimmt, da noch Oberlängen und Unterlängen zu berücksichtigen sind. **Abbildung 4.14** zeigt die Zusammenhänge anhand der hier gewählten Schriftart Arial mit der Schriftgröße 200 Punkt.

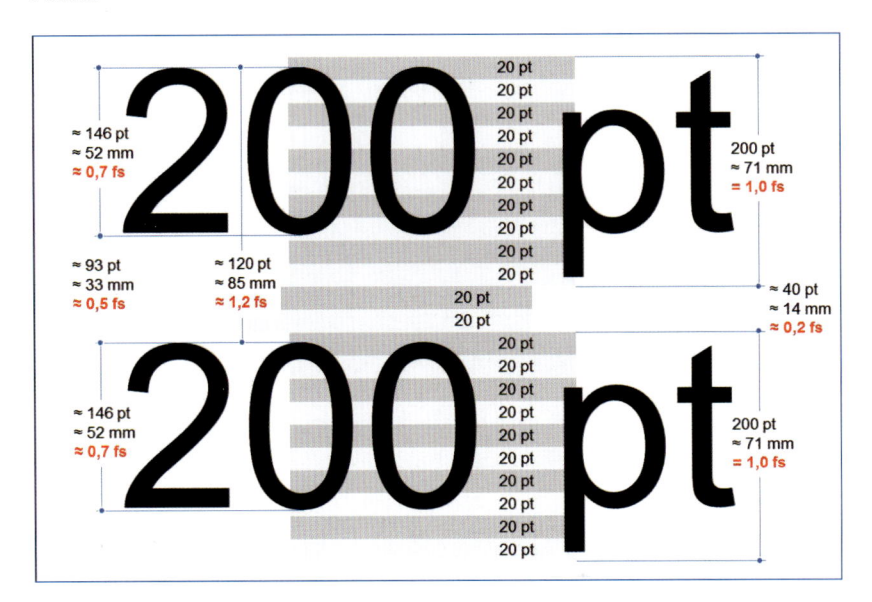

Abbildung 4.14: *Mit diesen zwei Zeilen in der Schrift (Arial 200 pt) werden die unterschiedlichen Maßeinheiten erläutert (hier nicht maßstäblich)*

Da wir in der Regel mit erheblich kleineren Schriftgrößen wie beispielsweise 10 pt oder 12 pt arbeiten, können wir näherungsweise mit folgenden Abmessungen rechnen (Schriftgröße = *Fontsize* = fs):

Höhe der Zahlen und Großbuchstaben: 0,7 fs
Zeilenabstand: 0,2 fs (bei einzeiliger Schreibweise)
Zeilenraster: 1,2 fs (bei einzeiliger Schreibweise)

Wenn wir dieses Konzept auf Diagramme übertragen, so können wir damit folgende wichtige und allgemein anwendbare Abmessungen festlegen, siehe **Abbildung 4.15**:

Strichstärke: 0,1 pt
Beschriftungsabstände: 0,3 pt (in allen Richtungen)
Achsendicke: 0,3 pt

Neben diesen Abmessungen sind hier auch noch folgende Farbstandards von HI-NOTATION® berücksichtigt (siehe Abschnitt 4.7):

Schwarz: RGB 0, 0, 0
Dunkelgrau: RGB 127, 127, 127
Hellgrau: RGB 191, 191, 191
Grün: RGB 140, 180, 0
Rot: RGB 255, 0, 0

[ANHANG]   273

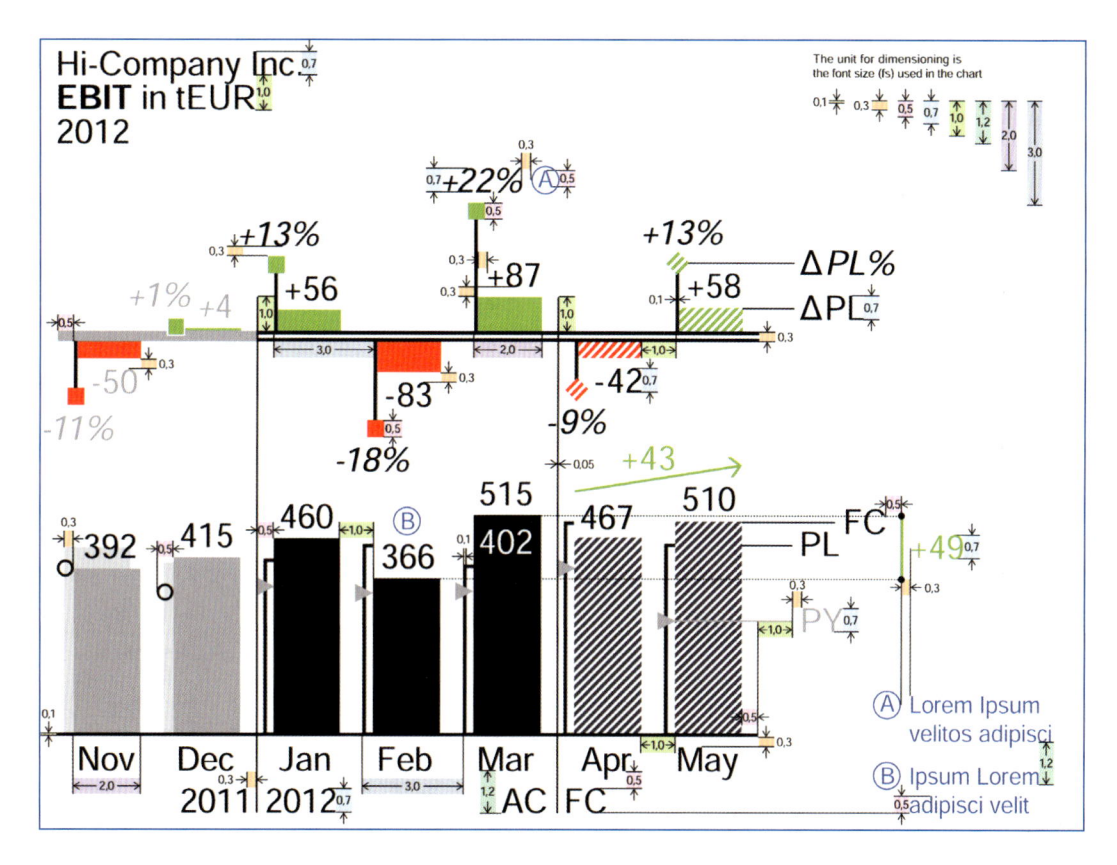

Abbildung 4.15: *Mit den Maßgrößen 0,1 fs, 0,3 fs und 0,7 fs sind die wichtigsten Abmessungen dieses Demonstrationsdiagramms definiert[5].*

---

5   Mehr zum Bemaßungskonzept von Diagrammen siehe **www.diagramme.hichert.com**.

[ANHANG]

Für die Praxis interessant wird es, wenn wir auch Tabellen im exakt gleichen Konzept vermaßen, siehe **Abbildung 4.16**. Dadurch entsteht in Berichten und Präsentationen eine Einheitlichkeit bei der visuellen Darstellung, wie sie bislang nur von technischen Zeichnungen und von Notenblättern bekannt ist.

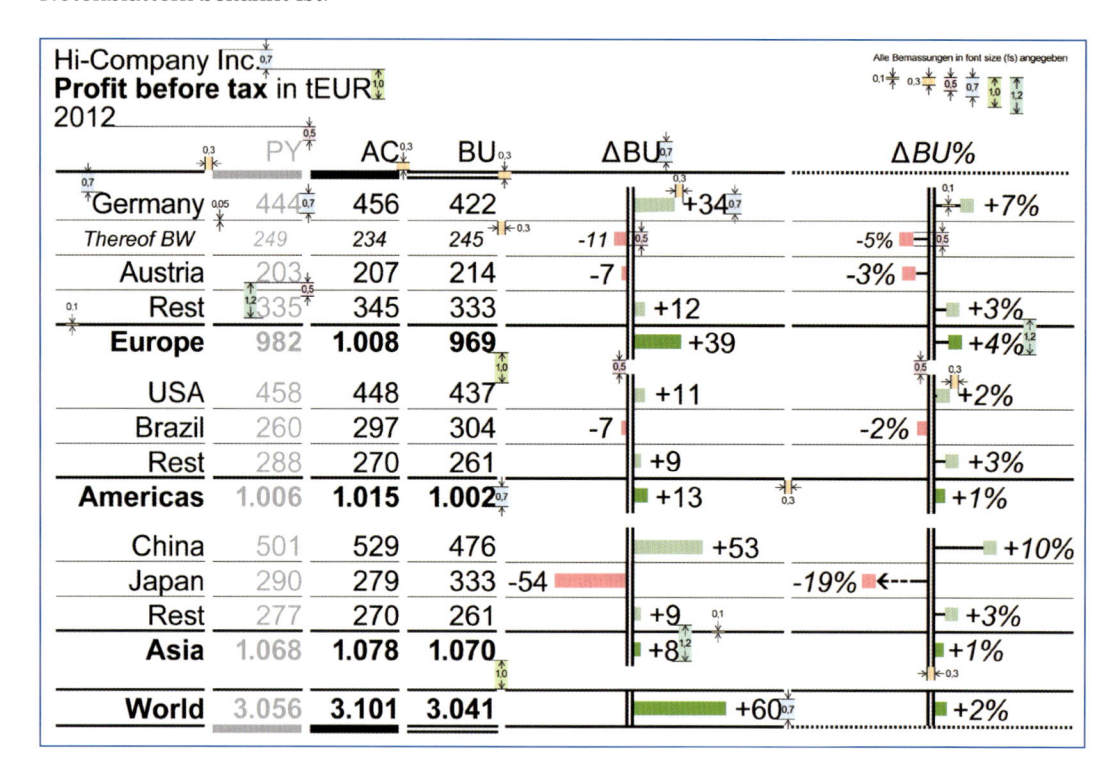

Hi-Company Inc.
Profit before tax in tEUR
2012

Alle Bemassungen in font size (fs) angegeben

	PY	AC	BU	ΔBU		ΔBU%	
Germany	444	456	422		+34		+7%
Thereof BW	249	234	245	-11		-5%	
Austria	203	207	214	-7		-3%	
Rest	335	345	333		+12		+3%
Europe	**982**	**1.008**	**969**		**+39**		**+4%**
USA	458	448	437		+11		+2%
Brazil	260	297	304	-7		-2%	
Rest	288	270	261		+9		+3%
Americas	**1.006**	**1.015**	**1.002**		**+13**		**+1%**
China	501	529	476		+53		+10%
Japan	290	279	333	-54		-19%	
Rest	277	270	261		+9		+3%
Asia	**1.068**	**1.078**	**1.070**		**+8**		**+1%**
World	**3.056**	**3.101**	**3.041**		**+60**		**+2%**

Abbildung 4.16: *Mit den Maßgrößen 0,1 fs, 0,3 fs und 0,7 fs sind die wichtigsten Abmessungen dieser Demonstrationstabelle definiert*[6]

---

6   Mehr zum Bemaßungskonzept von Tabellen siehe **www.tabellen.hichert.com**.

Wie weiter oben bereits angesprochen und in **Abbildung 4.13** beispielhaft gezeigt, sieht HI-NOTATION® vor, dass unterschiedliche Periodenarten ein unterschiedlich breites Rubrikenraster aufweisen. Auch das Konzept zu Visualisierung von Messgrößen (Basisgrößen wie Umsatz und Kosten sowie Kennzahlen wie Rendite und Auslastung) muss berücksichtigt werden, siehe auch **Abbildung 4.23**.

Wertgrößen:	In Geld bewertete Größen wie Umsatz, Kosten und Bilanzsumme
Mengengrößen:	Nicht in Geld bewertete Größen wie Absatzmenge und Personalstand
Flussgrößen:	Periodengrößen wie Kosten und Forderungszugang
Bestandsgrößen:	Stichtagsgrößen wie Bilanzsumme und Forderungsbestand

Abbildung 4.17 zeigt eine Übersicht mit fünf Spalten für die Periodenarten Tage, Wochen, Monate, Quartale und Jahre – hier als Rubriken einer horizontalen Achse. Die Rubrikenbreite ist als Multiplikationsfaktor der Schriftgröße fs gekennzeichnet. Die unterschiedlich dicken Säulen und Balken in den fünf Zeilen können bei Bedarf zur weiteren Unterscheidung verwendet werden – beispielsweise für unterschiedliche Einheiten wie EUR, kg oder %.

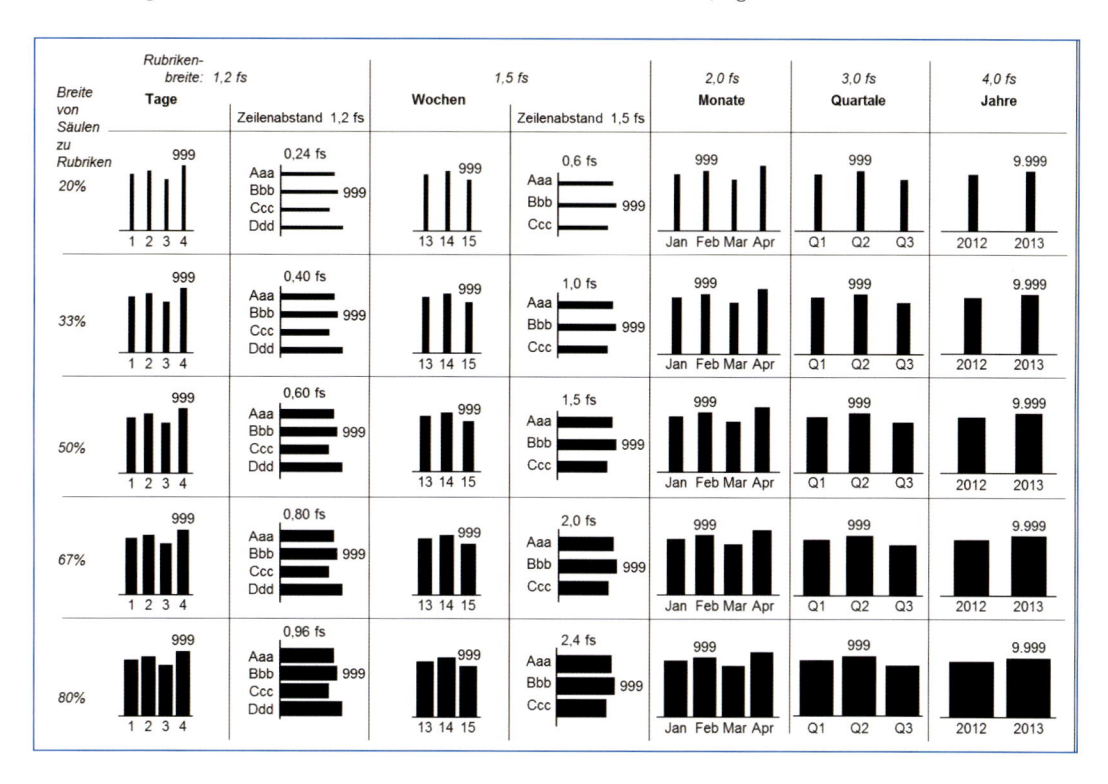

Abbildung 4.17: *Abmessungen für die Periodenarten Tage, Wochen, Monate, Quartale und Jahre sind in Schriftgröße (fs) ausgedrückt (konzeptionell).*

Mit **Abbildung 4.18** wird gezeigt, dass die in **Abbildung 4.17** verwendeten Abmessungen ausreichen, um auch gruppierte Säulen und Balken sowie integrierte prozentuale Abweichungen mit darstellen zu können.

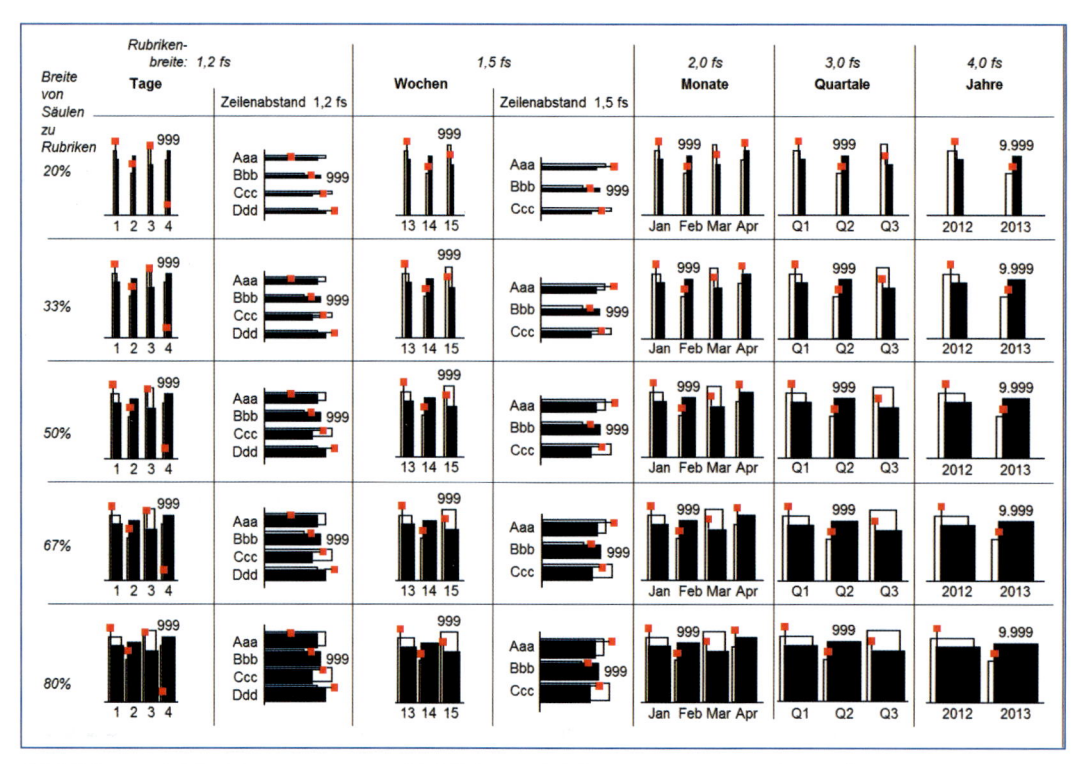

Abbildung 4.18: *Ergänzung von* **Abbildung 4.17** *mit gruppierten Säulen[7] und integrierten Aweichungen (konzeptionell).*

Abbildung 4.19 zeigt abschließend zu diesem Abschnitt ein Demonstrationsbeispiel, das die oben erwähnten Regeln berücksichtigt. Es handelt sich um eine Analyse über der Zeit, bei der die Nettoumsätze in Mio. EUR in den Monaten September 2011 bis Mai 2012 untersucht werden.

Unten werden die folgenden Vergleiche angestellt: Vorjahresmonat (PY) mit Vorvorjahr (PPY), Ist (AC) mit Plan (PL) und Forecast (FC) mit Plan. In der Mitte liegen die absoluten (Δ) und prozentualen (Δ%) Abweichungen gegenüber den jeweiligen Planwerten vor. Oben werden die absoluten und prozentualen Abweichungen zu den jeweiligen Vorjahreswerten gezeigt.

Die beiden Maßstäbe für mEUR und für Prozente sind in den drei Teildiagrammen gleich. Die Schriftgröße (fontsize fs) ist die Grundlage für alle Maße in diesem Diagramm, und die Farben sind dem Standard-Farbkonzept von HI-NOTATION® entnommen. Die Erläuterungen werden mit blauen Kreisen nummeriert und diese Nummern an die entsprechenden Stellen im Diagramm positioniert.

---

[7] Beispielsweise für den Vergleich von Plan- und Istdaten.

[ANHANG]

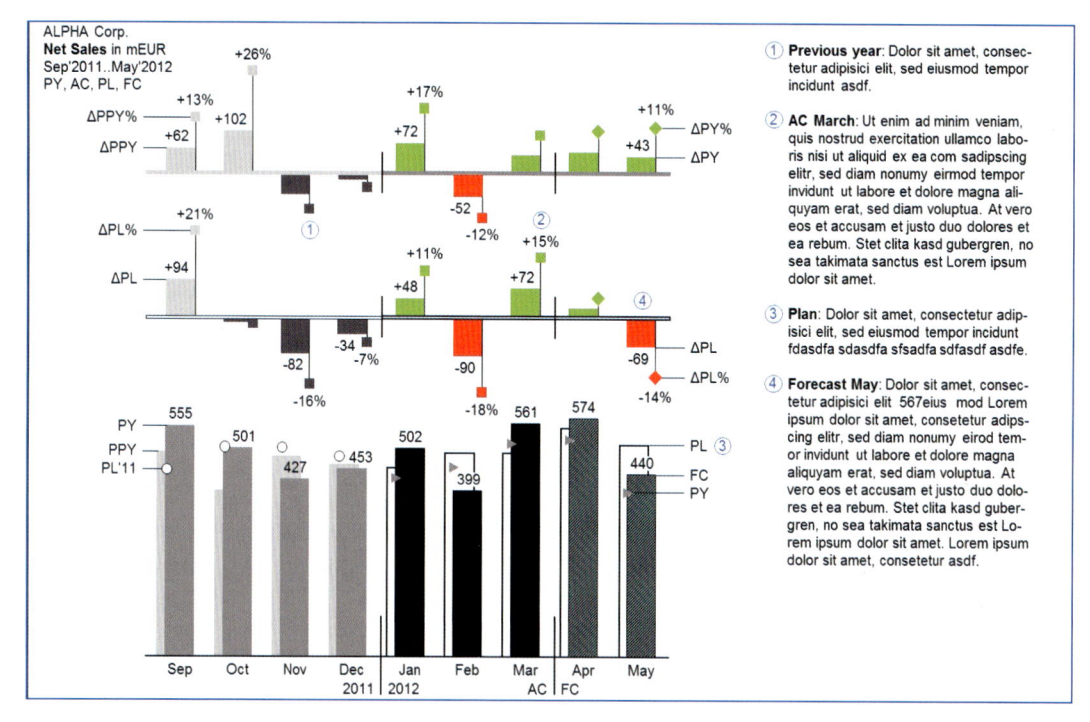

Abbildung 4.19: *Demonstrationsbeispiel mit Berücksichtigung der Notationsregeln von HI-NOTATION®*

Viele Details in diesem Abschnitt wirken für viele Interessenten, die sich zum ersten Mal mit dieser Thematik befassen, ungewohnt und vielleicht auch übertrieben genau. Wir meinen aber, dass diese Vorgaben sinnvoll sind, weil sie – wie bei den Musiknoten, technischen Zeichnungen und Landkarten – die Voraussetzung dafür sind, dass die Empfänger die gezeigten Diagramme und Tabellen möglichst schnell und unmissverständlich verstehen. Selbstverständlich ist hier eine schrittweise Einführung zu empfehlen, die in großen Unternehmen durchaus mehrere Jahre in Anspruch nehmen kann[8].

Die Vorgaben von HI-NOTATION® stellen dann kein unüberwindliches Problem bei der praktischen Einführung dar, wenn sie bereits konsequent in die Diagramm-Templates eingebaut sind. Oder anders ausgedrückt: Nur mit Hilfe derartiger Templates (oder vergleichbarer Software-Lösungen) lässt sich ein einheitliches Notationskonzept unternehmensweit „ausrollen".

4.7 EINHEITLICHE FARBEN, FORMEN UND SYMBOLE

In diesem Abschnitt soll kurz auf die bei HI-NOTATION® eingesetzten Farben, Formen und Symbole eingegangen werden[9].

---

8 Praktische Beispiele und Erfahrungsberichte finden sich beispielsweise bei **www.hcc.hichert.com** und **www.hall-of-fame.hichert.com**

9 Siehe auch **www.farben.hichert.com**

Es ist leicht einzusehen, dass man nur wenige **FARBEN** einsetzen kann, wenn man diese eindeutig bestimmten Inhalten zuordnen will. Grund sind die beschränkten Darstellungsmöglichkeiten bei den Projektionsgeräten: Neben Schwarz, Weiß und drei Grautönen können selten mehr als acht Farben eindeutig unterschieden werden. Bei schlechten Projektionsmöglichkeiten sieht ein helles Blau genauso aus wie ein helles Grau, und das dunkle Blau unterscheidet sich nur unwesentlich vom dunklen Grau. Vor diesem Hintergrund werden bei HI-NOTION® nur wenige Farben und Grautöne eingesetzt:

Schwarz (0, 0, 0) für Istdaten (*Actual, AC*) und Beschriftungen
Mittelgrau (128, 128, 128) für Vorjahresdaten (*Previous Year, PY*) und neutrale Werte
Dunkelgrau (64, 64, 64) für negative Zahlenwerte (Rot-Ersatz)
Hellgrau (191, 191, 191) für positive Zahlenwerte (Grün-Ersatz)
Rot (255, 0, 0) für negative Veränderungen oder Abweichungen
Grün (140, 180, 0) für positive Veränderungen oder Abweichungen

Dazu kommen in zweiter Linie:
Gelb (255, 102, 0) für neutrale Werte
Blau (0, 100, 255) für Kommentare, Hervorhebungen und Istwerte

Diese und weitere Farben und deren Bedeutung können der **Abbildung 4.20** entnommen werden.

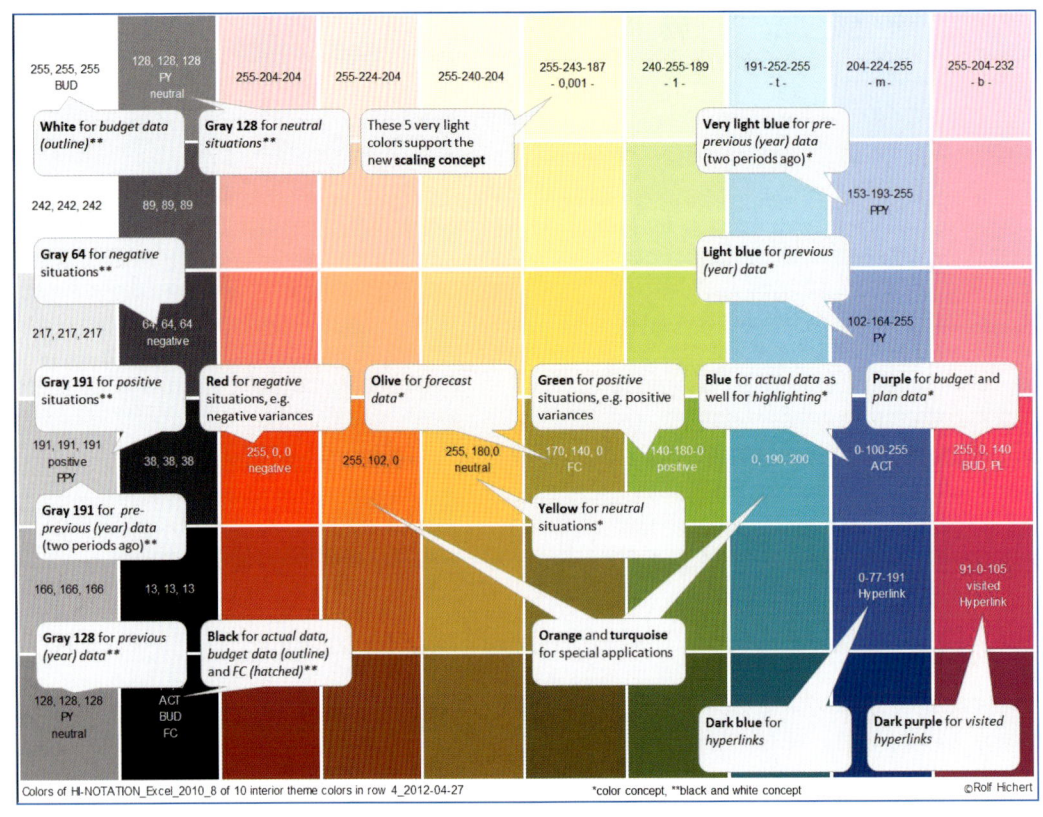

Abbildung 4.20: *Farben und deren Bedeutung im Konzept von HI-NOTION®*[10]

---

10 Siehe auch **www.farben.hichert.com**

Bei den **FORMEN** hatten wir bereits einige Regeln wie Strichstärken und Rahmenarten angesprochen. Von der praktischer Bedeutung her sind Formen zur Unterscheidung der Datenarten wie Ist, Plan und Hochrechnung wichtig, siehe auch **Abbildung 1.11**. Da in vielen Geschäftsdiagrammen diese Datenarten eine besondere Rolle spielen, ist es zweckmäßig, neben den Formen auch andere Unterscheidungs- und Darstellungsmöglichkeiten wie Farben und Schriftarten vorzuschlagen, siehe **Abbildung 4.21**.

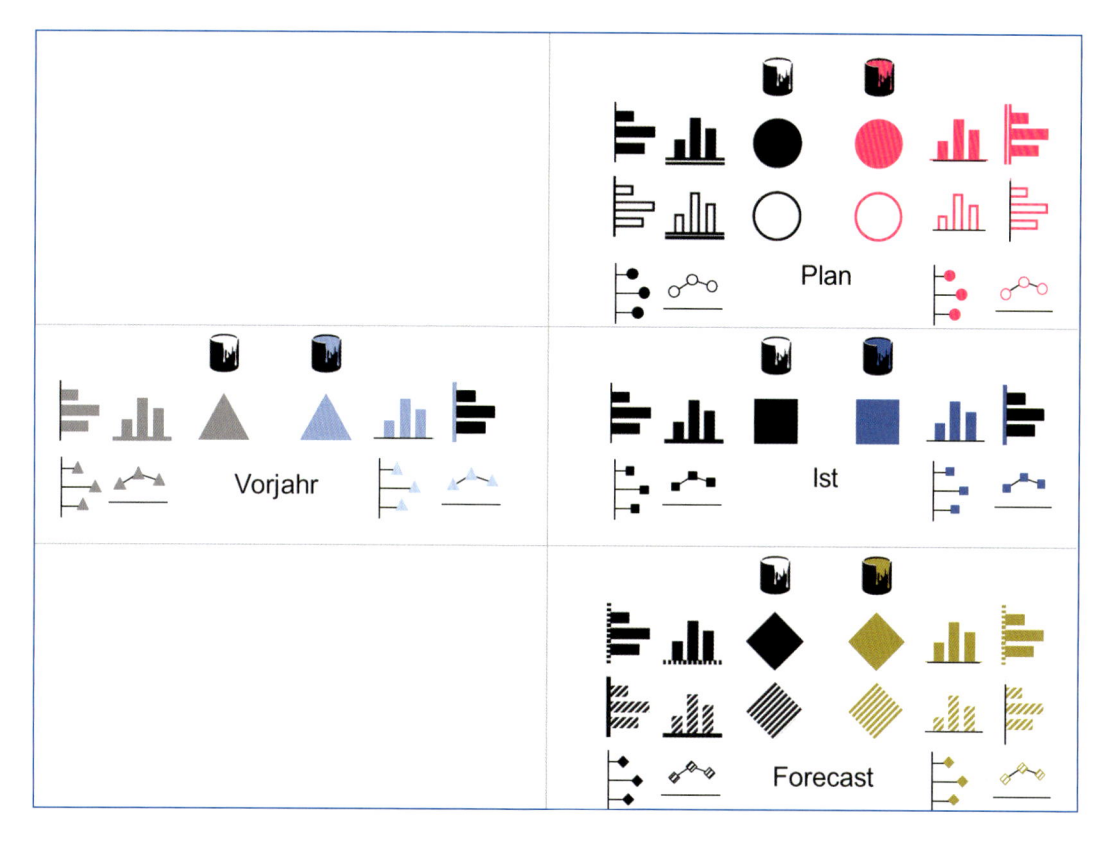

Abbildung 4.21: *Verschiedene Konzepte zur Unterscheidung und Charakterisierung der Datenarten Ist (Actual), Plan, Vorjahr (Previous year) und Prognose (Forecast).*

Bei den **SYMBOLEN** sieht HI-NOTATION® zwei wichtige Anwendungen vor: Einerseits eine Charakterisierung von Strukturdimensionen wie Länder, Produkte und Kundengruppen und andererseits eine einheitliche Notation für Messgrößen.

Abbildung 4.22: *Wichtige praktische Strukturdimensionen und Vorschläge für die visuelle Darstellung*

Die Symbole zur Unterscheidung und Kennzeichnung von Strukturdimensionen in **Abbildung 4.22** stellen Anregungen dar, die im speziellen Anwendungsfall häufig an die besonderen Berichtsinhalte angepasst werden müssen. In vielen Fällen sind die vier hier vorgeschlagenen grundlegenden Dimensionsarten Output, Organisation, Regionen und Beziehungen zu berücksichtigen.

Bei den Messgrößen unterscheiden wir **Basisgrößen** wie Gewinn und Warenbestand sowie aus den Basisgrößen abgeleitete **Kennzahlen** wie Preis und Auslastung. Bei den Basisgrößen ist es zweckmäßig, zwischen Wert- und Mengengrößen einerseits und Fluss- und Bestandsgrößen andererseits zu unterscheiden. Die so entstehenden Kombinationen sind erschöpfend – mit Ausnahme von technischen Größen wie Druck und Temperatur. Diese vier Kombinationen werden in den beiden oberen Zeilen von **Abbildung 4.23** mit Hilfe einiger Beispiele erläutert. Hierbei werden folgende Symbole verwendet:

Positive Größen wie Umsatz: Spitze nach unten, beispielsweise V oder ▼
Negative Größen wie Kosten: Spitze nach oben, beispielsweise Λ oder ▲
Neutrale Größen wie Personalstand: Geschlossen, beispielsweise O oder ◇

Wertgrößen wie Umsatz und Bilanzsumme: Eckig, beispielsweise Π
Mengengrößen wie Absatz und Energiemenge: Rund, beispielsweise ∩

Flussgrößen wie Umsatz und Personalzugang: Strich (oder kein Zeichen)
Bestandsgrößen wie Forderungs- oder Personalbestand: Punkt

Aus diesen Grundüberlegungen heraus ergibt sich mit Hilfe der Matrix von **Abbildung 4.23** eine überschaubare Anzahl von wichtigen Basisgrößen. Bei den Kennzahlen (engl.: ratios) unterscheiden wir *Anteile* wie Exportanteil und Frauenquote sowie *Quotienten* wie Forderungsreichweite und Umsatzrendite.

Abbildung 4.23: *Systematik von Messgrößen (Basisgrößen und Kennzahlen) und deren Darstellungssymbole*

4.8 DIAGRAMME DER VIERTEN GENERATION

Mit den folgenden Beispielen wollen wir einen Eindruck vom aktuellen Stand unserer *Excel*-Diagramme geben, die wir als „*Excel*-Diagramme der vierten Generation[11]" bezeichnen. Vierte Generation deshalb, weil es sich einerseits um Anwendungen der so genannten *Diagramm-Master-Templates (DMT)* der HI-CHART GmbH[12] handelt, die andererseits auf dem in Abschnitt 4.6 beschriebenen Vermaßungskonzept basieren. Diese DMTs haben eine erheblich höhere Komplexität als das in den Kapiteln 2 und 3 gezeigte Beispiel, bauen aber auf den gleichen, dort vorgestellten Tipps und Tricks auf. Die nachfolgend vorgestellten Schaubild-Darstellungen können mit einiger Expertise direkt mit den DMTs erstellt werden oder – erheblich einfacher – mit Hilfe einer Excel-Benutzeroberfläche des Produkts Chart-Me, siehe **Abbildung 4.24**.

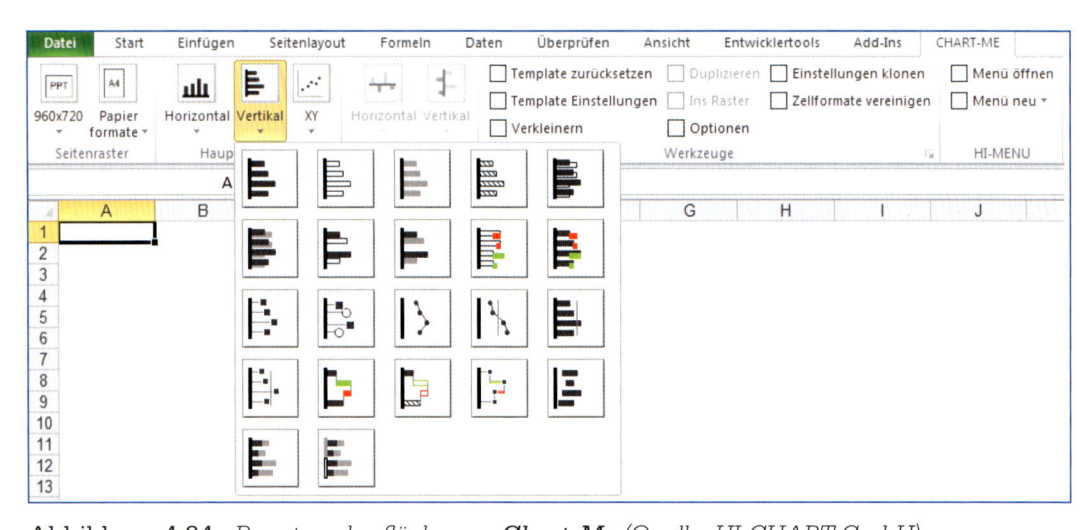

Abbildung 4.24: *Benutzeroberfläche von* **Chart-Me** *(Quelle: HI-CHART GmbH)*

---

11 Siehe auch **www.templates4.hichert.com**
12 Siehe **www.hi-chart.com**

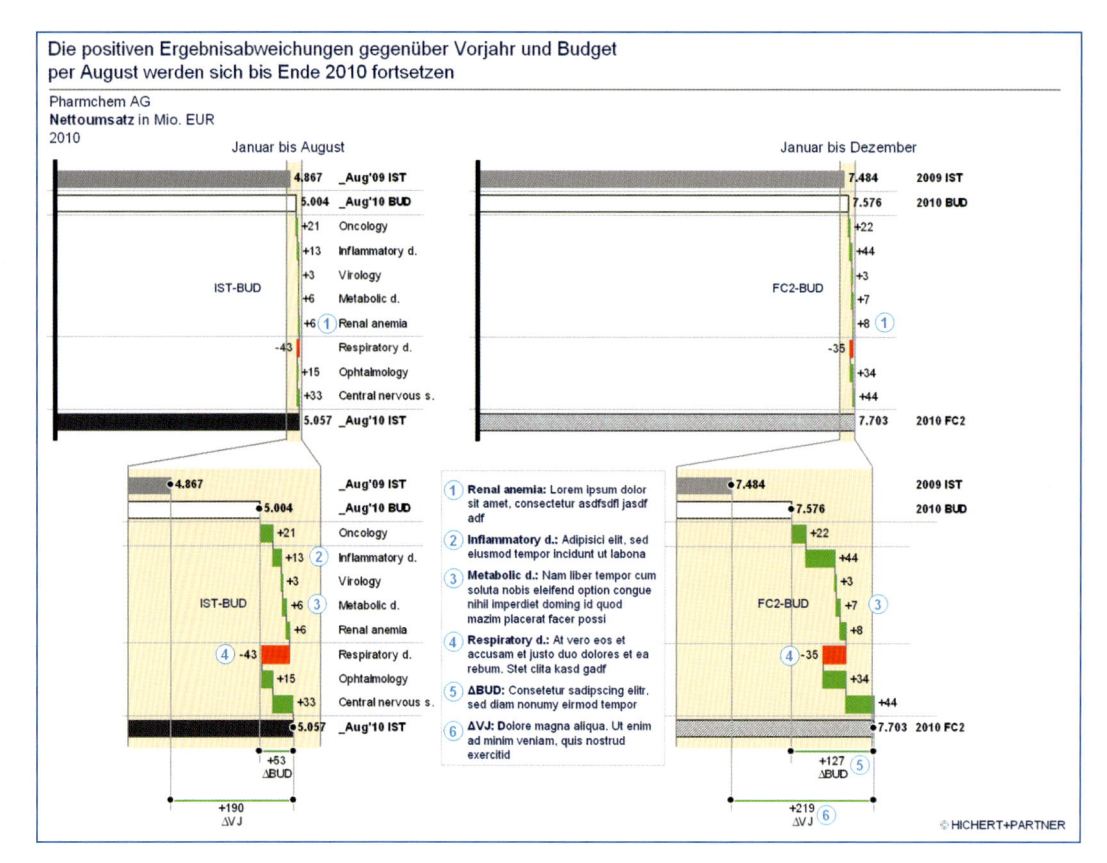

Abbildung 4.25: *Mit zwei Lupendarstellungen werden „abgeschnittene Achsen" vermieden*

Beim Schaubild in **Abbildung 4.25** geht es darum, auf der linken Seite den Nettoumsatz bis August im Vergleich zum Vorjahreszeitraum und im Vergleich zum Budget darzustellen. Entsprechend der Notationsregeln von HI-NOTATION® wird das Vorjahr in Grau, Ist in Schwarz und Budget „hohl" dargestellt. Auf der rechten Seite wird die voraussichtliche Situation bis zum Jahresende im Vergleich von Forecast, Budget und Vorjahr dargestellt.

Das Besondere an diesem Beispiel sind die beiden „Lupen", die die kleinen Abweichungen in den beiden oberen Balken-Wasserfällen vergrößern und dadurch besser sichtbar machen. Bei den beiden unteren Diagrammen werden die Achsen durch die Vergrößerung zwar zwangsläufig „abgeschnitten", aber durch die gelben Vergleichsflächen bleibt dem Betrachter der Bezug zu den Originalwerten erhalten. Diese lupenartige Analyse ist ein Kompromiss, um auch kleine Abweichungen von großen Zahlen näher untersuchen zu können[13].

---

13 Zum Thema Skalierung und Maßstäbe siehe auch **www.skalierung.hichert.com**.

[ANHANG]

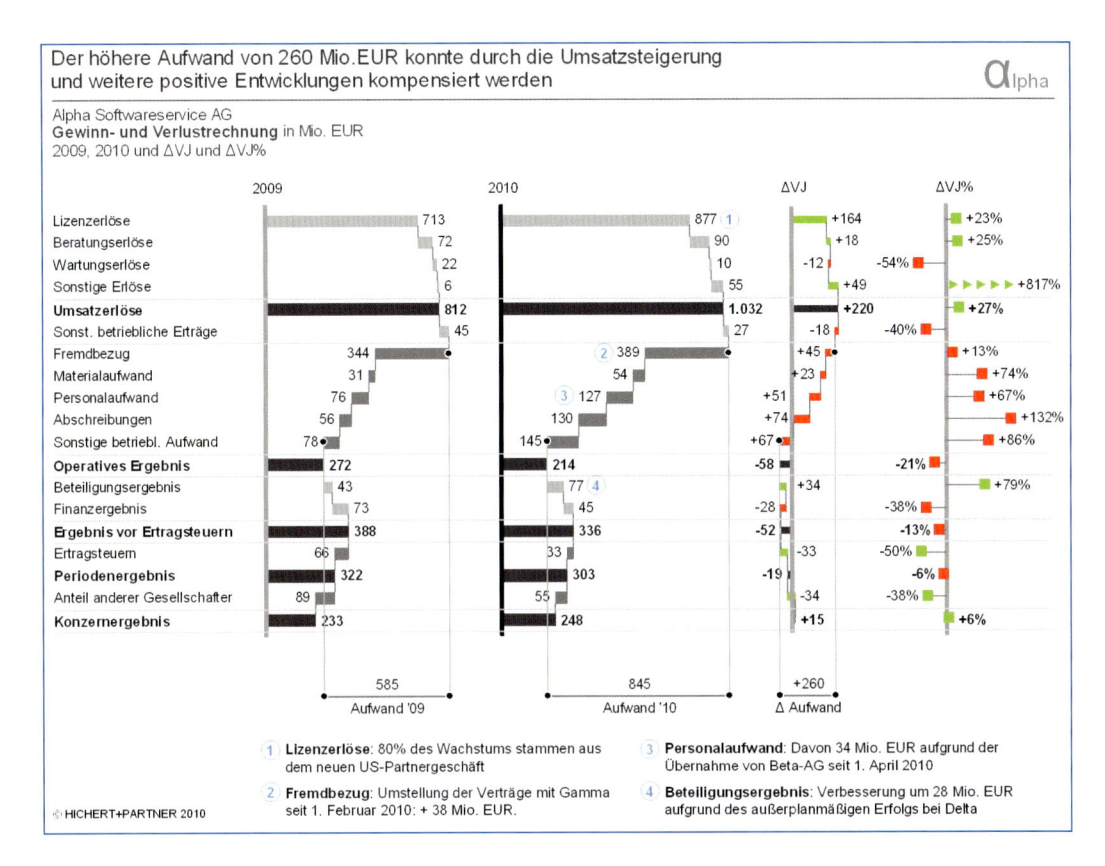

Der höhere Aufwand von 260 Mio. EUR konnte durch die Umsatzsteigerung und weitere positive Entwicklungen kompensiert werden

α lpha

Alpha Softwareservice AG
Gewinn- und Verlustrechnung in Mio. EUR
2009, 2010 und ΔVJ und ΔVJ%

	2009	2010	ΔVJ	ΔVJ%
Lizenzerlöse	713	877 (1)	+164	+23%
Beratungserlöse	72	90	+18	+25%
Wartungserlöse	22	10	-12	-54%
Sonstige Erlöse	6	55	+49	▶▶▶▶ +817%
Umsatzerlöse	**812**	**1.032**	**+220**	**+27%**
Sonst. betriebliche Erträge	45	27	-18	-40%
Fremdbezug	344	389 (2)	+45	+13%
Materialaufwand	31	54	+23	+74%
Personalaufwand	76	127 (3)	+51	+67%
Abschreibungen	56	130	+74	+132%
Sonstige betriebl. Aufwand	78	145	+67	+86%
Operatives Ergebnis	**272**	**214**	**-58**	**-21%**
Beteiligungsergebnis	43	77 (4)	+34	+79%
Finanzergebnis	73	45	-28	-38%
Ergebnis vor Ertragsteuern	**388**	**336**	**-52**	**-13%**
Ertragsteuern	66	33	-33	-50%
Periodenergebnis	**322**	**303**	**-19**	**-6%**
Anteil anderer Gesellschafter	89	55	-34	-38%
Konzernergebnis	**233**	**248**	**+15**	**+6%**
	585 Aufwand '09	845 Aufwand '10	+260 Δ Aufwand	

(1) **Lizenzerlöse:** 80% des Wachstums stammen aus dem neuen US-Partnergeschäft
(2) **Fremdbezug:** Umstellung der Verträge mit Gamma seit 1. Februar 2010: + 38 Mio. EUR.
(3) **Personalaufwand:** Davon 34 Mio. EUR aufgrund der Übernahme von Beta-AG seit 1. April 2010
(4) **Beteiligungsergebnis:** Verbesserung um 28 Mio. EUR aufgrund des außerplanmäßigen Erfolgs bei Delta

© HICHERT+PARTNER 2010

Abbildung 4.26: *Typischer Balken-Wasserfall auf der Grundlage von HI-NOTATION®*

Bei dieser **Abbildung 4.26** wird bei den beiden linken Diagrammen eine Gewinn- und Verlustrechnung für die Jahre 2009 und 2010 in Form eines Wasserfalls mit vertikaler Achse gezeigt. In Bezug auf das Konzernergebnis positive Einflüsse werden hellgrau und negative Einflüsse dunkelgrau dargestellt. Das dritte Diagramm zeigt die kumulierten Abweichungen in Form eines Wasserfalls – positive Abweichungen zum Vorjahr werden grün und negative Abweichungen werden rot dargestellt. Bei der Darstellung der Prozentabweichungen ganz rechts kann infolge unterschiedlicher Bezugsgrößen keine Wasserfalldarstellung gewählt werden. Aber hier wird auch so recht deutlich, welche Positionen gegenüber dem Vorjahr die größten relativen Veränderungen erfahren haben. Da bei Abweichungen von kleinen Basiswerten recht schnell große prozentuale Abweichungen entstehen können, kann es sinnvoll sein, bei Ausreißern ausnahmsweise die visuellen Darstellungen „abzuschneiden" – wie hier beim Wert +817%[14].

---

14 Allerdings sollte dieses „Abschneiden" durch geeignete Symbole hervorgehoben werden, hier sind es die grünen Dreiecke.

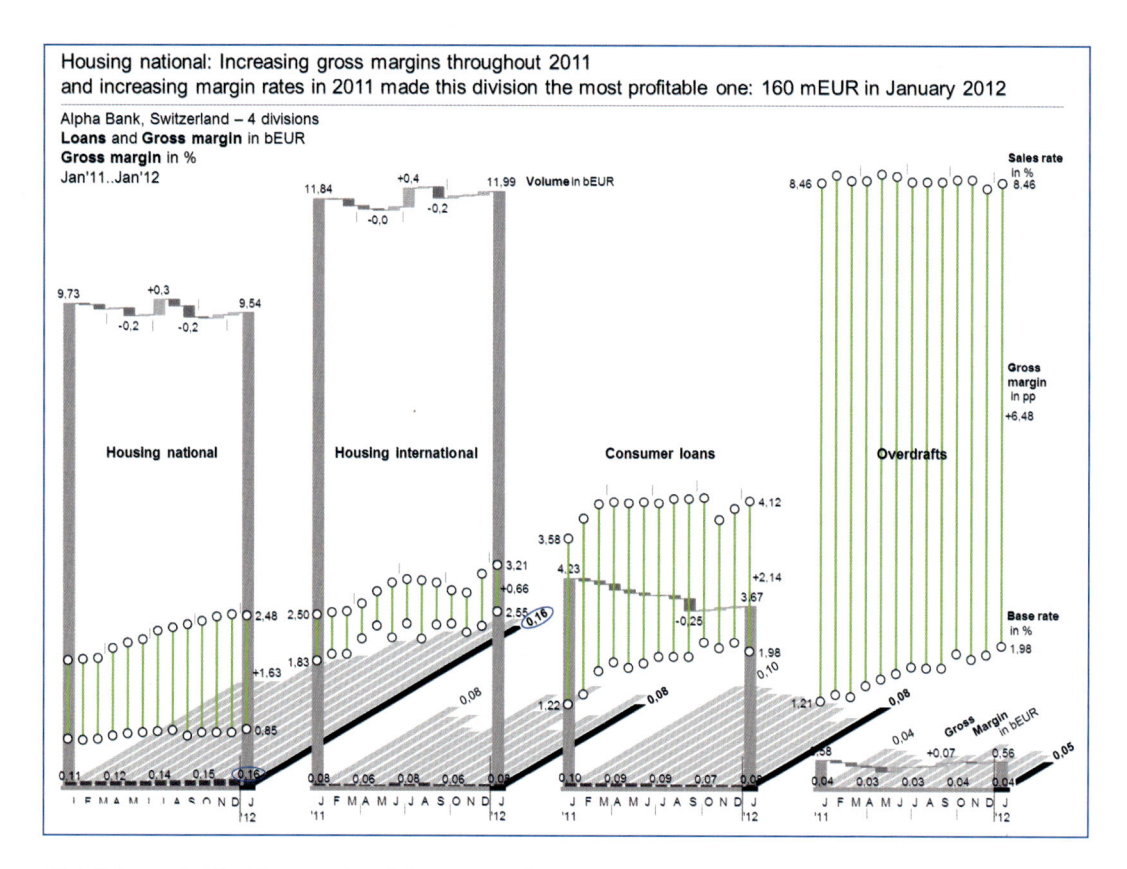

Abbildung 4.27: *Einsatz des Schattenwurfs, um die Veränderungen von kleinen Zahlen analysieren zu können*

Im Schaubild von **Abbildung 4.27** geht es darum, den Zeitverlauf der absoluten Margen (Zinsspannen, *gross margin*) bei vier Geschäftsbereichen einer Bank zu analysieren. Die relativ kleinen Margen in der Größenordnung von einem Prozent sind bei dieser (richtig skalierten) Darstellung kaum zu erkennen. Aus diesem Grund wird mit Hilfe des „Schattenwurfs" der kleinen Margen, der von einer links unten gedachten Lichtquelle ausgeht, eine künstliche Vergrößerung erreicht, die recht anschaulich die zeitliche Entwicklung bei den vier Geschäftsbereichen zeigt. Gegenüber der Verwendung von Lupen wie bei **Abbildung 4.25** ist diese Darstellung deutlich platzsparender. Bei einer Manipulation der Achsen („Abschneiden") oder der Darstellungsobjekte (anderer Maßstab für die Margen) wäre es nicht möglich, einen richtigen Eindruck von den Zahlen und ihren absoluten und prozentualen Relationen zu erhalten.

STICHWORTVERZEICHNIS

3D-Formen vermeiden 30

A

Abstand zwischen den Säulen 66
Abstandsbreiten 66, 69,159
Abweichungen 22
Achsen abschneiden 29
Achsen einblenden 182
Achsendicke 70, 165
Achsengruppen 262
Achsenlinie mit konfigurierbarer Dicke 162
Achsenlinien 161
Analyseformen 16
Anfangsgröße 225
Anfangstyp 225
Ausblenden 121, 227
Ausgangsdaten 54, 141
AutoFilter 267
Automatisch skalieren 66

B

Balken-Wasserfall 283
Basisgrößen 280
Bedeutungslose Gestaltungselemente 34
Benutzerdefiniertes Farbdesign 152
Benutzerdefinierte Zahlenformate 269
Benutzerdefinierte Zellformatvorlagen 156
BEREICH.VERSCHIEBEN 78
Berichtsseite 14
Beschriftung im Hintergrund 129
Beschriftung von zu kleinen Diagrammwerten 121, 227
Beschriftungen ein- und ausblenden 227
Beschriftungen mit fester Position 234
Beschriftungen von Datenpunkten 122
Beschriftungen von Säulenabschnitten 123
Beschriftungsreihe 66
Bilder 13
Blasendiagramm 47
Blockpfeile 118
Botschaft 14, 19, 130
Botschaft, Titel und Fußnote 239

C

Charakterisierung der Datenarten 279
Chart-Me 281
Chart-Me Add-in 269
CHECK 18, 26
CONDENSE 18, 23
Corporate Design-Regeln 34
Corporate Design-Richtlinien 34

D

Darstellungsformen 17
Dashboards 25
Datenarten 22
Datenbeschriftung 65, 75
Datenbeschriftung hinzufügen 171
Datenbeschriftungen formatieren 65
Datengesteuerten Farbwechsel 110, 208
Datenreihe Pfeil 222
Datenreihen formatieren 58
Datenreihen-Reihenfolge 161
Demonstrationsdiagramms 273
Designfarben 149
Designfarben-Definition 140
Dezimaltrennzeichen 267
Diagramm erstellen 142
Diagramm horizontal verschieben 77
Diagramm in X-Richtung variabel verschiebbar 173
Diagramm ins Raster 55, 144
Diagramm-Assistenten 55, 142
Diagrammbereich 57, 144
Diagrammbeschriftung 66
Diagramme 13, 246
Diagramme mit horizontaler Achse 27, 39
Diagramme mit vertikaler Achse 27, 39
Diagramme mit zwei Größenachsen 39
Diagrammfläche 55
Diagrammfüllfarben 60
Diagramm-Mastertemplates 32
Diagramm-Templates 32
Diagrammtitel 129, 234
Diagrammtyp 55
Diagrammuntertyp 55
Diagramm-Voreinstellungen 259
Differenzen 113
Dreidimensionales Blasendiagramm 46
Dreidimensionale Objekte 31

[STICHWORTVERZEICHNIS]

E

Eigene X-Achsen-Beschriftung 191
Einfügen eines Säulendiagramms 143
Einheitliche Farben, Formen und Symbole 277
Einheitliches Notationskonzept 31
ENABLE 18, 31
Erläuterungen 14
Erschöpfende Darstellung 37
Erschöpfende Strukturen 38
Excel 2003 52
Excel mit PowerPoint 248
Excel mit PowerPoint verknüpfen 268
Excel-Farbpalette 148
Excel-Kamera 136, 264, 267
Excel-Kamera-Funktion 243
Excel-Mustervorlage 53, 64
Excel-Verlinkung in PowerPoint 252
Excel-Vorlagen 156

F

FAQ 259
Farbdesign 156
Farbdesign HiCharts Colours 148
Farbdesigns 148
Farben 23, 34, 35, 148
Farben kopieren aus 60
Farben ohne Bedeutung 34
Farbindex.xls 60
Farbpalette 60
Farbstandards 272
Feinjustierung der Legende 97
Fest positionierte Beschriftungen 129
Flächendiagramm mit zwei Größenachsen 50
Formatvorlagen 62, 152
Formatvorlage Beschriftung 63
Frei positionierbare Pfeile 113, 213, 221
Frei positionierbare Säulenbeschriftungen 123, 229
Frei steuerbare Y-Skalierung 85, 182
Fußnote 130

G

Geschäftliche Botschaften 18
Geschäftliche Kommunikationsunterlagen 13
Geschäftsdigaramm 13
Gestaltungsregeln 38
Gestapeltes Säulendiagramm 52, 139
Gitternetzlinien 57, 145
Gleichartig 37
Gleiche Skalierung 182

Grafik 213
Grafikobjekte 213
Größenachsen 33
Grundtypen von Geschäftsdiagrammen 16
Gruppierte Pfeilobjekte 118
Gültigkeitsliste 104, 202
Gültigkeitsprüfung 78

H

Häufig gestellte Fragen (FAQ) 259
Häufigkeitsanalyse 42
Häufigkeitsverteilungen 30
Hervorheben 108, 205
Hervorhebung 20, 110, 113, 213
Hervorhebung der Botschaft 14
HICHERT@SUCCESS 15, 18
Hilfslinien 33
HI-NOTATION 271
Höhere Darstellungsqualität 265
Horizontale Diagrammverschiebung 77
Horizontale Zeitachse 16

I

Informationsdichte 23
Informationsdichte von Diagrammen 24
Integrierte Absolutabweichungen 44

K

Kennzahlen 280
Klassengröße bei Verteilungen 30
Klassisches Balkendiagramm 27
Konfigurierbares Diagramm 139
Kontextmenü 58
Kreative Visualisierungen 26
Kreuzdiagramme 262
Kritische Skalierungsaufgaben 30

L

Lage der X-Achse 186
Leere Arbeitsmappe 64
Leerspalten 174
Legende am rechten Diagrammrand 97, 196
Legende rechts oder links vom Diagramm 104, 202
Legende von rechts nach links umschaltbar 103, 201
Lupendarstellungen 282

M

Manipulation 29
Mappe.xlt 64
Mappe.xltx 140
Marktanalyse 49
Maximieren der Zeichnungsfläche 59
Mehrzeilige Titel 21
Messgrößen 22
Minimum und Maximum der Y-Achse 91

N

Navigieren durch mehrere übereinanderliegende Diagramme 266
Neue Designfarben 149
Neue Legende 97
Neues Farbdesign 149
Notationskonzept 25, 35

P

Pareto-Auswertungen 42
Pfeile 113, 213
Pfeilpositionen 116
Pfeilspitze 226
Platzhalter 90, 186
Platzhalter-Säulen 90
Position auf der Y-Achse 186
Poster SUCCESS RULES 19
PowerPoint 248
PowerPoint verknüpfen 134, 241
Präsentationsschaubild 14
Primäre Größenachse 85
Produkt-Markt-Portfolio 48
Pseudo-3D 33
Pseudo-3D-Darstellungen 17
Punktdatenreihe 94, 97, 191
Punktdiagramm 16, 72, 125, 167, 197, 231
Punktediagramm mit Verbindungslinie 221

Q

Qualitätsaspekte 26
Qualitätskontrolle von Schaubildern 20
Qualitätskriterien 18

R

Rasterkonzept 135
Rauschen vermeiden 36
Redundante Bezeichnungen 36
Redundanz minimieren 36
Reihenfolge der Datenreihen 68
ROI-Baum 50
Rot-Grün-Abweichungen 263
Rot-Grün-Diagramme 265
Rubrikenachse 57

S

Säulen außerhalb beschriften 123
Säulenabschnitte 60
Säulenabstand 67
Säulenbeschriftung 259
Säulenbeschriftung als Punktediagramm 229
Säulenbreite 66, 159
Säulenbreite verändern 123
Säulenfarbe 150
SAY 18
Schattenwurf 284
Schaubild 14, 138
Schraffuren in Excel 2007 265
Schriftarten 23
Schriftfarben 23
Schriftgrad 66
Schriftgröße 23, 271
Schriftgröße zur Bestimmung der Diagrammabmessungen 270
Seitenraster 134, 241
Sekundärachse 69, 164
SIMPLIFY 19, 33
Skalierte Eingabewerte 88
Skalierung 85
Skalierung für die Größenachse 183
Skalierung von Diagrammen 29
Skalierungsfaktor 88
Skalierungsfehler 29
Sortiertes Balkendiagramm 43
Spaghetti-Diagramme 28
Speicherort der Farbdesigns 152, 263
Standardachse anzeigen 182
Standardisierung wichtiger Diagrammelemente 22
Standardwertebeschriftung einfügen 157
Stellenzahl bei Diagrammen 36
Steuerung des Summenabstandes 167
STRUCTURE 19, 37
Strukturanalyse 16, 27
Strukturdarstellungen 16, 26
Strukturdimensionen 280
Strukturvergleiche 39
Summen über den Säulen 72, 167

[STICHWORTVERZEICHNIS]

Summenbeschriftung 73, 167, 169
Synchronisation der Achsen 183

T

Tastenkombinationen 254
Tipps und Tricks 256
Titel 14, 20, 130
Transparent 129, 234
Trennlinie 108, 205

U

Überschneidungsfrei 37
Übungsbeispiele 53, 140
Übungsdateien 53, 140
Ungewollte Umbrüche 261
UNIFY 18, 21
Unnötige Beschriftungen 37
Unnötige Elemente 145
Unsichtbarer Pfeil 118
Unternehmenskommunikation 34
Unterschiedliche Notationen 271

V

Variable Skalierung 87
Variable X-Achsen-Beschriftung 96
Verdichtung 25
Vergleiche 22
Vergleiche von Zahlenwerten 15
Verknüpfen (Excel-Kamera) 136, 243
Verknüpfen 96
Verknüpft 75, 120, 128, 172, 233
Verknüpfte Beschriftungen 264
Verknüpfte Grafik einfügen 243
Verknüpftes Bild einfügen 136
Verknüpfung mit PowerPoint 135, 248
Verschiebung nach links 77
Vertikale Linie 108
Vertikale Linie einfügen 205
Vertikale Primärachse 183
Vertikale Reihenfolge der Säulenreihen 160
Verwendung der Zeitachse 264
Verzerrte Grafiken 263
Visualisierungsformen 15

W

Waagrechte Hilfslinien 213
Waagrechte Linien 116
Wasserfall mit horizontaler Achse 41
Wasserfall mit senkrechter Achse 44
Wertebeschriftungen 157
Wiederkehrende Formatierungen 152

X

X-Achse mit variabler Dicke 166
X-Achsen-Beschriftung 94
X-Achsen-Linie 69, 161
XLStart 64
XLT-Datei 64
XLTX-Datei 156
XML-Datei 140, 152
X-Position der Legende 97, 196

Y

Y-Positionierung 90, 186
Y-Skalierung 182, 209

Z

Zahlenformat Text 267
Zeichnungsfläche 55, 144, 146
Zeitdarstellungen 16
Zeitliche Analyse 27
Zeitreihenvergleiche 52, 139
Zellbereich 234
Zellenbeschriftung 129
Zellenhintergrund 63
Zentimeter in Zoll umrechnen 249
Zentrierte Säulenbeschriftung 230
Zusätzlicher Platz 77
Zweidimensionale Kostenanalyse 49
Zweidimensionales Punktdiagramm 46
Zweidimensionale Qualitätsanalyse 48
Zweidimensionale Objekte 31
Zweizeilige Achsenbeschriftung 191